读客

读客中国史入门文库

顺着文库编号读历史，中国史来龙去脉无比清晰！

深不可测刘伯温

乱世攻城略地，拿下元朝万里江山
盛世安邦治国，定下大明百年基业

度阴山 著

江苏凤凰文艺出版社
JIANGSU PHOENIX LITERATURE AND ART PUBLISHING, LTD

图书在版编目（CIP）数据

深不可测：刘伯温 / 度阴山著. -- 南京：江苏凤凰文艺出版社, 2018.8（2025.10重印）
ISBN 978-7-5594-2057-2

Ⅰ. ①深… Ⅱ. ①度… Ⅲ. ①刘基（1311-1375）-传记 Ⅳ. ①K827=48

中国版本图书馆CIP数据核字 (2018) 第094210号

深不可测：刘伯温

度阴山 著

责任编辑	丁小卉
特约编辑	汪超毅　王菁菁　马伯贤
装帧设计	读客文化　021-33608311
责任印制	刘　巍
出版发行	江苏凤凰文艺出版社
	南京市中央路165号，邮编：210009
网　址	http://www.jswenyi.com
印　刷	三河市龙大印装有限公司
开　本	710 毫米 × 1000 毫米 1/16
印　张	25.25
字　数	432 千字
版　次	2018 年 8 月第 1 版
印　次	2025 年 10 月第 22 次印刷
书　号	ISBN 978-7-5594-2057-2
定　价	59.90 元

目 录

第一章
家族传奇：文韬武略的世代传承

美丽的传奇

1311年农历六月十五，月亮提前升到正空，又大，又荒唐。元王朝统治下的中国，人人仰头观赏。但今天，月亮对中国任何地方都没有兴趣。它最灵明的光辉先坠落到江浙行省，然后翻山越岭到达处州路，再宛转曲折流向青田县，沿着青田山奔腾飞驰，一个华丽的转身后滑过南田山，扑向了武阳村刘爚家。在这里，它才第一次在旅程的终点停下来。因为就是在这里，中国历史上最具传奇色彩的刘伯温将要诞生。

除了院子里格外明亮的月光外，刘伯温的出生情景平淡无奇。这就犯了忌讳。因为大人物的出生必有玄幻色彩的事物来锦上添花。老爹刘爚没有见到神龙在天，也没有见到红光四射，更没有见到神仙下凡送子。

幸好，世界上有“事后预言家”，正因为有了他们，刘伯温的出生才多姿多彩起来。

据说，刘爚的老婆富女士生下第一个孩子刘舒时，有个道士风尘仆仆地闯进了刘家，也不等主人的同意就拎起刘舒，翻转了半天认真观看。富女士脸色大变，刘爚正要上前和他理论，道士长叹一口气，把孩子扔回了富女士怀里，像是扔个玩具一样。

“你这孩子也一般。”道士说完，从随身的包里摸出一本书，图文并茂，随手翻开一页，指着上面的图画对刘爚说，“你应该再要个孩子。”

刘爚在玄学上当然也不是省油的灯。他从小就学习象纬专业，该专业的卜筮课、风水课、星相课、灵棋课、谶纬课，门门都过得去。在武阳村，百姓们淡化了他是元王朝江浙行省遂昌（今浙江遂昌）教师（教谕）这一身份，把他看成是个半仙。在当地百姓的眼中，刘爚是集东方玉皇大帝和西方佛祖的宠爱于一身的人物。谁家丢了牛、跑了鸡，只要刘爚肯帮忙，在他轻松谈笑的掐指一算间，牛和鸡就会失而复得。

人们往往对自己的专业有自信，当然更相信世界上除了自己之外，还有同行。道士那句“你应该再要个孩子”触动了他，他请道士上座，追问真理。

道士说，他是个风水界的顶级大师。前几天，他按照神仙的指引来到南田山，在一个有月亮的晚上爬到南田山最顶峰。那时候，鸟归了巢，虫子回家睡了觉，猛兽毒蛇静悄悄，南田山中万籁俱寂，他能听到月光如水一样在山中汩汩流淌。

道士还说，月光虽然有，但并不明亮，所以他就捉了几只萤火虫，用它们的光来助自己看书。书上说，他所在的地方，也就是南田山附近，最近几年必将出产一位震动天地的大人物。

道士最后说，他用月光洗了手，然后虔诚地焚香祷告，静坐冥想。冥想了许久，神仙告诉了他大人物的父母，于是就找上门来了。

刘爚的心随着道士神秘的话语而动了起来，他恍恍惚惚中想起了一件事。

刘爚说：“我父母去世时，我伤心欲绝，因太过伤心，所以对丧礼没有尽心尽力，只是草草找块地方把二老埋了。但几年后，我的睡眠质量开始差起来。有时候梦见我爹拿着武器追赶我，有时候梦见我娘泪水涟涟地说居住环境太差。凭我对风水学多年的钻研，我确信，父母的坟墓所在并非是吉地。于是，我就想到了为父母迁坟。”

刘爚喝了口茶，继续说：“我找了个这方面的专家。这位风水大师在我家白吃白喝了一个月，我以为我看走了眼。但突然有一天晚上，他猛敲开我的门，拉起我就向外跑。那天也是月光如水，我能感觉到月光一点一点地渗进我的肌肤，骨头里起了泡沫。风水大师拉着我一路狂奔，在一山坡草湖边猛地停下来，像是走火入魔一样大喝一声，‘山龙！’”

刘爚说：“那是我在人间听过的最恐怖的声音，像是远古巨兽失恋后撕心裂肺的嚎叫，震荡天地，月亮吓得颤抖，大地震动得翻滚起来。”

后来的事是这样的：月光下，刘爚看到山崩地裂、黄土翻滚，转瞬之间，那湖泊中耸立起一座山丘，这座山就是南田山。风水先生对刘爚说：“把你老爹老娘的遗骨埋在此处，你家必出宰相级人物！”

刘煓回忆说，活了半辈子，从来没见过这种场景，当时已吓得屎尿齐下。几天后才恢复知觉，就把老爹老妈的坟墓迁到风水大师指定的地点。

刘煓还隐隐约约地记得，他失去知觉前，那位风水大师在他耳边神秘兮兮地说：“其实，风水先生只是我的掩饰身份，我的真实身份是一只白鹤，不远万里来到你这里，就是给你家找个风水宝地的。”

有一点需要补充，就是中国的风水学。中国风水学是一门恍恍惚惚的学科，它把易学原理应用在了环境地理学上，使人印象深刻的风水格局是：东青龙，西白虎，南朱雀，北玄武。这是四个灵兽的名字，特别是在阴宅的选择上，周围山峦必须要能跟这四个兽对应。古代帝王在选择阴宅时，特别讲究风水。风水专家认为，立坟安葬应该是在有生气凝聚的土地上。而生气凝聚的土地只有经过特殊训练的风水专家才能找到，他们寻找的根据就是山峦应该对应上那四个兽。

中国地大山多，不过风水宝地极少。所以，一旦有人发现这样的风水宝地，那是几辈子积来的功德被老天兑现了。据说韩信这小子命中注定是靠钻人家裤裆和乞讨活着的，但有一天他偷听了风水专家对一块宝地的论述，于是急忙跑回家，把活蹦乱跳的老娘拉到那块宝地，活埋。结果，韩信后来成为西汉帝国的军队总司令。韩信后来被吕后诛杀，民间的说法就是，这小子太违反天道，活埋了老娘，所以受到报应。

韩信的传说告诉我们，风水宝地跟命运一样，有时终须有，无时莫强求。你若真强求，就是一个不得好死。

刘煓没有强求，而是神仙级人物白鹤主动献上的殷勤，所以不存在韩信报应事件的可能。

道士听完刘煓讲的这段传奇故事，点头说：“这事靠谱，但也不靠谱。”

刘煓问原因。

道士说：“白鹤为你家选风水宝地这事靠谱，但你家的宰相还未见形状。你现在这个孩子，平凡无奇。”

刘煓很疑惑：“如果我这孩子不是宰相，那就说明白鹤选风水宝地的事也是假的。我经历的白鹤事件是梦幻泡影，或者是，我在做梦。”

道士说：“是你太着急了。白鹤说你家出宰相，但没说是你这个孩子。想要应谶，必须再生个孩子。”

刘煓恍然大悟。

道士说："我先走，一年后再来，你抓紧时间造人吧。"

刘爚的老婆富女士很争气，很快又怀上了。但十二个月后，仍然没有临产的迹象。刘爚惴惴不安中，道士如约而至。

刘爚说："已经一年了，这孩子还不出来。"

道士说："时辰未到。"

刘爚掐指一算："怀胎九月，已经过期三个月，怎么说是时辰未到？"

道士说："干我们这行的，怎么可以用生理规律来推算？"

刘爚叹息："我真是道行不够啊。"

道士说："月满之时，就是出生之日。"

刘爚问："十二个月才出生，这是晚产啊，有没有危险？"

道士说："分娩时，取银针三枚，扎他鼻子。"

正如道士所卜算的那样，1311年六月十五，刘伯温出生了。

据说，刘伯温生下来时就睁着眼睛，给他剪脐带时，他就摆动着湿漉漉的脑袋辨认房间里的东西，还以好奇而并不失措的神态察看着目力所及的一切。疲惫不堪的富女士发现，这个小孩观察了一圈后，就不再理会房间，而把脑袋转向窗外，专心致志地盯着月亮，仿佛他能看到月亮上的嫦娥仙子和白兔一样。

刘爚对这孩子怪异的表现并不吃惊，他拿出三根银针猛地扎进孩子的鼻子，刘伯温这才"哇"的一声哭出来。刘爚欣喜道："道士真乃神人也。"

其实，你在成年人的鼻子上猛扎三针，成年人也会痛得哭出来。

刘爚认定这个孩子就是上应天命为自己家族打下富贵基础的人，所以替其取名刘基，字伯温。

到此为止，一个美丽的传奇故事表面上告终。实际上当我们追溯源头时才发现，它刚刚开始。

祖先那点事

追溯别人的祖宗和刨别人祖坟殊途同归，二者都是希望得到别人祖宗的信息和财富。有一点不同的是，追溯别人的祖宗是为了获得遗传密码式的精神财富，刨别人祖坟则纯粹是为了获得物质财富。

获得刘伯温家族遗传密码没有那么费事。我们很轻易地就能在史册上追溯到他的十一世祖刘怀忠，但这也是极限，再也不能向上追溯。从十一世祖刘怀忠到七世祖刘光世是刘伯温家族的“以武传家”时代。

多年以后，刘伯温仍然清晰地记得那个春天的午后，他父亲在他面前展开家谱的情景。家谱发着黄色的光，映照在父亲那庄重而自豪的脸上。

刘爚没有直接进入正题，而是先来个开场白：“咱老刘家的祖先是丰沛人。知道丰沛是谁的故乡吗？大汉开国皇帝刘邦的故乡啊，而恰好咱们也姓刘。所以，咱们跟汉高祖必有渊源。”

刘伯温绕过老爹刘爚发光的眼睛去看家谱，家谱上没有“刘邦”的名字。刘伯温又来寻找刘爚的眼睛，希望他能给出解释。

刘爚发现了刘伯温等着他解惑的目光，就解释说：“这很正常。从西汉到北宋，一千多年，其间有三国大乱世，东晋五胡十六国，隋唐五代，才有几天太平日子？所以，咱们的家谱在北宋以前是空白。北宋之后，咱们家族的大人物如雨后春笋一样，层出不穷。”

他指着一个名字：“这个，是你十一世祖刘怀忠，那可是名垂青史的人物啊。”

刘老爹没有撒谎，刘怀忠当年在北宋西边的国防线上担任高级武官，西夏战事初起时，刘怀忠是主战派，并且在一次与西夏的战役中以身殉国。刘伯温的十世祖和九世祖都在北宋西边国防线上担任过高级武官，经受了长期的战争考验。

刘伯温的八世祖刘延庆和七世祖刘光世把家族荣誉提升了一大截。刘延庆的最高职务是北宋骑兵军团副总司令（马军副都指挥使），曾跟随北宋大宦官童贯剿灭过方腊反政府武装。靖康之难时，刘延庆奉命防守开封，城被金兵攻破后，刘延庆壮烈了。刘光世命倒挺好，靖康之难后，赵宋皇室的赵构建立南宋政权，刘光世跟随赵构南渡长江，后来成为南宋功勋之一，被封为杨国公，赠太师。

不过，刘光世之后，刘伯温的祖先们再也没有在战场上露过脸，而且荣誉光环日益黯淡。六世祖刘尧仁不过是个州长，但他在刘家的族谱中算得上是个转折性的人物，从他以后，刘姓子孙弃武从文，从将门虎子变成了孔门弟子。改了行但没改变境遇，刘氏族人的境遇依旧在恶化，到了刘伯温老爹这一代，只能做个县城的教书匠了。

看完家谱，刘伯温心情有些沉闷。他爹就鼓励孩子：“表面上看，咱们家族是一代不如一代，不过物极必反。终有一天，咱们家族会出现个‘三不朽’的人物，也许就应验到你身上了。”

刘伯温问：“您有什么科学依据吗？”

刘老爹当然没有科学依据，他有的是业务上的判断力，那是一个梦。梦的主人是刘伯温的五世祖刘集。刘集那时候没有工作，在处州居住。由于没有工作，就每天都钻研奇门遁甲、五行八卦，突然有一天感悟到天地人事之玄妙，认为所居住之地难出大人物，就决定搬家。

但是，搬到哪里，这需要刘集占卜。他先是自己占卜，但学艺不精，不能成功，于是跑到山神庙里磕头烧香。山神当时很忙，直到晚上才接到刘集的祷告，于是送了他一个梦。刘集梦到自己拎着一颗羊头，披头散发在山上手舞足蹈。醒来后，思索许久，认为这个梦跟他所要迁徙的地方有着密切的关联。不过，神仙的思维是灵异的，给人类的信息永远都是如幻如梦，让人百思不得其解。刘集废寝忘食地思索那个梦指示的地方，有一天，他来到南田山武阳村问当地人地名，人家告诉了他。仿佛是一个晴天霹雳，刘集醒了，恍然大悟，梦中拿着羊头乱舞，就是武阳（舞羊）啊！就这样，全家搬到了武阳。

这种神乎其神的往事因为太过虚幻，虽然能引起刘伯温的兴趣，却不能让刘伯温感到骄傲，更不能让他认定家族将来会出现一个伟大人物。他希望老爹能讲述一件家族史上发生的真实的事件，由此来证明刘家并非是装神弄鬼的家族，来奠定自己的那份家族自豪心。

刘老爹听了刘伯温的质疑，忽然就想起了一件事。这件事足以证明刘家人不但是高智商的人，还是高情商的人。

这件事的主人公是那位靠梦搬家的刘集的儿子刘濠，也就是刘伯温的太爷爷。刘濠曾经是南宋的小公务员，那时候正是元世祖忽必烈呼风唤雨的时代。南宋灭亡后，刘濠被迫回到老家，每天都长吁短叹、忧国忧民。不过当时国家已灭，他只能忧民。据说每当大雨或暴雪时，刘濠都要登高而望，看看是否有人在雨雪中受苦。如果看到谁家房顶的烟囱没有工作，就赶紧派人送饭去。

某年，青田县有个叫林融的人，曾是前政府地方上的法院院长、检察院检察长、监狱狱长三合一的大官（提刑），因不能接受蒙古人的统治而打着复兴宋室的口号聚众造反，元军出兵讨伐，很容易地就把林融押进了囚车，逮到了京师。元王朝皇帝忽必烈那会儿良心发现，把林融给放了。哪知道林融一根筋，回家后把身上的晦气洗掉后又造反了。元王朝皇帝忽必烈大为光火，说：“这南蛮子就是讨厌，正好趁这个机会，多杀几个。”于是飞速地剿灭了林融后，马上派出工作组去调查造反者名单。青田县的土豪劣绅们平日与很多百姓结怨，趁此良机，肆无忌惮地举报无辜的人，以致善良百姓鲜有脱漏，几乎全都成了元政府的搜捕对象，牵连人数达到一万之多。元政府工作组就拿了名单，欢欢喜喜地回大都（今北京）复命。路过武阳村时，刘濠知道了这件事。

他迅速抓住机会，将元政府工作组接到家中，大碗喝酒大块吃肉。当这些人烂醉如泥后，刘濠把他们安置在别的房间，又从他们身上偷出名单，单独抄出二百多个人名，然后把名单烧掉。最后，点了把火，把新装修的吃饭的房子烧个干净。

第二天，工作组发现名单不见了，惶惶不安。刘濠说："这真是家门不幸，无缘无故地起火，估计你们的名单被烧成灰烬了。"刘濠说得越轻松，工作组的人就越恐惧。因为弄丢了名单跟掉脑袋没有区别。刘濠看到这些人很快就要尿裤子了，才说："这场大火可能是老天的意思，是不是名单里有被冤枉的人，上天来解救他们了？你们别慌，我对江浙特别熟，可以给你们弄个名单过来，但只有二百多人。"

工作组没有办法，拿过名单一看，似乎有一点印象，的确都是江浙人，于是，心惊胆战地回大都复命了。

这个故事没有下文，可能忽必烈看到那份名单后，认为人数太少，不了了之。又可能是，忽必烈连名单都没有看，就下令把名单上的名字从人间抹去。

无论如何，刘濠用几坛子酒和一间破房子，拯救了千人的性命，毋庸置疑地符合了"仁"的要求。想拯救别人的性命是高情商，拯救了别人的性命是高智商。

刘伯温听完这个动人心魄的故事后很激动。他那些祖宗的光辉形象忽然间高大起来，他挺直了腰板，向祖先暗暗发誓，要做一个光宗耀祖、名声大振的人。

南田山下

站在南田山上向远处望去，刘伯温和父亲刘爚俯瞰到的是南田山连着山外山，云雾缭绕时，好像万山中移出许多衣袂飘飘的神仙映入眼帘。刘爚指着东北方向告诉刘伯温，一直走，一百五十里就到达青田县城。如果沿着山脉，蜿蜒奔驰，就能到达十大洞天之一的青田山。刘爚又伸出一根手指，指着脚下，告诉刘伯温，南田山也不是吃素的，它在七十二福地排行榜上名列第七。

刘伯温就问："什么是洞天、福地？"

刘爚解释说："唐末有个叫杜光庭的顶级道士偶得天书，其实是一本仙家地理课本。上面说，天下有十大洞天、三十六小洞天、七十二福地。这种地方经常出现伟大人物。比如终南山，太上老君未找到天上的工作前就在那里长住过。比如商山，住着四位忘了年纪的老人，称为商山四皓。汉高祖刘邦有段时间想要废掉太子，张良把这四个老头请了出来，刘邦迫于这四位老头的声誉和神奇的力量，吓得脸色发白，发誓说没有废太子这回事。又比如峨眉山，据说山中住了许多不死奇人，如果大运当头碰到他们，就能要得长生不老药。”

刘伯温说：“请问父亲，南田山出过什么伟大人物？”

刘爚抚摸着刘伯温的头，喃喃地说：“快了，快了！”

从刘伯温那双清澈得黑白分明的眼睛看出去，南田山是这样一座山：它在万山深处，忽然拔地而起一座平台，远高出它周边的山。平台之山，高旷绝尘，风景如画，这就是人类历史上传说的世外桃源。

刘爚和刘伯温站在南田山的最高峰，武阳村显得渺小而可爱。每家的烟囱同时冒出青烟，每家的灯光同时亮起，又同时熄灭。每家院子里的月光一样多，每家院子里的人也一样的谦虚有礼，打躬作揖都是一个样。

刘伯温突然就问刘爚：“父亲大人，我的爷爷刘庭槐为什么是个传奇人物？”

刘爚正在忘情于风景中，经刘伯温一问，才发现自己遗漏了一个祖宗。搜索枯肠许久，他才慢慢地说：“你爷爷是我大元朝的太学上舍。”

刘伯温当然不知道“太学上舍”是个什么东西，所以就问：“这个‘太学上舍’比起我七世祖的‘行在都巡检使、行在五军制置使、殿前都指挥使、太尉、检校少傅、检校太保’，哪个更厉害？”

刘爚激动起来：“当然是你七世祖的那些头衔厉害啊。你爷爷这个太学上舍是一个不经考试就可以做官的头衔，相当于保送生。这是北宋年间王安石创立的三舍法，所谓三舍法，就是把当时国立大学的学生分为三等，外舍两千人，内舍三百人，上舍一百人，外舍的学生不必参加乡试，直接省试，内舍的直接参加皇帝主持的会试，而上舍的学生，什么试都不用参加，直接当官。”

刘伯温疑惑起来，问：“那为何我爷爷没有做官？”

刘爚叹息道：“倒霉嘛，大元王朝的皇帝不知道抽什么风，每年只从上舍一百人中取两人，僧多粥少，你爷爷运气不佳，于是就跑回来了。而这群蒙古人又不举行科举考试，你爷爷真是英雄无用武之地啊。”

刘爚说完这段话，突然意识到这种消极观念不能传输给孩子，马上转换话题，问刘伯温：“你知道我为何肯定这南田山中必出伟大人物吗？”

刘伯温说："因为父亲您能掐会算。"

刘爚摇头："人有千算不如老天一算，这是天意。"

于是，他给刘伯温讲了道士的故事，又讲了自己挪老爹老娘坟的故事，然后又综合了道家地理课本的故事，最后总结说："这是天时地利，还有个'人和'。"

他问刘伯温："你觉得咱们刘家的祖先如何？"

刘伯温说："依您的讲解，我觉得很好。"

又问："你可知你母亲的祖先是谁？"

刘伯温不知。

刘爚说："此事说来话长。我必须要给你普及一段历史。"

这段历史的开头是这样的：唐代宗李豫上任的第一个年头（762年），因安史之乱的缘故，江淮地区的赋税没有机会收取，李豫屁股坐上龙椅后，认为天下已安定——其实天下还没有安定，军阀安禄山和史思明引起的安史之乱要到明年才结束——于是急吼吼地追征江淮地区百姓八年的赋税。

如你所知，江淮百姓也没有多少余粮。于是，政府和百姓的关系紧张起来。李豫坐在长安城中，有吃有喝，根本不知道百姓们的难处，所以在得到百姓不合作的消息后，龙颜大怒，命令各地武装追征。

这一武装追征惹恼了一个人，此人就是台州政府外编人员（胥吏）袁晁。袁晁在政府混迹多年，深谙政府搜刮民财的显规则和潜规则。他先是好言劝阻地方长官，说安史之乱在北方一爆发，南方的江淮地区就成了中央政府的物资供应基地。表面上，政府这八年来没有收江淮百姓的税，但江淮物资源源不断地运往北方，这些物资全是政府从江淮百姓手中夺取来的。虽然国家兴亡匹夫有责，可江淮百姓为了长安城里的那个狗娘养的皇帝，节衣缩食，好多人翘首企盼平定安史之乱后等着封赏，怎么突然又要追征赋税。追征赋税也可以，但先请中央政府把这八年来以抗战名义搜刮去的财物核对一下，多退少补。

地方政府官员也学长安城中的李豫，大脸变色，震怒之下，开除袁晁。袁晁认为这是他自参加工作以来遇到的第一个无法克服的困难，因为他遇到了世界上最大的流氓——皇帝和他的政府。大概是出于悲天悯人的仁者之心，他跑到翁山（今浙江舟山岛），在街头宣扬革命思想。很快，一批衣不蔽体食不果腹、正被政府强征赋税的百姓聚拢在他身边。袁晁说："既然现在的政府给我们带来的全是灾难，那我们就自己建立一个能给自己带来幸福的政府。"

这支临时凑起来的部队用农具当武器，以迅雷不及掩耳之势攻陷台州（今浙江临海）。随后，又像暴风一样横扫衢、温、婺、明、越、信、杭、苏、常等江东九州。袁晁的部队在攻城拔寨的过程中发生了令人震骇的裂变增长，从几千人变成了二十万人。一支二十万的部队在那个时候的唐王朝，已是天文数字，袁晁就凭着这支杂乱无章的军队在台州称帝。他坐在二手龙椅上，说：“这真是众望所归啊！”

袁晁那时意气风发，有一段时间特别想领兵北上，直取长安城。不过有人提醒他，要时刻发现自己的缺点，不能被胜利冲昏头脑。我们应该有个判断，一连串的胜利真是靠自己的实力获取的吗？江淮方面的政府军在忙着追征赋税，我们恰好钻了个空子。看看咱们的部队，还有拿着锄头和镰刀上战场的。那玩意只适合在庄稼地里建功立业，到战场上，全是白给。我们真要遇到中央政府军，生死未卜啊。

袁晁对这番话不置可否，但很快，他和他的部队就面临了严峻的考验。

皇帝李豫在长安城中听说袁晁革命的消息后，七窍生烟，立即命令在安史之乱中表现极为出色的大将李光弼到江淮战场平叛。

唐王朝的安史之乱催生出了无数战场上的骄子，比如收复长安城和洛阳城的郭子仪、死守睢阳城的张巡、战功卓著的仆固怀恩，还有李光弼。但李光弼绝对是骄子中的骄子，战场上的万王之王。安史叛军每次在战场上听到对手是李光弼时，立即魂不附体。因为李光弼从不按牌理出牌，他擅长破袭战、地道战、麻雀战、伏击战、围困战、闪电战，还有母马战。

关于母马战，因为在后来的战争史上闻所未闻，所以有必要补充如下：史思明曾在黄河南岸安营下寨，防御中央军渡黄河。李光弼当时在黄河以北，和史思明对峙。

李光弼的兵力薄弱，所以不敢进攻，而史思明的任务就是防御，不是进攻。两方人马既然不能在战场上较量，只好互相震慑。就如今天有核武器的国家一样，把核武器拿出来让你浑身战栗，不敢先动手。

在冷兵器时代，战马是最现代化的武器，一匹战马就是一辆坦克，谁的战马彪悍，谁的坦克先进，谁就能让对手冒冷汗。所以，史思明就让士兵每天都带着战马去河边洗澡。安禄山和史思明的战马清一色公马，这些公马都是在北方大草原上生养出来的，和李光弼那些中原的战马站到一起，中原的战马就成了宠物。

李光弼的战士们看到对方那些在河里洗澡的马，又看看身边的宠物马，摇头叹息说这仗没法打。李光弼说：“打不过他的兵器，可以让他的兵器凭空消失嘛。”

众人认为这不现实，李光弼说：“你们把咱们控制区内所有的母马都买来。记住，是刚做了母亲的马。”众人莫名其妙，但上司的命令不敢不听。

一大群母马被驱赶到黄河边，因为刚从孩子身边被带走，母马们呜咽哭泣。正在洗澡的史思明的那群烈马们听到河对面的声音，都望了过来。呜呼，一群家庭风格的青春少妇正在那里释放着美丽的忧伤。烈马们躁动起来，先是原地转了几圈，然后像离弦的箭一样射了出去。李光弼的士兵看到万马奔腾，黄河水被它们掀起巨浪，只一会儿工夫，史思明那些烈马们都成了李光弼这边的上门女婿。

正当史思明绞尽脑汁想他的战马何以背叛自己时，李光弼就用对手的战马向对手发起了进攻。史思明不战而逃。

这就是母马战，惊鸿一瞥，无法复制。

763年春节，李光弼带着他那支久经沙场、在血腥中成长起来的兵团进入江淮。袁晁对李光弼没有耳闻，李光弼的威名在北方，南方人根本就不知道有李光弼这个人。袁晁之前几战积累起的威名，使他忘记了自己的军事能力和他军队的作战能力。

他居然主动出击，李光弼等的就是这个。李光弼先把大部队摆在正前方迎战，分出两支机动部队埋伏在袁晁撤退的路上。袁晁才打了几分钟，就发现对手的兵团果然不是浪得虚名，马上撤退，结果在半路上，遭到了对手那两支机动部队的伏击，伤亡惨重。这叫伏击战。

袁晁撤进了台州城，挂起免战牌，死也不出战。李光弼把台州城围个水泄不通，派人断绝台州城的水源，用火箭向城里乱射，焚烧对方的粮草。这叫围困战。

袁晁在台州城实在吃不消了，因为粮草将尽，他本来就并不稳固的军心摇摇欲坠。当他正在专心制定突围计划时，有一天晚上，台州城市中心突然出现天坑。巡夜部队好不容易把天坑里冒出来的脑袋用石头砸了回去，又有报告说，世界末日可能到了，因为城里各处都是天坑。袁晁不知道，这就是李光弼擅长的战术之一，叫地道战。

袁晁来不及制定全面的突围计划，草率地把部队分成四部，从四个城门同时突围。临行前，袁晁激励他的士兵：“拿出你们当初一鼓荡平江东十州的气魄来，杀出去，重见天日！”

人在绝境下会爆发出惊人的力量，袁晁的二十万士兵从四个城门一涌而出，杀声震天。李光弼的围城兵团居然有点吃不消，李光弼下令先撤退，再集中，在找到袁晁那支突围兵团后，放过其他三路，如猫儿捕鼠一样紧紧追击袁晁。

袁晁大怒，下令停止后退，后队变前队，迎战李光弼。李光弼命令全线进攻，袁晁大败，仓皇逃奔。李光弼尾追不舍，袁晁溃退到石垒寨（今浙江省天台县关岭），再也无处可逃，把所有士兵，包括其他三路突围出去又忠心耿耿回来的士兵全部投入战场。李光弼迎战，袁晁又一次大败，困守石垒寨。李光弼故伎重施，把石垒寨围得连只苍蝇都飞不出来。袁晁的部队没有粮食，只好杀战马充饥。战马杀完，袁晁陆续派出小股部队去寻找粮食，但被李光弼守株待兔一一歼灭。袁晁被迫作最后的冲刺，他分兵四队，轮流突击。但李光弼的战线如铜墙铁壁，纹丝不动。袁晁黔驴技穷，孤注一掷，亲自挑选敢死队作最后一次突围。在突围前，袁晁对他那些非敢死队成员说："如果对方接受投降，你们就投降。我头可断，决不投降。"

他亲自领导的这次突围很快就失败，他本人在准备把刀抹向脖子时，被李光弼的士兵救下。不是真为了救他，而是为了他能活着，到长安领赏。

袁晁后来在长安被处决，他的这次武装反抗被称为"袁晁之乱"。

刘爚讲完了这段历史，长舒一口气，叹息一声说："官逼民反，是个永恒的真理。"

刘伯温思考了一会儿，突然就问："这件事和我娘的祖宗有什么关系吗？"

刘爚正色道："当然有关系。你娘的祖宗富韬当时是四川松州行政长官（松州刺史），就是因为袁晁之乱，他才举家跑到南田山来的。你娘家出的人物和咱们刘家平分秋色。富韬的儿子富处谦在河南做官，被皇室封为鲁国公；富处谦的儿子富令荀封韩国公；富处谦的儿子富言北宋初期在尚书省。特别是富言的儿子富弼，两次拜相。这位富弼老先生可是北宋时代的风光人物，当时辽国和北宋的关系很紧张，都是这位老先生靠外交政策妥善解决的。你的母亲就是富弼老先生七世孙富应高的孙女。"

刘伯温听得很明白，原来南田山这片儿之所以是风水宝地，大概和富氏再次居住，并出了一筐伟大人物有很大的关系。

但刘爚却告诉刘伯温："天时，你有了，很多神秘兮兮的故事就能证明啊。地利，你也有了，南田山是福地之一，出伟大人物。这里是宇宙的中心，太阳升起的地方。人和，你也有了，你父亲我和你母亲都是高智商家族出来的，你得了我们的真传，不必担忧头脑不够用。但天时地利人和，只是外部条件，外部条件即使再优越，倘若你自己不努力，终将无法成事。我跟你说的祖宗那些震耳欲聋的业绩，可能有点夸大，但我的目的很简单，只是希望给你信心，要你知道自己不同凡响。所以，我现在要求你，必须要发挥你的主观能动性，好好学习，充实自己的头脑，将来为祖国贡献你力量的同时，也就为家族增光添色了。”

但刘伯温说：“老爹啊，听你的意思，为家族争光必要为祖国贡献力量。倘若不做官，如何贡献力量？咱们汉人生活在蒙人的统治下，连科举考试都没有，叫我如何去做官？我这命可有点苦。”

刘爚正色道：“胡说，上有天下有地，中有圣明天子，你怎么可以叫苦？你等着吧，科举考试是大势所趋，总有一天会卷土重来。”

父子二人对话完毕，夕阳已西下，但在刘伯温心中，却有一轮灼热的太阳在地平线后面喷薄欲出。

天上的刘氏家族成员的眼睛都聚焦在刘伯温身上，因为沉默孤独了百年的刘家，太需要世上出现一个风光八面的刘家人了。刘伯温是他们的希望，也是历史的希望。

第二章
少年奇才，二十三岁进士及第

蒿草计

或许，刘伯温终身不忘的一件事是，他父亲每天都会沐浴着从窗口射进来的阳光，用深沉的语言启迪着他脑海中最愚昧的角落。在他和父亲中间的桌子上，摆满了奇诡的神秘图谱和《周易》上变幻莫测的卦象．小刘伯温被这些东西深深吸引，无法自拔。

从小刘伯温母亲富女士的眼中看出去，刘伯温是个安静而孤单的人，他那反常的沉默寡言和突然之间提出的刁钻问题，让富女士难以理解，当然就难以招架。所以富女士在把儒家经典粗略地传授给刘伯温后，就主动辞去了他启蒙老师的职务。

从武阳村的许多小朋友眼中看出去，刘伯温是个不合群的人，每当他们玩得疯狂时，刘伯温就会悄无声息地离开他们，远眺沉思。小朋友们在背后评价说，刘伯温是个怪胎。

但刘爚却认为，小刘伯温的沉默寡言恰好证明了一点：一个聪明人如果没有可说的话时，嘴巴应该是闭着的。这也正符合孔夫子的教导：夫人不言，言必有中。

从道教的角度说，很多人所以愚笨，就是因为废话太多，精气神都从嘴里跑掉了，所以不能积聚智慧。

从刘爚的眼中看出去，小刘伯温有着惊人的智慧，因为他能一目十行而过目不忘。他的卜筮课、风水课、星相课、灵棋课、谶纬课都能满分，不过，这是刘爚的评分。刘爚本人也知道自己在象术上的造诣并不深，但一个小孩子能在最短的时间里领悟到他需要花费几年才领悟到的玄机密码，这足以担得起“聪明绝顶”四个字了。用刘爚的话说，如果大言不惭一点，基儿的智慧已超越了人类的极限，比得道的道士走得更远。

当然，说一个人有智慧，不是看他有多么强悍的记忆力和领悟力，而是要看他解决现实问题的能力。

刘伯温十岁那年，一个机会闯到他面前，让他有机会展现了他的能力，确凿无疑地证实了他那不凡的智慧，并不是老爹吹嘘出来的。

这个机会是这样来的：1320年，元王朝最高领导人孛儿只斤·爱育黎拔力八达（元仁宗）去世，就在国丧期间，青田县有人办婚事。这简直是向枪口上撞，依法律规定，国丧三个月内，国家任何人、任何地方不得有娱乐活动。就是在大街上行走，也不能有笑脸。穿衣戴帽一定要注意，不能五颜六色，每个人必须素装。酒糟鼻子在国丧期间不敢上街，因为鼻子是红色的，一旦被捉住，不好解释。青田县县长闻听有人敲锣打鼓、穿红戴绿地举行婚礼，像炮仗一样爆了起来。众所周知，在他的管辖区内出这样的事，一旦被上级知道，那是要掉脑袋的。这位“炮仗”县长马上带着几名士兵冲进人家的婚礼现场，把男的杀掉，再把女的打晕，又抢跑了新娘。

让青田县县长意想不到的是，新娘家在当地和黑社会有很深交情，不然也不敢这么明目张胆。新娘的老爹得知女儿被抢了后，气冲斗牛，散尽家财，召集黑社会朋友们，带着棍棒冲击县政府。由于武器落后，冲击未遂。他们临时改了主意，抢了县城武装部，有了现代化武器后，他们又掉头来攻击县政府。但县政府已经集合了军队，这些人见不是对手，一溜烟跑上青田山，当了逆匪。当然，这是元政府的说法。史学家的说法就是：南方汉人的起义。

其实，南方汉人的起义和蒙古人在中国的统治相始终。仅在忽必烈统治蒙古的鼎盛时代，南方就有二百余起汉人起义。忽必烈之后的元朝二任帝孛儿只斤·铁穆耳（元成宗）和三任帝孛儿只斤·海山（元武宗）时代，江南地区的汉人起义数量虽有减少，但绵绵不断。四任帝孛儿只斤·爱育黎拔力八达虽然是个好人，也是个好皇帝，可他在位的第五年，也就是刘伯温六岁时，江西赣州出其不意地爆发了高质量的蔡五九起义，蔡阁下不仅攻陷了州政府，而且还一路北上，想要直捣黄龙攻陷大都。蔡五九虽然很快被残酷镇压，但那次造反的影响力却让高层不寒而栗。刘伯温七岁时，广西瑶人又起义。八岁时，江西五个州同时爆发了汉人的大规模起义。

对于江南地区的汉人造反，元王朝的皇帝们已习以为常，提不起激动的兴趣来。如果有一段时间，元王朝方面听不到江南有人造反，皇帝们会大吃一惊，认为不可理喻。

但皇帝眼中的芝麻小事在地方政府长官那里就成了世界末日的大事。青田县县长动用县城的军队多次到青田山中剿匪，要么无功而返，要么被对方打得丢盔卸甲。

这是因为土匪们的据点易守难攻，而青田县剿匪部队的战斗力又马马虎虎，所以这事一时之间很难解决。青田县县长乞灵于人民的智慧，派出许多胥吏到各地打探奇士异人。有一个胥吏恰好认识刘爚，于是就找上门来了。

那天中午，太阳高照。刘爚和刘伯温正在吃饭，刘爚背对着院子，突然用筷子的手就悬在空中，神秘地说："有人来了。"刘伯温一抬头，就看见了那位正走进院子东张西望的胥吏。

胥吏把整个事件说了一遍。刘爚说："这简单，等我吃完饭。"

胥吏几乎要哭出来，因为时间就是生命，土匪们多活一日，他和他的上司就多一分危险。

刘爚看到胥吏忧心忡忡，就放下筷子，思考起来。太阳落山，月亮升起，胥吏疲倦得直伸懒腰，刘爚也没有拿出解决问题的办法。他看了看胥吏，说："这些土匪着实可恨，国丧期间居然违反法令，罪大也。"

胥吏赶紧挺直腰板。凭在衙门里多年的工作经验，他认定，有能力的人在说出解决问题的方法之前，都要有个帽子，这在文章上称为"龙头"，"龙头"之后就是解决问题的方法——"猪肚"。

但可惜，刘爚只有"龙头"，至于"猪肚"，他踢给了刘伯温："你有什么办法，说出来。"

胥吏的态度从恭敬转为惊讶，又转为愤怒，因为他认为刘爚在耍他。一个十岁的孩子如何能解决几百号土匪？胥吏正要作出点官家的姿态来，刘伯温却问了起来。

下面就是二人的问答。

刘伯温："土匪们不下山？"

胥吏："未曾发现。"

刘："你们不想伤亡太大？"

吏："谁想死啊？"

刘：“你们可有弓箭手？”

吏：“谁不会射箭啊？”

刘：“三个月内剿灭他们，可行？”

吏：“这么久啊。”

刘：“就这么久。”

吏思考许久：“可以，说你的办法。”

刘：“你可认识蒿草籽？”

吏：“我早些年也是山里的娃，如何不认得？”

刘：“收集蒿草籽，去掉箭头，把蒿草籽拴箭头上，射向土匪窝附近，越多越好。”

胥吏看向刘爚，刘爚说：“你既不想有伤亡，又想解决这件事，就去办。”

青田县县长也是死马当作活马医，按刘伯温的方法，射出去无数没有箭头的箭。但为了保险，他把刘爚请到县政府，软禁。如果三个月后，刘伯温拿不出消灭土匪的计策，刘爚就是通匪。

三个月后，土匪窝据守的山上，枯黄的蒿草映入眼帘，每个角落，哪怕岩石的缝隙都被蒿草占领。刘伯温说：“可以了。向那里放箭，放箭之前，在箭上抹上松油，点燃。”

蒿草火箭一相逢，漫山遍野成了火焰山，土匪们被浓烟呛得跑出老窝，全体投降。

刘伯温因此而一夜成名，但很快就销声匿迹。因为县长大人认为这种小儿科的主意，他自己也能想得出来，只是没有去想而已。所以功劳簿上只有他的名字，没有刘伯温。

但历史不会因为他的篡改而忘记刘伯温，所以我们今天知道刘伯温有这样一个蒿草计，却不知道那位青田县县长的名字。

先来后到的等级制

此事过后，小刘伯温和父亲刘爚有一段谈话，内容就是针对那股土匪的。小刘伯温说：“这些人违反国家法律，实在是罪有应得。”刘爚大吃一惊，提醒刘伯温：“那些人虽然是土匪，但却和我们同族同种。青田县县长虽然代表政府，但却是异族，你应该有个华夷观念。”

小刘伯温也是大吃一惊，他无法想通，老爹会把一个土匪事件上升成民族问题。

刘爚说：“你还不懂蒙古人开国以来的历史，所以不明白这里的玄机。我现在就给你普及下历史，我要让你记住，蒙古人对咱们中原人都做了些什么！”

实际上，刘爚所讲的元王朝，和真实的元王朝略有出入。这是因为刘爚自以为是南宋遗民的后代，赌徒失败后都不承认失败，所以对赢家咒骂。而后来的泥腿子朱元璋所建立的明王朝，自然要对蒙古人在中国的统治加以丑化，以此来彰显他驱逐蒙元那盖世的武功。

所以，刘爚意气用事下所讲的元王朝的种种，我们必须要以客观的历史事实加以甄别和佐证。

刘爚说：“鞑子（汉族人对蒙古人的蔑称）是宇宙中最贪得无厌的巨兽，听到哪里有国家，就奔哪里去。孔夫子说，挑起战争的目的是要吊民伐罪，否则战争就是不仁义的妄动。可这群骑马骑成罗圈腿的家伙没有任何高尚的情操，打仗的目的就是想烧杀奸淫掳掠，他们只是想把恐怖传到全世界。孟夫子说了，只要有仁义就成了，要那么大地盘做什么。我听说，鞑子在中国之外还有四个分部。鞑子人口少，只好派亲戚去管理，亲戚之间离得远了，感情生疏。这可真是妻离子散，人丁凋零啊！”

严肃的历史佐证如下：

蒙古大汗孛儿只斤·铁木真（成吉思汗）于1206年统一蒙古高原后，立即全身心地投入到开疆拓土的宏大事业中去。蒙古当时只有100万人口，除去妇女、老人和小孩，能作战的士兵只有20万。成吉思汗和他的后代就凭这20万人，用他们那可怕的军事才能西征北讨，到1279年灭掉南宋帝国扩张正式完成后，他们缔造了一个东临太平洋、北抵北冰洋、西达黑海沿岸、南到南海版图达3500万平方公里的超级大帝国。提醒一点：地球陆地面积是15 000万平方公里。

在这片连阳光都不能完全覆盖的庞大领土上，蒙古帝国自动自发地分成一个庞然大物的帝国（元帝国）和四个巨兽般的汗国（金帐汗国、察合台汗国、窝阔台汗国、伊儿汗国）。

中国人身处其间的正是元帝国，它是由蒙古帝国第五任大汗孛儿只斤·忽必烈于1271年在大都成立的。八年后，忽必烈灭掉南宋，元帝国的版图正式确立：北到今天的蒙古共和国、西伯利亚，南到南海，西南包括今西藏、云南，西北至今新疆东部，东北至外兴安岭、鄂霍次克海，总面积约1200万平方公里。

元帝国的最高领导人具有双重身份，他既是蒙古帝国的大汗，也是中国的皇帝。

刘壎接着说："鞑子们灭掉我们伟大的祖国南宋后，在全国实行了臭名昭著的四等人制。他们把全中国人分为四等，分别是：鞑子、色目人、汉人、南人。'南人'就是我们南宋遗民。臭不要脸的鞑子凭什么把我们列为最低一等？我们哪里都比他们强。我们用火药制造了突火枪，这是人类历史上第一支轻火器。我们发明了人类历史上第一张纸币（交子），我们有先进的罗盘，还有精巧的瓷器，我们还有世界上最有思想的程朱理学。鞑子们有什么？几匹破马。色目人又有什么？可能连马都没有。最可气的是汉人，被女真人统治了一百多年，做了一百多年的奴隶，结果倒骑到我们头上来啦！我真是气死了。这是赤裸裸的民族歧视！"

严肃的历史佐证如下：

忽必烈说，我们蒙古人是天之骄子，凌驾所有生物之上，所以，我们必须是第一等人。于是，蒙古人就成了第一等人。而"色目人"其实是"各色名目"的人，也就是当年和蒙古人一起打天下的其他西北方的少数民族兄弟。第三等"汉人"不是我们印象中的汉族人，而是从前金朝统治下的汉族和汉化的女真、契丹等族人，同时也包括云南、四川的汉族人。"南人"，就是刘壎口中的南宋遗民和遗民的子孙们，也就是江南的汉族人。

刘壎说得没错，南宋什么都有。但蒙古人划分等级的标准不是什么程朱理学和一碰就碎的瓷器，当然也不是火器——蒙古人也有火器，比南宋的强多了，当年一炮就把南宋的襄阳城轰沦陷了——而是老百姓口中的"先来后到"和逻辑学家口中的"因为所以"。

蒙古人与生俱来就和他们的大汗冲锋陷阵，他们自己就是主人，当然要坐第一把交椅。这就如阔佬请客，主人肯定要坐在上首。在蒙古人统一蒙古高原和第一次西征的过程中，有些西北方的少数民族兄弟（色目人）慧眼识珠，主动跑来和蒙古人混。他们是蒙古人最亲密的战友，自然就要坐第二张椅子；紧接着，蒙古人灭金，金人统治下的汉族人和汉化的女真、契丹等族也跑来，坐了第三把椅子，这就是"汉人"。蒙古人灭金后，还未来得及下马休息，又和南宋打上了。

关于蒙古和南宋开战的事，需要补充一点：

1211年，成吉思汗对金国全面开战，1215年，成吉思汗攻陷金国中都（今北京），金国龟缩到开封。但成吉思汗没有对金穷追猛打，而是在1218年转身西征，于1225年灭掉了中亚强国花剌子模。1227年，成吉思汗西征回国，稍作休息后又灭掉了使当年北宋筋疲力尽的西夏王国。也正是在本年，成吉思汗病逝。临死前他对继任者说："金国的重兵都驻防潼关（今陕西潼关），一边是河，一边是山，强攻会付出大量伤亡。有个笨蛋可以帮我们，那就是多年来被金国骑在头上拉屎的南宋。你们可以和南宋结盟，借他们的路，从金国南方重镇邓州（今河南邓州）楔入，直趋开封，他们驻守在潼关的主力肯定回援，你们只需要围城打援，金国瞬间可下。"

1231年，蒙古帝国第二任大汗窝阔台派使者到南宋谈判借道，可这位使者霉运当头，走到沔州（今陕西略阳）时，被南宋爱国将领张宣处决。窝阔台大发雷霆，道也不借了，命令蒙古兵团强取。远征军司令拖雷在南宋的大散关（今陕西宝鸡西南）轻易地撕开了一个口子顺利进入南宋，拖雷兵团在南宋境内如入无人之境，如暴风扫落叶般荡平了南宋数十州，然后又顺利地离开南宋境，进入金国境内，猛攻邓州。邓州顽强死守，拖雷就绕过邓州，直奔开封。潼关守军果然回救开封，就在半路上，他们钻进了已经等待多时的窝阔台兵团的口袋里，金国的主力在蒙古骑兵的冲杀下，全军覆没。

1233年春天，蒙古人攻陷开封。金国最后一位皇帝完颜守绪跑到蔡州（今河南汝南），窝阔台和南宋签订军事同盟，蒙古帝国要求南宋供应蒙古军队粮草，并且出兵，双方共同攻陷蔡州，事成之后，两国以淮河为界。1234年，宋蒙联军对蔡州发动全面进攻，蔡州城外发出天塌地裂般的巨声，蔡州城内哭声一片，完颜守绪见自己的世界末日已到，就没有劳烦宋蒙联军，自焚而死。不可一世了一个多世纪的金国灰飞烟灭。

蒙古人正在专心致志地打扫战场，南宋突然集结二十万大军向三京（东京开封、西京洛阳、南京商丘）里的蒙古人发动攻击。注意，这三处都在淮河以北黄河以南，按宋蒙当初的约定，淮河以北的地方都是蒙古人的，跟你南宋一毛钱关系都没有。也就是说，这是赤裸裸的叛盟和侵略。

进展非常顺利，1234年农历八月，南宋军队光复三京。京城临安（今浙江杭州）方面还未来得及摆庆功宴，蒙古人已发动反攻，南宋二十万军队几乎同时在三京崩溃，溃退到淮河南岸后，足足损失了一半士兵。

南宋这次突然叛盟激怒了蒙古人，而它那不堪一击的战力又勾引了蒙古人向它发出灭亡通知书。从1235年开始，蒙古帝国的一部分兵团沿着南宋边境持续不断地发动攻击，让南宋吃不香睡不着。

1253年，蒙古帝国剑走偏锋，绕过南宋，深入万山丛中的云南地区，灭掉大理王国，随后又使安南王国臣服。1258年，蒙古帝国分三路进攻南宋。1259

年，其中一路的忽必烈强渡长江，抵达鄂州（今湖北武汉）城下，百道攻城，鄂州城马上就要陷落，突然合州战场传来大汗蒙哥去世的消息。忽必烈大吃一惊的嘴还未来得及合上，又传来消息说，他的兄弟阿里不哥正在蒙古本部举行大汗上任典礼。

忽必烈认为自己比阿里不哥更有资本担任大汗，于是放掉鄂州，调转马头回蒙古帝国本部和兄弟“相煎”去了。经过四年血流成河的内战，1264年，忽必烈以压倒性的优势胜出。1269年，忽必烈对南宋全面宣战，1274年，蒙古远征军司令伯颜攻陷鄂州，顺长江东下，陷安庆，在芜湖江面击溃了南宋军队最后一道防线。现在，蒙古军队可以大摇大摆地去南宋行在临安了。南宋急忙求和，伯颜按忽必烈的指示同意了。忽必烈的本意没打算灭南宋，而是希望南宋和安南一样，做元帝国的卫星国。

但是，南宋自己送死。伯颜派去临安的谈判使者在半路上突然被一名南宋爱国将领处决，伯颜听到这个消息，气得马上变成了一个炮仗。南宋中央政府慌忙派人去向伯颜赔罪，并且发誓要严惩凶手，伯颜压制自己不要爆炸，第二次派出使者。想不到南宋的爱国人士太多了，第二个使者走到平江（今江苏苏州）时，又被杀掉。

伯颜气得哇哇怪叫，命令军队进攻临安，在强大的蒙古兵团面前，柔弱的临安没有别的出路，只能陷落。南宋中央高层对伯颜的暴怒很不理解，认为伯颜没有诚意，如果真有诚意，死掉两个使者，还可以再派嘛。

他们不明白的是，是他们亲手制造了伯颜这个炮仗。你制了个炮仗，还点了两把火，却不想让它爆，这对炮仗太不公平了。

1279年，南宋软弱无力的流亡政府在崖山被蒙古兵团彻底摧毁，南宋正式灭亡。

从1234年宋蒙交火到1279年南宋流亡政府灭亡，蒙古灭南宋用了35年。有人看到这个数字会大呼小叫：啊呀，南宋真是厉害，居然抵抗了蒙古人35年。但不要意淫，蒙古灭南宋真正用的时间其实只有12年不到。

1234年蒙古帝国对南宋宣战后，就去西征了。直到1259年，蒙古帝国才掉头回来对付南宋帝国。但也是在这一年，大汗蒙哥去世，忽必烈和阿里不哥打内战，直到1269年，忽必烈才想起南宋，于是用了10年时间（1269—1279年）灭掉南宋。

当然，对于一年甚至是几个月就能灭掉一个国家的蒙古帝国而言，灭南宋的确是个苦差事。大概正是因为很辛苦，所以南宋遗民们受到了极不公正的待遇——四个等级中最后一等。

可你仔细看看这个等级名单就会发现，蒙古人是按照“先来后到”的标准排列的。这就能够说明为什么大理王国的云南和四川的遗民为什么列在第三等。因为他们比南宋遗民先来的。

用逻辑学的角度来叙述，因为你最后到，所以就要受惩罚。正如你赴宴，最后一个到，不但不能坐高一点的位置，还要罚酒三杯。

中国老百姓有句俏皮话：凡事要赶早，否则连吃屎都赶不上热乎的。大概就是南宋遗民们为什么排在最后一等的注解。

蒙古人对南人都做了什么

刘爚说：“鞑子们把我们南人看成是赋税的源泉，好像我们除了缴纳赋税外就没有别的用处了。他们还用法律条文规定：杀一个‘南人’只需要赔一头毛驴的价钱就可以了，而杀一个色目人要罚相当数目的黄金，杀一个鞑子则要偿命。这用意很明显，我们只是一头驴。鞑子们还禁止我们打猎，我们身处江南多山之地，打猎是个重要的收入来源，这不是断了我们的财路吗？还规定我们禁止学习拳击武术，众所周知，我们中国的武术只是花样表演，锻炼身体的一种手段而已，根本没有实战能力，禁这个干什么？更要命的是，禁止我们夜间走路，如果有个急事，必须等天亮。

“当然，这些还不算什么。最让我们痛心疾首的是，小鞑子们在我们南方基层像个大爷，吃的穿的用的，都必须由我们来承担。而且谁家娶新娘，新娘的第一次必须要送给小鞑子。程朱理学教导我们，饿死事小失节事大。一个黄花闺女还未正式进门，就已经失了节，宇宙中只有畜生才有这样的行为。倒霉的是，偏偏让我们碰上了。”

关于刘爚说的这些，我们必须要作一下背景补充和校正。

刘爚说的那些没错，元帝国灭掉南宋后，对“南人”的确极不待见，对他们严加限制，就差限制大小便了。但我们不能断章取义，认为元王朝故意找“南人”的茬。哲学家说，存在的就是合理的。老百姓说，苍蝇不叮无缝的蛋。事出必有因，元帝国对南人的苛刻实际上是被南人的激烈行为触怒的。

前面我们谈到过，忽必烈灭南宋初期，江南就有二百多起汉人武装和元帝国对抗。不过，一定要注意，即使是从极度偏袒汉人的角度来看，每次武装反抗也不是起义，绝大多数都是野心家们的皇帝梦。

1276年，南宋行在临安陷落，南宋其实已经灭亡。虽然有一点死灰跑到福州建立流亡政府，但死灰不可能复燃，即令复燃，火光也不能持久。元帝国的军队开始摘取胜利果实，其实，征服者的果实都是建立在被征服者的痛苦之上的。于是，烧杀抢劫奸淫在整个南中国如火如荼地蔓延开了。江南百姓奋起抵抗，各地的豪强大族变卖财产，召集青壮年，打出了“扶宋灭元、驱逐鞑虏”的口号。穷苦百姓们自动自发抗争，有能力的人能召集几万人，没有能力的只能聚拢几百人，甚至几十人，他们占据险山恶水之地和元军开展游击战。不管是哪路货色，他们在反抗元帝国的军队之前，先对自己的同胞下手。其实这很容易理解，一无所有的人造反，第一个解决的就是粮食问题。他们的战斗力远不如对手的正规军，要抢劫粮食，只能拿软柿子捏，不抢劫手无寸铁的老百姓，他们还能抢谁?

当他们有了一定实力后，马上就建立草台班子政府，封官拜爵。如果你能穿越到那个年代，到江南各地走上一走，就会发现，到处都有一群人在讨论称帝称王的事。这至少可以说明一个问题，他们的真正目的只是想过过皇帝的瘾，至于驱逐鞑虏，只是附带目标。只要有发家致富的可能，他们可以跟民族的敌人蒙古人握手言和。

有两个积极的证据可以证明江南人的反抗内涵。

1278年，建宁（今福建建瓯）人黄华称帝，元政府招降他，黄华带着他的草台班子就跑去了。但很快他发现，元政府对他的待遇还不如他单干的待遇，于是又造反，最后被元军追得走投无路，自焚。

1288年，循州路（治所在今广东龙川县西南）钟明亮聚集十万人造反，声势逼人。元政府招降他，钟明亮同意，但提出的要求是，要他担任循州州长。但忽必烈拒绝这个条件，要他到大都面圣。钟明亮认为这是请君入瓮，于是杀了元政府的谈判使节，二度造反。元政府军积极进剿，同时招降，钟明亮不能支撑，二度投降。但仍然是那个条件，要做循州州长，忽必烈拒绝，他第三次造反。但事不过三，元政府剿匪部队再也没有对其招降过，钟明亮最后失败，本人也不知所踪。

忽必烈在遥远的大都看到江南地区的反抗记录，发现南中国的人真不好治。他先是使用怀柔政策，三番五次下令，驻守江南的军队不许再制造敌人，要军民一家。但美好的命令正如一朵鲜花，到美人手里，会被当成头饰插在头上，而到了毛驴手中，就会被当成解饿的食物。元政府在江南的驻军四肢发达，头脑简单，无法控制自己，于是，江南地区的造反记录与日俱增。

忽必烈发怒了，于是，就出台了那些恶意摧残南人尊严的法律条文。

刘爚提到的小鞑子在江南各地基层（乡、村）当大爷的事，其实是保甲制。保甲制是这样的：每二十家编为一“甲”，政府派遣一人管理这二十家，这个人称为“甲主”。“甲主”就是这二十家的总管，衣服饮食，他可以随心所欲地取走，女子和财产，当然也不在话下。

但刘爚说这些甲主都是鞑子就是大错特错了。蒙古人口太少，江南的乡村多如驴毛，虽然经过蒙古人的屠杀，但仍有南人1184万户也就是60万甲。这就需要60万蒙古人来江南乡村当甲主，难道忽必烈有呼风唤雨撒豆成兵的本事，一下子变出这么多人？

实际上，甲主都是色目人。俗话说，奴使奴，使死奴。色目人是蒙古人的奴隶，他有机会管理他的奴隶南人，其残暴可想而知。

至于刘爚说的新娘第一次要和甲主睡觉，也就是历史上烟雾迷蒙的蒙古人的初夜权问题。这无需辩驳，因为甲主根本就不是蒙古人。即使是蒙古人，也是不可能的事。还是前面的分析，蒙古人口太少，如果真有初夜权，他们要去行使这一权力，非得累吐血不可。

当然，这不是说蒙古人一本正经，像个绅士，实际上，他们南讨西征的过程中，没少挥洒他们的精子。但那是战争，战争中无数丧心病狂的行为，又岂止是蒙古军队的专利？

元朝江南地区的造反像慢性肠炎一样连绵不绝，归根结底，是互动的结果。江南人有钱，忽必烈当然明白，所以大肆搜刮，他第一次征日本时的所有军事物资就都出自江南。而江南人激烈的反抗，又成为元政府统治者对他们实行高压的动因。

刘爚对小刘伯温说：“鞑子们对我们南人就没干过什么好事，所以，和他们的政府对着干，没有什么错。”

小刘伯温当时不懂这段历史，刘爚的讲解又有断章取义和意气用事之处，所以小刘伯温总感觉哪里不对。如果蒙古人对江南真有骇人听闻的压榨，并持续不断而无孔不入，那么，为什么他现在还能衣食无忧，武阳村所有人都快乐地春耕夏耘秋收冬藏？

这个问题，是他暂时找不到答案的，只有他走出武阳村，面对更宽广的世界时，才能找到答案。

当初，埃及人说大地是圆的，希腊人马上怒目：“没脑子的木乃伊，大地是平的！”

现在我们知道，埃及人是对的，希腊人是错的。但你不能说希腊人蠢，因为埃及人住在平原，远远看去，地平线有个弧形，所以他们说大地是圆的。而希腊人住在多山之地，眼睛看不出太远，他们觉得如果不是在平面上，高山怎么能安稳？

我们住在什么样的地方，就会有什么样的眼界。所以，很多有知识的人都说，走出去，看看外面的世界吧！

走出去，到括城

1324年，刘伯温十四岁，正是刚进入青春期的年纪，他变得更沉默寡言。在这时，人们已清楚地看到，刘伯温有一双高傲的琥珀色双目，这双眼睛配上他那沉默寡言的性格，使人对他的印象并不好。有人对刘爚说：“你这孩子是不是在山村里憋的？怕是要憋出病来吧。”

刘爚认为这种担心并不多余，人的思考无限，如果受到有限的生活环境的压抑，会使人的性格更加孤僻，把持不住，就会成为变态。

终于有一天，刘爚说：“我带你走出去，到括城读书去！”

括城（今浙江丽水）是处州路的行政中心，原名栝城，因为当地多栝树，所以叫栝城。后来不知什么原因，改名为括城。栝树就是金钱松，这种树的树叶看上去毛茸茸很可爱很柔软，但摸上去，就是植物版刺猬，所以最好多看少摸。大概取名“金钱”松，寓意就在此：不是自己的金钱，看看可以，少去碰。

刘爚说要带刘伯温去括城读书，其实是去市重点中学括城府学读书。但这种地方，可不是谁想来就来的。有机会来这里的都是整个处州读书最好的学生，他们需要在处州进行的考试中排名前三十名内。刘爚那天和刘伯温说，要带他去处州读书，其实是刘伯温已经被处州府学录取了。我们要声明这一点，一来证明刘伯温的确把书读得特别好；二来，刘爚可不是信口开河的人。

刘伯温到府学读书后，除了学习《春秋》和程朱理学外，还对诸子百家、天文、兵法等类型的书爱不释手。其实他在武阳村时就涉猎过这些，现在，只是在老师的讲解下，重新温习而已。孔子说，温故而知新。北宋初期宰相赵普说，老子我半部《论语》治天下。这都说明古人在读书方式上特别重视精读，一本书不厌其烦地读，读上一百遍，其义就自见。

刘伯温的《春秋》课老师后来回忆说，这孩子聪明得一塌糊涂，你只需给他读一遍，他就能倒背如流。你还未说完全部的解释，他就已经知道了全部的解释。这种人在西方称为先知，在中国，称为神童。在中国的道教门徒口中，就是未卜先知。

《春秋》是春秋时期的鲁国史，但不全，全部内容是从前722年开始，到前481年就结束了。但鲁国历史却是从公元前1042年到公元前256年，所以北宋宰相王安石说，《春秋》是“断烂朝报”——就是陈旧、残缺，没有参考价值的历史文献。

《春秋》本来就是粗线条——只有目录，没有内容。经孔子编辑后，看着像历史文献，其实成了惩恶扬善的思想道德课本。但里面却没有直接告诉你哪些是恶的、哪些是善的，而是把“褒贬”藏在文字里。这种遮遮掩掩、指桑骂槐、声东击西的文字游戏，就是我们今天所说的“春秋笔法”。

举个例子来说明这种“笔法”的使人震骇之处：夏，五月，郑伯克段于鄢。

这是《春秋》第三个目录也是第三个内容，不了解那段历史的人，对这个标题只能干瞪眼。了解那段历史的人，就知道这几个字说的是，春秋初期的强国郑国第三任国君姬寤生（郑庄公）在鄢城（今河南鄢陵）干掉老弟姬段的故事。

这个有些复杂的故事到了《春秋》里只变成了六个字：郑伯克段于鄢。但据孔子的忠实信徒说，这六个字就是春秋笔法的凌厉展现，受过特殊训练的人对里面的“褒贬”一目了然。

下面就是受过春秋笔法训练的人的解释：

“郑伯”是对国君的称呼，不说姬寤生或是郑老大，这是怪罪姬寤生没有尽到一个做哥哥的责任。老弟要什么，郑老大就给什么，这就是放纵溺爱，不是个好哥哥，所以只称他为国君。“克”指的是战胜敌人，说明郑老大的放纵溺爱根本就不是出自本心，而是诈术，他从始至终都把弟弟当成敌人，必杀之而后快。

郑伯克段于鄢，就是说，郑庄公用狡猾的诈术干掉了亲弟弟这个敌人。虽然姬段造反是不对的，但姬寤生不怀歹毒的心，之前就好好教育弟弟，就不会发生这样的惨剧。所以，罪责全在姬寤生身上。这个标题是想告诉我们，那些动机不纯的人，就是消灭了敌人，也没有功劳，大家应该强烈谴责这种内心奸诈、外表忠厚的人。

由此可以看出，春秋笔法暗藏玄机，不经专家讲解，谁都无法弄懂，而且讲解起来极为生涩，很多人都不喜欢学。但刘伯温却是个例外，他学起来津津有味，还能独立发挥。

不过，中国古代的老师不喜欢刘伯温这样太过伶俐的学生。刘伯温的老师每当看到他把学习当成娱乐时，就一脸严肃地说："老祖宗教导我们，学海无涯苦作舟，学习是苦差事，必须要头悬梁锥刺股，就是你聪明，不需要如此，也要装出痛苦的模样来。唯有真苦尽才能真甘来。你把学习当成是乐子，这是态度不严肃，恐怕不能被老祖宗所喜欢。"

这种论调让刘伯温大吃一惊，他对老师说："我就是喜欢读书，连老黄历我都喜欢读。如果让我装作读书很苦的样子，那就是虚伪。这不是我能做到的。"

老师气得鼻子直冒火，但对刘伯温超级强大的记忆力却不得不心悦诚服。

实际上，在中国古代，读书人的基本功就是死记硬背，谁的基本功扎实，谁就能脱颖而出。令人遗憾的是，记忆力大多数情况下都是从娘胎里带出来的。刘伯温的记忆力就是与生俱来的。西方哲学界的大佬罗素说，人理应平等。但这不可能，至少从记忆力上而言，就绝不可能平等。

刘伯温凭着超强的记忆力和博览群书的能动力，还有灵光经常闪烁的领悟力，在括城府学中声名鹊起。他的老师悻悻地对刘爚说："你这孩子成精了，府学里没有人可以教他，还是到外面请个高级教师吧。"

刘爚认为老师说得很对，但高级教师到哪里找，这是个问题。刘伯温的老师说："这算什么问题，号称理学大师的郑元善啊！"

刘爚愣了，因为他不知道有这么个人。

与理学邂逅

刘爚不知道理学大师郑元善，情有可原。很多人对"郑元善"这个名字都很陌生，但提到另外一个名字，大家肯定会叫起来。这个名字叫施耐庵，他的老师就是郑元善。

郑元善，字复初，大家都叫他复初郑先生，后人称他为元朝的顶级理学大师。刘伯温在括城读书时，郑大师恰好也在括城，担任州长名誉秘书（处州录事）。由于这是份闲差，因此他把大部分时间都放到教诲一些有志于理学的人上了。

刘爚那天来找复初郑先生时，郑先生正在清风徐来的书桌前闭目沉思天理人心。刘爚对郑先生说：“咱俩曾同行过，我当年在遂昌做过教师。”

复初郑先生抬眼看了看刘爚，嘴角一扬，说：“你有何事，不妨直讲。”

刘爚眼观鼻，鼻观心，心观郑大师，认定这是一个货真价实的高人，因为高人才有这般傲气。刘爚就言简意赅地把儿子刘伯温的记忆力和领悟力说了一遍，最后注解道：“这孩子太聪明了，他的老师已没有能力教诲他。”

郑大师鼻孔朝天：“不是我摆架子，我是不教小孩子的。”这句话的“春秋”说法是小孩子不配要他教，其实把架子摆得很大。

刘爚哪里能被架子赶走，开始死缠烂打，非要让郑复初见一下刘伯温，只见一面。

眼看就要吃晚饭了，郑大师的肚子开始咕咕叫，但他又不能留刘爚吃饭，因为他薪水很低。肚子让他妥协了，他说：“那就见见。”

刘爚满眼都是笑意，喊了一声：“基儿！”

只见刘伯温从门外慢慢地走了进来，紧闭着嘴，骨子里散发着寡欢的泡沫。

刘伯温的相貌平凡无奇，但是那种孤独落寞的神情颇使人动容。郑复初也是阅人无数的人，一见到刘伯温那独特的气质，不由得心动了一下。

他把刘伯温从上到下、从左到右仔仔细细地看了一遍，像是在鉴赏一件刚出土的古董。最后，他认定这货不错，但还是要深入一下，于是问：“听你老爹说，你七行俱下，过目不忘？”

刘伯温鞠躬回答：“是。”

郑复初“呦”了一声，这小子还不谦虚，正合我性格：“都读过什么书啊？”

“很多。”刘伯温又鞠了一躬回答。

郑复初又问：“读过《周易》吧？”

刘伯温点头：“七岁就读过。”

“天地氤氲，下一句是什么？”

“万物化醇。”

“天地玄黄呢？”

“宇宙洪荒。”

“什么是宇，什么又是宙？”

“天地四方谓之宇，古往今来谓之宙。”

据《刘伯温年谱》说，郑复初听完刘伯温的正确回答后，就从椅子上弹起来，兴奋地对刘爚说：“你这孩子小小年纪就有如此阅读量和记忆力，前途不可限量。我收下这个学生了！”

其实这是扯淡。两人的问答条目都是《周易》上的内容，《周易》是儒家五经之一，属于学生们的必读课本。在当时，一个十四岁的学生如果不能把《周易》从头到脚背诵下来，那他就是个蠢货。

郑复初之所以收下刘伯温，可能和刘伯温的另类气质有关。在刘伯温忧郁而孤傲的神情中，郑复初大概是看到了自己的影子。

郑复初是元王朝恢复科举制后的第一批汉族人里的进士，正如刘爚说的那样，科举制必将卷土重来，元帝国在1315年正式恢复科举制，并且就在那年进行了第一次考试。据说，郑复初考试时就很不满意，因为汉人和南人的考试内容比蒙古人和色目人的要多，而且难。汉人和南人的考题如果是高考题，那蒙古人和色目人的考题就是成人教育题。

在等成绩时，郑复初又是一肚子火，因为成绩单迟迟不下来。有官方小道消息说，成绩单所以迟迟不公布，是因为教育部的人正在发愁。按当时的规定，两榜，即汉人、南人一榜，蒙古人、色目人一榜，人数必须相同，但蒙人和色目人的成绩一塌糊涂，及格人数可怜兮兮的只有二十出头，所以，他们不知该怎么办。最后决定，照顾蒙古人和色目人，把原来准备招收的一百多人改为只招二十多人。也就是说，有很多汉人和南人都及格了，可因为要照顾蒙古人和色目人，必须要让他们不及格。

郑复初正要发雷霆之怒，大榜下来了，里面居然有他。他就忘了自己要发怒的事，转而写诗一百首颂扬元帝国的伟大。

兴奋劲儿还没过去，郑复初又听说了可靠的消息：中进士的汉人和南人即使是尧舜附体、杨二郎转世，也只能担任地方政府的二把手。

郑复初当时已没有了发火的动力，于是就被分配到一个偏远地区做州长的秘书。州长是蒙古人，瞧不起汉人，总找郑复初的茬。郑复初心想，如果再这样下去，非死在这里不可。于是辞职，跑到括城来，申请了份闲职。

在此，有必要补充一下科举制的问题：

中国古代的科举制是中央政府选拔官员的一个主要渠道。科举制诞生于中国隋王朝，常设的科目有秀才、明经、进士、俊士、明法、明字、明算等五十多种。但最受考生青睐的是进士科，因为这一科虽然很难考，但一旦考上，前途就一片光明。科举制经过不断完善，到明清时，分为三个必备步骤，第一步是乡试，即考生在户籍所在地的省城进行的考试；第二步是会试，即乡试录取者到京城参加的由礼部主持的考试；第三步是殿试，即由皇帝亲自主持的面试，按照从优到劣排名，分为一甲二甲三甲，一甲中取三名，就是状元、榜眼、探花，其他人分列二三甲中。

不同朝代，科举考试内容也不同，唐代重诗词歌赋，宋代重填空和时政论文，虽然大体内容不出儒家经典，但没有哪个政府强行规定必须要用儒家的哪些课本。可元王朝恢复科举制后，考试科目竟然强行规定为四书《大学》《中庸》《论语》《孟子》，参考书则是南宋理学大师朱熹的《四书章句集注》。我们注意，有人咒骂明清两代的科举制把朱熹当成宝贝，实际上，是元王朝先把朱熹当成了宝贝。

朱熹是理学宗师，中国思想史中最有分量的理学在他手中定型，元政府用他的《四书章句集注》作为考生的唯一参考书，只能说明一点，理学在元代毫不保留地四射光芒了。

从这一点而言，郑复初能考中进士，就说明他对理学研究极深，不然他也不可能考上。刘伯温来向郑大师学习，主要还是学习理学。

理学到底是个什么东西，需要我们大致了解一下：理学就是道学，在北宋的程颐手中吐蕊。当然，它也不是程颐的闭门造车，其实理学就是孔孟儒学的再发挥。理学家认为，宇宙中有一种无善无恶无所不能的“理”，他们称为“天理”。而人人都有欲望，这就是人欲，天理人欲不两立。必须要刻苦修炼去除人欲，回归天理，成为圣人。修炼的渠道就是儒家所标榜的道德，忠、孝、仁、义，每一个指标都要合格。想要每个指标都合格，必须要极端严肃地进行修炼，通过探索外面的万事万物，达到认识天理的境界。在探索万事万物时，必须要有恭敬的心态、一本正经的外貌，不能追赶跑跳蹦，不能大声喧哗，更不能嬉皮。不能心有邪念，每天要三省甚至是九省吾身，好的心思要保持，坏的就赶紧去掉。

看上去，如果真的这样尽心尽力，那么，理学家“为天地立心，为生民立命，为往圣继绝学，为万世开太平”的理想就很容易实现。但遗憾的是，中国理学家那么多，做到这四项要求的一个都没有。

其实问题就出在理学家这里。大多数理学家只做两件事说一句话，两件事是：一、制作道德守则的脚本；二、让别人去演。一句话是：必须要是道德完人（修身），才能去建立事功（治国平天下）。

——注意理学家说的修身，不仅仅是思想道德，还有外表。北宋伟大人物王安石不修边幅，程颐就鄙视王安石：你连修身都做不到，还谈什么变法。

一个人具备无懈可击的完美道德，说起来容易，做起来实在太难。人生在世，肉体之身，为了生存，难免做几件有悖道德的事。王安石就对理学家们提出的种种高调的道德标准提出过讥讽，说他们那些道德要求是壁上行，根本无法实现。孔子就曾说过，大德不逾闲，小德出人可也。但理学家却说，一点小德都不能出人。最关键的问题是，他们的许多道德要求都是出口货，都是让别人来演的，自己只是个编剧或者是导演。

我们要了解一种学说，只需要看创建它的人就可以。程颐和他哥哥程颢曾去做客，主人用妓女招呼他们。程颐从始至终都正襟危坐，像块大理石，而他哥哥程颢却左搂右抱，卿卿我我。

程颐很不高兴，回家后，气咻咻地训老哥：“你这种行为真给读书人丢人！”

程颢打了个哈欠说：“我刚才是座中有妓女，心中也有妓女。现在，我离开了座，座中无妓女，我心中也没有了。你恰好相反，虽然你没有看妓女，但心中却有，只是假装正经，不敢碰。我为什么这么说呢？因为你现在心中还有妓女。不然，你怒气冲冲地跑来质问我干什么？”

程颐瞠目结舌，赶紧跑回房间反省，结果发现他老哥说得真对。

程颐后来感叹说：“我们的道德要求定得太高啦，不符合人性。”可感叹完，他又给别人提要求去了，因为这些太高的道德要求，是他写给别人的脚本，又不需要他来演。

不过，郑复初不是纯粹的理学家，或者说，他对理学家在道德上的高标准并不那么在意。他最在意的是理学家的思想。

自他和刘伯温成为师徒后，他把理学思想源源不断地传递给刘伯温，刘伯温就在他这里沐浴着理学思想的光芒。

于是，突然有一天，郑大师叫来刘爚说：“据说你祖上有人解救过千百号人，我以前对‘天道无常，常与善人’的说法颇有怀疑，现在我看刘基，发现这句话还是有道理的。你把你儿子领走吧，将来他必是人上之人，光大你家门庭。”

刘爚大吃一惊，认为给郑复初的学费太少。但郑大师急忙摇头说：“理学宗旨，我已教给他。圣人说，想要弄懂天理人心，别人的传授只是启蒙，还要靠自己。你儿子悟性很好，必能悟道。带他走吧。我没有可教他的了。”

刘爚这才转惊为喜，领走了刘伯温。就在他准备观赏刘伯温悟理学之道时，刘伯温真的就悟了道，但不是理学之道，而是道家之道。

天书传奇

多年以后，刘伯温被后人尊奉为未卜先知的大仙和呼风唤雨的魔法师，所以有这些头衔，和他与道教、道家思想的亲密接触有很大关系。

刘伯温在老家时就读过《道德经》，对里面的辩证法极有心得。他说，爱臭美的女人招来好色之徒，喜欢炫富的人招来强盗，卖弄才华的人招来嫉妒。刘伯温也读过《庄子》，他后来撰写的著作《郁离子》中那些天外飞龙般的想象力的源泉就是《庄子》。他当然也读过许多道家典籍，对道家的诸多法术有疑有信。他的老家南田山是第六福地，他的老爹靠卜算帮助老乡寻找走失的羊和小狗。这一切，都注定了他和道教必有因缘，而因缘正如荷花一样在括城露出尖尖角。

扮演“尖尖角”角色的是紫虚观道士吴梅涧。

紫虚观在括城东南十里的好溪畔少微山上，好溪是一条大河，两岸连云，高崖壁立，原名恶溪，水中常有怪物出没。唐宣宗李忱时，当地州长段成式以善政治民而感动了水怪，使水怪离开了恶溪，人们遂改其名为好溪。

在人们的口口相传中，紫虚观的吴梅涧道士被幻化成一个诡异人物。有人经常看见吴道士在太阳初升时，恭敬地举着一个擦拭得发亮的罐子，罐口对准太阳，收集光芒。还有人看见，漆黑的夜里，吴道士在坟场用一个形似骷髅的东西捕捉鬼火。更有人发现，吴道士的房间无论白天黑夜，都光亮得可怕。而民间坚信少微山那些绚丽的风景，是吴道士对其用了某种奇异的法术。

刘伯温早就听说过少微山的风景，于是和一群志同道合的朋友去游览。陪伴他们的吴道士对少微山的一草一木了如指掌，曾指着好溪畔一块巨石说：“这是当年段成式捉了水怪曝晒之处，如果你收敛精神去嗅，还能闻到水怪的恶臭。”刘伯温当即断定，吴道士有导游的潜质，而且又断定，吴道士还是个乐天派。从来没有人见过吴道士眉头紧锁，这或许是道教对人类情感的一大贡献，道士们永远都是乐观的。佛教说，今生受苦，来生享福。儒教说，站直了，坐稳了，给我学圣人！而道教则说，你想长生吗？我这里有仙丹，不需要你做任何跟自己过不去的事，你准备好炉子和钱就可以了。如果你没有炉子和钱，那你可以养生啊，我这里有养生不可不知的各种细节，按照细节去做，就能长生。你想要好多的钱？可以，我这里有点金术。你想要美女，也可以，做个忠厚老实的人，老天就给你送来美女。我这里有案例啊，没听过七仙女下凡的故事吗？

吴梅涧说：“一切难事、苦事、痛事，其实都是你心里的事。让你的心不动，这些事就不起波澜，如果有了这些事，那就是庸人自扰。”

或许正是吴梅涧的乐观态度，让郁郁寡欢的刘伯温见到了阳光，一来二去，两人成了好朋友。有一天，刘伯温问他收集阳光和鬼火的事，吴道士放声大笑，指着炼丹炉说：“一切物体都是有生命的，关键是如何唤醒它。春天万物复苏时，你坐在窗前清除内心的闲思杂虑，就能听到花蕾绽放的声音；夏天烈日炎炎，你坐在花丛中静思冥想，就能听到太阳流汗的声音；秋天万木凋落，你坐在树下，就能听到树叶离开树枝的叹息声；冬天万籁俱寂，但你坐在水边，就能听到水睡觉后的平稳呼吸。”

刘伯温大吃一惊，因为吴道士的回答并不是他所问的。但吴道士接着说：“太阳初升时，只要你能静下心来，就能收集到它的生命。星光璀璨时，只要你能静下心来，就能收集到死人的灵魂。”

刘伯温只好问：“那么如何静下心来，什么都不想呢？”

吴道士说：“死人才什么都不想。你是活生生的，如何不想？但你不要有闲思杂虑，坐在何处，何处就是宇宙的中心，你坐在宇宙的中心，向四面八方飞驰，一切都是黑暗不可知的，一切都无法到得尽头，你就让你的思路那样飞驰，不要停下来。当你能坚持半个时辰后，你会发现，你能和天地万物对话。”

刘伯温对这不可知的一切如此好奇，以至于想跟随吴道士修炼，但突然得了一场病，此事就泡汤了。吴道士也对他说：“你的根脚不在道观，而在天下。能知天下，天下就是道观，何必拘泥？”刘伯温深为吴道士这种玄乎的论调所折服，所以就在心中存了道家的种子，有一天，它必将发芽，连他本人都无法阻挡。

1327年，十七岁的刘伯温在括城府学以优异的成绩毕业，回到家乡武阳村。如你所知，在大城市待过的人，回到弹丸之地的家乡后，总是待不住。

刘伯温喜静不喜动，但这也无法让他恢复对家乡的喜爱。当他听说郑复初和地方官重新修葺了石门书院后，他卷起铺盖，就跑去石门书院了。

石门书院位于青田县西七十里的石门山麓的石门洞中，始建于唐玄宗李隆基的天宝三年（744年），开始时是国立图书馆，后来，这地方离官员办公地点太远，官场肥佬们不爱动弹，逐渐地就成了私人讲学的场所。北宋时期，石门书院已经变成私立大学，很多饱读诗书却不能做官的知识分子都免费到这里传播知识和思想。但由于改朝换代的关系，很快就荒废。南宋时，朱熹在此地做官，想要重新焕发它的光彩，无奈政府不支持，所以就彻底废弃了。1294年，元王朝的当地地方官王侯重修，石门书院才算还魂。郑复初在当地政府的支持下重新装修后，又鼓励政府招聘老师，为前来的有为青年们讲学。

刘伯温正是听说了这件事，所以一路小跑地来了。不过从刘伯温到书院的表现来看，他来石门书院，只是受了道教人杰地灵观念的影响，他喜欢的不是石门书院，而是石门书院附近的景色。

石门书院建在道教十大洞天中排名第十的石门洞附近。既然能跻身十大洞天，石门洞当然有非凡之处——两壁双峰对峙，如同一扇大门，四周山崖环绕，如同城郭，再向里就是大洞。洞北殿阁峥嵘，青松郁郁。洞的东南有数十丈高的瀑布，如果起风，你能看到瀑布随风飘散，煞是好看。李白有句诗特意赞叹这道瀑布："喷壁洒素雪，空蒙生昼夜"。石门洞中清净幽深，和地下室一样冬暖夏凉。

圣人说，听别人讲的知识远不如自己悟出的知识更自得于心。许多伟大人物不是喜欢自学，而是因为他们明白一个求知的基本道理：别人讲的知识再好，那也是别人的，如果和你的心不相符，你听了有什么用？如果和你的心相符，可那是别人的，不是你的。所以，想要有独立思想，锻造独立意志，必须要有自学的勇气和能力。只有通过自己的感悟得来的知识和思想，才是你自己的知识和思想。

刘伯温从小就喜欢自学，并善于自学。这就可以使我们明白，为什么郑复初只教了他一年，就撒手不管了。因为刘伯温从他那里得到理学的主旨后，就开始了自由发挥，自由发挥后的心得就如铜墙铁壁，外来的知识无论如何都闯不进来了。

在石门书院，刘伯温采用的也是自学方式。他的爱好像洪水一样泛滥，在正统的理学外，一些被当时知识分子视为奇技淫巧、百无一用的宇宙学（阴阳），数学（八卦），化学（道家的炼丹），物理学（墨子的小孔成像、沈括对石油的认知），地质学（朱熹对化石的认知）以及日常生活学也在其列，他后来著作的《多能鄙事》就是这些学说的践履。在石门书院这段日子，他还迷上了军事学。

刘伯温看了很多市面上流行的军事著作：《孙子兵法》《吴子兵法》《六韬》《司马法》《三略》《尉缭子》《李卫公问对》《历代兵制》，等等。

既然是自学，就无所谓课堂一说。刘伯温常常逃课，跑到石门洞崖壁的一个洞里去读书。没有人知道刘伯温是如何发现那个洞的，洞口只能容一人通过，深数十丈，高不见顶。传说中，那个洞是一只老白猿的房产，所以又叫白猿洞。

洞中原本黑暗潮湿，但当刘伯温进去时，地面的潮湿向四面慢慢褪去，但仍然没有光明，只有瀑布反射进来的彩虹微弱的光。这难不倒刘伯温，他早就从吴梅涧那里学会了捕捉阳光。传说他把那些阳光装在一个不透明的罐子里，一遇黑暗，罐子就发出和阳光一样的光芒。

刘伯温在别人的房子里读书，又不出租金，这让人为他捏了把汗。刘伯温大概也知道私闯他人的房子很危险，所以在身边准备了棍棒，以防房子的主人突然出现咬他。但白猿一直没有出现过，大概是又找到了新的房子。

就在别人的房子里，传奇的一幕发生了。这就是刘伯温人生中的“偶获天书”事件。

但很多宿命论专家认为，“偶获”这个词是虚无，应该说，刘伯温命中注定要获得天书。因为他是伟大人物，伟大人物注定了要有传奇的经历，而传奇的经历在他未生时就已经注定了。

也就是说，刘伯温获天书这件事只是再重复了一遍老天的意思，其实它在命运中早已演绎过了。

这个传奇故事是这样开始的：有一天，刘伯温正在山洞里冥思苦想“以少胜多”的战争奥秘，但百思不得其解。那段时期，他把所有精力都放在军事上。可能和他一直把白猿当成敌人有关，希望能在白猿突然出现时，用军事手段对付它。

就在他绞尽脑汁思索时，突然，罐子失去了光芒，瀑布折射出的彩虹照到刘伯温对面的石壁上。正当他在纳闷时，石壁像两扇门一样缓缓打开了。刘伯温只惊骇了一会儿，就蹑手蹑脚地走了过去，探头向里看。但里面漆黑一片，他什么都看不见，不过却能听到铁绞索的声音，那声音很忧伤，仿佛是一个大猴子的哭泣。

刘伯温慢慢地退回来，抄起经常放在石桌边的木棒，重新回到石壁前，探头探脑了一阵，铁绞索忧郁的叹息声不见了。他四周看了看，发现石壁上的植物正在慢慢地生长，发出欢快的嬉闹声。这新生给了他力量，他把长袍脱下，正要义无反顾地钻进时，突然一个声音传来：“别进，里面毒气深沉，小心有去无还。”

——据某些灵异专家解释，这个人声就是洞中那个白猿所发出。

但刘伯温既然已经脱了长袍，就说明他下定了决心，什么狠话都吓不倒他。他为了给自己鼓气，一个跟头就翻了进去。整个身子一落地，他才发现里面别有洞天，空中飘浮着萤火虫一样的生物，把整个洞映照得通透明亮。

这片天地是如此之新，似乎从来没有人类的足迹到达过。可刘伯温很快就感到了恐怖，似乎有人忽近忽远地窃窃私语，又能听到他耳边有人在平和地呼吸。他看见了鬼魂样的云彩，闻到了只有死尸上才能绽放的花的香气。他拼命地摇晃着脑袋，想把这如梦如幻的一切抛掉。他抡起了棒子，碰碎了鬼魂的脑壳，扫荡了死尸之花的香气，洞中恢复了异样的宁静。刘伯温感觉自己身处太空中，无依无靠，无牵无挂，骨子里起了泡沫，飘飘欲仙起来。

在享受了很长一段时间后，刘伯温才强行回到现实世界，他看到那种如萤火虫般的生物纷纷扑向一面墙壁，映照出了“此石为刘基所开”几个大字——如你所知，这是身份验证密码。元朝时，中国人口太少，“刘基”这种文绉绉的名字重名的机会微乎其微，刘伯温认定这就是自己，于是，双手向墙壁上一推，墙壁应手破裂，一只古董级别的石匣就在墙壁后面闪现。刘伯温捧起石匣，没有见到使用说明书，所以就用最直接也最有效的办法：摔到地上。石匣遇地，嘭地弹开，里面掉出四卷三十二开的小书。

刘伯温这时才想起那个提醒他里面有毒气的话，这种感觉一上来，他的头开始发晕，于是，他收起书来，毫不留恋，转身出了洞。

到洞外后，刘伯温看书名，发现是关于兵法的。但打开书，里面的文字是汉字，印刷精美，可就是看不明白。这种事只能说明两点：一、书是盗版的，全是错别字和病句；二、天老爷给人恩惠，向来是给两块面包和一块生鸡腿，你想要吃汉堡，必须要自己动手。

刘伯温拿着读不懂的书，等于拿了柄斩妖除魔的宝剑却拔不出来，那和烧火棍没有任何区别。于是，他四处游玩，寻找可以看懂这本书的人。某日，他在深山老林里遇到一位道士。道士很老，把自己藏在道袍里，他的道袍很奇怪，像是基督教教士的袍子。刘伯温看不到他的脸，甚至感觉斗篷里根本就没有一颗脑袋。当时，这个斗篷正在读一本无字书。刘伯温知道这是位神人，就赶紧拿出书来请教。老道士把书拿来，只一翻，就问：“你是想让我写个推荐序？”刘伯温说：“我是看不懂啊，想请教您。”老道士只拿出一本，撕出几页，说："你拿回去，背诵，如果能背得一字不漏，再来找我。"背诵是刘伯温的特长，说："光阴似箭啊，我一来一回，浪费时间。况且，您这样的人都是神龙见首不见尾，我下次来，您不知道去哪里了。我就在这里背吧。"说完，他口中念念有词，一顿囫囵吞枣，然后合上，一字不差背诵了出来。

老道士叹息，说："天才！"于是，就给刘伯温解释书中理论。七天后，刘伯温凭借此书成了优秀的战略军事家。

关于刘伯温石洞得天书，还有一种说法。这种说法认为，刘伯温根本就没有在石洞里得过什么天书，但确实遇到了那个老道士。老道士其实也不是道士，而是个天文术数大师，名叫邓祥甫。

邓祥甫未留下多少事迹。我们只是知道，此人开始精研理学，后来稍有小成，又钻研占卜术，大有所成，于是四处找徒弟。刘伯温在石门书院读书时，邓祥甫曾到石门书院寻找天才，偶然和刘伯温见面，并稍作交谈后，就大惊道："你是个天才。我曾和很多人谈论过王佐之学，但那些人都是糨糊脑袋，你却一点就通。"

于是，他把一本秘书送给了刘伯温，这本书就是《灵棋经》。灵棋是十二枚用檀香木所造的圆形棋子。正面有字，背面无字。十二颗棋子，分成三种各四颗，分别写着"上""中""下"。占卜的时候，将十二个棋子抛出，以正面朝上的棋子为卦象进行占卜，背面朝上的棋子则忽略不算。

灵棋占法的步骤是：首先在一个桌台上摆满鲜果酒肉，向天神祭拜行礼。天神要拜全，不能拜了玉帝忘了王母、拜了天尊忘了佛祖。比如四孟四仲四启，天元地母，日月星宿，阴间明堂，各种神祇哪怕小小土地公都是要祭拜的。拜完神以后，再去洗个澡，从浴室里出来要换身干净整洁的衣服。手要再用洗手液清洗一次，最后身上还要喷些香水。只有这样之后，才能坐在蒲席上打开棋匣，口中念着咒语把棋子抛出来。秦末时期的张良，就是靠这本书帮助刘邦得了天下。

刘伯温得到洞中奇书或者是《灵棋经》后，废寝忘食，甚至忘了在课堂上应该干什么，所以总是愣神。他的老师每次看到他在课堂上愣神时，就会盯他一会儿，猛地咆哮起来："科举，你不想科举了吗？"

大都进士

刘伯温当然想科举，他专门写了本科举模拟习题集《春秋明经》，当然这也是刘伯温前期的政治思想。在这本习题集中，刘伯温指出，新儒家开山老祖董仲舒的“天人感应”是完全正确的，老天爷会根据君主做好事或坏事选择把祥和或灾难降临到人间。刘伯温还说，如果有人认为天人感应是扯淡，那他就别读《春秋》。这是刘伯温多年来受理学的熏陶而得到的学术思想和政治思想。

实际上，刘伯温寒窗乐读十几载，你不让他去科举，对他实在不公平。世界上最不公平的事就是千辛万苦制造出来的东西，却不让它去实践。所以当他老师咆哮时，他瞪着暗淡无光的眼睛回答：“我当然想啊，但我现在眼睛不太好。”

刘伯温自从看了白猿洞中的天书后，就得了眼疾。临床症状是：视物忽而模糊，忽而清晰，忽而又看到幻象。

所以当老师认为刘伯温在愣神时，有时候他是真的在愣神，但有时候却是因为眼疾发作，他无法看清，正在思考为什么会这样。据说有一天，他坐在白猿洞中，视线忽然清晰起来，连洞壁上正在睡觉的一只蚊子都看得清清楚楚。但忽然就模糊了，影影绰绰地看到有个人从石壁上走下来，这人尖嘴猴腮，下巴长而翘。那人看着刘伯温，向他缓缓地招手，说：“来啊，来啊。”如果这个场景是一幅静止的画，那名字就叫《厉鬼洞中噬人图》。

刘伯温惶恐地要逃出洞去，那人却若有所思，突然说：“时辰未到，你等几年再来吧。”如果你见过未经艺术加工的朱元璋画像，你顿时会恍然大悟，原来那个从壁上下来的人，正是朱元璋。

这个厉鬼很快就从刘伯温的印象中消失了，因为那段时间，他经常会看到各种超自然现象。正当他困扰得死去活来时，突然有一天，他的眼睛恢复正常了，而离科考的时间，也迫在眉睫。所以，他必须要尽快上路，去江浙行省治所杭州参加乡试。

刘伯温离开浙江青田时是1332年，已二十二岁。他进入杭州时，回首望去，二十几年的光阴如巨浪一样扑面而来。刘伯温从巨浪的镜子中看到自己在蹒跚学步，又看到自己在听老爹讲那失传多年的家族传奇，还看到自己在白猿洞中废寝忘食地读书。这一切过去后，他看到一个弱不禁风的人站在他面前，一脸孤独忧郁的神情，紧闭着双唇，这就是二十二岁的他。这个时候，刘伯温才发现自己长大了，离孔子说的“三十而立”近在咫尺。

孔子这老头对人这种动物看得特别透彻，所以提出“三十而立”，不是说三十岁才能在社会上立足，而是说三十岁时才能在心中确立百折不回的志向。这一志向将指导一个人去实现他人生最完美的价值。人在三十岁之前，热度十足，什么都想做，但往往一事无成。孔子看出来了，可好多人还是没有明白，三十岁之前总在瞎折腾，其实也就是没有确定人生的终极志向。

如果你现在在路上拦住刘伯温，问他，你这一生最大的志向是什么？他会抓耳挠腮许久，然后想出许多个志向。当然，迫在眼前的是能中乡试，然后是会试、做官、娶妻生子、写几本专著，如果休闲时间很多，就仔细琢磨一下象术。

这些志向里，就没有帮助朱元璋建立新的更黑暗的明王朝。

人类有种令宇宙生物作呕的怪现象，一旦有人成为万众瞩目的伟大人物，那所有人就会断定这个伟大人物从小就树立了伟大志向。

很多人都把平民出身的刘邦、朱元璋当成励志人物，说他们从小就立下了建立新王朝的志向。但历史事实是，刘邦四十多岁了还在老家做流氓，朱元璋当了皇帝后对刘伯温说，当初只想打家劫舍，谁想竟然弄假成真。英雄人物曹操晚年时说，我从小就没有什么志向，不过是时势推演，把我推到了现在这个位置，别指望从我身上学到什么，我的成功你们无法复制。

所以说，志向这种虚无缥缈的东西，三十岁前可立可不立。当然，也不能听孔子的，三十岁时立了志向就冥顽不改，这都不是对待自己人生的态度。人生在世，变数太大，如孤舟行进在惊涛骇浪中，随时转舵才是聪明的生存方式。也没有人会一上船，就说，我要永远直行。这不是神仙就是白痴。

刘伯温二十二岁那年到杭州参加乡试，脑海里一直思考将来的志向问题。乡试成绩公布，他榜上有名后，他认为自己的志向更坚定了：去京城考取进士，做官，光宗耀祖。

二十三岁那年，怀抱着这一伟大志向，他踏上了北上大都的路。

大都，突厥语是汗八里，蒙古大汗居住的地方。据那个人品可疑的意大利人马可·波罗描述说，大都之城，商贾百物云集，世界莫能与之比也。

——说这人人品可疑，是因为有人通过大量证据证明，这小子当年根本就没有到过中国。他那本《马可·波罗游记》的体裁是小说，不是纪实文学。

刘伯温那时当然不知道世界上还有一本《马可·波罗游记》，所以当他跟着南方的运输船从积水潭进入大都后，对大都的繁华盖世顿时产生了深刻印象。

从神仙的立场来看，中国民间最崇拜的神不是玉皇大帝，也不是佛祖，更不是关羽，而是哪吒。玉皇大帝、佛祖、关羽在民间的所有塑像加起来都不及哪吒一个人，因为哪吒的塑像有一个城那么大，这个城就是大都，神仙们称它为哪吒城。

如果有幸俯瞰大都，就会发现它是一个东西短、南北长的矩形。共设城门十一座。南面三门：丽正门、文明门、顺承门；东面三门：崇仁门、齐化门、光熙门；西面三门：义门、平则门、肃清门；北面二门：健德门和安贞门。

也就是说，仅从城门而言，大都南北是不对称的。设计者刘秉忠从佛经里对哪吒的描述中得到了灵感，哪吒有三头六臂，而且脚底下还有两个风火轮。所以，南面三门就是哪吒的“三头”，东面三门和西面三门是哪吒的“六臂”，而北面两门则是哪吒踏着“风火轮”的双足。刘秉忠这样设计的目的是想告诉世人和老天，以神通广大的哪吒形象建立起来的都城，岂止是固若金汤，简直能呼风唤雨。

所以，谁也别打大元王朝的主意，小心哪吒脚踩风火轮，用三头六臂的神功干掉你。

如果刘伯温当时可以驾云升到高空，俯瞰大都，他看到的可能就不是一个哪吒，而是看到大都这个大盒子里有五十个小盒子，这就是大都的五十坊，每个坊都有一个小坊门。但仔细看去，那些小盒子都是虚线构成，根本没有坊墙，坊门只是一个标志。每天早上鸡叫三遍，小盒子的坊门就会打开：有人推着四方的小车进去，那是收集大粪的；有人从坊门出来，那是出门摆摊的；还有人左右望了望，发现没人看到他，就从盒子的虚线走了出去。这些人可能有急事，所以不走坊门。

不过，刘伯温看不到这些，因为他不能驾云。所以当他从北城的积水潭进入大都时，看到的是下面这些繁华盖世的场景：

积水潭北岸是一条一眼望不到头的斜街，斜街左右有米市、面市、帽市、缎子市、皮帽市、金银珠宝市、铁器市、鹅鸭市，还有妓院、酒馆，人声鼎沸，门口人来人往。再向北走到今天的鼓楼大街，就看到全城乃至全中国最大的“穷汉市”，这里站着许多外来务工人员等着工作。他们挥汗如雨，如果要是一起咳嗽，大都如同来了一场三级地震。

这就是北城区，一路走下来，刘伯温的耳膜都被蚂蚁样的人群吵破了。所以，他赶紧左转，进入西城区。刘伯温的耳边渐渐清静下来，正庆幸时，突然听到羊、马、驴、骆驼、牛的叫声，震天动地。刘伯温大吃一惊，以为来到了动物园，仔细一看，发现他眼前就是一座牲畜场，牛羊成群，骆驼也成群，这就是牲口买卖专区。

刘伯温对牲口没有什么好印象，赶紧左转，进入南城区。南城区稍好一点，这里是蒸饼区、交通工具区、水果区和菜市场。逛完南城区后，刘伯温就向北，再向东，进入东城区。这是他的终点。东城区是各个机关和贵族们的居住区，商业区里做买卖的穿戴也不同于其他区，一个卖水果的穿戴和贵族一样。再向里面走，就是皇城。刘伯温不能再走了，按照教育部的规定，他必须要在考生们所居住的客栈停下来，专心复习功课，准备一个月后的会试。

在准备考试期间，刘伯温并没有死啃书本——临阵磨枪的事只有未经准备的人才做。刘伯温早就准备好了，所以他把时间用在了闲逛上，最喜欢逛的地方就是大都城里的书店。

如你所知，元王朝不重视读书人，所以连带着就不重视书店。有的书店旁边就是妓院，有的书店就在牲口市旁边，看书的时候能听到淫声浪语和驴叫。书店的老板们当然想把书店放到最好的地方，可政府提前就给你规定好了，你不能违反规定。

书店老板大都是读书人，这里就有假正经的，特意去妓院附近找地方，表面上他是在卖书，其实他是在一饱耳福。

刘伯温有一次逛一家妓院旁边的书店，老板是个真正的读书人，因为耳朵里塞着棉花球，正在那里专心地看书。刘伯温挑来挑去，就挑到了一本他没有看过的书。这是一本讲述周易八卦的书，刘伯温欢喜异常，站在那里翻看，就再也放不下。

书店老板很生气，因为他这是书店，不是图书馆，所以就走过来在刘伯温面前夸张地晃荡，试图让刘伯温意识到看书是要给钱的。想不到刘伯温很快就放下书，要走出来。书店老板急忙拦住他说："你如果真心想要，我给你打折。"

刘伯温很不好意思地说："不必，它已在我脑中。"

书店老板把耳朵里棉花球揪出来，问："你说什么？"

刘伯温就又说了一遍。

如果不是对面妓院里传出来的歌声，刘伯温肯定能听到老板的冷笑，但他不想证明什么，转身准备走他的路。书店老板再次拦住他，拿起那本书，翻到一页，说："我考你，你真能记住了，我这本书免费赠送。如果你回答不上来，你就把书买走。"

刘伯温把他手中的书拿过来，翻到第一页，让老板看着，滔滔不绝地背诵起来。才到第三页，刘伯温发现老板的脸色变得异常难看。他制止了刘伯温的背诵，惨叫一声：“啊呀，天才啊。”

刘伯温淡淡地一笑，说：“其实我这是笨方法，理解它最好的办法是画出八卦图。”书店老板也不知抽什么风，关起门来，跑到后院空地上开始画八卦图。先在脚底下画了个小八卦，然后围着小八卦又画大八卦，如同一石激起千层浪，不一会儿工夫，院子空地上就被画满了八卦。现在，一张蜘蛛网展现在他面前，他就像个蜘蛛精，待在中间地带，等着食物上门。

但他仍然没有解出那本书到底讲了什么，因为他根本就没有看书，只是按刘伯温告诉他的，画八卦图。

人和人之间的领悟力，差异之大，刘伯温和大都城里妓院旁边的书店老板就是明证。

那位书店老板后来只要一有空闲，就在院子里画八卦。他的邻居发现他走火入魔了，就向官府举报他，说他参加了邪教。结果，书店老板被捉了起来。当然，这件事正史没有记载。它只是告诉我们一个道理：我们一直提倡向那些聪明人学习，其实这不对。因为很多人没有聪明人的伶俐劲儿，所以学起来会走火入魔，甚至会被人认定是非正常人。

当书店老板正在绞尽脑汁地画他的八卦图时，刘伯温正在会试的考场上，专心致志地考试。他轻松地答卷，轻松地交卷，轻松地等待成绩。不久后，成绩下来了：大榜排名第二十六名，汉人、南人榜上第二十名。这个信息告诉我们：蒙古人和色目人那一榜二十六名之前的只有六名。现在，刘伯温这次公务员考试的两篇大作还保存在《诚意伯文集》中。

其中有一篇文章叫《龙虎台赋并序》，其中有这样的文字：“龙虎台去京师相远百里，在居庸关之南，右接太行之东，地势高平如台，背山而面水……”

其实这是读书人打手势的信口开河，刘伯温根本就没有去过龙虎台，正如北宋时期那位悲观主义者范仲淹根本没有去过岳阳楼，但却能写出《岳阳楼记》一样。他摇头晃脑地说：先天下之忧而忧，后天下之乐而乐。这就是悲观主义，幸好，他只是那么一说，显示自己多么伟大而已，否则，他身处的北宋时期危机四伏，他早就应该去死了。

龙虎台位于今天北京昌平区南口乡，又名审虎台。据说唐朝宰相狄仁杰曾在这里做官，有一天，一位老妇女控诉有只老虎吃了她唯一的儿子，那只老虎应该对她日后的生活负责。狄仁杰就派人到山里把老虎捉来，判老虎以后当那位老妇女的儿子，这只老虎表示不会上诉，服从判决。从此后，老虎每天都会给老妇女叼来各种野味，而且还会驮着老妇女到街上买油盐酱醋。

狄仁杰审那只老虎的法庭就在龙虎台，所以就称为审虎台。

刘伯温在《龙虎台赋并序》中发自肺腑地说，我真是碰上了好时候，遇到的当今皇帝是绝无仅有的圣人（慨愚生之多幸，际希世之圣明），所以，我如果真的能考中，必然为皇上和祖国效尽浑身力气，百死不悔。

这句话其实又是读书人的信口开河，刘伯温不可能不知道，元王朝行进到1333年的时候，已是病入膏肓。

不必说王朝境内的若干盗贼，那都是家常便饭。仅在宫廷内，流血冲突就连绵不绝。自元朝开山鼻祖忽必烈死后（1294年）到元顺帝即位（1333年）三十余年间，皇帝如同走马灯，大家都拿着斧头和砍刀或者是暗箭你来我往，你追我赶。刘伯温十三岁那年（1323年），监察部高级官员（御史大夫）铁失居然拎着弯刀冲进元王朝第五任帝孛儿只斤·硕德八剌（元英宗）的卧室，把这位倒霉的皇帝砍成肉段。即位的孛儿只斤·也孙铁木儿（泰定帝）是个慈悲皇帝，认为天下的出家人都应该受到在西天的待遇，所以用纳税人的钱给出家人购买房产（佛寺），又给他们发着高薪，福利优厚。出家人忘记了佛祖的教诲，因为有人家帝王罩着，所以无恶不作。幸好，泰定帝在五年后死掉，一批野心家就拥立元王朝第三任帝孛儿只斤·海山（元武宗）的儿子孛儿只斤·图帖睦尔为帝，是为元文宗。而泰定帝的太子孛儿只斤·阿速吉八（天顺帝）在一批野心家的拥护下于上都（今内蒙古锡林郭勒）即位。天无二日，国无二主，两个人都认为自己有资格做皇帝，但谁都不能说服谁，于是开打。这场内战持续的时间虽然不长，但双方死伤惨重，虽然最后元文宗险胜，可带血的刀剑还未归鞘，又爆发了其他王爷对皇位的觊觎。孛儿只斤·和世瑓一马当先，夺取了元文宗的地位，是为元明宗。但很快，元文宗反击，干掉了元明宗，成功复位。元文宗死后，年仅七岁的儿子孛儿只斤·懿璘质班即位，是为元宁宗，大权掌握在他老娘手中。元宁宗在位才53天，突然一命呜呼，元明宗的长子孛儿只斤·妥懽帖睦尔逆袭即位，是为元惠宗，即后来的元顺帝。元王朝皇族之间的斗争总算波澜不起了。

这一年正是刘伯温在京城会试的那一年，他在试卷上说当今皇帝是圣人，肯定是心口不一。但他一定是希望元王朝越来越好，而不是希望越来越坏。遗憾的是，元顺帝辜负了天下人和刘伯温的期望。元顺帝是一个少年时代非常苦命的皇帝，他是长子，但母亲迈来迪是回民，元朝民族歧视严重，因此他的地位很低。等他长到七岁，母亲迈来迪死了，他失去了依靠。九岁时，父亲元明宗被毒杀，父亲的敌人元文宗回归后，当然不会放过小元顺帝，就把他流放到了高丽的平壤。一年后，他又移居静江（今广西桂林），后来回到京师，又经过一番周折，才当了皇帝。

成吉思汗黄金家族的血液传到忽必烈后，就不再遗传优点，而全是缺点，元顺帝则是标杆。元顺帝对出家人比对政治的兴趣更强烈，再加上当时的宰相伯颜是个权力迷，他效仿秦朝的赵高对秦二世的计策，对元顺帝说："天下事那么多，都应该给宰相管理，这样才能成功。如果您做领导的每件事都来问问，肯定要背负骂名。况且，做领导的，就该有能力扮神秘，这样才能让底下的人不知道您想什么，小人想要谄媚您，找不到突破口，朝政就清明了。"元顺帝和当年的秦二世一样，居然就相信了，所以很少上班，每天都龟缩在家里跟妙龄女郎、出家人玩乐。于是，内部的混乱逐渐演变成无政府状态。

当然，这是宫廷里面的事，刘伯温和当时许多有志于为国家效力的知识分子们不太清楚，也不想清楚。

比如，那位元朝国学大师揭傒斯就一门心思地在为国家争取人才，他对刘伯温是相当器重。"揭傒斯"这姓和名都很怪，但他是如假包换的汉人，他还有个名字叫曼硕。他年轻时在南方就颇受当地政府官员的重视，后来到大都，由于把文章和诗词写得绚丽多彩，元朝喜欢读书的皇帝们都喜欢他，并且在他高级官职之外特意安排他当皇室成员的老师，同时他也是这次公务员考试的主考官。

揭傒斯很重视人才的培养和使用，元朝总理（丞相）脱脱曾问他，这个时代治理国家应该先把切入点放在哪儿，揭傒斯回答了两个字："人才。"他在主修辽、宋、金三朝的历史时，脱脱又跑来问他修史该以什么为根据，揭傒斯面无表情地说的还是那个中心："用人为本。"跟刘伯温几次相谈后，揭傒斯就放出预言：刘伯温这小子就是唐朝的魏徵啊，但要比魏徵强出百倍，将来必是国家的栋梁。

不过，揭傒斯不无忧虑地说："刘伯温这人看上去很孤傲，言语极少，正是这样的人，才会严苛，对自己对别人都持一种评价标准，将来在仕途上肯定要吃亏。"

道家说，最完美的人应该像婴儿一样，但可不是说像婴儿那样生活不能自理，也不能像婴儿那样只吃不干活。而是做人要像婴儿的眼睛一样：黑白分明。世界上有两种人，一种是如婴儿的眼睛那样，黑就是黑，白就是白，黑白分明，是非分明，疾恶如仇。另一种人却如太极鱼那样，黑白不分，黑中有白，白中有黑。

理学家们说，世界上有两种人，一种是我们，一种是小人。刘伯温就是这种观点，但他区别于理学家的是，他对事不对人。问题是，事是人做的，做坏事的人必然是坏人，这毋庸置疑。所以，“是非分明”“疾恶如仇”是刘伯温二十多岁时的人生信条，当然也是他一生的信条。

这位元王朝末路的进士刘伯温，正在元大都踌躇满志，他不能想象，他等待的和等待他的竟然有云泥之别。

第三章
仕途黑暗，告别官场寄情山水

盼望着，盼望着，冬天来了

刘伯温二十三岁那年到元大都进行科考。据他说，元大都是世界上最伟大的城市，商铺林立，人山人海，繁华盖世。当然，刘伯温是元朝人，肯定对元朝的首都有溢美之处。这就正如唐王朝的人说长安是世界上最伟大的城市，北宋的人说开封是世界上最伟大的城市，南宋的人也想说开封是世界上最伟大的城市，但开封已成了敌人的城市，所以就说临安是世界上最伟大的城市。至于到底哪个城市是世界上最伟大的城市，每个人都有不同的答案。

刘伯温后来说，大都里虽然有穷人，可都能找到临时工作，所以都能吃饱喝足，绝不像后世史学家信口开河说的那样，元王朝即使是大都也饿殍遍地。

刘伯温还说，大都唯一不好的就是气候，四月份的天气，仍然有使人不能抵抗的寒气。所以在中了进士，等待吏部的任命时，刘伯温每天都躲在驿馆里，呵着手读书。

那段时间，揭傒斯经常和一群大都城里的半吊子文人来找刘伯温，大家谈论诗词歌赋，谈论为政之术，谈得不亦乐乎。揭傒斯有一天拿着吏部的任命书兴奋地来找刘伯温，说："你被任命为江西高安县长助理（县丞）啦！"

刘伯温大喜，虽然内心澎湃，但表情平静，只是一个劲儿地谢揭傒斯。揭傒斯说："你这样的定力，是我从来没有见过的，还是那句话，你将来前途无可限量。"

刘伯温的手因为激动而剧烈地颤抖，赶紧去握住揭傒斯的手，颤声问：“我什么时候可以上任？”

揭傒斯说：“哎哟，这个我就不知道了。按程序，高安县丞的位子空出来，你才能去，不空出来，你就只好等着。”

刘伯温险些叫出声来。这就如同内急，跑到厕所前，别人给了纸，但不能马上进去。因为厕所里还有人，只有人家爽完了，才能轮到你。

揭傒斯见刘伯温怅然若失，急忙安慰道：“事情没有你想的那么糟，那个位置总会空出来的。你倒不如趁着这段空闲时间，在大都积攒下人脉，将来到官场上，在中央没有点人脉，怎么可以啊？”

刘伯温说：“我有自知之明，在人际上，我是弱者。我不善和人交往，尤其是不善和我不喜欢的人交往。而且，我回老家有事要办。”

揭傒斯问：“什么事？”

刘伯温回答：“我要成亲了。”

刘伯温一生共有三位老婆，第一位是他的表妹富女士。当然这是父母之命，他的母亲认为刘家的子女就该和他们富家的子女成婚。而他的父亲也认为，刘家的男人就该和富家的女人结婚。刘家和富家的婚配已经持续了九代，刘伯温没有理由拒绝，按照来大都前的约定，他必须要在中进士后回老家迎娶自己的表妹富小姐。

婚礼的第二天，处州全境开始下起了毛毛雨，这雨一下，就是一年。刘伯温经常站在窗前，看着昏暗的天空发呆。据知情人透露说，刘伯温很爱他的妻子，他的妻子也特别爱他，每当刘伯温站在窗前时，他的妻子就会贴到他身边，两人一起看那昏暗的天空，刘伯温想要上班的心于是就越发强烈。

1333年的冬天，刘伯温从京城的朋友那里得到消息，高安县丞仍未空缺。也就是说，他必须还要等下去。

等待，是一种煎熬，尤其是等待渴望之物时，那是一种使人无法忍受的煎熬。等待的时候，感觉世界上根本就没有时间，因为一切都凝固了，但时间却在你不注意的时候悄悄地流走。

涵养极为深厚的刘伯温也无法忍受这种等待，每天早上睁开眼，射入脑海的就是那个高安县丞的官职。当他百无聊赖时，他的老婆就劝他：“我们还有正经的事没有做呢。”

刘伯温就问是什么事，富女士腼腆地一笑说：“不孝有三，无后为大啊。”

刘伯温“哦”了一声。结婚两年，富女士的肚子不见动静，刘伯温突然发现自己正身处情绪的烂泥塘里，如果再不抽身，可能就死在里面了。

他拿着一根棍子，走到院子里。一场大雨马上就要来了，但他没有注意到，而是专心致志地在地上画起八卦图来。

他先画了个小八卦，然后围着小八卦画大八卦，正如一石激起千层浪，很快，院子里全是八卦图，像个蜘蛛网，刘伯温现在就站在网的正中央，手里拎着棍子，有点失魂落魄的样子。

但刘伯温画八卦的心思和大都那个妓院旁边的书店老板画八卦截然不同，那位老板画八卦是为了解题，就像我们今天的理科生解方程式一样。而刘伯温画八卦是推算，想卜算一下，自己为什么没有孩子，什么时候能有孩子。

他站在院子里茫然无知时，大雨已来，雨点打在芭蕉叶上“啪”的一声，芭蕉叶马上弯了下去，雨点从芭蕉叶上滑落，芭蕉叶又猛地弹了起来。又是几滴大雨点打在刘伯温头上，然后是一群雨点，“噼里啪啦”地打得他直皱眉。他这才从八卦阵中醒悟过来，急忙跑进房里。坐到椅子上，沉思许久，他发现，自己和富女士此生没有儿女。

不过，他没有把这结果告诉老婆和老娘，因为老婆很希望有个孩子，而老娘更是希望赶紧抱孙子。刘伯温很爱他的老婆，爱一个人，就不能让她伤心，对自己的爱人，就要报喜不报忧。所以，他对老婆和老娘说：“根据卦象显示，我们很快就有孩子了。”

他说这句话的时候，已是1335年的六月份。他盼望着，盼望着，冬天又来了，富女士的肚子仍然不见动静。不过，元大都宫廷里却有了动静，而且是个大动静。

妥懽帖睦尔终身最喜爱的权臣伯颜初期干政时，并不顺利。因为还有个左丞相腾吉斯，腾吉斯又有个弟弟塔剌海，这二人有个妹妹，就是妥懽帖睦尔的皇后答纳失里。兄弟三人对伯颜熏天的权势早就看不惯，塔剌海就和腾吉斯商量说：“干掉伯颜，咱们兄弟当伯颜。”答纳失里是个女流之辈，听到两位哥哥的计划后，掩耳而跑。塔剌海说：“妇道人家只可与其共富贵，不可与其共患难，还是咱哥俩干吧。”腾吉斯应道：“说干就干。”

于是，两人准备造反，但计划泄露，伯颜重兵剿杀。腾吉斯先被杀，塔剌海跑到皇后宫中，躲在皇后座下，伯颜搜了出来，当着皇后的面，砍了塔剌海的脑袋，兄弟的血溅了皇后一身。皇后面无人色，颤声向自己的男人求情，妥懽帖睦尔早就想换个皇后了，斥责她：“你兄弟谋逆，你也不是好东西，我不杀你，但肯定要废了你。”

这件事的影响虽然只局限于宫廷斗争，但传到刘伯温耳中时，他还是懊痛不已。庆幸的是，春节过后不久，大都就来了通知书：高安县丞那个茅坑腾出来了，刘伯温赶紧上任去。

刘伯温热泪盈眶，无法自已。在那一刻，他忘记了皇后被杀事件的阴霾，忘记了自己两年多来在老婆身上付出的辛苦没有得到回报的不快，忘记了已病入膏肓的元王朝。他把手放到通知书上，就像是虔诚的基督徒把手放到《圣经》上作证一样，说："这是伟大的祖国给我的最好的礼物！"

高安，难以高安

江西行省瑞州路高安县（今江西高安）在江西中部偏北，在元王朝时是个不起眼的地方。其实，终元一朝，蒙古人对江南的政治兴趣始终提不起来。忽必烈对南宋发动总攻前，曾计划灭掉南宋后，把江南的人统统杀光，然后从呼伦贝尔大草原上移植草种，把江南变成蒙古人的养马场。只是因为南宋灭亡后，江南地区的激烈反抗，又因为江南地区的财富，忽必烈才打消了这个念头。虽然如此，江南地区仍只是蒙古人的物资供应处，政治地位上不了台面，这可能也是后来江南爆发大规模农民造反后一发不可收拾的原因。

或许有人会说，蒙古人真够奇思妙想的，居然想把江南开辟成养马场。关于奇思妙想，北宋时有个更神乎其神的。王安石变法时，千方百计要增加财政收入，有人就建议王安石，应该把山东梁山泊的水抽光，八百里肥沃的土地种上庄稼，亩产必能达到十万斤。王安石兴奋异常，还特意派人去梁山泊考察，发现果然如此。但他有个疑问，梁山泊的水抽干后，放到哪里？有个极有幽默精神的人说，简单啊，再挖个和梁山泊一样大小的湖泊，把水放那里。

无疑，这是给那种奇思妙想的人的一记闷棍。刘伯温虽然满腹八卦象术，可就没有这种放浪的想象力。

他从青田县出发，过括城，一直向西北，进入高安地界时，秋意浓浓。一路上，刘伯温的心情是极舒畅的，他在《放歌行》中把自己比喻成展翅翱翔的大鸟，又把自己比作西汉的张良和三国时期的诸葛亮。他说，这是自己的第一份工作，而且是行政编制，他内心发誓就是把心掏出来，也要做好这份工作。然后"叱咤倒江河"，让"玄阴变白昼"。

白天，他仰头看天，"秋云旷无际"；晚上，他又仰头看天，"马首挂高月”；傍晚，他的脖子受不了了，所以就平视，“夕阳满洲红叶明”。想到从家乡出来的情景，更是喜上眉梢，说：“哇啦，‘西风吹客上马去’。”

不过，他马上意识到，这种放松的心态很不好。他是要去做官的，做官就要秉公执法，为民做主，所以必须要坚持原则。而原则来自哪里呢？有人说，来自通行的规则，人人都在遵守的；也有人说，来自圣人的教导。刘伯温说，其实原则来自吾心。一个人如果凭良心去做事，那就是遵守着做人的原则。也就是说，我的良心就是原则。

一个人如果能在官场上有良心，他未必能混得下去，但不会提心吊胆。向上看看天，向下看看地，都会骄傲地说，我没有对不起你们！

刘伯温正是这样的心思，所以在他制作的《官箴》里，他信念坚定地说：“弱不可凌，愚不可欺。刚不可畏，媚不可随。”

我就做我有良知的自己，不害怕任何人，不欺负任何人，不取悦任何人。用心做好每一件事，让任何从我手中出去的事都有它应该具有的道理。

刘伯温骑在马上，看秋风吹起，听云彩飘动，昂首道：这就是我，一个读书人的自白。

当他昂首阔步踏入高安县衙时，有人撕碎了他的自白书。

前面我们谈到过一个令人遗憾的现实，元王朝的行政结构是，汉族人纵然是尧舜复生，如果仍然坚持自己是汉族人，那也只能屈居二把手的位置。问题还不在位置上，刘伯温当然知道自己这个县长助理头上有个非汉族人的县长，可他不知道，县长上头还有个达鲁花赤（地方最高监治长官）。这个官职由蒙古人和高贵的色目人担任，大权在握，但他是虚无缥缈的，平时见不到他，一旦县长或者是县长助理要作决定时，他就出现了。达鲁花赤，蒙文读音“荷包压口”，“荷包”就是这样来的。

官场中人的印象中，跳出来的“荷包”的确很像“荷包”，大多时候是个胖墩子，满脸横肉，仅凭肉眼，你看不出他的智商，但略用几句话就能测试出他和白痴非常接近。可是，他说的话就是圣旨，任何人不得违背。稍有质疑，他就会对你动武，有的胖墩子已经行动迟缓，无法动武，就指着你的鼻子，警告你不要误判形势，言外之意是，他是这里的老大。

北宋初年，开国皇帝赵匡胤担心地方长官权力过大，所以总会派一个通判（行政长官的副手）去监督行政长官。这个通判名义上是二把手，实际上是一把手，他的工作内容就是跟一把手较劲。所以，当时北宋官员到地方去做长官时，烧香拜佛，保佑自己遇到的通判能讲道理，有些胆大的会祝福：上任的地方没有通判。

现在，元王朝也有个通判似的达鲁花赤，和北宋的通判相同的是，他总给一把手找麻烦，和北宋的通判不同的是，他的行政级别和一把手一样高。也就是说，当他认为找麻烦不足以让一把手死去活来时，他会拿出行政级别来让一把手必须死去活来。

刘伯温在高安县衙里待了才一个月，就清醒地意识到，这个地方太操蛋了，应该办成的事永远都办不成，能办成的事就是达鲁花赤要办的事。我们由此可以知道，刘伯温受到了辩证法的困扰。辩证法认为，你越是以为什么，就越不是什么，你越是想办成事，就越是办不成。辩证法为什么发挥如此大的效力，就是因为有个白痴般的达鲁花赤。

多年以后，刘伯温用一个寓言对元朝的这一用人法则进行过嘲讽。

某一天，主人公得到了一匹马。伯乐的后人告诉他，这是匹千里马，赶紧送去政府，政府肯定给你好处。主人公屁颠屁颠地把马牵到政府，一位肥佬出来，观察了几个小时，最后确定说："像是千里马，是吧？"主人公正等着拿赏赐，这些钱可以让他买个几平方米的房子。政府肥佬却说："不过，这马的户口不在冀地（北方，意指蒙古人所在地），所以，不能进入皇宫马圈。"主人公不但没有得到赏赐，那匹千里马还被扔到皇宫外的马圈，每天拉京城里的粪桶。

刘伯温回想往事，认为在高安的那段时间，自己就是一匹货真价实的拉粪桶的千里马。但他当时并没有意识到这点，他当着县长大人的面感叹世事多艰、怀才难遇。县长大人也当着他的面抱怨起来，说自己其实也是怀才不遇。刘伯温看到脑满肠肥的县长都敢感叹怀才不遇，心里顿时就翻江倒海起来。

县长大人对他说："混吧，人生在世，不能跟自己为难。你混，时间在流逝，但想通了就没有烦恼伴随。如果你不想混，光阴还是如箭，但有太多的烦恼。人有太多的烦恼，就会生病。"

刘伯温想起了自己的《官箴》，既然把它写出来了，不去实践，那对《官箴》太不公平了。他决定做几件事，证明给自己看。至于给别人看，这不是他的风格，而且，他也明白，别人根本没有闲情雅趣看他做事。

别人虽然没有兴趣看他做事，但却有心情让他做不成事。刘伯温每次都按照法律办事，所以当地的官贼勾结者警告他："水太清了鱼都不来，人太苛刻了就没有好朋友，你想孤独到死吗？做事要给人留后路，薪水不必政府发，我们也可以给你。"

刘伯温冷笑，因为他是个从不惧怕威胁的人，人家越对他警告，他越是把别人的话当成屁。很快，高安衙门里有个铁面无私的刘伯温的消息就传了出去。

其实，刘伯温初入官场，仅凭一腔热血做事，处处受到其他人的不待见，此时的他心智并未完全成熟，内心的痛苦可想而知。

几年后，他回想在高安的岁月时悲痛地说："世路如何？险恶实多。昨夜灯前相笑语，岂意今朝化为虎。"

他初到高安，虽然官职卑微，但毕竟是个小官。是官，自然就有人对他献媚，自然就有人拍他马屁。平时，大家坐在一起，张三哥、李四哥、王二麻子哥的互相恭维，刘伯温也认为这些人不错，但一提出要办几件老百姓赞赏的事或者是提高工作效率时，刘伯温就发现自己陷入了一大堆乱麻似的借口、托词和障碍之中，最后他所有的计划都变成了一种十足天真的幻想。

对于别人的消极抵抗，刘伯温还算能忍受，毕竟这是一种抵抗，而不是对他的进攻。可有时候，刘伯温发现官场中的同僚都长了一张狗脸，说翻就翻。天长日久，刘伯温探析出这些人翻脸都发生在他要凭良知做事的时候。

刘伯温在他的《行路难》中对这种吊诡的人际关系的评价是：政治场和官场中的友谊是绝对靠不住的，因为画虎画皮难画骨，知人知面难知心。所以难知心，不仅仅是因为心在体内，使人看不到，还因为它随时在变化。你不是看不到一个人的心，而是看不到心的变化。

西汉武帝时代的窦婴和田蚡都推崇儒术，并且受到窦太后的贬斥，两人可谓是患难之交，应该心心相印才对，两人开始时的确心心相印，田蚡就经常跑到窦婴家里蹭吃蹭喝，恨不得把心掏出来报答窦婴对他的照顾。可后来他掌了大权，政治形势发生了变化，他居然把窦婴活活害死了。

但此时的刘伯温有情绪是真，可仍然像个初生牛犊一样，在现实中不惧任何人。他向来是个孤傲到骨子里的人，做事仅凭自己的良知和良知指引下的信念。没有朋友就没有朋友，他不缺朋友，没有理解就没有理解，我心理解我就是了。圣人不是说，天地万物和我心是一体的吗？我心既然能理解我，那天地万物就能理解我，宇宙就能理解我，几个如尘埃的小人是否理解我，有什么关系？

这种对良心的坚守，使刘伯温获得了正直的美名，同时也让他感到纳闷的是，胖墩子达鲁花赤从来没有找过他的麻烦。这让刘伯温从乌云中看到阳光，他一厢情愿地认为，人间自有正气在，凭良心为民办事，就得了他们的心，得了他们的心，就得了自己心中的那份天下。

其实，他涉世未深，根本不知道得民心者，不可能得天下。因为专制时代，是得"上"心者得高位。专制国家的官不是百姓选出来的，而是被当权者任命的，想要保住官位，不必和百姓套近乎，只要像小老婆一样伺候好长官就稳居其位了。

唐朝武则天的宠臣兼“小老婆”张昌宗有句名言：“大丈夫就应该是这样的：高高在上时，成千的人想推倒我，我就是不倒；失败失势时，上万的人想扶起我，我就是起不来。”这句话的本质就是说：当领导宠幸我的时候，就算天下百姓都骂我、正直的大臣冒死检举我，啥用都没有，我就是不倒；而当领导讨厌我了，就算天下百姓都表扬我、正直的大臣都冒死推举我，啥用都没有，我还是做不了大官。

刘伯温的直属领导、高安县县长老爷看着孤傲的刘伯温，说：“你和我年轻的时候一样，但你看我现在，还不是混吃等死。儒家总教我们要在官场中修行，官场越是乌烟瘴气，就越认为是修行的最好场所。这就如同去泥塘里洗脚、酱缸里洗菜，岂不是越洗越糟糕？”

刘伯温说：“理学的精神领袖周敦颐说过，出淤泥而不染，濯清涟而不妖。只要一身正气，就是进了魔鬼窟，也仍然是正人。”

县长大人说：“哎哟，人怎么能和莲花比？人就是人，身处社会中，你必须要和别人交往，你现在把人都得罪光啦！”

刘伯温说：“没有啊，我也是个有朋友的人！”

县长大人冷哼，说：“你那些朋友对你的前途没有任何帮助。”

高安县县长大人说的好像没有错，刘伯温在高安时结交的几个好友都是一身正气的文人。其中有个叫李爟的是个画家，但他的画作似乎是意识流，没有人能看懂。至于黄伯善两兄弟，诗歌写得漂亮，曲作得也特别好，可对刘伯温身在官场，却总报以“鄙夷”的眼光。几个人在一起，唯一能谈的就是辞章之学。刘伯温有一次喝了点酒，感叹说：“‘满怀荆棘无人扫’啊！”李画家对刘伯温翻着白眼说：“俗事，这都是俗事。来，喝酒！”

其实，刘伯温面对的是无以复加的官场腐败，一个真有责任感的爷们儿就该勇敢向前，而不是做缩头乌龟。做缩头乌龟其实也不要紧，但不能洋洋得意于缩头策略。

世界上有两种人，一种是孔子那样的，在良知的指引下，明知不可为而为之。另一种是庄子那样的人，我逃避，我拼命地逃避，然后我把逃避美化成一种人类的高级情操。

刘伯温当然属于孔子那样的人，不过，孔老夫子很惨，有时候连基本温饱都解决不了，当时有一些如李爟那样的所谓隐士就嘲笑孔子是丧家狗。可刘伯温和孔子有个不同之处，刘伯温不靠游说，只靠做实事。孔子是玩嘴巴，刘伯温是玩行动。

他的行动也的确获得了很好的效果，比如在高安做县长助理的第三年，隔壁的新昌州出了件命案。凶手是蒙古人，案发后，凶手用大量金钱贿赂初审官，初审官本着“拿人钱财替人消灾”的古老中国式处世原则，就判为误杀，案子草草了结。

——我们在这个案子上就可以发现，元王朝的民族歧视政策，并没有坚持到底。至少到了刘伯温在高安做官时，可能已经瓦解。不然，初审官不会判那个蒙古人是误杀，他完全可以判是故意杀人，不过赔对方一头毛驴的钱。

原告也不是吃素的，他本来是当地的豪族，于是整合各种资源，终于上诉到了上一级政府瑞州路。知府是个官场油条，看到原告和被告都是沾惹不起的人，就想拎出个愣头青充当敢死队，有人马上不怀好意地想到了高安的刘伯温。

刘伯温听到天降大任于身，兴奋异常，在他看来，这俨然是被重视的象征。于是，他风尘仆仆赶到瑞州路，雷厉风行，不出几天就澄清了案情真相，凶手按照法律必须要偿命。初审官只好抱着那笔受贿银回老家养老去了。初审官走时，召集了被告家属和许多蒙古朋友，把刘伯温攻击得体无完肤，并且提醒这些人，刘伯温这人就是个瘟神，在这地方一日，你们就不能有自由，好自为之。

蒙古人一听，就要从腰里抽出蒙古刀。元王朝时代的蒙古刀和现在的蒙古刀大有不同，那玩意如月牙形，长一尺，插进人的肚子里，向上一挑，再抽出来，大肠冒着热气就挂在上面了。肠子在肚外还保温，但人却不死，眼睁睁看着自己的大肠热气消散，才死掉。蒙古人的骑兵所以所向披靡，他们的那种弯刀起了很大作用。在和敌人互相冲杀时，他们的弯刀只需下沉三分，刀尖就能碰到对方的马肚子，然后一挑，马肚子就开了，马的五脏六腑全落入尘埃，自然，对手只能从马上摔下来。

蒙古人要把刘伯温开膛破肚的事，刘伯温那位顶头上司最先得到了消息。他并不是个正义的人，只是良知还未泯，所以他把一封推荐信交给刘伯温，要他到江西行省的治所龙兴路（今江西南昌）南昌县去。因为在那里有个他的朋友，对刘伯温早有耳闻。

刘伯温面不改色地问：“如果不走呢？”

县长大人用手掌在肚子上横切了一下，说：“剖腹的干活。”

刘伯温说：“我不信。”

县长大人说：“我不管你信不信，总之，我是按良心做事。而且，这是命令，赶紧给我滚出高安！”

刘伯温感叹了一句：“高安，难以高安啊！”感叹完这句话，他骨子里的傲气突然喷涌上来，又愤恨地感叹一句，“贤士无路可走啊！”

关于这句感叹，刘伯温当时只是意气用事，并无例子证明。多年以后，他在其著作《郁离子》中填补了这句感叹的空白，讲了这样一个故事：

有三个商人在集市上贩卖药材。商人A专卖好药，根据进价定价，不贱卖，但也不漫天要价；商人B既收上等药也收下等药，有人要买上等药，他就给上等药，有人买下等药，他就给下等药；商人C从不收上等药，只管多收下等药，而且价格便宜，顾客要求添点他就添点，从不计较，所以他的生意非常火爆。一年多的时间，商人C就成了大富翁，商人B在第二年也富了起来。只有那个商人A生意差得出奇，青天白日的，他药铺门口像墓道一样安静，结果很快破产了。

刘伯温在这个故事最后感叹说：“现在做官的，就是这种情况。春秋时期楚国边境上有三个县的长官，其中一个很廉洁，但不能博得上司的欢心，离任的时候穷得连头毛驴都雇不起；另一位，常瞅准机会，能捞的时候就捞一点，人们非但不指责他，反而称赞他能干；第三位无所不贪，用聚敛的钱财巴结上司，对待部属像亲儿子般的关怀，对待富家大户像对待宾客一样的热情，不到三年，就升大官啦，百姓还认为他非常好，这真是太阳底下最怪的事了！”

其实，刘伯温感叹的无非是贤人，也就是他自己不得志，恶人拔头筹。

这种感慨，其实也有故意呻吟的成分。总览历史，许多英雄人物在未飞黄腾达、深处底层的时候，都有过这样的感慨。注意一点，中国古人喜欢写诗，而且特别喜欢用夸张修辞，所以我们总能看到一群怨妇般的人，站在高冈上，看着万里长的绵绵青山和河水的九曲十八弯，对自己的失败发出哀叹。

刘伯温在二十多岁时会发出这样的哀叹，也在情理之中。但他发出的哀叹并未在高安终结，还有高安续——南昌。

感慨南昌

如果按他“高安难安”的思路，那么南昌对他而言，就是难（南）以“昌”。他到南昌政府后的职务是掾史（省长秘书），行政级别上有所提高，但权力却不如高安县丞。县丞还能独立办案，掾史只能写写报告。

江西行省长官对刘伯温的印象不错，不过遗憾的是，体制原因决定他不能对刘伯温委以重任。这一体制就是蒙古人对汉人的歧视，汉人在官场，永远是老二，永远是被猜忌和排挤的对象。

江西行省长官对刘伯温说："你侥幸不被我们蒙古人开膛，应该心存感恩，在这里好好干吧。"刘伯温就皱起了眉头，但还是点了点头。那位长官看他点头并不是很痛快，就又鼓励他说："好好干吧，你是进士出身，不出人头地，那是没有天理的。"

刘伯温一听到这话，马上就起了奋起之心。但他的长官突然又问了句："你说进士这玩意有用吗？我们大元废除了那么久，也没见天塌地陷啊！"

刘伯温对这位省级大员的愚昧吃惊不小，他很想用科举的历史来证明长官的愚昧，但随即一想，长官说的也没错。大元王朝没有科举，的确存活了很多年。现在天下有点乱，可不是没有科举惹的祸，而是有些自以为是的人自扰之。

刘伯温如果站在中国专制王朝的末期，就会发现，元王朝对知识分子的不重视，也有个显而易见的好处：元王朝终其一生没有文字狱，没有文字狱，对于知识分子而言就是天堂了。

但在那时候，刘伯温看不到，他也不会因为这点和自己无关的事而沐浴焚香摆灵棋。因为他没有分身术，进入江西不久，刘伯温就王式投入繁重的工作中。他的工作不仅是案牍，还要和官场圈子打交道。

圈子对于官场人而言就是氧气，看着是没有，但一离开它，非死不可。刘伯温虽然懂奇门遁甲、五行八卦，但这些神奇的技术不能自行制造氧气，所以，他必须要跟官场圈子打交道。

然而，他在这方面是个废物。在烂污的政治环境下，官场更是乌烟瘴气，在这里，高级情操是忌讳，气节、道德、名誉都被摈弃在外。刘伯温身上恰好有这些东西，这些东西常常警告他，对它们不要视而不见，这就让刘伯温很痛苦。

明朝有位叫洪应明的隐士说："标节义者，必以节义受谤；榜道学者，常因道学招尤。所以呢，君子不近恶事，也不立善名，只要和气浑然，才是居身之宝。"

洪隐士又说："处世不必与俗同，也不要与俗异；做事不必令人喜，也不可令人憎。"

我们说，中国历史上有太多洪应明这种站着说话不腰疼的所谓人生导师了。洪应明早期做官，因为受不了当时的官场文化，所以辞职在家，专心著书，于是有了本《菜根谭》。《菜根谭》里全是人生处世哲理，不过注意一点，这些处世为人方面的哲理，是洪应明从之前的宦途失败中总结出的，总结出来后，就再也没有在官场中实践过。

《菜根谭》乍一看上去，处处机锋，处处使人眼前大亮，可真有人在官场或者在名利场中实践过它吗，实践得又如何呢？

人生经验是最靠不住的，古人说了，事非经过不知难。看到一两句哲理就成事的，世界上没有这种人。

当然，不是说洪应明的《菜根谭》不好，只是他在说那些哲理的时候，是置身事外的。置身事外，当然想怎么说就怎么说。中国历史上那些道教气质浓厚的人，说着些超然度外的话，却不肯把这些话拿到实践中去，结果只能是纸上谈兵。

再来看《菜根谭》这类中国式处世的内容，全是龟缩律令。它让人遇事不要抱怨社会，要反躬自省，要人以德报怨，以保全肉身为第一要务。

中国道家这种"退让"思想正是两千年君主独裁制的温床，因为"退让"就意味着不争，苟且偷安。独裁者最喜欢的就是人民不争，没有争斗，他才能想干什么就干什么。

老子有句话很可恨，叫"以德报怨"，连孔子都看不下去了，说："如果以德报怨，那拿什么报德？"这足以说明，以德报怨不是白痴的想法，就是狡猾的诈术，有人用这种方式其实是做给人看，落下个圣人的名声，名声一成，利益就来了。

我们说了这么多，无非是想说，刘伯温就在官场中，他不能融入那个圈子，就只能退出，没有第二条路可以走。按洪应明的意思，别标榜节义，也别标榜道德，君子不做招别人讨厌的恶事，也别立什么善名，居身之宝就是在人群中装成是一个俗人，但内心保持纯洁的气质。

也许这种要求还可以做到，只要假装一下就可以了。但下面的话"处世不必与俗同，也不要与俗异；做事不必令人喜，也不可令人憎"就很难做到了。怎么才能不与俗同，又不与俗异？怎么做事才能不让人喜，又不让人恨？

这种在文字上笼罩烟雾、故意弄不清楚的中国式哲理只能意会不可言传。刘伯温在三十岁左右时还没有这种理解的能力，所以，他在南昌很快就被人攻击了。

有人说，这人故作清高，请他吃饭他不来；有人说，这人太自以为是，不就是个南人嘛；还有人说，这人外表忠厚，内心奸诈，用他们汉人的话说就是——假道学。

刘伯温的领导可就找到了他，摆出一副对外面的传言深信不疑的姿态来，说：“你呀，还是年轻，不知道什么叫官场体统，怎么可以这样做人呢？”

刘伯温说：“我给您讲个故事吧。战国时魏国大臣庞恭要陪太子到赵国去做人质。临走前，庞恭问魏王，‘假如现在有人告诉您，说闹市上有一只老虎，大王您相信吗？’魏王说，‘你当我是猪啊，闹市哪里来的老虎？’庞恭又问，‘假如又有人说闹市有老虎，大王你相信吗？’魏王想了想，摇头。庞恭再问，‘如果再有第三个人说闹市有老虎，您相信吗？’魏王痛快地回答，‘我当然相信了啊。’庞恭于是总结说，‘闹市没有老虎，这本是常识。但是，因为三个人都说有老虎，听的人就相信了。现在，我离魏国如此远，所以说我坏话的人超过三人，希望大王您要相信的时候，记得这个故事。’”

刘伯温的领导说：“这个就是‘三人成虎’的典故吧？”

刘伯温说：“是的。它说明了一个问题：一个假消息，说的人一多，也就成真的了。”

刘伯温的领导说：“你这人恐怕有受虐狂倾向。你认为所有人都敌对你，所以把所有人都当成敌人，这样如何幸福呢？”

刘伯温说：“我没有这种倾向，但现在诋毁我的人实在太多，而且您也相信了。”

刘伯温的领导说：“那我就不明白，为什么有那么多人诋毁你。”

刘伯温说：“请让我再给你讲个故事吧。有座叫女儿的山，喜鹊喜欢在那里建造巢穴。有一天，山中来了只老虎，喜鹊连忙飞集起来，乱叫起来。八哥听见了，也飞集起来，乱叫起来。狐狸过来看到，问它们，‘老虎是陆地行走的动物，它能把你们怎样？你们怎么如此胆小？’喜鹊回答，‘你没有听过虎啸生风吗？我们担心风把我们的巢穴吹翻，所以在这里担心得狂叫。’狐狸又问八哥，八哥无话可答。狐狸就笑了起来对八哥说，‘喜鹊的窝在树梢，怕风，所以担心老虎。你们住在洞穴里，并不怕风，干吗也跟着乱叫？’”

这是个寓言，刘伯温的领导没有听懂，所以刘伯温还要解释给他听：“一条狗对着人狂叫，其他的狗就会跟着它对着人的影子狂叫。因为众口铄金，众口一词，就能混淆是非。大人您现在可能就被混淆了是非。”

刘伯温的领导正色道：“胡说，我是个是非明辨的人。”

刘伯温就问：“那您现在认为我是好人还是坏人？”

领导思考了很久，清了清嗓子说：“这个我不知道，我只知道你是个不合群的人，你不适合在官场啊。”

刘伯温长叹一声，说：“那我再给你讲个故事吧。”

他的领导制止了他，说：“我不喜欢听故事，直接说道理。”

刘伯温就问：“政府用人，是仅为了充数，还是为了选拔优秀人才，靠他们管理好国家？”

他的领导说：“从理论上来讲，是为了选拔优秀人才，发挥他们的作用。”

刘伯温笑道：“这样看来，你根本就没有实践理论。你看看你下面的那群人，除了贪赃枉法外，一无是处。”

他的领导很不高兴，因为下梁不正，上梁肯定也直不到哪里去。

刘伯温不等他还口，马上说道：“农夫种田，不用羊拉犁；商人运货，不用猪拉车。这是因为它们不能胜任这种事，怕把事情弄砸了。现在您用人，还不如农夫和商人。”

领导这次太不高兴了，眼睛通红，头发隐约冒出小火星，刘伯温见势不妙，转身就走。

在回去的路上，他掐指一算，自己已经在南昌待了一年。他不必用八卦五行，只凭五官就搞明白了一件事：这个王朝官场的腐朽已经是从内到外，无药可救了。贞洁女子和妓女们共处一室，妓女们是瞧不起贞女的。所以很快，刘伯温就被一些官员联手弹劾出了南昌。

屈原说：“众人都喝多了，我却清醒。”其实，别人都喝多了而你却醒着，并不是幸福的事。当你面对一堆酒鬼，吆五喝六，滔滔不绝，你却因为酒精不起作用而难以融入这种癫狂的氛围里，自然少了很多情趣。

有这样一个故事，天降陨石砸了一个深坑，里面还有火星，但好多人认为是上帝来接人去天堂，想一起跳进去。有一人不跳，认为是送死，结果这群人先把他推了进去。这人在里面被大火烧灼，发出凄惨的叫声，上面的人才知道，原来真是送死。结果都庆幸自己没有跳，却咒骂那火中人乌鸦嘴，如果不是他那样说，可能就真是上帝来接人。

在疯人院里，不疯的人才被认为是疯子。刘伯温不是疯子，但在元朝南昌官场，他就是疯子。

《银河棹》

妥懽帖睦尔在位的前几年，刘伯温在江西高安做县丞。据刘伯温说，那三年高安生活谈不上压抑，但也谈不上开心。也许换作其他人，看到高安官场的灰暗色调，早已痛不欲生。刘伯温也有过悲愤，可他是个意志力顽强的人，与其抱怨社会，不如去改变社会。这是刘伯温一个典型的性格。孔子说，如果没有我用武之地，我就乘船去扶桑。刘伯温却说，事是人做的，用武之地是靠自己找出来的，不是别人给你搭建的。只有庸人才四处找戏台，伟大人物向来都是亲自搭戏台，然后唱戏。

刘伯温在江西高安的三年，一切都那么平静如古井水，没有波澜。因为酱缸里起不了波澜，酱缸里只有阴郁沉重的屎黄，很难有让刘伯温兴奋的事发生。

不过，也不是没有，《银河棹》事件就是。

《银河棹》是《周易》的衍生书，全名《六壬银河棹》，有人说是诸葛亮的著作，也有人说是九天玄女的著作，还有人说，根本就没有这本书。棹指的是船桨；银河，天汉也，也称为六壬学。所以《银河棹》即“六壬学”之船桨也。

“六壬学”是一门预断吉凶的学问。天干有十，而六壬学独取壬，因为壬水属阳，天一生水，为数之始，壬又寄宫于亥，亥属乾宫，乾是易卦之首，所以取壬。六壬是指干支相配成六十花甲，每干配六支，以壬配六支则为“壬子、壬寅、壬辰、壬午、壬申、壬戌”，故称六壬；另说壬有王形，为诸易之王，故称壬学。

“六壬学”比起中国其他占卜术还算合理和合法，其推演法来源于《周易》。首先由“占时”至“月将”，是无极生太极；再由月将至干支，是太极生两仪；由干支而产生四课，是两仪生四象；再发三传，即发三才，然后再布各天将及神煞，用五行生克预测吉凶进退。

其实，中国古代预断吉凶的学说，论说起来艰涩难懂，但如果入门了，也并不那么难。东西方预断吉凶的所谓巫术其实是原始科学，仅以“六壬学”为例，它就是根据严格规定的方式来获得一些特定成果的尝试。它承认因果律，也就是说，给出同样的前提条件，随即就会出现同样的结果。比如它的《掌图·分野》说的就是手相，哪条纹路说的是什么，都有固定的规定，你不能信口胡诌。纹路交叉有很多处，任何一处，书上都给了解释，你必须要按照这种解释去理会，不能凭自己的意思去做。

古老的预断吉凶的学说，其实并不能算是迷信。只要它能言之成理，就要认为它是对的。科学诞生不过短短的几百年，如果古代的一切都是迷信，那科学诞生前，人类是怎么活着的呢？

《六壬银河棹》事件是这样开始的：1337年，也就是刘伯温在高安第二年的农历二月，一个绰号叫“棒胡”的江湖卖艺人发动了一场武装暴乱。“棒胡”可能姓胡，耍得一手好棒，能把一根百斤重的粗棒运之如飞。但如你所知，这是武术花样表演，真到搏击场上，未必成事。当无人欣赏他的表演后，他就凭在江湖闯荡多年积累的人气，振臂一呼，聚集了万人，宣称起义。

在起义之前，棒胡听说江西高安某个村里有个叫曾义山的神算子，此人曾偶得《六壬银河棹》，料事如神。

棒胡派人去请这位曾大仙，可去了多次，曾大仙都不在。有时候是去山中采药了，有时候去镇里喝喜酒了，有时候去田里工作，有时候去亲戚家串门。

棒胡摸着自己的大棒说：“真是无缘啊。”但突然一想，这家伙未卜先知，大概是怕担个私通盗贼的罪名，所以对我避而不见。棒胡想到这里，可就怒了起来，说：“等我先拉起队伍，然后再去找你算账。”

造反之后，棒胡屡战屡胜，就忘了曾大仙这个人。可又一次打了败仗，情绪低沉，胡思乱想，就想到了曾大仙。他派出一支武装小分队，嘱咐他们，如果那老鬼还不在家，就把他的家人给我砍了。

武装小分队一脸豪迈，提着刀就奔高安曾大仙家。路上就准备好了杀人计划，哪个先杀，哪个先奸后杀，哪个再奸再杀。可当他们到了曾家后，难以置信的是，曾义山正在门口摆好了茶水等着他们呢。曾义山对这些因不能奸杀而失望的人说：“回去告诉你们老大，丁丑年四月一柱擎天。”

这些人能听明白这句话，悻悻地走了。回去后跟棒胡一说，棒胡皱眉想了很久，说：“这他娘的什么意思？”有伶俐的人说：“明年就是丁丑年，一柱擎天可是好兆头。可能是告诉您，明年四月，您能当皇帝。”

棒胡哇啦叫起来，说：“这真是个好消息。”

但他理解错了，棒胡是要棒子的，不要棒子时，棒子是立在墙角的。所以，一柱擎天的意思，就是歇菜了。果然，1338年农历四月，棒胡一败涂地，被活捉到大都处决。

曾义山在棒胡的武装小分队走后不久就对家人说：“我要归天啦，明年的某月某日，有个叫刘伯温的人路过这里，你们去葫芦石洞把那本《六壬银河棹》

拿给他，什么都不要说。因为这是天意。”

说完这些话，曾义山就跑到床上躺下，一会儿工夫就挺尸了。

第二年，刘伯温被调到江西南昌，上任的路上，忽然迷路，不知是怎么回事就走到曾义山家了。曾义山的家人就把书给了他，刘伯温认为这是天意，翻了翻《六壬银河棹》，说：“这真是本好书，但我有公务在身，不能专心研习。”

曾义山的儿子说：“父亲还说了，一年之后，您就有时间研习了。”

刘伯温惊了一下，认为这并非好兆头。如果有时间研习，不就证明他可能无时间做官了吗？

他的预料非常准确。到南昌工作不久，他就发现，自己和同僚的意见永远不能一致。一目了然的邪恶，却被同僚们左说右说，于是成了正义。尤其是他的上司，不许他有任何意见，只希望他是一台录音机。

刘伯温站在南昌城门上，向下望去，什么都望不见。他说：“我必须要离开，不然，我就是在活埋自己。”站在他身边的他唯一的朋友钱士能说：“你说得对，我也有如此想法。”

钱士能在“进退”上的反应非常快，一有想法，立即付诸行动。说完这话的第二天，钱士能就离开了南昌。但刘伯温没有这样迅疾的反应，有责任心的人在绝望的路上走得都很慢，因为他们希望有回转的余地。但又等了一段时间后，刘伯温长叹一声，说：“我真该走了。”

于是，刘伯温离开了工作五年的江西，回到了老家。

立点言吧

刘伯温离开他工作五年的江西时，正是天高云淡的秋天。但他掐指一算，念念有词后，睁眼再看天空，就发现数道狼烟直冲云霄——那是五花八门的造反者正在全国各地实现他们发家致富的理想。

刘伯温不是个多愁善感的人，不过站在南昌城外，回首南昌城，还是流下几滴眼泪来。这和一千多年前荆轲在风萧萧兮的易水边大有不同。荆轲阁下离开易水，是奔往目的地，心中有理想；而刘伯温离开却如浮萍败叶，心中无根脚，不知下一站将是何方。

鬼使神差地，刘伯温绕道去了江西和福建交界处的武夷山。在武夷山上，刘伯温只留下了几句空洞无味的诗歌。走到鹅湖时，想到南宋两位理学宗师朱熹和陆九渊曾在此讨论过理学真谛，又想想自己的理学造诣，不禁惭愧。他在回老家的路上发誓说：“我要做点有意义的事。”

儒家的祖师爷们早就给门徒们立下严谨而崇高的追求标准，那就是三不朽。所谓三不朽依次是：立德、立功、立言。儒家精英们指出，“三不朽”的主旨是将个人有限的生命融入到无尽的历史中去。当一个人确立起崇高的道德，建立了世无其匹的功业，留下内容与形式绝伦的言论与文字，德、行、言影响时人和后人深远悠长，这个人就会经久而名不失，有如万有引力，永恒而在。真能达到三不朽，那就是如理学宗师张载所叫嚣的那样：为天地立心，为生民立命，为往圣继绝学，为万世开太平。

刘伯温当然有这样的追求，但和很多读书人一样，这是个艰难的过程。自孔孟之后，中国历史上被认可的“三不朽”人物只有两个半：两个是王阳明与曾国藩，半个是诸葛亮。

我们注意一点，刘伯温这年恰好三十岁，正是孔夫子说的三十而立志向的年纪。刘伯温的志向很灵动，没有按部就班，因为他是先立言，再想办法立德，然后立功。

儒家门徒说，立德立功立言，应该是有顺序的。个人道德无懈可击后才能立下盖世功勋，只有立下盖世功勋后，你才有资格立下言论，因为只有这样的“言”才能被别人认可。不过，这明显是儒家门徒抽了自己的嘴巴，他们说孔子是三不朽人物，可孔子恐怕只立了个德。你非要说孔子诛杀文化名人少正卯是立功，那也没有办法。但孔子没立什么言，他曾亲口承认，自己是只叙述别人的正确言论而不原创（述而不作）。

刘伯温很显然意识到这点，所以他说：“我原创几本书吧，算是个立言。”所谓立言，无非是提出点儿自己的主张不人云亦云罢了。

最先被立的言是他在军事方面的思想。当初，他在石门书院读书时，就苦思过军事战略问题，但自那之后，一直没有用武之地。既然不能在战场上发挥才智，那就在纸上发挥吧。

于是，《百战奇略》出炉，在这本书中，作者把如何打赢一场战役的问题做了充分的发挥。从作战来看，世界上的交战双方没有实力优劣之分，只有谋略之好坏。仅以众寡来说，你人多，对方人少时，尽量要在开阔之地与对方决战。人多力量大，但也不好管理，所以军事统帅一定要有“进止”的本事。所谓“进止”，就是攻击时有速度有激情，撤退时要有秩序。前秦与东晋的淝水之战，前秦失败的原因就是不能把握好“进止”，前秦几十万人向后一退，刹不住了。春秋的晋文公与楚国精锐兵团打架，晋文公一直喊叫着“退避三舍”，楚国一直追击，但就是找不到机会发动决定性攻击，就是因为晋文公的兵团在后退时“井然有序”，简直就是步步为营。《百战奇略》里还说，你人少，对方人多的时候，你就该把对方引到场地不开阔的地方，让他的人数发挥不出应该发挥的作用。

在主客场作战的论述中，作者指出，同等实力下，主场作战未必就能赢。如果你是客场，就要以最快的速度攻进主人的腹地。因为主人在本地作战，家人都在身边，会经常挂念，只要深入内地，就能使他们对亲人的挂念放大一百倍，对方会不攻自破。

作者虽然列举了无数个打赢一场战役的技巧和奥秘，但最后却说，打赢一场战争的最大诀窍就是，不打。

任何纠纷和恩怨尽量不要到战场上来解决，非要到战场上来解决，也要尽量做到兵不血刃，不战而屈人之兵。搞来搞去，又回到了儒家套路上来：打架是不好的！要以德服人！可如果对方不认识德为何物呢？那就只好打。

中国的军事著作大都有这个毛病：全部内容都是战争技巧，但在开篇肯定有个说明：打架不好，要以德服人。这个牌坊立得很大、很艺术，让人一看，仿佛中国人真的不喜欢打架一样。其实中国人最喜欢的就是打架，而且喜欢窝里打，翻开历史，到处都是刀光剑影。老百姓有句俏皮话，和平只能维持到明年。也就是说，牌坊立着，婊子继续当着，二者泾渭分明。

刘伯温生在中国，不可避免地也会犯这样的毛病。但这时他还年轻，难免不受传统熏染。

多年以后，他意识到，战争的目的就是消灭对手保存自己。为了保存自己，在消灭对手时应不择手段。这可能是冷血，但绝不是假惺惺。

当然，中国古代每个野心家和政治家都明白这个道理，可就是表里不一，嘴上说的是一套，干的是另外一套。

刘伯温说，这很不好，做人嘛，短短几十年，干吗那么虚伪？说的一套和干的一套不能吻合，你的心一面要做事，一面又要小心别被人发现你真心要做的事，多累啊！

刘伯温一生中都坚持身心合一、表里如一。这是他在撰写《百战奇略》时的主导思想。

当他在专心致志写书时，他弟弟刘陛有情绪了。

刘陛拄着锄头站在窗外，盯着刘伯温说：“二哥，出来晒晒太阳。”

刘伯温头都不抬，说：“我没空。”

刘陛说：“您别没空，出来看看吧。你看那田间，有人锄禾日当午，汗滴禾下土。你再看那山间小路上拎着饭盆的妇孺，谁知盘中餐，粒粒皆辛苦。你再看我，脸上是黑乎乎的油汗，手上是一寸厚的老茧。你再看看自己，细皮嫩肉，像是刚出生的婴儿。老天为何如此不公平，让你坐在清风徐来的书桌前，让我面朝黄土背朝天？”

刘伯温此时恨不得有个地缝钻进去。他扔了笔，走出门，和弟弟一起走进了田间。不过，他很快就辜负了自己和弟弟的期望。刘伯温从小就以读书为主要责任，身体状况很差，三十岁的人，五十岁的心脏。只弯了几下腰，他就对弟弟说：“我感觉腰椎间盘突出啦。”

他弟弟摇头叹气，说：“还是写你的书去吧。”

刘伯温就重新回到书房，但百姓的日常生活和工作使他冒出个想法，为何不能给他们编辑一本日常生活一本通呢？

心动就要行动，刘伯温很快就确定书名《多能鄙事》，这个书名灵感来源于孔老夫子。孔老夫子曾对学生们说，我年轻的时候是个底层劳动人民，所以对一些难登大雅之堂的事都有了解（吾少也贱，故多能鄙事）。

《多能鄙事》分为十二卷，内容包括饮食、服饰、百药、种花草、放牧养殖多方面制作技能和占卜知识等，凡百姓日常所必需的科学常识，以及吉凶趋避之术全部囊括其中，总之，一一切合民生实用。

我们仅在此举几个例子。比如饮食，刘伯温注重的是养生，而且是物美价廉的养生。比如“鸡子线”：把鸡蛋开个孔，加点盐，用筷子搅匀，立即倒出，使之成线状，就白酒配着吃。养生健体大大的好！

还有一个小孩“百日关”的问题。刘伯温说，小孩生下来一百天内不要出门，因为此时小孩的阳气非常重，没有阴气，所以一些老妖怪特别喜欢吸收小孩的阳气。到了一百天后，小孩的阴气渐渐附体，老妖怪们对这样的小孩就没有兴趣了。

或许正是这种琐碎、荒诞不经的内容，使很多研究刘伯温的人都认为，《多能鄙事》并非是刘伯温的作品。但也有不同意见，这种不同意见认为，《多能鄙事》里面的内容的确琐碎庸俗，但人生在世，哪一件不是琐碎庸俗的？吃喝拉撒，就是庸俗。如刘伯温那样的圣人也必须要吃喝拉撒，他能编著《多能鄙事》这样的作品，更证明他的伟大，因为他能接地气。

接了三年地气后，刘伯温从现实中醒来，进入梦想。他唉声叹气，他老婆就说：“既然这里现实太重，何不出去走走，看看山川大河，陶冶一下已土得掉渣的情操？”

刘伯温说：“明天就上路。”

一个毋庸置疑的事实是：任何一本书，即使写得再好，也不过是别人的思想。即使可以从别人的思想中总结出自己的思想，但没有作者本身的经历，这种思想仍然是隔靴搔痒。有真思想的人，必须要有经历，不但要做宅男，更要做驴友。中国历史上超级驴友非明朝的徐霞客莫属，这哥们儿使用国家的“驿站”四处游玩，写下了《徐霞客游记》。司马迁能把《史记》写成别人望尘莫及的历史著作，不是因为他被阉割过，是因为他善于四处旅游，手拿纸笔，对景而写。

1344年，当刘伯温离开家乡北上时，北边有个十七岁的奇丑无比的少年正在埋葬他的父母和兄弟，如你所知，这个人就是朱元璋。过了一段时间，朱元璋跑到寺庙里脱下乞丐服，穿上了袈裟。

在那时，刘伯温根本不知道有朱元璋这样一个和尚，正如他不知道自己的前途在何处一样。他突然掉了头，向东进发，游览集庆路（今江苏南京），到丹徒（在今江苏镇江）后，结识了一群志同道合的朋友，索性就在丹徒定居了。这一定居就是三年，其间风花雪月的故事每天都在上演，可刘伯温的心里仍然是荆棘一片。

1346年，刘伯温突然有了去大都的想法，这一想法才萌生，第二天，他就北上了。北上之路，映入他眼帘的则是遍地的饥民和强盗，他不无感叹，从他中进士到现在不过十年时间，山河大地破碎到如此严重的程度。政府正在破罐子破摔，没有人对这些现状发出一句质问和解决方案，元朝的贵族们似乎已经做好了重新回到草原的准备。

刘伯温用各种文学体裁忧国愁思，他那孤独的神情配合上那沉郁的诗词歌赋，使人心都碎了。当他在那年年底从大都回南方时，他在心里发誓，从此不会再来北方，因为这个地方使他伤心、使他难过。

不过，在无业漂流了这么多年后，他最诚挚地希望政府起用他的心始终没有变，那团火越烧越旺，烧得他每天辗转难眠。

多年来，他觉得立言容易，他的诗歌散文已经传遍南中国，很多盗版商都在盗版他的著作。“立德”也并不难，只要怀抱天下，用仁义和悲悯武装自己，这就是德。只有立功最难，没有人给他搭建立功的舞台，他连报名的机会都没有。

但他还是想。

诗歌《武陵深行》就是表态书：

> 武陵溪，一何深。水有射工射人影，陆有丹蛇长百寻，嗟哉武溪不可临。
>
> 溪之水，深且阔。鸟不敢飞，龙不敢越。海气连天日月昏，菌露着人肌肉裂。
>
> 呜呼！丈夫宁能沙场百战死，有骨莫葬武溪水。

武陵是东晋陶渊明隐居的地方，刘伯温的意思是，老子决不学那没有志气的陶渊明跑到武陵去隐居，老死在那里。

这封表态信仿佛被老天感知，第二年，当他在江浙最美丽的杭州游玩时，组织找上了他。

组织上找到他的时候，他正在杭州举行第二次婚礼。他那位表妹老婆迟迟不能生育，因此他的老娘下了命令，刘伯温必须要重新再娶。

史书说，刘伯温的二任老婆和他是青梅竹马，姓陈。二人在杭州结婚后就回到了青田，在那里，争气的陈氏为刘伯温生下了儿子，叫刘琏。

刘琏出生前一天，刘伯温的弟弟在地里挖出个熟铜制作的头盔来，敲起来，里面发出闷葫芦的声音。刘伯温夜观天象，突然叫了一声："双喜临门！"

儿子才出生，上面就有人给他送喜来了，说要他到杭州做官。

不用卜算，刘伯温就知道生儿子是一喜，但他不知道另外一喜是什么，是做官，还是他弟弟挖出来的那个熟铜盔。

第四章
起义迭起，元王朝委曲求全

刹那的欢愉

刘伯温受邀到江浙行省担任教育厅副厅长（儒学副提举）兼招生办主任（考试官）时已三十八岁。人在四十岁将近的年龄时，精力最充沛，头脑最冷静，行事最稳健，所以这个年纪的人总会小有所成。但这要看遇到什么样的外界条件，格言不是说过嘛，形势比人强。形势不利自己时，是龙你也要盘着，是虎你也要趴着。

刘伯温这次重出江湖，形势看上去不错。邀请他出山的是江浙行省参知政事（副宰相）苏天爵，苏天爵和刘伯温之前没有任何交往，所以，真正把刘伯温从书房里拉出来的人应该是他的同学不答失里。

不答失里是蒙古族人，而且是高级贵族，所以在仕途上混得风生水起，这位蒙古王爷是蒙古人中极少数有见识的人之一，长期以来和刘伯温保持着书信往来。刘伯温那年到大都，这位王爷热情地招待刘伯温，谈到现状，刘伯温就对多年来的失败发出感慨。不答失里看到同学混到这步田地，叹息不已，于是就问刘伯温，可有兴趣到江浙行省工作。

刘伯温当时说，只要能为国效力，哪里都可以。但是，他回想起在高安和南昌官场中的往事，忧心忡忡。不答失里叫他放心，因为江浙行省的副宰相苏天爵是个干事的人，那里的官场空气非常清新，而且，苏天爵这人特别爱才，兄弟你到那里，他必能给你大展拳脚的平台。

刘伯温回老家不久，真就陆续收到了不答失里和苏天爵的信，不答失里告诉他，事情已经搞定。刘伯温还未看完信，苏天爵邀请他到江浙行省担任教育厅副厅长的信就到了。

关于苏天爵，不答失里的评价倒是很中肯。苏天爵是今河北正定人，年轻时在国立大学（国子学）以优等生被保送，直接做官。后来以监察御史的身份到湖北查案，平反冤案多起。再后来，做京官，一度做到官吏任免部部长（吏部尚书），因操劳过度，本不该白的头发和胡子都白了。除了工作成绩突出外，苏天爵在文学上的成就也相当引人注目，诗歌写得好，文章更是干净利落，不废话，成为那个时代人人模仿的对象。

当然，也正如不答失里所说，苏天爵爱才，他挂在嘴边的话就是，人才乃邦家之本。

所以，当他一见到刘伯温，就对刘伯温赞赏有加、刮目相看。

刘伯温也并未辜负苏天爵的赞赏，在教育厅副厅长的职位上，他的成绩可圈可点。他呼吁天下人都要关注教育，把文化事业搞上去。元朝文盲太多，必须要扫盲，不然国家就得不到像他这样的高素质人才。每当地方上出现兴办义学的事时，刘伯温都是第一个鼓掌的人。

但是，刘伯温已敏锐地发现，此时兴办义学已经没有任何意义。因为天下正在大乱，而学校本应该建立在和平环境下。尤让他苦闷的是，到江浙行省的第二年，苏天爵被中央政府召回。刘伯温的工作所以有成效，全赖苏天爵在全力支持，苏天爵一走，刘伯温的多项计划都胎死腹中。

眼前重新出现黑暗，这种黑暗不是没有光明的黑暗，而是一种遍地狼烟的黑暗，是一种死的黑暗。风起云涌的反政府武装让刘伯温倍感焦虑，他希望自己能有三头六臂，保卫他的祖国。

但他的朋友高则诚却不这样认为，这是位民族主义者，也是《琵琶记》的作者。高则诚三年前中进士后，来江浙行省政府里做秘书，由于工作关系，刘伯温和高秘书经常在一起喝酒写诗，谈论时事。高则诚比较偏激，认为元王朝走到今天是踩了狗屎运，汉人必将复兴。刘伯温反驳说："这么多年了，大元对咱们不薄。你这种思路绝对要不得，这不仅是反政府，还是反社会。革命当然容易，陈胜吴广砍了树枝，拉起大旗，革命就开始了。但革命要死人，最先死的还是普通百姓，但凡不是冷血，谁忍见生灵涂炭？"

高则诚说："孟子曰过，独夫民贼，就应该革他的命。"

刘伯温说："你想要革元王朝的命，请先把你进士的学位退了，然后辞了你的秘书工作，再谈革命。”

高则诚无话可说，但有事实为他证明：革命已是势在必行。

所以，刘伯温的一腔抱负也就灰飞烟灭，他必须要重新调整工作重心。这不是他的本意，而是形势使然。

早起的虫子：方国珍

提到元末革命大佬，张士诚、陈友谅和朱元璋绝对威震八方，但那是后来的事。造反风云初起时，方国珍是不折不扣的大哥级人物。

方国珍是台州黄岩（今浙江黄岩）人，长得人高马大，手臂很有蛮劲，而且是长跑健将，喝点酒后撒风，能把一匹烈马追吐血。这个人的外貌有奇怪之处：浑身上下比煤炭还黑，脸蛋的皮肤却像匏瓜肉一样白。如果让他脱光了站着，就如同一根木炭顶上落了堆燕子屎。

方国珍家从他爷爷那一代开始就做走私盐的生意，是当地一巨富。由于走私必须要和当官的勾结，因此他老爹经常出入政府衙门，低三下四。方国珍年轻气盛怒火中烧，对老爹说："都是人，凭什么咱们要像对待祖宗一样对他？"他老爹说："你懂个屁，官商不勾结生意怎么做下去？你不给当官的溜须上供，即使有命赚到钱，也没命花。"

方国珍对这种论调长期嗤之以鼻。不过，黄岩这地方有仇富传统。有次，政府军在海上活捉了一群劫匪，劫匪头子正是黄岩人，多年以来对方国珍家的赢利模式羡慕嫉妒恨。在审讯中，他把方国珍一家子也牵扯进来。由于方国珍一家在黄岩混得开，所以逮捕令还没有到黄岩，当地政府官员就已经通知了方家，让他们赶紧跑路，并且许下承诺，自己会到省里去活动，方家很快就会安然无恙。方家正准备收拾东西，方国珍抽出大刀，剁在家具上，说："这样活着太窝囊，咱们走私不就是为了多赚点钱吗？我有更好发家致富的方法，咱们革命他娘的！"

方国珍哥四个，异口同声："要赚大钱！"于是，方国珍拿出钱来招兵买马，很快，就领着几千人坐着曾经的走私船到了海上。

方国珍之前，也有人革命过，但都是小打小闹，政府军刚要准备上战场，革命者们先逃之夭夭了。方国珍凭借多年走私的经验和胆量，白天在海上休养生息，月亮升起，他们如同北欧海盗一样，悄无声息地把船靠岸，以迅雷不及掩耳的速度到岸上烧杀掳掠。更要命的是，方国珍经常切断元王朝南北的漕运通道，很快，方国珍成为元王朝南中国的一面革命旗帜，元王朝必须要做出激烈的反应。

激烈的反应就是，命令江浙参政（江浙行省四把手）朵儿只班率领他的剿匪部队三万人消灭方国珍。朵儿只班浑身肌肉，走起路来泰山移动，在江浙地区曾剿灭过数百起造反武装。看上去，他是个有能力的人，但其实不是这样，朵儿只班对付不成气候的团伙法力无边，可对付像方国珍这种有组织有纪律又很能打的团伙，就束手无策了。

方国珍得知朵儿只班来后，就带着他的部队乘船入海。方国珍常年混迹海上，大海是他的优势所在。这也是方国珍聪明的地方，他有自己的人生座右铭：决不到自己不擅长的领域去。朵儿只班先是采取守株待兔战略，把大海封锁，希望能把方国珍困死在海上。

但是，方国珍是靠走私起家的，没有人能困得住他。所以围困了许久后，朵儿只班宣告守株待兔的计划失败。在上级的催促下，他硬着头皮，走向大海，捕捉方国珍的主力有三千人。朵儿只班和他的部队都是旱鸭子，才上船就有人出现了晕船症状，没有晕船的人面对海浪颠簸，也如同行走在云雾中。特别是朵儿只班，在战舰上总带着个绳子，走到哪里，就把自己绑到哪里。

正如泥菩萨过江，连自保都成问题，当然也就别提打架了。方国珍抓住这样的机会，派遣一批水性好的汉子，钻到朵儿只班的那些战舰底下，凿出几个大洞。在混乱中，方国珍的人活捉了朵儿只班。朵儿只班被活捉时，肚子里灌满了水，被人挤压了很久才算吐完，然后就被用他经常带在身边的绳子绑了起来。

蒙古人很少被活捉，尤其是朵儿只班这样的副省级官员，所以，当方国珍高高在上一路小跑到他面前为其松绑时，朵儿只班一直看着船外的汹涌波涛，他当时大概想要以身投海喂鱼，落个精忠报国的名声。但他的眼睛闪烁飞快，而且肚子咕咕叫，方国珍马上判定，这蒙古肥佬没有自杀的勇气，所以就跟这位肥佬解释说，其实自己没有想革命的意思，但自己没有文化，考不上公务员。后来听说“想做官，杀人放火受招安”，所以才出此下策，大家都不容易，无非是混口饭吃。

方国珍最后以请求的口气说：“你回去跟你们老板说下我的意思：苍天在上，咱们也是大元的子民，谁吃饱撑的没事，在刀口上过日子！希望他能给我个官做，我马上就改邪归正，重新做人。”

朵儿只班不敢相信自己的耳朵，原来对方是想做官，这简直易如反掌。他当即拍着肚子就答应下来。方国珍就派了一艘小船把他飞一般的送回了杭州城。

杭州政府两个时辰前听到朵儿只班的部队灰飞烟灭，正在面面相觑、惨无人色时，突然朵儿只班生龙活虎地出现在他们面前，又听说了可以不用流血就能摆平方国珍，高兴得一跳三丈高。他们派人昼夜兼程，把报告递交大都，然后乐滋滋地等着大都的奖赏。

大都里的蒙古王公大臣们像炮仗一样爆了起来。几个刚从草场套马回来的蒙古将军们拍着桌子大叫："奇耻大辱啊，打不过人家，就招安人家，这事居然发生在我们蒙古帝国，使我们背负这种耻辱的居然还是我们蒙古人！"

有人立即跟着起哄说："应该把那个民族败类朵儿只班就地正法！"

军事委员会（枢密院）的一位参谋慢吞吞地站起来，扫了一遍那群套马的汉子，说："朵儿只班的剿匪部队是陆军，那个叫方国珍的是海军，两人就不在一个食物链上。你现在非让一个动物到另一个动物的食物链上去，那和把老虎送到海里，让它和鲨鱼打架有什么区别？现在事情已经发生了，不要咆哮。应该在江浙征集能在水里打架的人，让他们和方国珍在一个食物链上，这样才能干掉方国珍。"

套马的汉子们一听说去水里打架，马上就软了下来，说："大海是我们所畏惧的啊，方国珍既然要个官职，那给他就是了。大元王朝除了草外，就是官职最多。"

那名参谋居然冷笑起来，再一次扫了那群套马的汉子，说："方国珍干掉了我们三万人，又活捉了我们的大将军，实力如此雄厚，却想被招安，显然不是真降。我们如果给他官职，恰好是让他养精蓄锐，中了他的圈套。况且，我们现在必须干掉方国珍，以警示那些想要革命的人。"

但是，永远别让驴听懂真理，浪费了你的时间不算，驴还特别不高兴。驴们认为，多一事不如少一事，给方国珍一个官职算了，谁都不容易。

由于方国珍是多年以来南中国闹革命声势最大的一人，因此大都方面极为重视，不过听说方国珍只是要个官做，马上放松下来，并且迅速通知江浙方面，方国珍要什么官职，都给他。看他那智商，估计也要不到什么好官，马上答应他。

刘伯温当时对中央政府这一举措没有机会发表意见，因为他被辞退了。被辞的原因很可笑，他认为江浙行省的纪律监察部门官员（监察御史）大为失职。失职这种事当时已是官员的家常便饭，很多人把这当成是官员的基本素质之一，如果不是刘伯温提起，这些官员险些忘了，他们还有职责在身。御史们在吃惊之余，认为刘伯温破坏了官场的和谐气氛，暗示有关部门，让刘伯温滚蛋。

1349年，刘伯温被辞退，在杭州待业。而方国珍这位靠杀人放火起家的革命者，正在台州享受他的元政府公务员待遇。

方国珍的革命对后来的职业革命者诸如陈友谅、张士诚和朱元璋都有着非凡的意义。中国历史上第一个革命的人往往不能取得胜利果实，倒霉的还提前送命。秦末的陈胜、东汉末的黄巾军、隋末的李密、唐末的黄巢，这些人给后来者做榜样的同时也做了炮灰。早起的鸟儿有虫吃，但早起的鸟儿有时候会被枪打。老子说，不敢为天下先，正是给革命者最神圣而真诚的忠告。

刘伯温对革命者没有忠告，有的只是痛心疾首和满腔的憎恶。而且他也断定，方国珍投降只是缓兵之计。果然，1350年年末，被元政府养了一年的红光满面的方国珍突然发动二次革命，攻击温州城，攻击未遂后，又跑进了茫茫大海。据后来官方报告指出，方国珍之所以发动二次革命，仅仅是因为当官后总受到元朝正式公务员的敲诈勒索与鄙视。我们从《水浒传》中就能得到这样的信息：方国珍这样半路出家的公务员虽然官职不错，待遇也不错，但在同僚眼中，他们永远都是贼，而且不能转正。因为他们是贼，所以在正式公务员的印象中，他们应该都很有钱。方国珍逼着元政府招安，是想敲诈别人，想不到被别人敲诈，心头一火，就又革命了。

不过据小道消息说，方国珍这种人根本就不是做官的料，他注定只能当贼。无论是哪种说法，总之，方国珍又乘船出海当起了革命家。两年的时间，方国珍的实力已今非昔比。当他对温州发动决定性总攻时，人数已数万。

第二年正月，元王朝中央政府命江浙行省左丞相孛罗帖木儿担任剿匪司令，去征讨方国珍。孛罗帖木儿也是个旱鸭子，所以征集有海上作战经验的能人异士随军。

刘伯温当时想应聘，但被他的好朋友高则诚拦住了。高则诚的理由是："论参谋，特别是在水里的参谋，我比你强。所以，我去。你准备好酒菜，我凯旋后，咱们喝点。"

刘伯温大吃一惊，因为高则诚只是读过几本兵书，而且，高则诚是去当参谋，刘伯温从来没听说过，参谋还有水陆之分。刘伯温大吃一惊的理由还有，高则诚向来对革命抱以同情态度，现在却要去打击革命，这是知行不一啊。

高则诚的解释是："任何人谈革命都没有问题，但你不能打扰我的生活。你打扰了我的生活，我就反革命。"

刘伯温对这位好友短时间内的变化感到吃惊，不过他心里还是佩服高则诚的勇气。于是，他写了《从军诗五首》为高则诚壮行，预祝他凯旋，当然更预祝的是，政府军能彻底剿灭方国珍，凯旋。

但刘伯温大失所望。1351年农历六月，孛罗帖木儿和方国珍在松门附近的大闾洋短兵相接，结果，孛罗帖木儿的部队还未展开队形便不战而溃，孛罗帖木儿本人被活捉。高则诚在当时早已不知去向，据他后来回忆说，自己拿出了无数战略，可孛罗帖木儿那个糨糊脑袋就是不听。

孛罗帖木儿被活捉后，方国珍故伎重演，跪在他面前，声泪俱下地描述自己生活的艰辛。并且说，政府只要给他个比从前大一点的官职做，他将改邪归正，重新做人。

孛罗帖木儿被方国珍那副疾来的眼泪感动，同意方国珍的要求，回到杭州后，连夜写了方国珍二次重新做人的心愿。大都方面很快就给出指示：同意他重新做人，给他官职，大一点的。

如果说，元政府第一次和方国珍较量，是因为不熟悉海上战争而失败，情有可原，但第二次，却失败在陆地上，而且是不战而溃，这就无论如何都说不过去了。

这正是刘伯温第一眼所看到的那样，他没有怀疑到这是政治腐败的问题，而是认为问题完全出在军队和地方官身上。他在杭州的寓所中愁肠百结，一股“朽木不可雕”的愤慨从肺部向上走，在喉咙里驻足，刘伯温想破口大骂，但忍住了。所以，这股怒气再向上走，到了鼻子，刘伯温就冷哼，到了眼睛，刘伯温就两眼通红，最后到了脑子里，他提起笔来，写下来妇孺皆知的小品文《卖柑者言》。这是一篇痛批政府官员，特别是那些武将如银样镴枪头一样，只是“金玉其外”而已。

我们有必要欣赏这篇文章，但由于它是杂文，而不是散文，因此，我们只需要欣赏它的白话翻译就可以了：

杭州有个卖水果的人，擅长贮藏柑橘，经过冬夏也不腐烂，拿出它们的时候还是光彩鲜明的样子，玉石一样的质地，金灿灿的颜色。放到市场上（卖），价格高出（普通柑橘）十倍，人们争相购买柑橘。

我买了一个，切开它，像有股烟直扑口鼻，看它的里面，干得像破烂的棉絮。我对此感到奇怪，问他说：“你卖给别人的柑橘，是将要用来装满在盛祭品的容器中，供奉神灵、招待宾客的，还是要炫耀它的外表用来迷惑傻瓜和瞎子的？做这种欺骗的事，实在太过分了！”

卖柑橘的人笑着说：“我从事这个行业已有好多年了，我依靠这个用来养活自己。我卖它，别人买它，不曾有人说过什么的，却唯独不能满足您的要求吗？世上做欺诈之事的人不少，难道只有我一个吗？你没有好好地思考。现在那些佩戴虎形兵符、坐在将军座席上的人，威武的样子好像是捍卫国家的将才，他们果真能拥有孙武、吴起的谋略吗？那些戴着高帽子、拖着长长带子的人，气宇轩昂的样子像是国家的栋梁之才，他们果真能够建立伊尹、皋陶的业绩吗？偷盗四起却不懂得抵御，百姓困顿却不懂得救助，官吏狡诈却不懂得禁止，法度败坏却不懂得治理，白白地浪费国家粮食却不懂得羞耻。看看那些坐在高堂上、骑着大马、喝着美酒、吃着美食的人，谁不是高大的外表，令人敬畏，显赫过人，值得效仿？可是无论到哪里，又有谁不是外表如金似玉、内里破败得像破絮呢？现在你看不到这些现象，却只看到我的柑橘！”

我默默地没有话用来回答。回来思考这卖柑人的话，（觉得他）是像东方朔那样诙谐多讽、机智善辩的人。难道他是对世间邪恶现象激愤痛恨之人，因而借托柑橘用来讽刺吗？

刘伯温说：“这篇文章，我真用了心，动了气，所以写得很好。”但他不知道，后面还有动气的事呢！

《吊泰不华元帅赋》

1352年，在杭州郁郁寡欢了一年后，有人又把他从角落里拎了出来推进官场。江浙行省重新想起刘伯温，是因为他在江浙多年来已声名鹊起。这并不是他创造了盘古一样的功绩，而是他的文章与诗歌为他争得了意想不到的名气。有一件事可以证明。刘伯温当初在担任儒学副提举时，杭州福严寺经多位住持的不懈努力而修缮扩建完毕，寺院住持想要立碑纪念这件事，第一个想到有资格写这碑文的就是刘伯温。但他和刘伯温素无交往，于是就随便找人假托刘伯温之名写了一篇。文章到了寺院住持眼皮子底下后，寺院住持叫苦不迭，因为文章实在太一般，但我佛向来以慈悲为怀，心里虽然不愿意，却依旧用了。有一天，刘伯温的一位朋友到寺院游览，看到碑文，当即断定这不是刘伯温的手笔。寺院住持就道出实情，同时委托这位游客，能否要刘伯温作一篇碑文。后来因为种种原因，此事未成，但足以说明了刘伯温在杭州文坛上的知名度。

当然，他在官场上的屡进屡退也为他在江浙读书人阶层争取到了难以置信的知名度。

一个伟大人物在政治上时进时退，无论是被逼无奈还是有意为之，实是家常便饭。聪明的权术人物把隐退当作是一种智慧，因为常识告诉他们，要想成为群众的偶像，再也没有什么比转入地下更为有效了。因为短暂的消失，会使他的形象更为传奇化，名望将他的人格藏在灿烂的云朵与光荣的光环里。当他从中浮现出来时，根本不需要花费任何力气，就能够形成一种氛围，让民众对其增加千万倍的期望。

在江浙一带的士大夫阶层和官场，刘伯温的光环与佛祖相似。他平淡的外表下隐藏着炙热的智慧火焰，燃烧成诗歌和激而不烈的文章，万人传唱。他很快就被任命为浙东战区司令参谋（浙东元帅府都事），到台州、温州一带防御第三次革命的方国珍。

方国珍为什么又搞第三次革命？事情需从黄河说起。黄河是中国的母亲河，但却是位歇斯底里的母亲。“三年两决口，百年一改道”是这位母亲大人的性格特征。从周定王五年（公元前602年）到1938年蒋介石先生为了阻挡日本而在花园口决堤放水的2540年中，有记载的决口泛滥年份有543年，决堤次数达1590余次，主河道经历了五次大改道和迁徙。洪灾波及范围北达天津，南抵江淮，包括冀、鲁、豫、皖、苏五省的黄淮海平原，纵横25万平方公里。到了元王朝，黄河母亲更是抽风，终元一朝，它冲出固定航道就达200余次，无数百姓死在它那黄黄的泥浆里。

元政府对黄河是手忙脚乱。1351年，元政府宰相脱脱和建设部（工部）官员贾鲁确定了两个方案搞定黄河：第一个方案是加固北面的堤坝，这是堵；第二个方案是一边加固河堤一边疏通河道，以达到将黄河引回故道的目的。脱脱认为要治本，所以采取第二个方案。

不过有人反对。因为当时天下如同喷发前的火山，第二个方案必须要征集百姓为政府做义务劳动，而这没有人愿意。

脱脱是个务实的政治家，可惜，他错误地估计了当时的形势，毅然决然地下令采用第二种方案修理黄河。

至少有15万民工被鞭子和刀枪驱赶到黄河边上，开始加班加点的工作。

中国帝制时代的政府做事向来不跟人民解释，15万民工大都居住在黄河边，他们多年来可以感受到黄河对他们的残害。倘若政府派出专员对这些人晓以利害，告诉他们治理黄河是对他们有益的，黄河岸边绝不会怨气冲天。

被当时政府称为邪教的白莲教门徒栾城（今河北栾城）人韩山童和颍州（今安徽界首）人刘福通抓住这一千载难逢的机会，找了民间艺术家凿刻了一个独眼石人，埋在劳工们的工地上。白莲教的历史源远流长，并且寿命奇高。它本是佛教的一个分支，被普通百姓信奉后开始在南宋流传，元朝初年，这个邪教就时常跟元政府作对。韩山童和刘福通把白莲教弄得更加神秘化，据他们面不改色地说，现在弥勒佛正转世，而明王也要投胎做人。紧接着，他们又散播“石人一只眼，挑动黄河天下反”的谶言。

黄河劳工们很快就挖到了那个制作粗糙的石人，黄河岸边骚动不安。

刘福通与韩山童趁热打铁，打出了“虎贲三千，直抵幽燕之地；龙飞九五，重开大宋之天”的战旗，聚集了三千多人约定良辰吉日直捣元朝的老巢大都。

遗憾的是，白莲教中出现了叛徒。刘福通和韩山童在叛徒的出卖下被政府通缉，倒霉的韩山童被杀，天老爷眷顾刘福通，让他顺利逃脱。刘福通几乎是在没有武器和战旗的情况下仓促革命，当方国珍正在南方享受元政府公务员福利时，刘福通顺利地攻克颍州。他的部队把一块红巾扎在头上，所以又称为“红巾军”。红巾军冲锋时，一片火海，煞是美丽。

这片火海所过之处，无坚不摧，所向披靡，短时间内攻占多个战略要地，直逼江浙。元政府匆忙命令江浙方面做好堵截刘福通的准备。江浙方面立即动员军队，准备北上。

方国珍天性狡狯，以己度人，认为元政府调动部队的真实目的是对他下手。所以他先下手，带着他的人马又跑到海上，三度造反。

我们永远记住一条人生哲理：把别人想得很复杂的人，自己就不是什么好东西。

元政府故伎重施，又向方国珍抛去橄榄枝。被派去的人是台州达鲁花赤泰不华。此人招降方国珍，是一百个不愿意。

泰不华进士出身，才华横溢，极有责任心，曾在中央政府担任礼仪部副部长（礼部侍郎）时，多次对国家政策和时政提出中肯的意见，获得敢于说真话的美名。泰不华身上最可贵的是有独立思考的能力。方国珍第二次革命时，泰不华是一支剿匪部队的指挥官。方国珍在陆地上对温州城发动总攻时，泰不华突袭方国珍的战船，方国珍见后院起火，匆忙撤退。后来，方国珍击败了元政府剿匪总司令孛罗帖木儿，并宣称接受招安。泰不华听说中央政府重新接纳了方国珍这个淘气的孩子后，有好几天吃不下睡不着，唉声叹气不已。双方达成招安协议后，方国珍就退守民屋中，没采取任何防范措施。

那天恰好是八月十五，月亮又大又圆，泰不华认为这是千载难逢的一举消灭方国珍的机会。但当他把夜袭方国珍的计划呈送孛罗帖木儿时，这位官场肥佬却怒目圆睁，说：“老子我奉命招降方国珍，你却要宰他，你这是跟我过不去，还是违抗上命？”

泰不华仰天长叹说：“此时不除方国珍，将来还有咱们受的。”

孛罗帖木儿的智商无法理解泰不华的叹息，正如驴听不懂音乐一样。泰不华的担心很快就在1352年农历三月得到证实，方国珍跳跃着欢呼着进行了第三次革命。

泰不华主动请缨，发誓要把方国珍砍成数段，扔到海里喂王八。中央政府同意让他担任剿匪总司令，但不同意他把方国珍砍成数段喂王八的计划，同时给出了对付方国珍的法宝：招安。

作为知识分子，特别是一个有责任心的知识分子，泰不华无法不听从中央政府的意见，所以那次誓师大会，手下的军官看到他神情忧郁，心里就蒙上了一层阴影。

不过，让人欣慰的是，泰不华收起了自己的情绪，专心致志地制定了作战计划。其实所谓作战计划，只是用重兵压住海岸线，给方国珍以威慑，然后派人去招安方国珍。被派去的人叫王大用，是个临时招募来的江湖豪杰，泰不华对军官们说：“方国珍这厮出身江湖，找个江湖人跟他沟通起来容易些。”

出乎泰不华意料的是，王大用如同肉包子打狗，一去不回。有人认为是方国珍扣住了王大用，其实是方国珍看上了王大用，反客为主，对他进行了招安。王大用是个软耳根，被方国珍一顿恭维，马上就改头换面，认准方国珍是他今生的主人。他掏心掏肺地把泰不华的布防信息透露给了方国珍，方国珍欣喜地跳起来，迅疾派出一支拥有两百艘小战舰的突击队，从泰不华防线最薄弱的海门突然楔入，进入洲港，马鞍诸山一时暴露在方国珍的攻击范围内。

方国珍的攻击异常迅疾，泰不华的反应也迅疾异常，得知方国珍的两百艘小战舰进入洲港后，立即调兵遣将，集中所有战舰，准备在洲港和方国珍一决生死。

方国珍向来不是个肯打硬仗的人，听到泰不华的海军正准备全力以赴歼灭自己的小分队，急忙派人来泰不华处求和。被派来的人叫陈仲达，能言善辩，能把死人说成活的。他对泰不华说：“方国珍所以有此鲁莽举动，全是因为王大用的蛊惑。现在方国珍已知错，而且方国珍有菩萨心肠，不想刀兵相见、生灵涂炭，所以和从前一样，接受招安。”

泰不华冷笑，认为此时自己正处于上风，消灭方国珍正是他这几年来的理想之一。可陈仲达不但能言善辩，还对元政府的政治有着透彻的了解。他提醒泰不华的使命是什么，如果是单纯的军事行动，那就开战。如果还有别的，那希望泰不华能三思而后行。

这个“别的”当然就是中央政府给泰不华的命令：招安。

泰不华想不到对方能一下就找到他的致命弱点，而这一弱点恰好又不是他这种性格的人所能避免的。他只有一个选择：相信方国珍，接受他的投降。

第二天，泰不华乘坐舰船和陈仲达一起乘着潮汐下澄江出海，来见方国珍。在陈仲达的指引下，泰不华的舰船突然触沙不能前进，更倒霉的是，他和方国珍严阵以待的海军迎头相撞。

泰不华此时还有一线希望，认为方国珍没有不投降的理由，就命令陈仲达向方国珍申明来意。陈仲达心里也叫苦，来时，方国珍可是说得好好的，是要投降，但看现在这阵势，根本就不是投降。他稍一分心，泰不华已从其眼神中看出危机，猛地抽出刀来，陈仲达正想辩解，突然看到天空一下子剧烈地晃荡起来，天成了大海，大海成了天，他又看到自己脖子上的脑袋不见了，腔子里正喷涌出一道血柱来。这时，他才知道，自己的脑袋已经离开身体。最后，他的脸浸入大海，耳边听到了泰不华悲愤的声音，“冲啊！”

事实上，没有人向前冲，因为他们的船已成了摆设，只有方国珍的人能过来，他们却过不去。泰不华站在船头，连砍了十几个想要蹿上船来的海盗，他的刀已砍得卷刃，他的气力已经用完，他唯一能做的就是怒目而视蹿上船来的海盗。结局是，泰不华脖上中了一矛，血如泉涌，他捂着伤口，依旧站在船头，用刀拄着地，看向北方，好像正要说点什么，没有来得及，马上就被人推进了海里。

泰不华牺牲的消息传到杭州城时，刘伯温正在读书。他出奇的冷静，因为他和泰不华并不熟，或者说交往不深。所以他合上书，站起来，独自在家晃悠，开始对任何人都不理睬。几个时辰后，没有任何征兆，他突然大叫一声，像着了魔一样，低声嘀咕着一连串惊人的离经叛道的言语，连他自己都不敢相信自己当时的想法。

三天后，刘伯温终于脱卸了那个折磨他的包袱。他又恢复了精神，坐在书桌前，一篇文章一气呵成，名字叫《吊泰不华元帅赋》。写完后，他把笔扔在桌子上，格外平静格外冷酷地说：“大元没救了！”

招安是最臭的棋

刘伯温说“大元没救了”时，根本没想过要效仿方国珍等一干造反精英和元王朝为敌。他只是恼火元王朝的无能，悲愤元王朝的不幸。他在《吊泰不华元帅赋》中说，在上者闭塞如死人，下面的人愚蠢无能，好不容易出了个人杰泰不华，却是生不逢时。

这是刘伯温第一次把刀枪对准了元朝最高统治者，也就是元王朝本身。在此之前，刘伯温只是认为元王朝的官场有问题，可泰不华的死却让他在电光石火间看到了元王朝的政治问题才是最大的问题。

当他说“大元没救了”后不久，行省就给他送来了任命书，要他去担任浙东元帅府都事一职。他想都不想，收拾东西就上任了。这就是刘伯温，敢于直面惨淡的人生，心中虽然对国家已不抱希望，但如果有机会，他还会挺身而出。什么是豪杰？虽然对现状极度不满，但仍然想改变现状。什么是废物？对现状极度不满后，屁都不做，只在那里唧唧歪歪。

刘伯温无疑是豪杰人物，但众所周知，豪杰人物的人生之路永远是坎坷不平的。

泰不华壮烈后，元政府对方国珍的策略发生了微妙的改变。江浙行省左丞相尊达实理就命令右丞特理帖木儿和参政樊执敬集结重兵剿杀方国珍，刘伯温能重新回归，正是樊执敬一手促成。

刘伯温刚到办公地点庆元，樊执敬和特理帖木儿就跑来问刘伯温如何对付方国珍。刘伯温毫无保留地说：“方国珍现在气候已成，我们暂时只能采守势，坐等机会，然后才能出击。此时如果贸然出击，泰不华元帅就是榜样。”

这话特理帖木儿早就说过：“现在最要紧的是巩固实力，然后出兵。”但问题是，樊执敬却说：“方国珍现在正起着坏榜样，应该早消灭他。”

刘伯温内心冷笑，口无遮拦地说：“方国珍能有今天的成就，还不是拜某些人所赐，该剿时不剿，不该剿时非要剿，这就是逆天。”

樊执敬就问：“依你之见呢？”

刘伯温说：“加固庆元城防。方国珍不可能一辈子都在海上，必然要到陆地来补充给养。而他第一个到的地方要么是他起事的台州，要么就是庆元。只要我们加固庆元城防，闭门不出，坚壁清野，方国珍就会活活被我们耗死。”

所有在场的人都认为刘伯温说得有道理，因为他们想不出别的方法来。加固庆元城防御工事后，效果立竿见影。方国珍在庆元城下吃了很大的亏，懊恼地逃走，由于心情不顺，又在台州城下吃了大亏。据元政府的情报人员分析说，对方国珍发动总攻的时机已经成熟。

刘伯温认为此时时机一点都不成熟，但他所有的领导都认为已经成熟。于是，刘伯温被叫到台州，商议如何剿灭方国珍。

就在他们一厢情愿地制定剿灭方国珍的计划时，有人打乱了他们的计划。这个人就是徐寿辉。

徐寿辉是蕲州罗田（今湖北罗田）人，在1351年农历八月前以卖布为生。据知情人透露，徐寿辉还有另外一个身份：蕲州黑社会中的一名当家人。当他卖布时，是个童叟无欺的小商贩；当他做当家人时，是个忠肝义胆的豪杰。刘福通和韩山童在黄河边装神弄鬼发动革命时，徐寿辉在蕲州开始让他的小弟们四处活动，并以红巾军分部的名义起事。在那个乱糟糟的年头，每个人都想发家致富，所以徐寿辉很快就拥有了一支部队。由于他部队的主体都是黑社会的古惑仔，平时就受过打架斗殴的严格训练，因此他的部队所向披靡。在攻陷了一部分地盘后，徐寿辉信心爆满，宣称他不是红巾军的分部，而是独立自主的。也就是说，他要建立自己的山头，称帝。

他的战友邹普胜是个天才级人物。他对徐寿辉说：“我看历来称王称帝的人，都没啥水平。你看他们的国号太俗了，我们要搞个震动天地的国号。”

徐寿辉就问：“你有什么想法吗？”

邹普胜说：“国号就叫‘天完’吧。”

徐寿辉问：“有什么讲究吗？”

邹普胜说：“我们是注定要灭掉大元的，先在气势上压倒他。他叫‘大元’，我们盖住它，所以叫‘天完’。”

徐寿辉心花怒放，向邹普胜竖起拇指说：“你真是个天才啊。”

这是一种靠贬低对手而抬高自己信心的心理战术，值得很多人效仿。

现在我们应该称徐寿辉所建立的国家为“天完”帝国，如果他运气好，将来统一中国，那就叫大天完王朝。徐寿辉开始时的运气的确很好，1352年，徐寿辉在亲密战友陈友谅的建议下提出“摧富益贫”的口号，这一口号就像是磁石，把湖北的广大贫苦农民全部吸了过来。于是，徐寿辉的天完兵团横扫今湖北、江西、安徽、福建、浙江、江苏、湖南等大片地区。1352年农历七月，当刘伯温在台州和那群领导们制定剿杀方国珍的计划时，徐寿辉的天完兵团如暴风一样，一举荡平了饶州、徽州，然后绕过村庄长驱直入，兵临杭州城最后一道屏障的昱岭关。昱岭关在天完兵团的猛烈攻击下，立即陷落。徐寿辉不作片刻停留，兵锋直指杭州城。他的兵团在短短的半个时辰内把杭州城外的防御全部扫荡完毕，又在半个时辰内对杭州城完成包围。杭州城中的守军拼死抵抗，但他们不是天完兵团的对手，杭州城陷落。

当时负责守卫杭州城的樊执敬在城池即将陷落时，突然逆用兵法，大开城门，扬刀跃马而出。天完攻城兵团吓了一跳，但随即认定这是老天让城里的守军走火入魔了，于是，一阵冲杀，樊执敬死于乱军之中。据说，樊执敬临死前，跟在他身后的突击队一哄而散，这让他万念俱灰，挺胸迎接死神的降临。

刘伯温得知这个消息后，捶胸顿足，又开始独自在房间晃悠，又像是着了魔一样，絮絮叨叨。最后，写了首《悲杭城》，里面怒斥杭州城守军的无能和懦弱。

当他还没有从悲愤中彻底清醒，方国珍抓住徐寿辉攻陷杭州给江浙行省带来震荡的机会，猛攻台州城。但是，方国珍的能力不足以支撑他的理想，所以在台州城下扔了几千具尸体后，狼狈而逃。

这是多年来，老天投给刘伯温唯一一件美好的礼物，刘伯温高兴得发狂，作了一首《筑城词》：

> 君不见杭州无城贼直入，台州有城贼不入？重门击柝自古来，而况四郊多警急。愚民莫可与虑始，见说筑城俱不喜。一朝城成不可逾，挈家却向城中居。寄语筑城人，城高固自好，更须足食仍足兵，不然剑阁潼关且难保。独不念至元延祐年，天下无城亦无盗。

但是，刘伯温也明白，仅靠城高墙厚，不足以建立奇功。战国初年，魏国国王和政治家吴起乘船游览魏国江山，见到险峻之处，魏王就得意扬扬地说："瞧啊，这就是我们国家的天然之宝。"吴起说："一个国家的存在，在政治修明，不在山川险要。夏王朝和商王朝，四面都是险山和大河，结果还不是被灭了。如果政治腐败，同舟共济的人都能成为敌人。山川险要、城高墙厚就成了一马平川。"

现在，刘伯温清醒地意识到，元王朝的政治腐败已到根部，所以一切山川险要和高城厚墙，都会变成一马平川。

刘伯温对元政府军队素质的印象极为深刻，在他看来，整个元政府特别是江浙行省已经没有可以打仗的军队。通过各种渠道，刘伯温得知，即使是以蒙古民族为主体的军队，在战场上亦失去了当年的光辉。他们和敌人还未接触，就自行溃败，用蒙语叫喊着“跑啊，快跑啊”。

刘伯温回望蒙古兵团横扫地球的历史，连一个叹息都发不出。

这是无可奈何的事，孙悟空说过，皇帝轮流做，今年到我家。任何一个人和一个组织，都不可能永远保持青春的活力。

刘伯温希望元政府，特别是元朝的部队能有所改观，他也曾努力过。比如在方国珍攻台州未遂的1352年农历八月，他就特意去了趟永嘉。因为他听说在那里有个和尚，能文能武，而且希望能遵从佛祖的教导，普度众生。

刘伯温见到这位永嘉的和尚时，和尚正在大口吃肉，而且是一面要着棒子一面吃肉。刘伯温大为惊叹，又和他谈论兵法，永嘉和尚说得头头是道，再和他谈论为将之道，和尚滔滔不绝，刘伯温惊为天人。

不过，刘伯温总感觉哪里不对。把这位和尚带回台州后，虽然上司重用了这位和尚，但刘伯温再也没有见过这位和尚发挥他的正能量。

刘伯温正绞尽脑汁思考是和尚徒有虚名还是这个政府已不能被融入新血液时，方国珍又重现舞台。此时，是1353年农历十月。方国珍这两年来没有讨到任何便宜，所以他决定让自己这只迷途的羔羊重新回到元政府母亲的怀抱。

元政府开会，暂时同意浪子方国珍的回头要求。刘伯温听到此消息后，气得死去活来。他说：“方国珍现在还活得很好，就是因为咱们的政策有问题。他是第一个发动武装革命的人，杀我们的官，杀我们的百姓，对这样的人决不能宽恕，应该倾全力捕杀。”刘伯温最后提出了一个论点：现在天下如此之乱，就是招安惹的祸，招安是鼓励那些冒险家造反。一个街头混混，不种田不耕地，因为革命而被招安得到政府的奖励，请问将来还有谁会安心从事实业？大家都把革命当成一种稳赚不赔的投资，这个天下还会好吗？

招安还有一个弊端，由于政府用官爵赏赐盗贼，导致很多真正的贤达之士对官爵蔑视，不再愿意亲近政府。鲁迅说，浙江的芦荟到了北京，便用红头绳系住菜根，倒挂在水果店头，美其名曰“龙舌兰”。而北京的大白菜运往浙江，便用红头绳系住菜根，倒挂在水果店头，尊为“胶菜”，这就是“物以稀为贵”。

刘伯温在后来的著作《郁离子》中说：“有些东西之所以价格高，就是因为少而难得。如果有一天，明珠比沙子还多，黄金比土还丰盛，人人都能得到，那明珠和黄金还会那么贵吗？官爵是表现政府公信力和权威的一件东西，不能随便示人，正是要对官爵‘抠门’，才能让天下才华之士对这种‘奇货’趋之若鹜，而得到后会更加珍惜。”

刘伯温还用一个历史故事来印证自己的见解。

战国时，赵惠文王得到一块美玉，让人雕成酒杯，说：“以后，有大功的人就用它喝庆功酒。”后来，有人立下赫赫战功，赵王就用这个酒杯为功臣倒酒。从此以后，赵国人将谁能用这只酒杯喝上一次酒看得比加官晋爵还重。后来，赵王迁即位，用这只酒杯给一个靠谄媚而得到尊贵位置的人喝酒，许多人再也不把那酒杯看在眼里了。

刘伯温还有个很色情的比喻：用官爵来赏盗贼，官爵就从处女变成了妓女，有谁会把妓女当成老婆那样疼爱呢？

政府招安叛乱者和警察满足劫匪的要求一样，都是一种姑息和放纵，使得人人起而效仿。评点《水浒传》的金圣叹就说，招安是什么？有罪者你把他赦免，而给他高官厚禄，无罪者自然就心生此念，天下还能太平吗？

几年后，刘伯温写了这样一个故事。有个慈悲为怀的和尚坐船，遇到风浪，正当大家惊恐之时，突然佛祖显灵，风平浪静。有人看到水中有只毛茸茸的东西飘浮着，和尚就对大家说：“这也是生命，救它上来。”大家把这个生命解救上来后，发现是只老虎，就想把它推到水里去。但和尚阻拦说：“它可是一条生命啊。”坐船的人说不过和尚，就纷纷下水逃走。当老虎恢复体力后，跳上去把和尚当成了一顿大餐。

刘伯温这个故事寓意很明显：老虎天生吃人，这是本性，无法改变。对于这样兽性不改的人，不应该抱有任何的同情和幻想。

把这个故事摆到现实中来，刘伯温所指的那只老虎当然就是方国珍那类人。这个故事说明了刘伯温性格中的一点：恩怨分明、是非分明，理性得几近于冷酷。

曾有人问过刘伯温：“老虎吃人固然是错的，但它的确是条生命，圣人有恻隐之心，遇到生命受到伤害，当然要拯救它，难道这不对吗？”

刘伯温解释说：“你看它是条生命，其实是你站在它的立场上。你把自己当成禽兽，这种想法才能成立。但天下事都是公道的，你把自己当成禽兽，可禽兽却不把自己当成人。所以，二者本身就是不平等的。我杀禽兽，是因为我是人。”

毋庸置疑，这是一种冷酷的理性，它不是每个人都具备的，而一旦有人具备后，前途将不可限量。方国珍在听到刘伯温发表的种种言论后，心惊肉跳了好久。他特别担心元政府的高官们也懂得这个浅显的道理，就派人偷偷潜入刘伯温住所，用黄金白银闪耀刘伯温的双眼。刘伯温问来人：“这是什么意思？”

来人说：“您那妓女的比喻传到了我们大王耳朵里，我们大王心惊胆战。希望您看在黄金白银的面子上，向您的领导倡导招安我们大王，摈弃剿杀的政策。”

刘伯温说：“我呸，对待你们方大王这样的人，只有剿灭，没有其他办法。”

来人带着黄金灰头土脸地走了，回到方国珍处，惊慌道：“大王，祸事来了。刘伯温那小子死活看不上咱。”方国珍说：“不要慌，我们走上层路线。”方国珍走上层路线的方式是这样的：派人绕过正在围剿他的刘伯温，直接把黄金送到元大都，每个官员都分点。这些官员拿了人家的钱财，自然就要替人说好话。结局就是，元朝最高当局否定了刘伯温的建议和对方国珍的围剿行为。刘伯温得到这样的命令后，没有独自晃悠，也没有像着了魔似的絮絮叨叨，而是气定神闲地坐在桌子前画起了八卦图。

据说，画八卦图有助于精神放松和睡眠，而且能快速释放外来的压力。所以，当政府判他“羁管绍兴”的刑罚时，他面无表情，现在，他将有新的开始。

但我们想错了。刘伯温此时还没有那么大的定力，所以当羁管他于绍兴的命令来到时，他的面无表情并非是超然度外，而是满脑空白、呆若木鸡。

这就是他一生中最煎熬的三年羁管绍兴生涯。也就是说，现在，绍兴成了刘伯温的监狱。

三年羁管岁月

悲观主义者说，我们每个人都住在监狱里，也就是说，地球就是个大监狱，万有引力就是镣铐，我们永远逃不出地球去，即使用高科技离开地球，终归要回来的。据说自盘古开天地以来，只有一个人逃出了这个监狱，这位越狱犯跑到月球上，住在阴冷的宫殿里，每天对着一只兔子以泪洗面。众所周知，这位越狱犯就是嫦娥，她的下场有点凄惨。乐观主义者说，我们每个人都住在游乐场中，因为地球是如此的五彩缤纷，使我们感受到生命的意义。但乐观主义者也承认，我们永远离不开这个游乐场。

其实，人心才是最大的监狱。刘伯温虽然受到的处罚是羁管绍兴，但官方没有对他进行任何羁管措施，他可以去绍兴任何地方，可以喝酒，可以写诗，可以和朋友游览山水名胜。也就是说，对于刘伯温而言，绍兴这个监狱其实是个游乐场。但开始时，刘伯温拥有悲观主义论调。

某一天，没有任何征兆，他突然癫狂起来，在房间里大喊大叫，呕吐鲜血，突然昏迷不醒。他的家人认为他中了某种妖术，请来游方的和尚、正在深山老林里修行的道士、名噪绍兴城的捉鬼大师，甚至通过各种上层关系请来了西域的番僧，这些人对刘伯温进行了眼花缭乱的除妖仪式，刘伯温总算醒转过来。可还不如不醒，因为醒来后，他就开始进行各种各样的自杀行动，比如上吊、割腕、投井、服毒，但他的家人如鬼魅一样时刻盯着他，使他无法得逞。刘伯温在进行了一系列无法成功的自杀行动后，又经过家人的哭泣劝阻，终于醒悟。在一个阳光很好的中午，他坐到饭桌上，用手指蘸了水，在饭桌上画了个八卦图，说："这就是监狱。"然后又轻轻地抹掉了八卦图，说，"没有监狱。"

这是一个暗喻，刘伯温告诉我们，人心认为哪里是监狱，哪里就是监狱，反之亦然。

关于刘伯温多次自杀的事情，有一点需要补充：

我们知道，刘伯温被羁管绍兴城时已是四十三岁，四十多年来，他在寻求智慧的道路上走得顺畅无比，比如有人在1353年见到刘伯温，随便问他个问题，他马上就能回答，他通晓的学科天下无出其右。如果把刘伯温放到西方，那他是最幸福的人，因为西方人认为追求智慧就是追求善，拥有智慧就是拥有了善，拥有了善就拥有了幸福。西方哲学家认为，一个人追求智慧是无止境的，你在追求智慧的同时也就是在享受幸福。但在东方就不是这样，东方人认为，追求智慧只是手段，最终的目的是创造成功。一旦成功遥遥无期，那就谈不上有幸福感。

刘伯温有智慧，但他没有理解智慧本身就是幸福的，他认为的幸福是凭借智慧取得的成功。成功没有取得，反而还落到了阶下囚的地步，因此他不开心，想提前离开这个世界。

站在绍兴城里最高的地方俯瞰绍兴城，它是一座被水洗过的绿油油的城池，经历了千百年的风雨，它永远都保持着那种令人惊心动魄的纯净。刘伯温站在那里，脑海里就如万马奔腾般掠过绍兴的历史。最先跃入脑海的是舜帝在这里接见百官，然后是大禹在这里召集诸侯，宣称不再禅让，而要家天下。时光如梭，刘伯温能清晰地看到，一个鹰钩鼻子、嘴里永远都散发着臭气的人正在这里卧薪尝胆，这个人就是越国国王勾践，他因为品尝了敌人的大便，嘴里永远都保持着一股臭味。光阴似箭，刘伯温又看到一群宽衣大袖的人正在绍兴城里谈天论地，就是不问世事，这是魏晋那群所谓的风流人士。突然一声马嘶，刘伯温看到宋高宗赵构在这里胆战心惊地避难，而且还说出了“绍祚中兴”这四个字，“绍兴”就是这么来的。

刘伯温站在绍兴城中最高处反刍历史，历史对他起了相当大的作用。他说：“如果绍兴是座监狱，那这座监狱真是风光无限，因为有那么多英雄人物在这里住过。人绝对不能委屈自己，我要放浪山水。”

这是一种临时的人生信念，就如一张邀请函。刘伯温四面八方的朋友都来到绍兴，和他一起放浪山水，和他一起喝酒写诗，永无虚日。

在这三年看似热闹其实内心百无聊赖的时间里，也不是没有可圈可点的事发生。比如刘伯温和王冕的交往就是其中之一。“王冕”的大名几乎是无人不晓的，他是当时著名的诗人、文学家、画家、书法家。《儒林外史》开篇的楔子讲的就是他的故事，不过他在文中的形象是一位拒不出仕的隐士、高人。我们小时候也学习过关于他刻苦学画的课文，另有他的一首《白梅》也是相当出名的，语文题目中也没少考过：“冰雪林中著此身，不同桃李混芳尘。忽然一夜清香发，散作乾坤万里春。”

王冕是绍兴人，和鲁迅先生是同乡，他慷慨有大志，通术数之学，也算得上是位“仙儿”。元末天下还没乱糟糟的时候，他曾去过京师，偷偷与人说“乱且作”，人们都以为他疯了。后来他又仿照《周礼》著书一卷，说道：“我还没死，拿这个去献给明主，可以让天下太平。”但是后来命运却和他预想的不同，未来的皇帝朱元璋让他当秘书（谘议参军）后，他就不幸生病死掉了。

王冕死是后来的事，这时还活蹦乱跳着呢。刘伯温和王冕神交已久，还在杭州的时候，他就听说王冕写诗厉害，早就想结识了，这次到绍兴，正好有了这个机会。其实，刘伯温和王冕两个人在人生理念上是有差别的，王冕不喜欢吃元朝的官饭，刘伯温则巴不得吃官饭，但在特定时期，刘伯温在公务员之路上走得跌跌撞撞的时候，他也跟王冕一样有了当隐士的想法，这下两人距离就拉近了。而且两人还有些其他的相同点，比如都能画点小画、作点小诗。

两人交往起来以后，王冕的诗集出来时，请刘伯温作序，刘伯温欣然允诺，称王冕的诗质量不错，好好地夸了几句。后来刘伯温离开绍兴以后，王冕可能还去处州看望过刘伯温。

除了交朋结友，刘伯温干得最多的就是自己写写诗、作作文。这两年的文学创作是刘伯温一生的巅峰时期。从刘伯温文集的情况来看，在绍兴的这几年，刘伯温参加过好几次文人雅士发起的聚会，比如“牡丹会”啊、“南镇之游”啊、“竹林宴集”啊、“郊外游”啊，日子表面上也还过得悠闲自在。

或许正是这种假象迷惑了后人，于是，刘伯温传记的作者在叙述刘伯温“羁管绍兴”的篇章时，毫无人性地用一句话作了概括：刘伯温每天都放浪山水，写诗作画，跟朋友喝酒谈天，好像他的心态调整得不错。其实这种铁石心肠的描述对刘伯温一点都不负责任。真实的情形是这样的：刘伯温强颜欢笑，每天都思考自己痛苦的人生。当他在跟朋友喝酒时，人人都见到他烂醉如泥，实际上他深邃的内心总无比清醒，而这种清醒就是一种深入骨髓的疼痛。当他跟朋友游山玩水吟诗作赋时，其实他在思考国家的前途，最让他懊恼兼痛苦的是，无论如何都没有思考出结果。“韶华不我与，去若川水流”这种“时不我待”的生命紧迫感明显跃然纸上。

可是，刘伯温也明白，自己无论如何地忧心忡忡，如何地想要为国家出力，但现实却是，没有平台给他。如果没有戏台，自己又不能搭建，唯一的办法就是，在心里唱戏。但心里唱戏，别人又看不到，所以唱了等于白唱。

我们完全可以这样说，刘伯温诗文自娱，是一种无奈的选择。茨威格写过一部小说叫《象棋的故事》，说的就是一个被关押在监狱中的犯人，由于一切自由被剥夺，于是就背诵一本象棋谱，结果出狱后，成了一名象棋高手。刘伯温后来被誉为明初诗文三大家之一，和他在绍兴的三年时间里每天都写诗作文有着重要的关系。

孟子说过，对于君子而言，世界上就没有什么阻碍，万物皆备于我，一切看似阻碍的东西其实都是在磨炼我，最后成全我。

这当然是站着说话不腰疼，人人都喜欢顺境，不喜欢逆境。人人都喜欢游乐场，不喜欢监狱。

在绍兴监狱的三年时间里，刘伯温也曾“出狱”过。当然，从心是人最大的监狱这一角度而言，刘伯温的出狱不是身体的出狱，而是心灵的出狱。

张士诚的革命路

刘伯温的“心灵出狱”发生在1354年农历十月，原因是，那位因修黄河而引起红巾军革命的宰相脱脱在高邮（今江苏高邮）大败革命家张士诚。

张士诚出生于泰州白驹场（在今江苏大丰）。泰州扼着苏北咽喉地带，自古以来的主要经济收入就是盐业，是中国历代盐税的主要来源之一。到了元朝，泰州靠海的地方已经有了三十六处盐场，张士诚的老家白驹场就是其中之一。

显然，泰州真富，但这不代表泰州所有的人都富，比如张士诚就没有钱。张士诚没有钱和他本人的能力无关，和社会有关。元末天下大乱，元朝政府要镇压、要挥霍，这就使得他们不得不大把大把地往外撒钱，但是国库里的钱就那么多，撒光了之后还是得回到敛钱最根本的道路上来——税收。平时收三分的，现在收五分，增加税收，就相当于增加了国库收入，国家花起钱来也不至于捉襟见肘。于是，元朝政府开始大规模提高盐价，反正盐是生活必需品，价低有人买，价高也有人买，卖高点儿钱不就出来了嘛。像盐这种国家垄断的东西，价格不会是市场说了算的，关键还是看当官的嘴巴。有数据表明，从公元1276年到公元1315年，仅仅四十年间，盐价上涨了十六倍。

国家的盐买不起，那私盐贩子就有了想头，他们卖的盐肯定比国家卖的价格低，但是私盐贩子的日子也不好过，国家要保证财政收入，当然不允许你私自卖盐，那不是跟国家抢生意吗？毕竟中国汉武帝以来，盐铁一直是国家垄断经营产品。当年汉武帝之所以能够坚持对匈奴长达三十几年的打击，其军资来源全部仰仗桑弘羊经营盐铁生意的收益，可见盐铁行当是一座几乎挖掘不尽的大金矿。为此，历代中央政府对盐贩子的惩罚都相当严格，还在唐朝时政府就规定，贩盐一石以上为死罪。元朝的惩罚措施也很厉害，先打七十板子，如果侥幸不死，再轰到人迹罕至的地区受刑——元王朝领土空前广阔，找个像西伯利亚那样的地方易如反掌。虽然国家盐禁重，但是贩私盐的利益也是大得诱人，只要做好了，在村里建洋房买轿车没问题。所以有很多人不惜铤而走险，干起了盐贩子这项职业，就像贩毒组织经常怀有的鱼死网破之心一样，要赚就赚多的，大不了脑袋掉了碗大个疤。当然脑袋也是不能轻易掉的，在能保住的范围内还是要保住，所以盐贩子们又经常采取拉帮结伙、武装贩盐的手段来对抗官府，这就为他们日后的武装暴动作了军事方面的预演。

张士诚自从加入盐贩子队伍以来，腰包渐鼓，但张士诚不太爱钱，反而喜欢结交朋友，他唯一的消遣就是跟朋友大碗喝酒大块儿吃肉。因为经常做东道主，所以他身边聚集了很多朋友。张士诚虽然有钱，但由于是走私性质，不是国家允许范围内的钱财来源，因此他常被那些通过刮地皮赚钱的人看不起。有的富户们向张士诚买盐后赖账，表示："要钱，可以，不过你要等着吃官司。"张士诚当然不愿意贩私盐这事儿曝光，不得已只好忍气吞声。不单是富户欺负张士诚，那些收受他贿赂的官员也对张士诚这样的盐贩子非打即骂，特别是管理盐业的警察，简直不把这些财神爷当人。如你所知，人的忍耐是有限度的，张士诚忍耐的限度终于在1353年春节后被突破。

有一天，他和十七个最要好的同事喝着盐水，吃着馒头，说："世界上正在发生着惊人的变化，而我们却在这里像狗一样活着。我们倒不如拼一把，就是死了也比这样窝囊地活着好。"

如你所知，这是冒险主义。因为张士诚不同于方国珍，也不同于刘福通，更不同于徐寿辉。方国珍革命时，仅他的家族就有几百号人；刘福通革命前，就在白莲教有着高贵的地位；徐寿辉更不用说，是黑社会当家的，手下小弟多如驴毛，给他们一把砍刀，那就是一支军队。

张士诚什么都没有，算上他，才十八个人，他们唯一的武器就是运盐的工具——扁担。那玩意根本杀不了人，只能肩挑东西。

无疑，张士诚革命，就是闭着眼向黑暗的深渊里纵身一跳。但他的十七个同伙都认为值得一跳。张士诚又说："这事儿可比贩卖私盐严重得多，所以我们必须捆在一起，生死与共。"这些人说："你说怎么办就怎么办。"张士诚就咬破自己的手臂和他们歃血为盟，在一个没有月光、只有点点星光的夜晚悄悄摸进了盐警警长的家，十八条扁担排山倒海般地砸向了那位警长和他的家人，半个时辰后，这一家子就被扁担送进了阴曹地府。事情进展得如此顺利，张士诚惊喜得浑身冒汗。他们又趁热打铁，拎着十八条扁担冲进了当地的几家富户，如法炮制，把那些富户也用扁担拍死，然后打开仓库，把粮食和钱财分发给当地穷苦人，接着一把火将房屋烧了个干净。

这种用别人的生命和钱财为自己赢取人心的举动，又称为劫富济贫。张士诚在劫富济贫的现场发表了一篇动人的演说，他说："现在你们得到的是你们应得的，但还是太少。还有一些你们应得的，就在前方。"

如他所愿，好多穷苦人立即发誓要和他一起去前方寻找属于他们的东西。张士诚扔了扁担，拿起武器，开始招兵买马。在一个月的时间内，张士诚的革命军就有了一万多人。

现在，我们可以说，张士诚纵身向深渊里一跳，跳出了成功。从张士诚革命的事情上，我们可以得出一个人生哲理：有时候，创造奇迹必须要胆大。但张士诚的成功是无法复制的，比如就在张士诚革命的同时，江西有个叫李九的，也被当时五花八门的革命家们的发家史所激励，召集了几个平时的好兄弟，准备晚上攻击“甲主”，然后封官拜爵，过过皇帝瘾。遗憾的是，他们没有张士诚那样的好运气，晚上冲进“甲主”的家时，“甲主”正和警察部门的人喝酒，结果十几个人当场就见了阎王。

所以说，借鉴别人的成功经验时，千万要小心，因为时机是随时都在变的，一厢情愿地借鉴，那就是刻舟求剑。

张士诚没有借鉴过任何前辈革命家的成功经验，他是个稳健、从不肯投机取巧的人。在张士诚的字典里，世界上没有一顿是免费的午餐。想要得到午餐，必须要稳扎稳打，一步一个脚印。专心地走自己的路，别人怎么看，这不是他所关心的。从这一点我们可以看出，张士诚具有担任领袖的天赋。

张士诚的稳健作风很快就得到丰厚的利润，1353年农历三月，张士诚集结三万人，对泰州城完成包围后，猛攻三昼夜，拿下了泰州。这是一次震天动地的胜利，让元政府手忙脚乱。元政府马上把对付方国珍的招数拿来对付张士诚，派出高邮行政长官李齐前往说服教育，期盼张士诚能和方国珍一样改邪归正。

李齐是个有故事的人，1333年的状元郎，步入仕途后，凭借公正廉明的品性和罕见的做官手腕坐到了高邮行政长官的高位。在高邮，李齐雷厉风行，对犯罪行为严厉打击，曾单枪匹马追捕盗马贼，名噪江浙。他后来被张士诚杀掉，临死前，张士诚要他下跪，他说出了让天下人动容的一句话：“吾膝如铁，岂肯为贼屈！”

不过，当他去泰州招安张士诚时，从未想过自己一年后会说出那句震烁千古的名言来。

李齐对张士诚的印象并不好，张士诚是个一脸阴郁、沉默寡言的人。他的眼神发滞，很少看到他笑。李齐后来说：“张士诚这人虽然重诺，但他是个不被诺言束缚的人。”

二人谈了很久，张士诚最终同意接受招安。李齐表现出高兴的样子，说：“那我就回去报告这件喜事。”但张士诚却不让他走，非但不让他走，还把他关进了泰州的监狱里。

后来，李齐虽然逃出泰州，但张士诚已经攻破了兴化（今江苏兴化），接着又轻松地拿下了高邮。李齐当时不在高邮，快马加鞭回来解救高邮时，已经晚了。

元政府再向张士诚抛出橄榄枝，张士诚就想到了从泰州跑出去的李齐。他对元政府说："只要李知府来，我就投降。"李齐深吸一口气，走进了高邮城。张士诚却闭口不谈投降的事，元政府似乎忘了高邮城里还有个李齐，调集精兵猛攻高邮。

张士诚就把李齐从宾座上拉到城墙上，当人质，还要李齐下跪。李齐不跪，所以有了那句动人心魄的名言。

现在，张士诚在高邮城中严防死守，高邮城外元朝兵团源源不断地在集结，张士诚自革命以来第一次遇到了无法克服的困难，因为他的克星宰相脱脱正飞驰在来高邮的路上。

关于张士诚，还有一点补充。张士诚原名叫张九四，革命成功后，他认为这名字全是数字，不能体现威严。所以就让刘伯温的师兄施耐庵给起个响亮的名字。施耐庵这人对张士诚印象不佳，所以就给取了"士诚"这两个字。其实，这是骂了张士诚。这两个字出自《孟子》，原文是："士，诚小人也"。

由于古书没有标点符号，因此，就成了"士诚小人也"。

但当时张士诚可能不知道，后来朱元璋知道了，知识分子都是蔫了吧唧的坏，这可能是后来朱元璋大兴文字狱的心理基础。

为脱脱喝彩

脱脱是元顺帝时期权臣伯颜的侄子，伯颜把他收为义子。但脱脱看不惯义父伯颜的专横跋扈，所以联合元顺帝驱逐了伯颜，自己成为权臣。

脱脱是个事业心极重的人，又受过中国儒家教育的训练，所以掌握大权后，面对越来越糜烂的局势，进行了一次改革。脱脱的改革可圈可点，比如整顿吏治、减轻对百姓的剥削。当一丝曙光即将要呈现时，脱脱却在错误的时间做了一件正确的事：修黄河。结果，引起了刘福通等人的革命，改革成果自然而然地付诸东流。

江南革命运动如火如荼时，脱脱焦头烂额，有时候甚至亲自上阵。比如1352年农历八月，他就亲自领兵到徐州（今江苏徐州）对革命家李二进行平叛。

李二占徐州城简直就是个神话故事。李二是邳州（今江苏邳州）人，家境殷实。某年，邳州灾荒，李二就把家里的一仓芝麻全拿出来赈济灾民，民间送其绰号“芝麻李”。1351年秋天，他深受刘福通革命的影响，热血沸腾地和七个好兄弟歃血为盟，在徐州萧县（今安徽宿州市萧县）宣布革命，然后带着三人佯称是“河工”，进入徐州城。晚上时，徐州城里的四人在街上敲锣打鼓，点起烟火。城外的四人也敲锣打鼓，点起烟火，如此内外鼓噪，徐州城里的官兵吓得魂不附体，居然束手听命，李二就用这七个人占领了徐州城。之后他对周边地区进行了一连串的军事袭击，地盘逐渐扩大，于是就以徐州为根据地，做起大王来。

神话故事之所以是神话，就是因为它只能出现一次，所以当脱脱领着中央政府的精锐来到徐州后，经过几场交战，李二发现自己再也不能创造神话了，就开城投降。脱脱押解李二到达雄州后，处决了李二。

徐州剿匪让脱脱获得了巨大的声誉，所有蒙古人都认为，脱脱将是力挽狂澜的救世主。所以当张士诚百忙之中在高邮称帝建立大周政权后，脱脱自然就成了消灭张士诚的最佳人选。

脱脱调集各个北方行省的精锐部队，还从西域征调了一批特种兵，共计四十万人马，宣称一百万，浩浩荡荡地杀向高邮城。史料记载说，这次出兵，旌旗蔽日，万马奔腾，战鼓震碎了胆小鬼的耳朵，自元王朝建立以来，在本土作战从未有过如此风光的出军盛况。

不过，这是表面风光。脱脱在誓师时，突然起了一阵怪风把帅旗拦腰折断。他的属下大惊失色，说：“这是大败的征兆。”脱脱平静地说：“我们要败也不是败给张士诚那小子，而是另有其人。”脱脱所说的另有其人，正是他在改革中得罪的一批权贵。脱脱前脚刚迈出大都，他们就开始在元顺帝耳边说脱脱的坏话。

元中央政府何以对张士诚如此重视，以至于这次出师几乎是砸锅卖铁？其实，不是重视张士诚，而是重视张士诚占据的高邮城。高邮城的地理位置非常特殊，它连接着南北驿道，高邮如果在他人的掌控中，那元政府就等于被人卡住了脖子，吃不下去东西，迟早饿死。

张士诚占高邮城时，从来没想过自己坐在了火药库上，所以当脱脱的四十万兵团兵临高邮城下时，张士诚大惑不解。他自言自语道：“刘福通、徐寿辉，还有那个狡黠如狐狸的方国珍，哪一个不比我混得好？这鞑子喜欢拿软柿子捏啊！”他手底下几个半瓶子谋士此时说：“我们当初应该攻扬州，扬州城里富，而且不会引人注意。现在，高邮成了烫手的山芋了。”

张士诚非常想弄清楚这个问题，于是穿上重甲，叫人抬到高邮城上，要脱脱答话。他问脱脱："为何来攻我？"脱脱回答："凡谋逆的人，都要被我诛杀，先杀了你，再找其他人。"

脱脱的回答仍然不能使张士诚满意，但脱脱的攻击让他非常满意。自脱脱下令第一次攻城后，就保持着持续不断的攻击。脱脱的攻击越来越强悍，张士诚的防御越来越脆弱。

从脱脱宰相那双高瞻远瞩的眼中看去，高邮城实在不堪一击。高邮是秦始皇在公元前223年所建，建它的初衷并不是把它当成城市，而是当成邮局。所以他只是简单地筑了一座大高台，顺手一圈，说："这里将是咱们秦国在南方最大的邮局。"于是，高邮就诞生了。高邮城虽然经过千百年的历史变迁，但因为先天不足，所以到元代时，仍然是个小城。在脱脱眼中，它像是个小家碧玉，弱不禁风。

不过，脱脱之所以短时间内无法攻陷，是因为张士诚的顽强抵抗，还有高邮城的城墙向外倾斜，这就使得攀爬不那么容易。脱脱动用了当时世界上所能有的全部攻城器械，飞桥、云梯、巢车、临冲吕公车。还有撞击城门的搭车、钩撞车、火车、鹅鹘车，偶尔还会动用当时最先进的武器回回炮——那玩意其实是个大铁球，被火药催发，冲出炮筒，在空中发出夺人心魄的叫声，砸到街上，就是一个大天坑。砸到人群中，人就成了照片。

但即使这样，脱脱的攻城兵团还是无法进入高邮城一步。张士诚在紧张的守城中，还让人趁乱从城墙上坠下，去他的几个据点六合、盐城和兴化搬救兵。脱脱大怒，分出一支兵团，一股荡平了六合、盐城和兴化。他是个做起事来专心致志的人，所以他也希望张士诚聚精会神地守城，别胡思乱想、三心二意。

张士诚不能不胡思乱想，因为随着时间的推移，他活着的士兵越来越少，士兵的武器，尤其是羽箭屈指可数。城里的百姓也开始有不同声音，认为这样死守倒不如投降，因为他们虽然在城里，但并不安全，在家中躲藏时，突然从天而降一个大铁球，一家子就被连窝端了。张士诚不得不分出一支部队在城内维稳。

现在，张士诚绝对地处于绝望的位置，想要翻身，恐怕只有天降奇迹。

刘伯温在脱脱围攻高邮城的两个月后，得知了张士诚的尴尬，他高兴得手舞足蹈，为元王朝能在此危急时刻出现了这样一位伟大人物而激动得流下泪水。

但他激动的泪水还未风干，高邮城下出现了奇迹。

奇迹其实出现在大都，正如脱脱所预料的那样，他不可能败给张士诚，只能败给那些政敌。他的政敌见他两个多月未攻陷高邮，就在元顺帝面前说：“脱脱出师三月，耗费国家钱财，却没有寸土之功。他平时嘴上功夫了得，文韬武略好像都在他舌尖上，怎么一去实践，就不成了呢，是不是故意的？”

元顺帝跳了起来，下诏书斥责脱脱：“浪费国家钱粮，害得我这几个月节衣缩食，你却没有半点让我满意的地方。马上回来，我的国家里又不是只有你一个人！”

脱脱接到命令后，望着高邮城，叹息落泪。临阵换将是兵家大忌，脱脱不是不知道，但他不能违抗，因为他是个忠贞不贰的人。就在他走后，元顺帝派来了两位在军界毫无影响力的指挥官，于是，在他们辛苦的指挥下，各兵团司令置若罔闻，结果，高邮城下的元朝军队立时阵脚大乱，一哄而散。

张士诚看到元军不战自溃后，高兴得几乎想来几个前后滚翻，带着他仅剩的几千人就冲出了高邮城，元军正在一门心思逃跑，根本不想理会他。结果就是，张士诚不但解了高邮之围，还顺带收复了六合、盐城和兴化。

高邮之战是元朝末年五花八门的革命家们革命的一个转折点，自此后，元政府再也没有力量集结四十万大军。其实高邮之战对革命家们而言，象征意义远大于实际意义。

张士诚以几万人守着个脆弱的小城，却击败了元政府四十万精锐兵团，这象征了什么？象征了革命部队都是有如神助的部队，象征了元王朝的气数已尽。

高邮之战后，刘伯温有好多天不和朋友们游山玩水。他把自己关在房间里，对谁也不理睬，一个人自言自语，他憎恶张士诚这样的造反者，但他更对元政府一次又一次的失利而痛心。

当他听说元政府后来又三番五次地去高邮招降张士诚时，他哭笑不得。一个被人打败的人跑到胜利者那里，要招降人家，这是什么套路？

无能也就罢了，怎么可以如此无耻？

1355年农历七月十五，刘伯温在普济寺度过了他四十五岁的生日。那天晚上，刘伯温仰望圆月，四周一片凄惨，他能看到荒唐的月亮在流泪，他能听到淡淡的云彩像鲜血一样汩汩地流动。这就是他当时的心情，他对这个世界失望透顶，他对那每年这个时候都一模一样的月亮说：“如果世间事能如你一样，该多好啊。”

元朝的和尚，你不怎么样

刘伯温四十五岁生日是在普济寺度过的，陪伴他的是一个叫砥上人的和尚。砥上人先是让刘伯温写了首诗，然后又让他为一篇文章写了序。然后二人坐下来，品茶论道。

其实，刘伯温对元朝的和尚一点好感都没有。这事要从蒙古人的信仰说起。蒙古人的信仰是“长生天”。“长生天”的蒙古语为“腾格里”，相当于汉人的玉皇大帝、老天爷。对于这位老天爷，蒙古人的想法是，他高高在上，尘世肮脏，不可能亲自下凡，所以，他在人间必然有代言人。那么，这个代言人是谁呢？成吉思汗以前，所有蒙古部落的酋长都认为自己是代言人。但成吉思汗统一蒙古后，大家一致都认为，成吉思汗才是他的代言人。成吉思汗也说，“长生天”他老人家要我当他的代言人，我下来之时，他对我说：世人罪孽深重，需要血的洗礼，你必须替我惩罚他们。

这就是蒙古人持续不断四处杀戮的原因。最后，他们真认为自己是老天爷的代表，血腥的杀戮和惩罚人类就成了义不容辞的责任。成吉思汗就说过，我高兴的一件事就是看到敌人的老婆和孩子因为失去丈夫和老爹而哭泣。

但如你所知，这只是一种狂热的信仰。狂热的信仰不是信仰，因为它没有根基，正如一棵没有根的树，永远难以生长。当狂热退却，或者是狂热受到阻碍后，这种信仰最先就会被最坚定的信仰者所怀疑。

当然，狂热的人永远都是自以为是的人，而自以为是的人往往会闹出很多笑话。美国有个脱口秀主持人，小时候认为自己是上帝，理由是，当他把家搞得乱七八糟时，母亲回来后都会尖叫：“哦，我的上帝！”所以，他认为自己就是上帝。但当他成年后，才发现根本就不是那么回事，自己欺骗自己好多年，徒留笑柄。

蒙古人东征西讨了一个多世纪后，在日本和安南都吃了亏，所以渐渐安静下来，停止了他们征伐的脚步。这个时候，他们发现做“长生天”代言人太辛苦，而且在学习了儒家文化后发现，他们的老天爷有点太冷血，大概是为了赎罪吧，他们转身投进了慈悲为怀的佛教怀抱。这个佛教就是藏传佛教，佛教的那些和尚们被称为番僧。藏传佛教后来被定为国教，元朝的每个皇帝都死心塌地地信仰它，连带着也就信赖和支持保护那些番僧。番僧在元王朝飞扬跋扈，简直让西天的如来佛祖愧疚欲死。

仅举两个例子来说明番僧的嚣张跋扈：

公元1308年，有个番僧抢了老百姓的柴草回寺庙里炖鸡，被抢了柴草的百姓告到了父母官李璧那里。李璧正在询问呢，那个番僧竟然不请自来，身后还跟着许多徒弟，拿着棍棒，上前就对衙役们进行殴打，有几个把李璧从办公桌后拖了出来，揪住头发，按倒在地，打得李璧哭爹喊娘。李璧后来包得像个粽子一样亲自去皇帝那里告状，结果是，那个番僧只被象征性地关了两天，就出狱了。

从这个案例可以知道，该番僧混得是最惨的，不然他不会去抢柴草炖鸡。

混得好的番僧就大不一样。他们一出门就是十八人抬轿，鸣锣开道，所过街道，必须空无一人，排场和皇帝出行相差无二。普通人只要一看到他们的轿子，就马上找地方躲起来，连大气都不敢喘。不过也有人不给他们面子。一次，一个番僧出门，鸣锣开出了一条光明大道，想不到迎面来了同样鸣锣的一队人。番僧勇往直前，对方也没有后退的意思，结果两方就撞上了。番僧暴跳如雷，命令随从动手。对方的随从很少，但人家说了，这是王妃的轿子，也就是说，这轿子里的人不能打。可番僧假装没听见，继续动手，双方打得热火朝天。最后，王妃的人少，自己也被番僧揪下轿子一顿胖揍。番僧把王妃揍得梨花带雨后，得意扬扬地说："你王妃算个屁，就是皇帝老子，也要受我们的戒敕。"

王妃侥幸活命后，把自己包成个粽子，去老公公皇帝那里告状。皇帝说："你等着。"可王妃等来的却是一道诏书："殴打番僧，罪应断手；谩骂番僧，罪该断舌。"

王妃自杀的心都有了，但她老公公很照顾她，说："念你初犯，既往不咎，以后要小心。"

番僧们如果仅是无法无天，祸害并不大，但他们却腐蚀国家最高领导人，贡献最美的西域女子和最厉害的春药，使皇帝不能正常工作。还利用自己的至高无上的地位渗入到官场，卖官鬻爵，把元政府搞得乌烟瘴气。

刘伯温对和尚没有好感，其实就是对番僧没有好感，也间接地对元王朝的皇帝们那么宠信番僧和藏传佛教难以理解。

在刘伯温看来，纯正的佛教绝对养不出那些畜生不如的番僧。但遗憾的是，纯正的佛教在元王朝已经灭绝，所以刘伯温反番僧，其实也就是在反佛。

四十五岁生日那天晚上，他和砺上人有段精彩的对话，让人看了很为刘伯温是非分明的观点震惊。

砥上人："佛主张不杀生，非但不杀生，还要割肉喂虎。"

刘伯温："这就不对，如果你被老虎咬了一口，马上要死了，有机会杀它，也不杀吗？"

砥："原则上是这样。"

刘："你们佛家不是说众生平等吗？可你就要被老虎咬死了却不反击，那是不是证明你的命不如老虎？"

砥："这个嘛……"

刘："你们这种人每天坐在绝对安全的地方，撞钟念经，因为没有危险，所以就信口胡说，不杀生，却不知身处险境的人，如果不杀掉老虎，就会失去生命。你们这不是站着说话不腰疼，保护罪恶吗？哪里有仁义之心？"

砥："杀生肯定要遭到报应的。"

刘："山中老虎，水中鲨鱼，每天都杀生，我怎么没见到它们有报应？"

砥："哎哟，那是食物链的问题，佛说不杀生，是讲给咱们有理性的人听的。"

刘："这样说来，禽兽杀生不会得到报应，而我们人杀生就要得到报应，那人不如禽兽？"

砥："咱们谈点别的吧。"

刘："咱们头顶的这片天的主宰是谁？"

砥："佛祖。"

刘："佛祖在西方，这里是东方。"

砥："那就是你们道教的玉皇大帝吧。"

刘："玉皇大帝是主宰天地的神，他定下法律，而你们佛教却总对有罪之人引手相援，你们这不是违法吗？"

砥："你看今天的月亮好圆啊！"

那天月亮的确好圆，但是，刘伯温说："其实我只是不尊重你的职业，但我尊重你这个人。"

砥上人说："你就该如此，因为我又不是番僧。"

的确，刘伯温虽然反对佛教，但却和佛门中那些非番僧的人交往甚密。在绍兴三年，他游山玩水之地都有和尚的身影。而且刘伯温在著作中经常会用到佛家的典故，或者是以佛家的语境来书写文章诗词。这其实很容易理解，唐朝时韩愈反佛，认为佛教的先生们每天不干活，但却占着大量土地，是世外的顶级富豪。尤为要命的是，他们传播一些大言不惭的理论，使人心萎靡，应该把他们的寺庙铲平，把他们的土地收为国有，再让他们蓄发参加繁重的体力劳动。但韩愈却和很多和尚结为朋友。

刘伯温和韩愈有同样的心境，所以在二人谈话的最后，刘伯温感叹说：“你们佛教的神祇们也不过是我们普通人所制造的，制造者如果头脑清醒、宅心仁厚，你们的神祇就正大仙容、佛光普照。反之，你们的神祇就是群魔乱舞、一塌糊涂。”

每个人都在心中制造着属于自己的神祇，这种神祇有时候是正义之神，有时候是邪恶之神，还有时候，只是一片虚空而已。这种人，我们称之为没有理想的人。

刘伯温心中的神祇自然是正义之神，只不过这尊神制造的时间太长，发挥的作用也微乎其微。1356年，刘伯温福至心灵，他最后一次在大元王朝亮相的序幕被他心目中的神祇缓缓拉开。

第五章
临危受命，平贼乱力压时局

灯笼计

刘伯温重新被元政府起用，不是元政府幡然醒悟他是个人才，而是和几年前一样，也是朋友的推荐。他这个朋友叫石抹宜孙，契丹人，是个传奇色彩浓厚的人物。石抹宜孙性情洒脱但很机警，能力突出但谦虚谨慎。年轻时曾袭了父亲的官位来到江南，在处州担任行政长官。当他弟弟成人后，不能自力更生，所以他就打通关系，把父亲的官位袭给了弟弟，而自己到台州闭门读书。1351年，方国珍在台州革命，江浙行省想到这位传奇人物，就命令他到温州担任行政长官。刘伯温在绍兴监狱游山玩水时，石抹宜孙已凭多次击败盗贼的功勋荣升江浙行省枢密院判官了。

从各种关于石抹宜孙的记载来看，他是那个年代少有的儒将中的奇葩。他的军队纪律严明，能吃大苦耐大劳，他本人则是个书痴，特别善于写优美动人的诗歌。由于都在江浙行省做官，因此刘伯温和石抹宜孙总是抬头不见低头见，刘伯温在绍兴监狱时，二人的关系升温。石抹宜孙有意识地接近绍兴文化圈，所以有心人经常能在绍兴看到石抹宜孙的身影。就在那时，石抹宜孙和刘伯温开始频繁交往，两人同时确定，这是双方伟大友谊的开端。

刘伯温对时局的看法让石抹宜孙深以为然，刘伯温在方国珍屡降屡叛处置问题上的是非观更是和石抹宜孙心心相印。所以在1356年正月，石抹宜孙就写了封聘用书，送到刘伯温处，请他出山帮自己。字里行间流淌着无限真情，使刘伯温深为感动。

一个人一旦被感动，必然要付诸行动。所以，正月末得到石抹宜孙的信，二月初，刘伯温就走进杭州城，接受了江浙行省都事的职务，三月初，他风尘仆仆地来到了石抹宜孙办公地处州。

石抹宜孙激动不已，紧紧握着刘伯温的手，似乎要落下眼泪来。但他认为这样不合适，所以马上收起情绪，拿出一份档案，对刘伯温说："这是逆贼吴成七的档案，你先看看。"

吴成七是刘伯温的老乡，青田县人，吃苦耐劳而且头脑灵活，并且在当地一位江湖高手手下练过搏击术。春天来时，他在家务农，庄稼生长时，他就外出贩售私盐。这使我们想到了他的前辈张士诚，但吴成七和张士诚不一样，贩卖私盐只是兼职，并非主业。

1353年春天，吴成七在青田某个镇上贩卖私盐，结果被当地的盐霸欺辱，不但让他赔了本，还揍了他个鼻青脸肿。吴成七陷入两难境地，他不能报官，因为他就是违法犯罪分子，他又不能忍气吞声，因为从当年的气象知识判断，他的土地将颗粒无收。吴成七趴在地上考虑了很久，终于决定先出一口恶气再谈其他。于是，他站了起来，盐霸和他的几个喽啰对他这种挑衅行为极为愤怒，准备再揍他一顿。他们不知道，吴成七的搏击术造诣很高，有时候连他老师都不是对手。所以，他一记重拳就把那个盐霸脸打成了肉饼，盐霸当场死亡，吴成七逃离现场。

杀人肯定要偿命，天经地义。但有一种杀人就不必偿命，比如政府杀人，再比如造反杀人。吴成七在家中惶恐了一天后，找来了同行——民间搏击大师宋茂四，还有他平时经常救济的儒生支云龙和经常蹭他吃喝、并声称是青田第一谋士的周一公。

四人几乎是一拍即合，这倒不是因为他们有多心心相印和肝胆相照，而是因为那时候，江浙境内除了绍兴无烽烟外，其他地方狼藉一片。人人都在造反和准备造反，而且成功几率出奇的大。既然现在活得差强人意，那就重走出一条人生路。

宋茂四常在江湖上行走，认识了太多不如意的人，所以一经联络，马上站出了一群人。周一公扮演了街头革命家的本色，通过各种装神弄鬼，吸引了无数想要发家致富的人。

吴成七坐在高处，看着一万多人向他欢呼，突然想到了支云龙曾经说的一个成语：众望所归。

1354年，众望所归的吴成七自称“吴王”，开始了他和元政府的对抗之路。但吴成七只是穷吆喝，他称吴王很久了，只是在某某村和某某屯里称王称霸。也就是说，他开始时，根本没有和元政府的正规军接触过。他的军粮全从当地普通百姓那里得来，谁家辛苦种了粮食也不可能白给他，所以吴成七最开始革命时，是先对普通老百姓革命。这种革命方式有两种：有钱有粮的出钱粮，没钱没粮的就出人。

革命的成果极为乐观，因为人数的增多，吴成七不得不频繁更换巢穴。最终，他最终在青田县金炉乡金山村后面的金山顶上建立巢穴，后人称为吴成七寨。几年后，前来招安他的官员说：“这是个货真价实的易守难攻之处，海拔700余米，孤峰耸立，地势险要。吴成七把寨子分为三级，每一级都有重兵把守，加之地利，想要突破这样的贼巢，惨重代价在所难免。”

人其实就像动物，出发捕猎前，必须要巩固自己的窝。中国人对一个混得惨兮兮的人经常用一句话：把窝都混没了。但特别重视自己的窝，也会使人的防御思维特别突出，而进攻思维退居二线。

吴成七一直在加固他的老巢，就如孙悟空当年始终巩固他的水帘洞一样。所以，一年下来，他震撼的一次军事行动只是攻击了青田县城。

但对于当时风声鹤唳的元政府而言，这样的军事行动已足够他们惊恐万分了。江浙行省马上派遣剿匪部队去找吴成七。吴成七最开始时还心惊肉跳，但他的担心实属多余，因为政府剿匪部队走到南田山时不知什么原因，突然溃散了。几个月后，第二批剿匪部队又移动到了南田山，吴成七试探着派出一支小分队，在山顶敲锣打鼓，那支剿匪部队刚闻鼓声就一哄而散。

勇气固然来自我心，但很多时候，勇气的产生是因为对手的无能。元政府剿匪军的无能让吴成七有了走出巢穴的勇气，开始扩大他的势力范围。短时间内，他的部队犹如修炼成精的妖怪出山，横扫处、温、婺州及闽北建瓯一带。吴成七稳扎稳打，打下一地马上建立军事营垒（寨子），结果，如你所知，吴成七的势力就如一条蜈蚣，首尾联络百余寨。元政府头痛万分，只好再拿出他们的看家本领：招安。

然而，双方的谈判过程没有任何进展，因为大家讨价还价，谁都不相信谁。所以，吴成七继续做他的山大王，元政府这时才命令石抹宜孙对吴成七作坚决彻底的剿杀。

刘伯温看完这份档案，对这位老乡的评价并不高：吴成七很难成事，他喜欢建寨，这样的人不是进取型人才。

石抹宜孙说：“固然如此，但他建寨的同时在屠杀我们的子民，所以还请你出计策。”刘伯温笑了笑，看了看他的同僚们。当他正在看档案时，石抹宜孙的三位最得力的下属已经陆续来到。其实，对这些人，刘伯温都认识。而且，刘伯温也认定他们是肯做事而且能把事做成的人。

比如站在石抹宜孙身边那个儒雅但眉宇之间却透着一股英气的章溢，是元朝大儒王毅的关门弟子。1352年，红巾军把他的侄子捉获，他挺身而出，主动替换侄子。红巾军曾闻他是个人才，想要他为己效力，章溢死都不肯。后来，他贿赂看守，逃出囚牢，散尽家财组建民团，帮助石抹宜孙把进入龙泉的红巾军打退。石抹宜孙对章溢的评价很高，说他是台州之民的救世主。

另外那个章溢的老乡胡深，是个有责任心的人。龙泉大乱时，他集结家族子弟，组成武装部队投靠石抹宜孙，多次不动一兵一卒，仅靠嘴皮子招降山贼海盗。

刘伯温看档案时，他就站在刘伯温身边，皱眉思考。

坐在那里的那个五短身材的叫叶琛，脸横着比竖着宽，有人说他是蒙古人，有人说他是契丹人，也有人说他有二分之一蒙古血统、二分之一汉人血统。他初做官时就来到处州，和石抹宜孙成为莫逆之交。这三人中，他和吴成七打的交道最多，曾亲自去招降过吴成七，对坚不可摧的吴成七寨有着深刻印象。

还有传言说，叶琛初到青田时，曾被吴成七俘虏过，而且和吴成七结下了深厚友谊，所以元政府准备招降吴成七时，他成了最佳人选。但这种说法很少有人提及，因为叶琛自认根正苗红，说他和吴成七有瓜葛，那就是在侮辱他。

刘伯温是个有话就直说的人，所以他就对石抹宜孙说了他的计划：第一步当然是写安民告示，因为现在处州附近不仅有吴成七，还有很多山贼。历来战争，讲究的都是攻心为上、攻城为下。刘伯温这一招起到的就是“平乱”前安抚民心的作用，特别是对于那些吃不起饭、穿不起衣被迫落草为寇的百姓，如果能在战争之初就把他们争取过来，不费一兵一卒就可达到分化瓦解的目的，这是战争最理想的效果。另外还有一点，没有参加山贼的普通百姓也是潜在的山贼，这些人就是山贼的招生对象，所以，必须要堵塞山贼的兵源，暂时可行的办法就是告诉他们，政府是正义的，山贼是邪恶的。

叶琛听完刘伯温的话，站了起来，鼓掌说：“其实所谓安民告示，无非就是替咱们政府辩护一下吧？”

刘伯温对他的聪明很认可，但是，为元王朝辩护是件苦活。因为在那时，如果不是聋子或者是瞎子，都能看出来，政府和山贼没有不同之处。

可这难不倒刘伯温，因为激情和忠贞是智慧的源泉。刘伯温的安民告示是这样的：一开头，总结了元王朝建国八十余年是怎么努力建设和谐社会的，证明元顺帝还有为民之心，然后就开始替皇帝作自我检讨，他认为现在社会这么浮躁、险恶，都是当官的问题，皇帝问题并不大，接着，刘伯温开始循循善诱，告诉百姓："我的父老乡亲啊，不要再被蒙蔽啦，欺侮你们的是贪官污吏，我也知道你们是被逼的，但是你们的矛头指错了，不应该对着我们圣明的皇上啊！你们无知的行为已经惊扰了皇上，何况那些贪官污吏你们也杀了不少，该够本了吧！该收手时就收手，你们再胡闹的话，皇上不客气了。"

实际上，刘伯温纵然有如椽大笔，有点石成金的水平，由于事实所限，他的论点也没有办法使所有人都信服。因为百姓们的认识都没他那么深，何况他们忠君意识并不强，上梁不正下梁歪，皇帝要是好皇帝，那当官的也不敢这么胡作非为。

安民告示没有起到作用，这就证明有时候攻心并不是最好的办法，恰好相反，有时候，武力是解决问题的唯一途径。

吴成七的军队号称十万，其实只有几万人，这几万人里还有被逼当贼的人。所以，吴成七部队的战斗力并不强。

不过，此人的部队有个优点，就是善于山地作战。叶琛最有体会，他指出，吴成七那些喽啰简直不是人，在南方的山地之间，吴成七和他的部队如同鬼魅，飘然而来，砍了几颗脑袋又飘然而去，有时候又像是山神，可以移山挪树。老实说，元朝的陆军横扫天下时，对森林和山地也是束手无策。忽必烈活着时曾对安南和缅国进行过多次试探性的攻击，结果都是惨败而回。蒙古军队的名利场在大平原，而不是深山老林中。

刘伯温对叶琛说："打仗，就四个字，扬长避短。绝不能拿自己的短处去碰对方的长处，那不是打仗，而是自杀。应该把吴成七叫到咱们的平原上来打。"

叶琛也是打过仗的人，而且读过兵法。纸上谈兵大家都是高手，都明白战役不是请客，要人家来就来。刘伯温又补充说："要引蛇出洞。"

叶琛苦起脸来说："我的部队一听说跟吴成七打架，就浑身无力，四肢发抖。引蛇出洞这种事，他们肯定不愿意干，我也不想让他们白白去送死。"

刘伯温说："这简单，给我权力，我来招聘在山地生活的平民。贼最了解贼，用山地平民对付山地平民就是这个套路。"

据说，这件事后来的结果是，刘伯温招收山地山民，给吃给穿给兵器，和吴成七交战数次，吴成七屡战屡败，最后他的武装部队土崩瓦解，吴成七死在乱兵中。

其实，事情没有这么简单。真实的历史是这样的：石抹宜孙和刘伯温等人制定了详细的作战计划，1356年三月份，计划开始实施。叶琛被任命为剿匪司令，带领当时江浙行省所能集结起来的一万训练有素的精锐部队，对吴成七发动全面进攻。一个月后，叶琛的部队一举荡平吴成七的二十余座军寨，并且击杀了吴成七的军师周一公。吴成七在总寨惶恐不安，就在他惊魂未定时，叶琛的部队又破了他三十余座军寨，同时还消灭了吴成七派去增援的五千精锐。

吴成七正要有所动作，准备继续增援其他几十寨时，叶琛出奇制胜，绕过了他那些寨子，直扑他的总寨，在一个时辰内就彻底扫平了吴成七总寨外围的防御，对其完成包围。吴成七的寨子虽然易守难攻，但有个致命缺陷：水源短缺。叶琛按照刘伯温的方法，只围不攻。吴成七多次派人下寨要和叶琛决战，叶琛坚守壁垒，就是不理他。

吴成七被围了一个月后，水源枯竭，精神崩溃。在一个没有月亮和星星的夜晚，他扔下了大部队，带着自己的卫队奇迹般的冲出包围圈。叶琛围追不舍，吴成七联合其他还在的寨子，调整兵力，和叶琛在平地上对攻。在平原作战是蒙古军的长项，所以吴成七屡战屡败。但吴成七是个头脑灵活的人，他一面和叶琛对抗，一面派人打通总寨和地面的水源问题，大功一成，吴成七杀了个回马枪，又跑回了总寨。

叶琛这次没有只围不攻，而是对吴成七进行了持续不断的进攻，但是收效甚微。

刘伯温来到前线，查看了地形，观察了敌人的士气后，对叶琛说："他们支撑不了多久，我们用灯笼计。"

叶琛问："何谓灯笼计？"

刘伯温回答："你让一支队伍到他总寨对面的黄垦羊山岭上，黑夜时，每人肩挑悬挂有二十多盏灯笼的长竹竿，从山岭头挑到龚宅，吹熄后返回黄垦羊岭头，到山岭头后再次点燃灯笼向龚宅行进。如此往返，每夜以一二百名官兵轮流进行。"

叶琛说："这不是驴拉磨吗？"

刘伯温说："咱们知道是驴拉磨，但吴成七看到这种情形，一定认为是咱们的增援部队。他部队的士气现在很糟糕，又因为粮草将尽，内外合力作用下，人心不稳。你抓住机会，来一场猛攻，胜利就在眼前。"

叶琛问：“你怎么知道他士气糟糕、粮草将尽？”

刘伯温说：“观察。你看他寨子上的巡逻士兵，站得不直，而且来回走动的次数越来越少。再看他寨子的炊烟，前几天还是一日一升，现在是三日一升，所以我有此断定。”

叶琛惊叹道：“真神人也！”

按照刘伯温的指示，叶琛开始行动，随后又派出一支三千人的精锐，从吴成七总寨的后山摸了上去，双方在约定时间同时发动进攻。

正如刘伯温所料，吴成七的部队防御能力大大下降，叶琛很快就大摇大摆地登上了吴成七寨。在一块树丛中的崖壁里，叶琛发现了吴成七的尸体，死因不明。

这就是灯笼计，刘伯温在元朝第二次也是最后一次运用他军事智慧的结晶。自此后，他那无穷的智慧全部奉献给了朱元璋。

刘福通的斩首行动

繁星满天，不如一轮明月，万家灯火不如一个太阳。刘伯温的灯笼计虽然出神入化，却不能扭转乾坤，所以不可能为元王朝照耀出一条光明大道来。时光流逝到1357年时，元王朝已如烈日下的冰山，融化只是时间问题了。

担任烈日的是最早向元王朝叫阵的刘福通，刘福通是那个年代革命家中最有责任感的英雄人物。方国珍、张士诚，包括正在鬼鬼祟祟打家劫舍的朱元璋和刘福通那光辉得如金子般的品德一比，简直连土块都不如。

刘福通反元毫无私心，他本是富户，不愁吃穿玩乐，但却和他的战友韩山童抛弃富贵，专心致志地以驱逐蒙古人为使命。

如果从刘福通的自我宣传来看，他和刘伯温还是亲戚。刘福通自称是刘伯温的七世祖、南宋大将刘光世的后裔，他的那位战友韩山童则宣称自己是赵佶（宋徽宗）的后人。两个人在黄河岸边造反不久，赵佶这个懦弱无能的人不能保护自己的后人，所以韩山童战死，刘福通一人顶着无边的压力和元政府对抗。

他虽然在中原地区攻陷了许多城镇，但因为中原是元王朝重兵所在，所以他的革命生涯可谓上气不接下气。1354年农历十月，元朝四十万大军在高邮城下不战自溃后，元王朝再也不能集结这样大的兵力，所以各地的革命家们缓了一口气。刘福通也不例外，他度过寒冬，大踏步进入春天，这位高风亮节的英雄把韩山童的小儿子韩林儿立为皇帝，国号“宋”，史称“韩宋帝国”。然后，转守为攻。

当刘伯温在青田专心致志地用灯笼计时，刘福通制定了让元王朝魂不附体的斩首行动。执行斩首行动的部队分为三路：西路军由大将李武率领，攻今陕西地区；东路军由大将毛贵率领，攻今山东地区；北路军由“关先生”关铎率领，攻上都。

李武率领的西路军最先出发，进入陕西后未遇到任何有效抵抗，就推进到陕西行省行政首府奉元（今陕西西安）城下。不过在围攻长安一日后，元政府援军赶到，双方就在平原展开激战，李武战败，西路军宣告失败。

毛贵率领的东路军目标是占领山东后北上，然后和北路军夹击大都。按照作战计划，毛贵在海州击溃元王朝的海军，然后乘海路攻下胶州，扫荡了山东的蒙古人势力，然而毛贵并没有等北路军，而是豪气干云地兵锋直指大都，挺进距大都只五十公里的柳林村。

大都城如被浇上了热水的蚂蚁窝，元顺帝魂不附体，准备向北逃亡。新任宰相拓跋太平是个头脑冷静的人，认为毛贵孤军深入，不能持久，只要拖住他一段时间，他就会不战自退。元顺帝战栗不已，把这艰巨的任务交给拓跋太平。拓跋太平集结了当时大都城内所能集结的一切兵力，主动出击柳林村。双方就在柳林村发生激战，毛贵错误地估计了蒙古军队的战斗力，和蒙古军队展开野战。结果，毛贵惊讶地发现，蒙古军队当年横扫地球的气势犹存，但发现时已经晚了，他的军队经不住蒙古骑兵的冲杀，溃败而退回山东。

毛贵退回山东后，重新调整兵力，准备再来一次斩首行动，但很快就出现内讧，毛贵死于内讧中，这支曾和大都擦肩而过的东路军灰飞烟灭。

运气最好的是关先生的北路军，但最莫名其妙的也是这支北路军。按刘福通之前的作战计划，北路军的任务是越过太行山，绕过所有城镇直奔大都，在大都外围和东路军汇合，联合夹击大都。可计划不如变化快，关先生到太行山时，元军已把各个关口堵得水泄不通，关先生进行了几次试探性攻击后，发现不可能完成任务。但他也没有通知刘福通，而是擅自做主，强攻冀宁（今山西太原），冀宁城高墙厚，关先生损失惨重，但他运气好，终于攻陷冀宁。在休息了一个月后，又强攻大同（今山西大同），大同顷刻而下，关先生志得意满，一股气荡平了从大同到上都的元军防御据点，推进到上都开平城下，一阵猛烈的攻击后，开平城陷。表面上看，关先生完成了军事任务，但由于他在路上耗费了太多不必要的时间，因此当毛贵在距大都五十公里的柳林村放眼四望时，根本没有看到战友关先生。关先生在上都踌躇满志，因为南下二百八十公里就是元大都。但莫名其妙的是，关先生没有南下，却向东推进，攻陷了辽阳（今辽宁辽阳），进入高丽王国。

高丽王国当时是元王朝的卫星国，主人的敌人就是自己的敌人，但他们没有和关先生刀枪相见，而是乞灵于阴谋诡计。他们派出大批美女和关先生的军队缠绵，又搬空了国库，把所有珍宝献给关先生。当关先生和他的部队沉浸在这种奢华纵欲的生活中无法自拔时，高丽王国露出了狰狞的面目，早已准备好的特种部队对他们进行了偷袭，接着就是疯狂的屠杀。关先生死在美人窝里，只有一万余人逃出高丽回到中国，但被正在等待他们的蒙古军队一网打尽。

刘福通的斩首行动把自己的力量全部耗尽。刘福通本人在韩宋帝国的都城汴梁（今河南开封）郁郁寡欢，元军趁机围攻汴梁，刘福通带着皇帝韩林儿逃跑。至于他以后的结局，将是朱元璋的故事，在这里不再论述。

韩宋帝国的斩首行动虽然把自己的力量耗尽，但元王朝的根基已被掏空，现在，只需要轻轻一推，元王朝就会轰然倒塌。也正是在这个危机时刻，刘伯温向他的好朋友石抹宜孙提出了一个惊人的要求。

齐桓公，我呼唤你

刘伯温用灯笼计剿灭吴成七后，江浙行省对他进行了嘉奖，他被升为从五品的江浙行枢密院出纳文书（行枢密院经历），这是刘伯温在元朝时做的最高的官职。他并没有感到丝毫的高兴，因为对从前的回忆使他感到压抑。况且，当时北方的局势急剧恶化，刘福通的斩首行动带给刘伯温的冲击不亚于小行星撞地球。

他当时有点万念俱灰的意思，如果非要说有使他心动的事，那也只能是石抹宜孙。

1356年农历三月，也就是刘伯温刚重出江湖时，方国珍第三次洗心革面，归顺元王朝。刘伯温对方国珍的痛恨深入骨髓，其实他不是痛恨方国珍这个人，他的痛恨是和方国珍类似的人。消灭吴成七后，刘伯温就试探着石抹宜孙，要他对方国珍用兵。刘伯温一针见血地指出，方国珍现在表面上是为政府出力，但贼心不死，肯定还会反叛，不如现在就将他的势力连根拔起，让他将来没有见风使舵的机会。这个提议相当冒险，甚至有被治罪的可能。人人都知道方国珍当时已经是元政府任命的江浙行省副宰相（参知政事）兼行省后勤部部长（海道运粮万户），是政府公职人员，如果真对政府公职人员动武，那罪名可不轻。况且，方国珍当时控制的地盘占了浙东沿海一大部分，海军军舰有千艘，实力已今非昔比。石抹宜孙即使想打方国珍的主意，也得掂量掂量。

听到刘伯温的提议，石抹宜孙大吃一惊，连连摇头："这怎么可以，自家人不打自家人，万一出了事，你我人头不保。"刘伯温说："都包在我身上。"石抹宜孙觉得这事太不靠谱。刘伯温又提了个建议，险些把石抹宜孙的胆子吓破了。刘伯温这个建议是用诗歌的形式提出来的，诗中有这样一句："周纲虽云弛，一匡赖齐桓。"

这是一句运用典故的诗，"周纲"是东周的纲常，春秋时期，各路诸侯雄起，东周天子成了受气鬼，龟缩在洛阳城里看着各路诸侯打架。不过，东周天子仍然挂着"天下宗主"的牌子，各路诸侯虽然吹口气就能把它灭了，但谁都不想动手，惹天下人咒骂。"齐桓"是春秋五霸之首的齐桓公，他和他的国家称霸时，南方的楚国一直想向中原挺进，但被齐桓公的阵势给吓到了。所以，孔子说："咱们没有被楚国灭掉，成为披头散发的野人，全是因为齐桓公啊！"

刘伯温的意思是这样的：现在的元王朝就是当年的那个受气鬼、窝囊废，而石抹宜孙就是齐桓公。齐桓公可以自作主张，明火执仗地摆平各路反政府武装，用武器来维护元王朝这块招牌。也就是说，石抹宜孙你有枪杆子，完全可以自主创业，把元王朝放在一个人人能看得见却不需要它的地方，比如灵堂。

刘伯温的这种想法是惊世骇俗的。官方的说法叫谋反，政治学家的说法叫分裂主义，曹操的说法是"用天子之名以成己事"。有人会从刘伯温的这句诗中得出牵强的结论，认为刘伯温对元王朝根本就不忠，所以后来才跑去给朱元璋当参谋。这显然是对刘伯温的污蔑，刘伯温没有说让石抹宜孙放弃元朝的皇帝，而是希望石抹宜孙用手中的资源来扶持元王朝。换个说法就是，他希望石抹宜出去开分店。石抹宜孙头脑虽然清晰，却远没有刘伯温那样灵活，所以，他拒绝。其实，石抹宜孙理解错了刘伯温的建议，他以为刘伯温要他单干。他可能也想过，但权衡后发现，单干的利润和他现在给元政府打工的利润几乎相当，给政府打工，那是旱涝保收啊，但单干，可就没谱了。所以，石抹宜孙偷偷把这首诗毁了，但刘伯温却把诗歌留了下来。

多年以后，刘伯温站在青田山上回想往事，仍能想起他给石抹宜孙写的那首诗。无论过去还是现在，或者是将来，刘伯温都不会后悔自己的鲁莽行为。因为在那个时代，必须要有齐桓公那样的人。但是，现实又一次让他失望，确切地说，是石抹宜孙击碎了他的梦想。

刘伯温和石抹宜孙在处州的合作开头美好，结局却不尽如人意。刘伯温在剿杀吴成七之前回老家招募了一支自己的部队，这支部队的人数并不多，但很能打。当时在处州各处的反政府武装，几乎都是被这支部队消灭的。

最好的军事训练基地是在战场，刘伯温手中有这样一支部队，并且取得了还算辉煌的诸多胜利，可当中央官员来评定功劳时，刘伯温的名字居然没出现在功劳簿上。事情是这样的，南京军区司令员（经略使）李国凤巡视江南，得知刘伯温此次处州剿贼的胜利之后，对刘伯温的才能十分欣赏和推崇，便把刘伯温的功绩上报了朝廷。刘伯温也很希望能够通过李国凤的举荐而得到朝廷的重用，为朝廷平定红巾军起义作出自己的贡献。但是那些当初庇护方国珍的大臣们，在李国凤上承的军功簿上一见到刘伯温的名字就觉得厌烦，哪里还会去嘉奖他的军功，至于授予重要官职那更是不可能的了。诏命下来，最后刘伯温反而被降职录用，让他做文职，不得参与军事。

石抹宜孙认为这是小事，而且对刘伯温受到不公平待遇进行了细致但不合理的分析。首先，刘伯温没有上功劳榜，是因为方国珍在搞小动作。方国珍和刘伯温上辈子有杀父之仇，刘伯温总想搞掉他，方国珍心知肚明，所以就利用金钱和后勤部长的权力明示中央政府，刘伯温是高危分子，将来会破坏团结，能打压就尽量打压。

关于这一点，刘伯温深信不疑。石抹宜孙就接着分析说："你现在手里有支很能打的军队，如果再给你戴红花、上光荣榜，你的威信在军队中膨胀，国家最忌讳的就是这个了。"

关于这一点，刘伯温想对石抹宜孙说两个字——放屁。元王朝虽然靠砍刀斧子起家，但它慢慢地惧怕起这些东西来。忽必烈还在位的时候，元朝的军力全球无二，可还是禁止民间拥有兵器，禁得最厉害时，十几家人使用一把菜刀。在长江以南，一个村里只有一把菜刀，搞得很多家庭妇女做饭时，只能靠牙齿来"切肉"或者是"切菜"。元顺帝即位后，各地烽火连天，对已经革命的地方他们管不了，所以就对还没有革命的地方进行百倍的严格管制。菜刀不许有，地方政府专门设立部门来为百姓切菜。刘伯温的意思是说，政府都能禁止菜刀，为什么就不能把我的部队收回？可他们对我的部队连正眼都不瞧一眼。

刘伯温无话可说，叹息一声，说："老天喊我回家写书去，我是不敢负国，无奈英雄无用武之地啊！"刘伯温似乎在向朝廷表白，也似乎是在告诉世人：他的离开，并非意味着是对元王朝的背叛，实在是一种无奈的选择。

这时候的刘伯温，大概觉得自己的心志和遭遇实在是像极了战国时期的屈原，而元顺帝就是楚怀王。

屈原无比热爱着楚国，无比忠诚于他的国君，可惜楚怀王却听信奸佞的谗言，把屈原流放在汨罗江边上，让屈原受尽精神的折磨，最后他带着满腔的幽怨，自沉汨罗而亡。临死前，写了首《离骚》来表明自己的心志。

当然，刘伯温这时候是不会像屈原那样往绝路上走的，但他心中又确实沟壑难平，总想对世人说些什么，就像屈原一样。挠了半天头皮后，他还是决定用文字把心情记下来，于是他仿照《离骚》的格式写了篇长诗，抒发内心的痛苦之情。

《剑桥中国明代史》说："（元朝末年）精英分子并没有去搞颠覆活动，发表不同政见，或者急于公然参加反对这个受苦难的政体的叛乱。他们接受元朝的合法性，一直期望它有所改进，就是当遇到政府有不可避免的失误时，他们也还是迫切地希望保持自己家乡的有秩序的现状。如果说元王朝从他们这些社会的天然领袖身上得到的支持越来越少，那么，许多反对元王朝的叛乱分子……也没有得到他们大规模的自发的合作。"刘伯温正是这一类精英分子中的一个典型。

在处州三年后的1358年，刘伯温离开处州回到老家青田，跟随他的是他那支能打硬仗的小部队。

谁是真的齐桓公

刘伯温的眼界只限于南方，他目力所及处只能看到石抹宜孙。如果他能再来次大都之行，路过中原时，他就会看到一位身高七尺、长眉遮住眼睛、左脸上有三根长毛的壮汉。这个人叫察罕帖木儿，武侠迷会告诉你，他就是《倚天屠龙记》中赵敏的父亲，张无忌的老丈人。

他才是那个时代货真价实的齐桓公，再确切点说，是个如假包换的元王朝的中兴名将。如果不是察罕帖木儿，刘福通的斩首行动差一点就成功了。

察罕帖木儿祖籍北庭（在今新疆），他的祖上后来到中原做官，所以，察罕帖木儿就成了颍州人。察罕帖木儿自幼受到儒家教育的训练，后来还中了进士，就给自己起了个汉名"李察罕"。1351年，刘福通、韩山童在察罕帖木儿的老家颍州革命，如风卷残云一样，江淮方面全部沦陷。中央政府组织征讨部队，但成效甚微。

如果手边有张地图，打开它，我们就会发现察罕帖木儿所居的沈丘（今安徽临泉）距离刘福通的革命地颍州仅百里之遥。也就是说，按当时刘福通的军力，必然会把战火蔓延到这里。察罕帖木儿冲冠一怒，脸上的三根毫发坚硬如针，他组织了一支武装部队开始保家卫国。这支武装部队可怜兮兮的只有几百人，但察罕帖木儿认为它能胜过千军万马，因为这是他自己的部队，纪律严明，训练有素，而且对他和他的祖国忠贞不贰。

察罕帖木儿第一次“亮剑”的目标是罗山县（今河南罗山），刘福通有一支红巾军在这里驻守。命运垂青于他，罗山县汉人李思齐忧国忧民，主动找他，把罗山县的防御情况透露给他。察罕帖木儿就用他的几百士兵，里应外合，光复了罗山。他的第一步走得很漂亮，前程似锦。

李思齐也是个硬汉，后来他独立于察罕帖木儿，用手中的武装为元王朝延长了寿命。后来他投降了明王朝，当朱元璋派他去劝降跑到北方的元朝英雄人物、察罕帖木儿的养子王保保时，王保保对他以礼相待，但就是不投降。再后来，王保保派骑兵送他出境，即将离境时，骑兵对他说：“主帅有命，请您留下一件东西再走。”李思齐摊开双手，说：“我什么都没有。”骑兵说：“你有，而且是两个，就是你的胳膊。”李思齐暗骂了朱元璋十八辈祖宗后，抽出骑兵的刀，手起刀落，一条胳膊便离开了他身体。回去后不久，便因伤势过重而死。

但在罗山城上，欢呼光复时，李思齐和察罕帖木儿一样，认为自己前程似锦，国家在他们的努力下将会恢复青春。

察罕帖木儿收复罗山的消息传到大都后，人心振奋，元政府马上派出使者前去慰问并授予官职。由于当时大都和罗山的交通已被红巾军切断，这名使者曲折辗转，走过各种各样的路，翻过无数狰狞的山，涉过无数险恶的江河，在盗贼的袭击、自身的病痛和绝望的折磨下，才终于到达了罗山城下。察罕帖木儿为中央政府的真心实意所感动，接下授命书，流下眼泪，誓言要以生命的代价保卫祖国。

他是个知行合一的人，信奉“先干了再说”的真理。就在接受政府的任命书后，作为一支独立于政府军之外的察罕帖木儿兵团四处出击，歼灭了红巾军无数支小股部队。他像蚂蚁一样秘密而又不懈地工作，又像蚕吃桑叶一样，持续不断地、小声地吃着红巾军。

1352年，察罕帖木儿的部队扩充到一万人，他光复了沈丘并将其作为根据地，开始改变从前小心翼翼的作风，正式大张旗鼓地和红巾军较量。

对于时势，察罕帖木儿和刘伯温的想法截然不同。刘伯温认为这是灾难，察罕帖木儿却认为这是千载难逢的大好时机。刘伯温想进入体制内来完成保卫祖国的愿望，察罕帖木儿却决定自己动手来完成保卫祖国的愿望。

这是两种不同的做事思维，最大的不同就在于：有人把希望寄托在别人身上，有人全靠自己；有人希望找个已经搭建好的平台，有人自己搭建平台。

察罕帖木儿自己搭建的平台在1355年大显神威。前一年，元朝四十万精锐在高邮城下不战自溃，战局极度恶化，各路革命家纷纷扩张势力范围。1355年农历十一月，刘福通的赵明远兵团北渡孟津（今河南孟津），攻破覃怀（今河南沁阳），威胁晋、冀。察罕帖木儿出兵阻击，双方在黄河岸边发生激烈的冲杀战，血流成河。最终，赵明远兵团全部被歼。

1355年冬末，之前被征调来对付刘福通的苗人兵团突然在驻地荥阳（今河南荥阳）叛变。察罕帖木儿傍晚得到消息，晚上就带领他的兵团急行军抵达荥阳城下，一抵达即发动进攻，苗人兵团手忙脚乱，荥阳城瞬间而下。

从刘福通的角度来看察罕帖木儿，他是个绝对的劲敌。察罕帖木儿兵团把在战场上失踪多年的蒙古骑兵快速机动的特点发挥得淋漓尽致。他的兵团善于野战、攻城战、防御战和突袭战，他们在战场上锲而不舍的缠斗让刘福通和他的将军们头痛不已。刘福通他们和元王朝的正规军作战，日出接触，日中时胜负已分。但和察罕帖木儿兵团战斗，日出接触，日落时还未分出胜负。刘福通如果不是靠人海战术，早就溃败。察罕帖木儿本人出色的指挥能力和组织能力是其兵团所向无敌的主要因素，刘福通深知，如果不把这只拦路虎清除，他的革命大业将备受折磨。

1356年春节刚过，刘福通集结重兵三十万向驻扎在中牟（今河南中牟）的察罕帖木儿部发动全面总攻。察罕帖木儿遇到了自起兵保卫祖国以来最大的困难，刘福通几乎是倾巢而来，目的再明确不过，就是彻底歼灭察部。察罕帖木儿兵团当时只有几万人，而且还算上了收编的苗人兵团。他的参谋们说："这是一场左右为难的战役，要提起十二分的战斗精神对刘福通，又要打起十二分的精神防备苗人兵团。"

有人认为应该坚守城池，但察罕帖木儿胆大包天，亲自带领他最精锐的兵团大开城门，冲出城去和刘福通的三十万人硬碰硬。双方一接触，察罕帖木儿兵团以一当十，杀声震天动地，在城墙上观看的苗人兵团个个面无人色、浑身发抖。最终，凭借着所向无敌的战斗精神，察罕帖木儿兵团渐渐赢得主动，刘福通兵团体力不支，逐渐败下阵来。在溃逃途中，察罕帖木儿兵团苦苦追击，刘福通的三十万大军伤亡殆尽。

因此一战，察罕帖木儿名声远扬，红巾军听到他的大名，马上魂不附体。1356年九月，刘福通三路北伐，察罕帖木儿再次发挥他的兵团快速机动的优势，把刘福通北伐军的西路军打得措手不及，让他只好原路返回。

1358年春，刘福通的北伐军北路军与察罕帖木儿兵团同时进入战场，双方展开了血流成河的拉锯战。开始时，大家互有胜负，但随着时间的推移，察罕帖木儿兵团的顽强毅力发挥出神奇的功效，使得刘福通北伐军的北路军接二连三地遭遇惨败。

1359年，刘福通的斩首行动宣告终结，他和那位小皇帝韩林儿坐困汴梁。一直在密切注视刘福通的察罕帖木儿在本年五月带领他的兵团向汴梁推进，一个月后，清除了汴梁城外围，对汴梁城完成包围。察罕帖木儿兵团百道攻城，喊杀声震荡天地，三个月后，汴梁城终于被攻破，刘福通带着韩林儿和百名贴身侍卫趁乱逃出汴梁城，从此一蹶不振。北方红巾军就此正式退出反元的舞台。

察罕帖木儿的功勋到底卓著到何种程度，我们可以这样来表述：刘福通从1351年革命后，他的兵团就锐不可当，在察罕帖木儿未出现时，整个中原地区都是刘福通的控制区域，江南海运漕运不能通行，南北隔绝。察罕帖木儿消灭了刘福通的有生力量，使南北重新连接起来，海运漕运又能通往京师了。至于南方的方国珍、徐寿辉、张士诚，包括那个在悄无声息中发家致富的朱元璋，在察罕帖木儿眼中不过是一群不成气候的强盗而已。如果再给他几年时间，他必然挥师南下，消灭这群南蛮子易如反掌。

从大都方面的角度看察罕帖木儿，他是一位挽狂澜于既倒、扶大厦于将倾的良将。但这只限于北方。也就是说，察罕帖木儿的威名还未传到江浙，当然也就不被刘伯温所知晓，既然无法知晓，刘伯温就不可能知道这个北中国的齐桓公。

但是，用刘伯温大仙的语境来讲就是，虽然有察罕帖木儿这样的伟大人物，但元王朝的气数已尽，所以老天会千方百计让这样的人物演绎一段悲剧，而绝不可能让他成为喜剧人物。

察罕帖木儿最后的结局是这样的：1362年，察罕帖木儿围攻红巾军在今山东地区的最后一个据点益都，之前投降他的红巾军将军田丰把他诱到自己的军营中杀掉了，田丰复叛。自此，中原再度陷入混乱，元王朝的局势又转为恶化。

田丰原本是元政府的一名低级公务员，趁着刘福通革命时，浑水摸鱼，渐渐有了自己的军队，后来恐惧察罕帖木儿的巨大实力，所以投降。但在围攻益都时，田丰突然就对部下说：“察罕帖木儿对中央特派员的态度傲慢，我本以为他是周公人物，想不到是曹操第二。如果做曹操，我也能做。”他的部下就煽动说：“那咱们就干掉他，自己当曹操。”

察罕帖木儿是否有当曹操的心，这根本不是问题，田丰所以说那段话，只是想激起部下的斗志。另外还有个原因，围攻益都时，察罕帖木儿的主力并没有上场，死在益都城下的都是田丰的士兵。田丰所以对察罕帖木儿下手，只是不想让自己的实力继续受到损伤。

田丰邀请察罕帖木儿视察他的军营，察罕帖木儿一点都不怀疑。虽然有部下提醒他，田丰这样的人反复无常，应该有所防备，察罕帖木儿却说：“我真心待人，将心比心，他怎么可能对我下手？”

一个人在评价别人时，其实是在照镜子。如果你是好人，镜子里的你自然就是好人。如果你是坏人，镜子里的你自然就是个坏人。一个把别人看得特别复杂的人，自己也不简单；一个把别人看得特别单纯的人，自己也复杂不到哪里去。

察罕帖木儿就是个好人，是个单纯的人，所以他只带了一个护卫，就进了田丰的军营。结果显而易见，察罕帖木儿被杀。察罕帖木儿壮烈那天，山东风云突变，泰山一颤。远在千里之外的大都，元顺帝突然说：“东南将失一员大将，赶紧派人去通知察罕帖木儿，最近这段时间不要轻举妄动。”结果使者才进山东，就闻听察罕帖木儿已死。

这个故事告诉我们，天人是真可以感应的；还告诉我们，元顺帝这人也是个半仙；又告诉我们，元王朝的气数到此真的尽了。

1359年年初，刘伯温走出处州城，他和元王朝缘分到此为止。放眼中国大地，南中国已成为战场，北中国也是硝烟弥漫。他只有一个地方可去，那就是老家青田。

关于他走出处州城的事，有两点补充：第一，石抹宜孙认为大丈夫应能屈能伸，不能因为障碍重重就放弃心中的理想。他的意思是，让刘伯温继续留在处州，可以给他打下手。但刘伯温已对政府失望透顶，发出哀叹：“我不敢负国，但现在的确是无所用力了。”第二，刘伯温走出处州城时，不是一个人。他身后跟着一支七百人的小兵团，这是他的心血，他必须要带走。

石抹宜孙最后对他表示出极大的尊重，在为他践行的酒会上，和他说了一大堆豪言壮语。但刘伯温沉默不语，神情哀伤。就在那天晚上，刘伯温突然想起了去年牺牲的余阙。

余阙是当时安庆（今安徽安庆）的军政长官，在徐寿辉的天完兵团的蚕食下，今安徽南北只剩下安庆这一座孤城。在徐寿辉看来，余阙是他有生以来最讨厌的人之一；而在刘伯温看来，余阙是这个世界上最伟大的人物之一，性格刚直，品行高洁。

余阙和刘伯温是同学，余阙是那年进士名单上的“榜眼”，而众所周知，刘伯温的名次被余阙甩出了几条街去。余阙是唐兀人，祖居河西武威（甘肃武威）。后来老爹到庐州做官，余阙也跟着去了，于是，他后来自称籍贯是庐州。

1333年，余阙中进士，到泗州担任行政长官。由于他刚毅耿介，对贪腐官员下手极狠，因此在泗州时被百姓称为青天大老爷。他政绩突出，后被调到中央做御史。但这下他倒霉了，在地方他是老大，可在中央，他就是个芝麻。由于不懂谄媚之术，他得罪了官场大家伙，被开除公职。当时有谨小慎微的朋友看到余阙大力发挥御史的功能时，就劝他少说话，避免灾祸。余阙回答，我是不怎么聪明，但也知道得罪官场大家伙的后果，可我天生一根筋，就喜欢跟不公对着干。

如果不是余阙后来被重新起用，那些龟缩着的励志学家就会用余阙做个反面例子，说他不懂得明哲保身。

1353年，余阙担任淮西宣慰副使，守卫安庆。当时，余阙面对的对手是徐寿辉。从徐寿辉的角度来看余阙，余阙是个不可多得的行政管理人才，比如他在安庆选中了一块肥沃的土地，命士兵屯田。1355年夏天，大雨冲击屯田，余阙率众加固堤防，秋季就获得大丰收。余阙还不辞辛苦地修筑安庆城防御工事，命令士兵疏浚安庆城的护城壕沟，增高低洼的地势。在外围又环以三道深沟，引长江水注入，四周植高大的木头为栅栏，城上筑起飞楼，使安庆城更加坚不可摧。

从安庆城里那些官员的角度看余阙，余大人是个正义感强大的领导。比如广西苗军后来到安庆支援，在城中抢劫百姓，触犯法律，余阙对苗军士兵从不宽恕，严格按军法办事。

如果从刘伯温的角度来看余阙，那余阙就是一位伟人。多年以后，刘伯温为了纪念余阙牺牲而特意写了首《沁园春》，词曰：

> 生天地间，人孰不死，死节为难。羡英伟奇才，世居淮甸；少年登第，拜命金銮。面折奸贪，指挥风雨，人道先生铁肺肝。平生事，扶危济困，拯弱摧顽。

清名要继文山，使廉懦闻风胆亦寒。想孤城血战，人皆效死；阖门抗节，谁不辛酸。宝剑埋光，星芒失色，露湿旌旗也不干。如公者，黄金难铸，白璧谁完。

“黄金难铸，白璧谁完”是刘伯温对余阙最好的肯定。但在1358年他离开处州回青田老家时，他还从未想过余阙会这么早牺牲。因为一年前，余阙守卫的安庆城多次击退了徐寿辉天完兵团的进攻，安庆城在那时成为不倒的传奇。但就在1357农历十月，徐寿辉的骁将陈友谅沿江而下，先是奇袭小孤山并将其攻陷，然后直趋安庆城下，并对安庆城完成包围，不分昼夜锲而不舍地猛攻数月。次年一月，安庆城陷，余阙以死殉国。

据民间传说，余阙牺牲时，刘伯温做了个梦。他梦见天突然大开，天开处突然走出一位飘飘有神仙之姿的高大人物来，并对他说：“走，我带你去见识另外一个天。”

刘伯温这时从梦中醒来，烈日炎炎，烽火冲天。他想，另外一个天，应该就是不同于元王朝的天吧！

第六章
痛苦的抉择，弃元投明

刘伯温的政治理想

刘伯温1359年回青田时，江南已彻底乱成一锅粥。刘伯温在书桌前说："我要写本书。"刘伯温写的这本书就是享誉中国寓言史发展的一部里程碑式作品——《郁离子》。"子"是集的意思，"郁离"是文明的意思，合到一起就是：盛世文明指南集。就是说，将来有领导看了我的书，如果能读懂并且可以实践，那就可以把国家领到天堂一样的境地。其实，这是刘伯温后来策划出来的书名，他准备写书的本意并没有这么高大。他只是因为大半生的时间都在人间，见到了无数龌龊小人，这些人寡廉鲜耻、荒唐可笑、奸诈凶险、贪婪可恶，思来想去，就说："我应该把这些鸟人的事情都记下来，但不能对号入座，还是采用寓言的方式。"这和几百年后蒲松龄写《聊斋》是一样的思想。

不过，刘伯温的策划很见功底，里面虽然有很多为人处世的指南和一些看不出到底是何用意的趣味故事，但却有几篇主旨是针对领导人和国家的。我们知道，策划一本书的书名时，找准它的卖点很关键，而卖点就是书中最让人感触的内容。所以，刘伯温用了"盛世文明指南集"这样的广告语。这本书还可以看成是刘伯温对祖国混到这步田地的分析与总结，还有警告、呼吁以及扭转乾坤的建议。

在分析元王朝为什么到今天这个地步时，刘伯温用了老虎和麋鹿的故事。一只饱食终日无所事事的老虎看到一只麋鹿，拼命追击。麋鹿回头对老虎说：

“你这畜生，昨天刚咬掉我一块肉，今天又来。”老虎说：“别废话，我今天还要吃了你全身的肉。”麋鹿一路奔逃，到一山崖边，看到老虎信心百倍地冲了过来，麋鹿一个猛子扎下山崖。老虎的眼里只有麋鹿，没有悬崖，所以也一个猛子扎了下去。结果，麋鹿没有活成，老虎也跟着跳下去死了。

老虎就是元王朝的领导阶层，或者说是官僚阶层。众所周知，元王朝实行民族歧视政策，在民族歧视政策之外，当然就是元王朝的独裁政体，这种政体下必然产生贪污腐化，贪污腐化如影随形地跟着独裁政体。因为任何官员都知道，权力不是来自人民，而是来自上级，只要把上级伺候好，就可以高枕无忧。至于那些百姓，元王朝独裁者的走狗们早就给出了定位，就是那只麋鹿，官方术语称为“羊”。略清明点的时候，放牧人为了让羊多出奶、多出毛，为了涮火锅时的羊肉更鲜美，所以对百姓还算客气，但一旦放羊人浑噩，羊就倒霉了。

元王朝的老百姓是宇宙中最悲惨也最顽强的人，他们与权力阶层的贫富差距有天壤之别，这没有关系，权力阶层把他们当草芥，这也没有关系。直到某一天他们忽然认为现存制度对他们百害无一利时，他们才虚弱地拿起武器，但绝望时产生的力量是雷霆万钧的。

回到刘伯温的课堂上来，刘伯温指出，麋鹿跳下悬崖，是迫不得已：前有悬崖，后有猛虎，无论进、退，都是一个死。如果后退，那是必死无疑；跳下去，当然是九死一生，但万一绝处逢生，也比等着被老虎吃掉强。而老虎是个蠢货，它的前进和后退是掌握在自己手里的，但它却跟着麋鹿跳了下去。

最后，刘伯温点明主题：如果统治者逼民太甚，老百姓就会革命，与统治者同归于尽。正如当年革命祖师爷陈胜说的那样，革命是死，不革命也是死，但革命的话，如果运气好还可能生存下来。

鲁迅说，没有女人未结婚之前会有妻子的天性，妻性都是逼成的。老子也说，当百姓的神经被统治者压迫得痛不欲生时，就会极端地走向反面，不会害怕统治者的威力，进而发生不祥的事情。所以，人民幸福指数直线下降之时，就是革命指数飙升之日。

“因为民众最终是能醒悟的，”刘伯温说，“这是有事实为证的。”请看下面这个故事：多年以前，在楚国有个以养猕猴为生的人，楚国人称他为“猴公”。每天早上，他都会在庭院中给猕猴分派工作，让老猴率领其他猴到山里去，摘取植物的果实，取十分之一的果实来供养自己。有的猴不给，猴公就用鞭子狠揍它们。老猴们都认为这种生活很苦，却不敢违背，因为它们认为这是命中注定的。

有一天，有只比较伶俐的小猴问众多老猴说：“山上的果子是猴公种的树结出的吗？”老猴们说：“胡说，果实是天生的。”小猴又问：“没有猴公的同意我们就不能去采吗？”老猴们说：“这怎么可能，就是没有他的吩咐，我们也能去采摘。”小猴又问：“既然这样，那么我们为什么听从他还要被他差使呢？”老猴们一拍脑袋，说：“呜哩哇啦，我们怎么没有想到呢？”

就在那天晚上，猴子们等猴公熟睡以后，打破栅栏毁坏仓房，拿走猴公存放的粮食，相互拉着手，蹦跳着进入森林，不再回来。猴公的结局是：因为没有猴子供应他食物，只好活活饿死了。

刘伯温在故事的最后点评说：“世上那种凭借权术奴役人民却不依正道来规范事物的人，不像猴公吗？只因人民昏昧尚未觉醒，才能让他得逞，一旦有人开启民智，那他的权术就穷尽了。”

猴公肯定不知道这样的大道理，因为他马上就要饿死了。估计他饿死之前，肯定会对那些猴子们深恶痛绝，认为平时的惩罚不够！

什么是正道的权术？也就是说，治理国家的人应该遵从什么原则呢？刘伯温有着极为精深的论述。

他说：“治理国家的人就像医生，经过把脉才能了解症候，明确了症候才能开出处方。医生要针对病人的病因来开处方，开得正确，病人的病就能治愈，开得不当病人有可能死去。因此，一个知道症候、脉息但却不会开处方的人就不是个好医生，即使是今天，一些中医都能用自己的知识知晓病人的症候，但医生之间的高下之别就在于，有的医生能拿出好方子，而有的医生明知道病人是什么病，却拿不出好方子。”

刘伯温说：“不懂症候，又不懂脉息，靠道听途说来开药方，却对人说我会治病，这样的人就是危害百姓的盗贼。同样道理，对于一个国家来说，安宁和动乱是症候，制度和管理是脉息，道德和法律是处方与治疗方法，人才则是药材。只要处方开得符合于症候，用药就不会出错，天下的病得不到治愈的事就少了。”

当然，刘伯温也不忘提醒治国者，“德”才是治理国家的唯一手段，“力”虽然暂时奏效，但长久下去，必然会失去效力。

我们都知道，元王朝的统治是“力”的，不是“德”的。甚至偏激一点而言，元王朝从建国开始，就是把人民当成奴隶的，而它自己就是奴隶总管。元王朝是个只重视军事却不重视农业的王朝。刘伯温对这样浅薄的认识，哭笑不得。他用下面这个寓言来说明：

有个叫瓠里子的人到了艾地，对那里的大夫说："往日国君的左服马[1]病倒了，人们说用了活马的血喝了就可以治好。国君就派人要杀我的骖马，我拒斥，没有给。"大夫说："用杀马来救马，这不合乎人情啊。"瓠里子说："是啊，这真让我疑惑不解。但我现在已经了解国君的心了，我就说给你听听吧。执掌国政的人须依靠农耕和兵战，农夫和兵士哪个不是国君的百姓呢？兵力不足，那么农夫就没有安全保障；农耕不足，那么士兵就没有粮食吃了。士兵和农夫相比就像脚和手一样，不可缺少一个。如今国君的士兵对农夫施暴行，而国君却不禁止，农夫和士兵发生诉讼案件，而农夫必定失败，耕田的人困窘了，这是只见手而不见脚啊。现在国君的圉人，只见国君不可没有左服马，却不见我不可没有骖马。从前有个富豪的原配夫人喜欢舞蹈，于是当地的人们都拔了那里的桑树植上了柳树，我内心担忧，生怕国君也会这样去做。"

刘伯温的意思是，治国之道在于均衡，而元王朝远没有做到这一点，他当初想把江南开发成草场就是例证。一个在农业国家立足的人却不重视农业，这真是滑天下之大稽。

现在，我们可以根据《郁离子》来谈一下刘伯温的政治思想。

儒家认为，老天生养了万民，所以要树立一个君王来统治万民。但刘伯温解释说，老天生养的那群民，不懂得自治，所以就要立个君王。这个君王的主要工作就是抑制顽恶而扶助弱善。但是，有时候老天会抽风，突然让一个疯子坐在君王的位置上，比如桀纣。这就需要有圣贤出来，把他赶下去，比如商汤赶走了夏桀，周武王赶走了商纣。但是，像商汤、周武王这样的人，并非是良医，而是名捕。天下其实就是个监狱，这里有好多坏人，也有好多恶行。圣贤身处此地，不能学良医一心救人，而要学捕快，一心要捉奸惩恶，只要把奸恶祛除，天下就太平了。

中国古代政治思想中有一个特别吊诡的论点，那就是天人感应。古代知识分子对帝王说，小心别做坏事，否则老天会惩罚。不仅仅是老天对帝王有感应，对普通人也是如此。谁要是做了坏事，就会被雷劈。比如《易经》中就说，有个农夫在田里耕地，被雷劈死，这是做了缺德事得罪了老天，老天惩罚了他。刘伯温评论道，这是胡说八道。老天生民，立了君王，又立了很多父母官，这些人手中都有权力，他们就能惩罚做坏事的人，何以要老天出手？老天

1　驾车之马中，在中间驾车辕的两马称为服马，在两旁的称为骖马。——编者注

如果真要这样做，那不是狗拿耗子吗？

如上所述，刘伯温的政治思想中最有价值的有两个，一个就是民本思想。刘伯温认为，政治的唯一目的就是立君以养民，而养民之要务就是“聚欲去其恶”，如果损害民而供奉君主，那作为君主的，必定要失败。

唐朝魏徵给老板唐太宗说过，人民就好比是水，统治者就好比是船，水可以载着船走，但水要是发了脾气，船就可能吃不了兜着走，这就是“水可载舟，亦可覆舟”的道理，因此历代的统治者都讲究保民、安民、养民。元朝却完全违背了这个观点，横征暴敛，想霸占妇女就霸占妇女，想抢粮食就抢粮食。

刘伯温说，灵丘那个地方有位老人非常善于养蜂，蜂蜜和蜂蜡常常丰收，不久他就成了巨富。老人死了后，他的儿子继承了他的养蜂事业，不满一个月，蜜蜂就一窝一窝飞走了，可是他并没有因为这种现象感到忧虑不安。过了一年多，逃走的蜜蜂将近一半，又过了一年多，剩余的蜜蜂全飞走了，他的家自此开始败落下来。陶朱公问原因，他邻居的老翁说：“从前灵丘老人饲养蜜蜂时，园内有房舍，房舍里有人看守。挖空树木来作为蜜蜂的居处，不透风，不漏雨。安置蜂房时，很有秩序。现在他的儿子就不是这样了，蜂园中的芦舍不修补，肮脏了也不清理，干燥或潮湿不加以调节，蜂房的开闭不按时节，蜜蜂的居处危殆不安，进出蜂房有所阻碍，因此蜜蜂也就不喜欢它们所居住的地方了。”陶朱公听后发感叹说：“唉！弟子们要记住这个教训啊，治理国家、统治人民的人，应该以此为戒。”

刘伯温总结说，天下百姓犹如一盘细沙，谁能把他们团聚起来，谁就能获取天下，而聚合细沙最好的黏合剂就是关心他们的痛痒，满足他们的合理需求。这就是今天我们所说的关注民生。

另外一个就是不讲华夷之辨。刘伯温没有华夷大防的观念，他虽然认为，百姓觉醒后肯定要革命，但从来没有提倡要驱逐蒙元、恢复中华。刘伯温虽然屡屡痛恨蒙古政府的腐败，但只是痛恨这个政府是无道的政府，而从来没有针对它是异族的政府这一点。这种思想，让他成为真正的先知，领先了许多政治家几百年。

元王朝何以走到今天

民众之所以会觉醒，都是因为元王朝的残酷统治。但民众觉醒后，元王朝本还有挽救余地的，可惜，因为元王朝的一系列失误，导致它最终走到了土崩瓦解、束手待毙的境地。

刘伯温在青田，就为元王朝何以走到今天这个地步而作了总结。

首先就是内讧。元王朝前期就内讧不断，但因为没有外力的介入，所以只是他们自己家关起门来打架。他们关门打架的时候，就专心致志地打，因为门外没有趁火打劫的人，打完后，再开门，仍然是绝对安全。但后来，遍地烽火，他们还是互相咬，结果就完全不一样了。最大的一场内讧发生于刘伯温在青田写《郁离子》的第二年（1360年）。本年，不知谁出的馊主意，要元顺帝调北方军区司令阿鲁辉帖木儿南下平叛。之所以说这是个馊主意，是因为阿鲁辉帖木儿一向野心勃勃，而且还是状元，打心眼儿里瞧不起元顺帝，但多年以来，他都没有机会进大都，就一直在隐忍。在得到去南方的命令后，阿鲁辉帖木儿心花怒放，立即以皇帝的名义招兵买马，当他确认自己有实力后，就给元顺帝写了一封使其目瞪口呆的信："祖宗把天下交付给你，瞧你现在搞的，一锅粥。你把国玺交给我吧，我让你看看怎么做皇帝。"

元顺帝一向脾气都很好，可看到这封信后，气得如炮仗一样爆了起来。因为人人有理由造反，可就是你阿鲁辉帖木儿没有理由。阿鲁辉帖木儿你不仅是皇族，还是状元，也就是说，你是蒙古族的骄傲，想不到连你都造反，这真是太没有天理了。

国防部部长秃坚帖木儿强烈要求亲自出马讨伐要国玺的这位王爷，元顺帝表示最大的支持，给钱给兵给粮。但秃坚帖木儿是个正义感远高于能力的人，很快就被阿鲁辉帖木儿打得大败。秃坚帖木儿逃回大都，后面只跟了个伙夫。1361年，元顺帝怒气难消，从各地抽调十万人分两路讨伐阿鲁辉帖木儿，这一次，十万大军势如破竹，成功地将阿鲁辉帖木儿活捉，送到大都处决。

元顺帝为这场胜利兴奋了好久，认为他的大元王朝已恢复活力，蒙古人的太阳正重新从地平线上升起。但现实很快就给了他一嘴巴，把他打醒了。

众所周知，元王朝在北中国平叛红巾军的主力有两支，一支是孛罗帖木儿兵团，一支是察罕帖木儿兵团。孛罗帖木儿出身将军世家，所以没有察罕帖木儿那样传奇的崛起，但他是个出色的军事家，在镇压红巾军的军事行动中，屡创奇迹，刘福通斩首行动中的东路军兵团就是被他扫平的。察罕帖木儿死后，养子王保保（扩廓帖木儿）继承了他那庞大的遗产——骁勇善战的兵团和超级强大的影响力。

一山不能容二虎，这话早就有人提醒过元顺帝。但元顺帝偶尔会迸发出政治家智慧的火花，他说："这叫平衡，不能让一人独大。"不过，懂得平衡艺术的人，如果没有强大的实力，那就根本无法控制平衡。

孛罗帖木儿和王保保几乎是同时发力，他们也想打破平衡，让自己独大。1363年，孛罗帖木儿派精锐兵团进入王保保的势力区域。这是一次试探性的攻击，但王保保毫不客气，集结重兵对孛罗帖木儿兵团进行了一次灭绝性打击。孛罗帖木儿见王保保不是好捏的柿子，就从老巢大同亲自领兵南下，这一次不是试探性攻击，而是真打，所以他的兵团很快就控制了王保保拥有的真定路境。

让孛罗帖木儿意想不到的是，王保保这次居然没有和他在战场上见面，而是跑到大都向元顺帝告状。1364年，元顺帝见平衡已被打破，而且从他那可怜的智慧库中搜寻出了王保保比孛罗帖木儿更可靠的信息后，就下旨削夺孛罗帖木儿的所有官职。其实他已没有了这样的能力，意料之中的，孛罗帖木儿抗命，王保保趁机毛遂自荐，讨伐孛罗帖木儿。

元顺帝对王保保的主动请缨深为感动，还未等王保保动手，孛罗帖木儿已联合那位出去平叛却只带了一个伙夫回来的秃坚帖木儿挥师大都，攻破居庸关，要求元顺帝交出一直蛊惑军心的宦官朴不花。据王保保说，他还没有准备好，所以不能出兵。元顺帝只好忍泪将朴不花交给孛罗帖木儿，孛罗帖木儿就在阵前将这位无辜的宦官杀掉，但还不肯撤兵。元顺帝又只好对孛罗帖木儿加官晋爵。

关于朴不花这个宦官，有一点需要补充。朴不花其实是元顺帝太子爱猷识理达腊的忠实支持者，爱猷识理达腊和他老爹是两种人，他果敢坚毅，看上去是个英明的人。元顺帝一直不处理政事，所以许多政务都交给爱猷识理达腊，这就让他身边聚集了很多人，朴不花就是其中之一。而爱猷识理达腊对孛罗帖木儿印象极不佳，曾多次密谋铲除孛罗帖木儿的计划。所以说，孛罗帖木儿阵前处决朴不花，看着是清君侧，实际是杀鸡儆猴。

孛罗帖木儿杀了朴不花，得到了他应得的东西后，就撤回老巢。元顺帝再一次邀请王保保平定孛罗帖木儿。王保保当时正被残余红巾军的游击战困扰，所以不能马上接受命令。孛罗帖木儿得知这件事后，第二次领兵攻破居庸关，爱猷识理达腊这次冲冠大怒，领兵接战。但他的兵团远逊于孛罗帖木儿兵团，所以大败。元顺帝无奈之下，再次给孛罗帖木儿加官晋爵，还让他做了天下兵马大元帅。当然，这是虚职，至少王保保兵团，他就无法管理。

1365年，王保保终于腾出手来，打出了讨伐孛罗帖木儿的大旗。孛罗帖木儿以为好运气会永远跟随他，又领着他的兵团冲向居庸关。这一次，他心里暗暗发誓，顺便攻陷大都。

但是，好运气不可能永远跟随他，况且他遇到的是王保保兵团，双方就在平原上展开残酷的冲锋和反冲锋。结果，孛罗帖木儿的人越打越少，最后，他的部下想到了一个馊主意，要他亲自去见元顺帝，说明自己的忠心，保存实力要紧。孛罗帖木儿说谎话很不在行，所以他去见元顺帝时，连他自己都不相信自己说的一番话。结局就是，元顺帝根本不相信他，趁机拿下他，处决。

元王朝最有实力的两支军队，现在只剩下王保保一支。王保保在大都做宰相才两个月，就要南下继续平叛。元王朝现在处于无相无将的境地，它能支撑多久，刘伯温早就看出来了。

但内讧还有续集。

王保保兵团内部早有矛盾，就是他和李思齐的矛盾。只是因为当时大家一致对付孛罗帖木儿，所以矛盾被逼到了墙角。现在，孛罗帖木儿归西，王保保和李思齐的矛盾立即暴露在光天化日之下。李思齐当然有充足的理由和王保保闹翻，当初他和王保保的老爹察罕帖木儿并肩战斗，大家是平等关系，可察罕帖木儿死后，王保保继承老爹的职务，就把李思齐当成了下级。李思齐知道自己的力量不足以和王保保抗衡，就联合了另一位汉人将领张良弼，手挽手和王保保作对。

双方的争斗结果是，你打我来我打你，就是不打那些革命家。王保保本来是专心要去东南平叛的，可总被自己的人掣肘，于是掉头回到中原，专心致志地“先安内再攘外”。

元王朝最后的精锐部队都消耗在内斗中，元王朝的灭亡自然就只是时间的问题了。

刘伯温说，孽摇山中有一种鸟，一个身子九个头。平时九个脑袋亲如姐妹，但一得到食物，九个脑袋就不共戴天，拼命地抢夺，直到鲜血淋淋、羽毛乱飞。有只长了一个头的鸟看到后说：“你们这群蠢头，九张嘴吃食，都是到同一个肚子里去，抢什么呢？”

人人都希望有九头鸟这样的对手，因为可以等他们争得头晕目眩时，上前踩着他们的脖子，然后吃了他们的肉。世界上最好的对手，就是那些你没有动手、他自己先乱了阵脚的对手。

这使我们想到一个成语故事，叫卞庄刺虎。卞庄是个功夫高手，有一次发现两只老虎，立即拔出宝剑，准备吃虎肉。他的跟班说：“先不要动手，你看见没有，那两只老虎正在吃牛排午餐呢，它们一定会因为肉味甘美而争斗起来。两虎相斗，大者伤，小者死。到那时候，将伤虎杀掉，可谓一举两得。”卞庄认为说得很有道理，就在一旁观看。果然如他的跟班所言，两只老虎互相斗了起来，力量小的最后被咬死，但活着的也伤痕累累，卞庄上去不费吹灰之力就干掉了那只老虎，扛着两只老虎回家了。

现在，刘伯温说，元王朝的内讧就是两虎争肉，就等着出一位卞庄式的人物来收拾他们了。其实这个寓言说的不是卞庄，而是卞庄那个跟班的。刘伯温是否认为自己就是那个跟班的呢?

传统智慧中的“主一”

什么是“主一”？用理学宗师程颐的话来说就是“主敬”，也就是专心致志，做一件事就专心地做，换作别的事也一样如此。这叫干一行钻一行，干一行爱一行。一旦爱上一个行业，你就能成为这个行业的翘楚，也就能由此找到天理了。

不过，理学的分支心学宗师王阳明却说，“主一”根本不是这么回事。他说，如果专心致志是干一行钻一行，那专心致志地好色可以吗，专心致志地追逐财富可以吗?

显然，这是反问句，答案是否定的。

王阳明总结说，这种专心致志不是专心致志，而是“逐物”。真正的主一不是专心于事物，而是专心于天理。“主一”是心中有定见，其实就是去做事中磨炼反炼内心。在良知指引下，做任何事都能专心，而这种专心反过来会验证天理。也就是说，“主一”是心役物，但“逐物”却是心随物动，就成了物役心。谁是谁非，一目了然。

王阳明在《传习录》中曾举了个佛家的例子来说明“主一”：一只小笨狗被主人耍得团团转，原因是，主人向远方扔东西，小笨狗只盯着东西，主人扔什么、扔多远，它虽然能叼回来，可累个半死。其实，小笨狗应该盯着主人，主人扔什么，都不管，主人跑，它跟着就是了。

现在看来，芸芸众生里很少有人不是那只小笨狗。

刘伯温的《郁离子》中有篇文章叫《主一不乱》，关于“主一”的看法和程颐、王阳明大相径庭。不过，刘伯温比王阳明好的一点是，他喜欢用故事来说明主旨：屠龙子和都黎下棋，后者一直输，旁边有人来帮他，也是输。旁观者们很吃惊，认为屠龙子有高深的智慧，于是纷纷跑来帮助都黎。他们信奉一点，“三个臭皮匠顶个诸葛亮”。屠龙子的随从见这么多“多嘴驴”助阵主人的对手，就劝主人说：“俗话说‘寡不敌众’，他集中了众人的智慧，我担心您赢不了。”屠龙子不为所动，照旧下棋。都黎这次输得更惨，助战者们争得面红耳赤，最后却面面相觑，脸色从红到青。屠龙子摆好棋后，没有人敢来助战了。

从上面这个小故事可以看出，刘伯温所谓的“主一”和聚精会神有关，但不大。他所谓的“主一”其实是说，人的智慧问题不是数学问题，比如一个人的智商是70，另外一个人是100，那么，两个人在一起做事的智商就是170。可能恰恰相反，两个人在一起后，智商会变成30。其实，三个臭皮匠从智商上根本顶不了一个诸葛亮。我们经常说，“集合众人的智慧”，但其实一大堆人在一起，根本就没有智慧可言，有的只是争吵。大家开始谁都不妥协，最终可能在外力压迫下妥协，但妥协的那部分肯定是智慧中最一般的。这很容易理解，有的人智慧高，但高的那块，不被别人理解，所以被放弃；有的人智慧低，低的那块更不会被人接受，所以也被放弃了。剩下来的是什么？当然是大家都能接受的那块，而那块恰好是低智商的人搞不明白、高智商的人不屑于搞的。

刘伯温讲述的下棋的故事恰好说明了这点。都黎可能和屠龙子的棋艺一样水平，但突然冒出个棋艺不怎么样的，他按他的智商来指点都黎，就把都黎的智商从高处拉了下来，所以都黎输了。后来智商不怎样的人都参与进来，谁都认为自己是最高明的，可谁都不认为对方比自己高明，所以吵来吵去，最终的结果肯定是，都黎采用了“去掉一个最高分，去掉一个最低分”的智力方式，显而易见，他必输无疑。

刘伯温最后总结说，老虎之间打架，三只老虎肯定能咬死一只老虎，因为大家都在一个水平线上；可要是一千只狐狸和一只老虎打，前者永远打不过后者，原因很简单，狐狸太多，人多嘴杂，狐狸多了就会乱。一乱，就形不成统一的正向能量，所以必输无疑。

在青田山中漫步时，刘伯温曾遇到过一只两头蛇，其中一个头要向左，一个头非要向右，结果，一天下来，这条蛇未挪动半步。

最后，刘伯温总结说，众志之多疑，不如一心之独决。

《郁离子》中的每一个故事都有所指，那么，刘伯温想通过这个下棋的故事说明什么呢？

也许他说的是大都宫廷里的事。当时的元顺帝处境极为尴尬，他身边有两股势力，一股是皇太子势力，一股则是皇后势力。元顺帝做的每一项决策——如果他还有智慧做决策——都会受到这两股势力的牵绊。

也许他说的是江浙行省做官多年的所见所闻，比如泰不华，就是因为总受到朝廷乱哄哄的杂音攻讦，所以才被方国珍杀掉的。再比如石抹宜孙，一方面要对付叛贼，一方面还要拿出更大的精力来对付各路上级的“指导方针”。一个人如果处在杂音中，就会左右为难，正如一个人有两块手表，但时间却不一样，那他就不知道正确的时间了。

从这个论点，刘伯温又引申出另外一个论点：团结的力量。

很多人都知道豺，它是一种形状如狗的野生动物，经常和狼相提并论。但和狼不同的是，它们很少单独活动，它们永远把自己置身在一个团队中，特别是在捕猎时。豺这种动物非常狡猾，几只豺遇到老虎时，疯狂逃跑。但如果几十只豺撞到老虎时，老虎可就倒霉了。在它们向老虎进攻时，分工明确，谁去引诱老虎攻击，谁去攻击老虎后面、左面、右面，心有灵犀。它们是自然界中把团队的力量发挥到极致的动物之一。

刘伯温长叹说，有些人啊，智慧不如豺。比如长平之战那四十万被坑杀的赵军降兵。

关于长平之战，有如下补充：

公元前262年，当时的世界第一强国秦国包围韩国的上党郡（今山西长治），上党郡长官冯亭将上党拱手送给了赵国，引发了秦、赵两国在长平的大战。赵国大将廉颇没有和秦军正面冲突，而是退守长平关，构筑营垒，坚守不出。秦军对廉颇的防御战法毫无办法，于是乞灵于诡计，派人到赵国的首都邯郸散播谣言说，秦国最怕的就是少壮派将领赵括，根本不怕廉颇。廉颇老了，过不了几天就会失去长平关。

赵王中计，临阵换帅，让没有实战经验的赵括到战场上接过廉颇的指挥权。赵括只好去了。他一抵达战场，就推翻了廉颇的防御战术，对秦军发动进攻。秦军统帅白起下令中央位置的部队退却，两翼向前延伸，继而迅速合围。赵括深陷包围圈中，身中数箭，殒命沙场。

战国时代最大的一场会战长平之战落下帷幕，剩余的四十万赵军令人诧异地全部缴械投降，于是，白起把他们全部坑杀。

刘伯温感叹说，四十万人居然主动举手投降，如果他们能和豺一样，团结一心，和他们的敌人秦军死磕，胜负很难预料。

然而，这毕竟是个假设。人类的团结心是最难锻炼的一种心理。因为人人都有一颗心，千人千心，管束肉体容易，约束别人的心最难。

刘伯温说团结的问题，其实直指的是元王朝那些莫名其妙的内讧，在刘伯温看来，那些内讧虽然没直接毁灭元王朝，但却为别人毁灭元王朝推波助澜。

现在，在刘伯温的眼中看元王朝，元王朝就是这样的：

郁离子到集市上去，看见一处倒塌的住所便哭起来，而且哭得十分悲伤。

有人问他说："这所房子还可修补好吗？"

郁离子回答说："如果有古代鲁般（鲁班）、王尔那样的能工巧匠，可以修好这座房子，但是现在没有这样的工匠了，我们能和谁商量着修这处房子呢？我听说如果房子倒塌了，但是房子的正梁没有变曲的可以修好，现在这所房子所有的梁都朽烂折断了，用手一动就会倒下来，已经不能碰了。不如暂且让它保持老样子，那么一些还没有朽烂的椽子还有个依托的地方，等待着像鲁般、王尔这样的能工巧匠来收拾。如果现在动一下就会彻底毁了这所房子，那将会把房子修不好的责任推给修房子的人，这是一般工匠负不起的重任。何况，修理房子一定要换新材料，剔除那些被虫腐蚀的糟木，外表完好而中间溃烂的也要全部清除掉。不能把只可做椽子的木料当作堂屋前的柱子用，也不应把可以做柱子的木材做成椽子。选取材料的时候，只有一个标准，那就是质地优良，而不管它出产自什么地方。枫木、楠木、松木、楮木、柞木、檀木，没有一种木材不在选用的范围之内。大的木料可做栋梁，小的木料做木条和斗栱，长得弯曲的木料做柱子上的横木，生得直的木料做堂前的柱子，长的木料做椽子，短的木料做梁上的短木，只要不是中空的木料和湿料，就没有不能用的木材。现在天下的大树已经用完了，建房的圆规方矩大小都不固定，工匠失去标准，斧锯刀凿都不知道按什么标准使用，桂木、樟木、楠木、栌木都被砍伐成烧火用的木柴。因此，即使有鲁般、王尔这样的能工巧匠也不能施展他们的才干，何况没有这样的能工巧匠，我怎么不悲痛伤心呢？"

一切都是偶然

在关于人生的问题上，刘伯温主张偶然论。也就是说，我们所遇到的一切事其实都是偶然因素所决定的。为了验证自己这一思想，刘伯温用了“鲁酒薄而邯郸围”这个故事。

这个故事有两个版本，不过都很有意思。先来看第一个版本：

春秋时期，霸主楚宣王召见诸侯，鲁恭公进献的酒太淡薄，宣王非常生气。鲁恭公听说楚宣王借酒的事情发飙，也火了，一甩手便带着人马回国了。

楚宣王更加愤怒，于是，跟齐国打声招呼，两国军队立刻压到了鲁国的边境上。

这时候的魏国很高兴，它已经觊觎赵国很久了，只是一直碍于楚国的压力，不敢贸然动手。眼看楚国现在无暇西顾，魏国果断出兵，攻打赵国，没过几天，便把赵国的都城邯郸包围了起来。

这个故事还有另一个版本：

还是宣王盟会诸侯，赵国和鲁国都向宣王献酒，但两个国家酿酒的标准估计不太一样，赵国酿酒的度数相对要高一些，而鲁国的酒比较淡薄。

主管进献饮食的官员被赵人进献的酒吸引住了，便向赵国索贿，让赵国人再送些酒过来。赵人却不理不睬，主管宣王饮食的官员气急败坏，于是，他把两个国家的酒调换了一下。这样，鲁酒薄就成了赵酒薄。当然，结果一样，赵酒没味道，宣王很生气，后果很严重。宣王没给赵国申辩的机会，召唤一声，就带兵围了赵国都城邯郸。

刘伯温说，我们生活的这个世界充满了危机，巨大的悲剧往往会因一件偶然的小事而产生，要躲避灾祸，不是不可能，但实在太艰难。跑进深山老林里是一个办法，可是，从人类出现以来，有几个人成功地跑进深山老林里躲避灾祸呢？况且，人生在世，价值的体现是在社会中，而不是在大自然。

有一种说法认为，我们现在每天早上吃什么、在卫生间待多久，都在宇宙大爆炸那一瞬间注定了。这就是宿命论，和刘伯温的偶然论有着本质区别。但其实仔细回味，偶然论就是宿命论，对一些无论如何都躲不开的偶然事件，你难道真的敢硬着头皮承认它是偶然才发生的？

中国人一向讲究“命中注定”，即使是理性的西方人也有这样的论述，比如拉罗什福科就说："我们的各种行动布满了幸或不幸，人们对这些行动的大量褒贬就来自这些幸或不幸。"实际上，人不可能主宰自己的命运，人无论多么小心谨慎，都会有突然而来的灾祸。就如上面故事中倒霉的赵国一样，鲁国的酒度数低，使得赵国的都城邯郸被围。你说，赵国找谁说理去？

或许正是因为对命运的难以把握，所以刘伯温在《郁离子》中说："盛衰无常，自然就世态炎凉。"所以大家千万不要因为自己落难时受到势利眼的攻击而难过，因为这是人之常情。

刘伯温曾在一首诗中举了"廉颇门客"的例子，说明了盛衰无常下的人情冷暖。

前面说过，秦赵相争时，赵王中计，临阵用赵括换下廉颇。廉颇被退休后回到家，从前那些天天围着廉颇转的门客马仔们见主子失了势，便一个个都卷了铺盖走人。廉颇好不郁闷，但世态炎凉、人情冷暖本就如此，就算廉颇想发发牢骚，也没辙呀。

不久，赵括在长平前线中了秦军的圈套，全军覆没。四十万赵军士兵被坑杀，只剩了几个人跑回都城邯郸来报告消息。赵国上下一片悲伤和惊慌，赵王赶紧来找廉颇，把赵国的命运又重新交到这位老将手里。

廉颇重新做上了赵国国防军总司令，之前离开的那些门客，又三三两两地回来了。廉颇厌恶这群势利小人的嘴脸，就对他们说："我老头子这么大年纪了，今天终于得出一个结论，从今往后，我就是养狗也不会养你们。你们从哪里来的，就回哪里去吧！"

廉颇本以为自己这么一骂，那些门客们都会羞愧而走，想不到，门客们居然大言不惭，面不改色地批评起廉颇来。他们说："您是从尧舜时代穿越来的吗？天下之人都是按市场交易的方法进行结交的。您有权势，我们就跟随着您；您没有权势了，我们就离开，这是小孩子都明白的道理。您看您现在，怨气满胸，头顶像是要着火一样。您的见解怎么这么落后啊？"

门客的这段话可能也是刘伯温要说的话，他只是想告诉那些失势的人，不要在乎别人的看法。因为如果你站在对方的角度来考虑一下，就会发现廉颇的门客都是彻头彻尾的哲学家。

既然盛衰无常，世态炎凉，我们该如何对待变幻莫测的命运呢？

刘伯温说，在好运的时候享受它，在厄运的时候忍受它，除非极端必要，不作大的改变。《郁离子》中有这样一个寓言，说的是有只老鹰受了魔法突然变成了一只山鸡，它在林中飞翔时，遇到一群鸟在叽叽喳喳很烦，所以它就如从前一样，发出老鹰的叫声，那些鸟都吓得躲了起来。但有几只胆大的鸟探出头来，竟然发现只是只山鸡在叫，于是就跑出来向它攻击。化成山鸡的老鹰本想大展神威，但它的爪子已不是鹰的爪子，所以很快落荒而逃。

刘伯温总结说，做老鹰时当然要傲视群鸟，可你成了山鸡后就不要耍从前的威风了，要懂得忍耐，如果不能忍耐，必将自取其辱。

刘伯温眼中的元顺帝

中国历史上关于皇帝出身有三大疑案：第一疑案是嬴政（秦始皇）到底是吕不韦的儿子还是嬴楚（秦庄襄王）的儿子；第二疑案是司马睿（晋元帝）到底是琅琊王司马觐的儿子还是晋朝大将军牛金的儿子；第三疑案就是孛儿只斤·妥懽帖睦尔（元顺帝）到底是姓孛儿只斤还是姓赵。

据说，南宋第七位皇帝赵㬎（宋恭帝）被忽必烈俘虏后，受封为瀛国公。后来，忽必烈以蒙古公主嫁之，生一男孩。和世㻋路过其家，见这个男孩很伶俐，就收为义子，这个小孩就是妥懽帖睦尔。

评价元顺帝是个棘手的问题，因为从不同人的角度来看他，会得到不同的结论。

比如从科学家的角度来看元顺帝，元顺帝就是个非常优秀的人。元顺帝亲自设计的计时器“宫漏”，高六七尺，内有一玉女，左右列二金甲神人，能按时而鸣。他设计并建造的龙舟，长120尺，高20尺，上有帘棚、穿廊、暖阁、楼阁、殿宇等。龙舟行进时，龙的脑袋、眼睛、嘴巴、爪尾都能动起来，和活的一样。元顺帝还精通建筑艺术，曾亲自设计过宫殿的建筑图和模型，被人称为鲁班天子。

从灵异专家的角度来看元顺帝，元顺帝也是个合格的大仙，同时能从天象变化中得出人事的变迁。察罕帖木儿死之前，元顺帝就推算出东南将失去一员大将，结果真如他所预料的那样。

但从道德家的角度看出去，元顺帝身上的光环就没有那么亮了。元顺帝这人爱好淫乐，曾把一些番僧请到卧室中，指点他房中术，而且他本人对房中运气术不厌其烦。从番僧的眼中看去，元顺帝和他们一起在一个灯光暧昧的房间里，四面伴奏的是“天魔舞”——由十六个如花似玉的宫女，全裸着，头带佛冠，在小小的密室中，俯仰为舞，或行瑜伽之术。

他们先让他吃下壮阳药，然后开始和无数美女性交，一直到天亮。鸡鸣时，元顺帝哈欠连天，用蒙古文题了一块金字匾额“济济斋乌格依”，就是汉文中“事事无碍”的意思。他命左右把它挂在密室门上，表示这是高度愉快的“事事无碍室”。

从气象专家的角度来看元顺帝，元顺帝是个倒霉的皇帝。他登基不久，邓州就下大暴雨，三月不绝，导致白河泛滥，灾民无数。后来，又是黄州闹蝗灾，再后来就是黄河大决口。宰相脱脱治理黄河，导致刘福通起事。

也正是由于这些大灾害，才有了乱民风起。其中最早的、气候比较大的主要有四起：朱光卿在广东革命，棒胡在河南革命，李志甫在福建革命，周子旺在江西革命。再后来就是方国珍、刘福通、徐寿辉、张士诚等人的革命，渐渐地掏空了元王朝。

如果从刘伯温的眼中看元顺帝，元顺帝就是这样一个皇帝：

> 君不见陈家天子春茫茫，后庭玉树凝冷光。楼船江上走龙阵，宫中只报平安信。酒波滟滟蒸粉香，暖翠烘烟妒娇鬟。无愁老夫貂鼠裘，降旗摇动台城秋。生绡束缚槛车去，始信人间果有愁。

这首诗的名字叫《无愁果有愁曲》，说的是南朝陈的末代皇帝陈叔宝。陈叔宝自号“无忧天子”，每天以处理政事为不祥、以玩乐为大吉祥的一位酒肉皇帝。他的宫廷里几乎天天都要开诗歌音乐晚会。每次晚会，十几个被赠与荣誉职务的姑娘，以及陈后主的所有老婆，都得出来陪客。大家疯狂地喝酒，等灵感一来，就作诗，然后评选出当晚的“最佳诗歌”。而且马上让在场的著名作曲家谱上曲，皇家合唱团接着进行试唱，由陈后主的老婆张丽华女士领唱。大家都认为，陈后主是位无忧天子。

588年，北方新兴的隋朝五十一万大军兵临长江。陈朝守军听说隋军就要打过来了，都很紧张，急忙上报给朝廷。当时，恰好一股隋军乘船从长江上游而下进攻建康（今江苏南京），在途中遇到了点困难。一听这个消息，陈后主就底气十足地对身边的大臣说：“这帮人就是自己吓唬自己，隋军这不遇到困难了吗？我早就说过，建康这个地方是王气所在，你看以前北朝的军队来过多少次，哪次不是大败而归？”

一个马屁精说：“长江天堑，自古以来就是一道难以逾越的屏障。他们以为隋军能飞过来吗？这完全就是将军们为了贪功谎报军情嘛！”于是，陈叔宝恢复享乐，继续饮酒作诗，继续歌舞升平。

不过，“王气”也长了一对势利眼，当它发现陈后主丝毫不能打起精神时，就“投靠”了隋朝。公元589年，隋军成功突破陈军的长江封锁，一举攻下南京城，将陈后主活捉，陈朝灭亡。

刘伯温用这个典故其实就是在评价元顺帝是个和陈叔宝一样的人物，浑然不觉即将到来的危机，即使知道，也不想去勇敢面对。

据说，元顺帝在得知东南大乱后，对身边的番僧说：“这些人真是不自量力，他们就不会拿来历史书读一读吗？当年南宋几十万正规军都被我们消灭了，他们这群乌合之众能起什么风浪？”

番僧说：“您的见识是我们望尘莫及的。”

元顺帝后来又说：“东南一小群强盗，没什么大不了的。以后东南方面的事情不要来烦我，谁敢来报告东南战事，我就宰了他。”

刘伯温说，这就是掩耳盗铃。不过，这招的确很有效，后来，元顺帝听到的都是这样一些消息：东南那些小强盗们就快被捉了。

从史学家的角度来看元顺帝，其实有可圈可点的地方，特别是他初政时，做了很多政治上开明的举措。最值得称道的就是恢复了被权臣伯颜废除的科举制，还平反了诸多冤狱，开马禁、为农民减负，放宽政策。这些都值得肯定，但问题是，元顺帝是个半截皇帝，到后来就沉迷在他的事事无碍室中了。

从这一点来看，元顺帝又被“无忧天子”附体，为他的灭亡加了双保险。

元顺帝的“无忧”其实已到了“没心没肺”的境界，他的老爹元明宗被刺，他上台后，不但不想着为老爹报仇，反而还把老爹的牌位迁出了太庙。刘伯温特意写了首《走马引》来讽刺元顺帝这一至高境界：

> 天冥冥，云蒙蒙，当天白日中贯虹。
> 壮士拔剑出门去，手提仇头掷草中。
> 掷草中，血漉漉，追兵夜至深谷伏。
> 精诚感天天心哀，太一乃遣天马从天来，挥霍雷电扬风埃。
> 壮士呼，天马驰，横行白昼，吏不敢窥。
> 戴天之耻，自古有必报，天地亦与相扶持。
> 夫差徒能不忘而报越，栖于会稽又纵之。
> 始知壮士独无愧，鲁庄嵇绍何以为人为！

我们能从这首诗歌中看出，刘伯温塑造了一个把敌人的头颅扔到草丛中喂狗的复仇侠客的形象，其实也就是在讥讽元顺帝不复仇的猥琐与卑陋。

现在，我们依稀能看到一个没心没肺的元王朝最高领导人的形象。从他的眼中看出去，世界一片和平，鸽子在空中飞舞，蒙汉百姓们手托着橄榄枝唱着和平之歌。但绕过他的眼睛，向他的后面看去就会发现，整个中国已沉浸在血泊之中，没有一处太平无事，元王朝的大厦在风雨飘摇中摇摇欲坠。站在太空中，你会发现，这座大厦正在受万有引力的作用，准备从高处坍塌下来。

而给它引力的正是那个奇丑无比的朱元璋。

第七章
朱元璋三请刘伯温

谁是朱元璋

刘伯温1359年回老家写《郁离子》时，他的老家还未遭战火，人人都过着“日出而作，日落而息”的平稳快乐日子，如果非要在青田县找出一个不快乐的人，那这个人肯定就是刘伯温。

刘伯温不快乐的原因很简单，壮志难酬，国家不保。但还有个很重要的原因，由于多年以来的不得志，他的志向已被消磨殆尽。一个人心中没有光芒，就如身在漆黑的旷野中，前不着村后不着店，那种迷茫空虚的感觉是一种旷日持久的心灵虚脱。没有任何理想，每天早上睁开眼睛后都不知道下一步要做什么。就是他在专心撰写《郁离子》时，那种不能自已的内心苦楚也如蟒蛇般，把他缠得越来越紧。每当他愣神时，他的弟弟刘陛就会摸到他耳边，突然大吼一声，把他从空虚烦躁的苦海中拯救出来。但很快，刘伯温又不由自主地沉浸到心灵的苦海中了。在1359年，他唯一的寄托恐怕只有两件事，或者说，只有两件事才能让他提起一丁点兴趣来：第一件事是《郁离子》，第二件事则是他的几百人武装。

他对这支武装偶尔会很用心，因为他的老乡们会偶尔看到他在练兵，不过这种情况很少见。所以，这支武装在很长一段时间里过的不是军旅岁月，而是农夫生活。刘伯温家并不富裕，即便是他弟弟也要亲自下地劳作，让这样的家庭养活一支小军队，实在是太为难了。所以，这支军队的士兵们就在青田担起了短工的职责，目的当然很直接：先不要被饿死，然后……其实，就没有然后了。他们和刘伯温一样，也没有目标，更没有理想，走一步算一步，活一天是一天。

乱世时，如果真能有一支忠心耿耿的军队，那就是发家致富的本钱。但刘伯温对这个本钱视而不见，有一位从处州来的朋友看他如枯木死灰般的活着，就指点他说："以您这横溢的才华，又有这样一支像样的武装，完全可以走出青田，大展拳脚。恐怕到那时，方国珍那斯都要让你三分呢！"

刘伯温瞥了朋友一眼，极端严肃地说："我平生最恨的就是方国珍、张士诚、徐寿辉这些混账，你让我效仿他们，和让我去死有什么分别？"

朋友轻忽地一笑，说："你呀，消息太闭塞。现在的南中国，方国珍、张士诚、徐寿辉固然名声在外，但还有个后起之秀，极为耀眼。"

刘伯温对这个后起之秀没有兴趣，但正如百无聊赖的人想要找点谈资一样，就随口问道："谁？"

朋友回答："朱元璋。"

刘伯温懒懒地又问："朱元璋是谁？"

朋友回答："刘福通手下的一位元帅，如今正在应天（今江苏南京）自称吴国公，运筹帷幄呢。"

刘伯温"哦"了一声。

朋友说："这个人非比寻常，从各处得来的消息说，他和其他叛乱者截然不同，每攻下一城，都先进行安抚政策，从不滥杀。他的部队军纪严明，手下谋略之士车载斗量，将来前途不可限量。"

刘伯温又"哦"了一声，忽然就问："这个朱元璋是怎么冒出来的？"

刘伯温不知道朱元璋，并不是刘伯温消息闭塞。在他离开处州回老家之前，南中国的革命家们已全部登场。他之所以不知道朱元璋，是因为朱元璋的发迹速度太快，甚至跑在了光阴的前面。

刘伯温在石门洞偶得天书的1328年，朱元璋降生于濠州钟离（今安徽凤阳）孤庄村。他睁开眼的刹那，便看到几个脑袋正在端详他。三个极为年轻的男孩的脑袋，那是他三个哥哥；两张清秀幼稚的脸，那是他两个姐姐；还有一张满是皱纹的脸，沧桑凄苦，正对着他唉声叹气。这就是他的三个哥哥和两个姐姐，还有他老爹。

此时，他还不叫朱元璋，而是叫朱重八。关于朱重八和前面我们提到过的张士诚的原名张九四，有一点需要补充：

如果你穿越回元朝，找个乡间问大家的名字，你会发现你来到了数字的天堂，因为大家的名字都是数字。这是因为元朝有制度：庶人无职者不许取名，而以行第及父母年龄合计为名。也就是说，普通老百姓不许取正式名字，他们的名字是按排行或者父母的年龄编个号。举个例子来说明：丈夫二十四岁，老婆二十二岁，合为四十六岁，生的孩子就叫四六；如果丈夫六十四岁，老婆二十四岁，合为八十八岁，生的孩子就应该叫八八，但这样叫起来奇怪，所以就改成“重八”。

从这个制度上，我们可以推断出，张士诚的老爹老妈未必晚婚，但绝对算得上是晚育。

回到朱元璋他老爹那声哀叹上来，他老爹之所以哀叹，可能有两个原因：一是，他家太穷了，现在又多了一张嘴；二是，朱元璋这孩子长得太丑。

刘伯温曾在梦中见过朱元璋，但那是成年后的朱元璋。小时候的朱元璋其实就已经具备了丑陋无比的相貌潜质。

朱元璋的脸漆黑，下巴比上颚长出一寸多，颧骨出其不意的高，鼻子像经过精心栽培过的大蒜一样饱满，耳朵大而肥，眉毛粗黑，眼睛奇大，眼珠凸出，像是要夺眶而出。在黄昏时分，如果猛地和他打一个照面，肯定会吓出一身冷汗。

但丑陋并不影响他的交友。据说，朱元璋经常和一大群孩子玩“皇帝大臣”的游戏，他充当皇帝，要那些“大臣”跪拜他。当他成为皇帝后，有些知识分子就针对这件事说，朱元璋从小就有宏图大志，做皇帝是命中注定的。其实，这是事后诸葛式的扯淡。每个人小时候都有自命不凡的一面，大多数人也都玩过“皇帝大臣”的游戏，总不至于，所有玩过的人都有宏图大志、都能成为皇帝吧。

实际上，朱元璋小时候是最没有宏图大志的人，这倒不是因为他不想有，而是生存问题。当一个人的生存问题冲到人生第一线时，唯一的理想就是活下去，活一天就高兴一天。朱元璋一家在当地是典型的穷苦农民，靠给地主打工维持基本生活。朱元璋能跑能跳后，就给地主家放羊，所得的薪水连他自己的吃喝都不够，他当时的宏图大志可能就是：如果一年能啃上一块骨头就好啦。

不过，这种宏图大志并不是没有实现过。他在给地主家放羊时，每次看吃草的羊都会产生幻觉，他觉得那是一群游动的烤全羊。终于有一天，他无法遏制这种幻觉，宰了一只羊，和他的那些“大臣”们吃个精光，几乎连骨头都没有剩下。但朱元璋咀嚼着最后一根羊骨时，一个还算清醒的伙伴突然大哭起来，他认定朱元璋难收残局，必定会被地主打死。但朱元璋那要夺眶而出的眼珠转了几圈，就有了主意。他把割下来还未来得及烧烤的羊尾巴插进石头缝里，回去对地主说，羊钻进了石头里，他无论如何都拉不出来，只剩了尾巴在外面。地主虽然不相信这样的鬼话，但也不会想到这个小孩会把羊吃了，于是暴揍他一顿，放他回了家。

这件事告诉了我们这样一个信息：朱元璋从小就具备狡狯的性格，这种与生俱来的性格在他后来的发迹路上帮了他很大的忙。

极不容易，朱元璋强活到了十七岁，但就在这一年（1344年），他家遭到了灭顶之灾。早在去年，淮河流域就遭遇了百年难遇的旱灾。旱灾之后必然是蝗灾，紧逼而来的一定是瘟疫。先是朱元璋的二嫂、三嫂在旱灾未完时死掉了，然后是大姐满门饿死，紧接着是他二姐也死于饥饿。他三哥早就被卖给了别人做儿子，出外逃荒不知生死。

而朱元璋自出生以来最大的灾难和痛苦也接连来到，先是老爹死于瘟疫，然后是大哥，接着就是老娘。一家子只剩下他和二哥朱重六。两个人号啕大哭，因为连给老爹老娘买棺材的钱都没有。尸体停放在家多日，已经发臭，兄弟俩只好用一些破烂衣服裹了尸体，抬到了坟地。想不到的是，正当他们把尸体抬到半山坡时，多日不见的倾盆大雨突然来了，两兄弟急忙到一棵大树下躲雨。当雨住云收后，他们怎么也找不到尸体，因为尸体已被山洪冲下的泥土掩埋了。多年以后，朱元璋坐在龙椅上，每次想到死无葬身之地的父母，都会悲痛万分，眼泪就如那场冲走他父母尸体的大雨一样，倾盆而下。

那场旱灾过后，朱元璋和他的二哥商量了一下，他二哥决定入赘还能吃上饭的人家，朱元璋再次号啕大哭。他唯一的亲人，即将和他分离，他的容貌决定了他无法复制他二哥的成功。就在他走投无路时，他的邻居提醒他，可以到家乡的于皇寺——朱元璋当了皇帝后改为皇觉寺——去生存。

朱元璋擦了眼泪，说："恐怕人家不收我。"

邻居就告诉他："你和那寺庙有缘。你出生不久，什么都不吃，险些死掉。你母亲曾到于皇寺许愿，说如果你活下来，将来有一天就把你送到里面当和尚，结果你就活了。你现在去，一来可以兑现承诺，二来可以混口饭吃。"

朱元璋从悲苦中醒过来就跑进了于皇寺，但结果让他大失所望。因为佛祖并未显示力量，于皇寺在那场旱灾、蝗灾和瘟疫中也受到了重创，连寺里的和尚吃喝都成问题。住持认为朱元璋来混饭是真，兑现承诺是假。但朱元璋说："这个必须是真的，否则，佛祖的慈悲何在？"

住持只好留下他，佛祖总算普度了他一年，第二年，佛祖和住持都无能为力了。住持对朱元璋说：“你也看到了，寺庙里的东西不够吃了，你还是到外面去化缘吧。”

“化缘”是佛家用语，世俗的讲法就是要饭。朱元璋看了看破败的寺庙和可怜兮兮的米粒，叹息着离开了于皇寺。

1346年，朱元璋穿着破烂的僧袍，托着钵盂四处流浪。在一年多的流浪生活中，朱元璋遇到过菩萨心肠的施主，遇到过强盗，更遇到过正在烧杀奸淫的小股叛乱武装，当然也遇到过以马蹄离地的速度飞奔的蒙古军队。尤其使他印象深刻的是，许多和他一样，吃不饱穿不暖的流浪汉，突然有一天就倒在地上，再也没有起来。中国古人说，读万卷书，但那只是书本知识，真正的知识是要行万里路才能得到的。这样才能达到知行合一的境界，才能成事。

朱元璋于1347年回到于皇寺后，他的精神世界固然丰富了，但对饥饿的肚子仍无法慰藉。也就是说，这个时候，他没有一点革命思想，刘福通的红巾兵团还要两年后才能横空出世，表面上看，元王朝的天下还处在太平中。如果非要说朱元璋这时候有革命思想，那就是他对肚子的革命。

在于皇寺待了一个月，朱元璋再次离开了这个鬼地方，因为这里和他当初走的时候一样的穷。他这一走就是三年，三年时间里，他在路上看到了势力庞大的红巾军，看到了疲惫不堪的蒙古军队，看到了整座整座被焚烧的村庄，看到了死尸狼藉的战场。他觉得佛祖一点都不慈悲，无法拯救众生，至少，仍然不能拯救他的肚子。

1352年，他再次回到于皇寺，还未来得及卸掉身上的疲惫，元军和红巾军的战火便蔓延到了这里，于皇寺被一场大火烧了个干净。朱元璋四顾茫然，内心和多年后在青田的刘伯温一样，空虚孤独，前景黯淡。

但本年，刘伯温的内心并不空虚，反而意气风发，因为他正在浙东元帅府工作，而且是在研究如何剿灭他最痛恨的方国珍。

当刘伯温轻摇羽扇聚精会神地看军情报告时，朱元璋穿着破烂僧袍也在聚精会神地看一封信，信是他儿时的朋友汤和写来的。信上说，我现在已是红巾军的一名中下级军官，如今天下大乱，想要住得安稳、吃得舒服，必须要靠拳头和武器来争取，你赶紧参加红巾军吧。

朱元璋看完信后，激动得手直抖。他在外面要饭多年，看到过无数死尸，有的死尸头上裹着一块头巾，浸在从他们自己身上流出的血汇成的血泊中。这是高风险的工作，人如果没有好运气，恐怕还没有向肚子贡献一点东西，就已经死了。

一想到肚子，他就极为惭愧，多年来，他始终没有让自己的肚子满意过。即使是为了自己的肚子，他也应该铤而走险一回。他下了很大的决心要去做冒险家，可看到歪倒在瓦砾中的佛像，他又觉得生命诚可贵。

于是，他跪在倒在地上的佛像面前开始占卜，他先问避乱，占出的结果很遗憾，不吉；再问守故，又是不吉；又想问问造反，但怕仍然是不吉，所以，他猛地站起来，寻思道："站在三岔口，有两条不能走，那就只能走第三条路了，老子革命去！"

他就在卧倒的佛像面前，脱下僧袍，拿起一根棍子，走上了战场。

朱元璋投奔的是离他很近的濠州郭子兴兵团。郭子兴本是位乐善好施的财主，衣食无忧，内心幸福，突然有一天，他召集家人，向他们描述了一个美丽的愿景。在这幅美丽的愿景之中，人人都是主人，不必再受政府的欺负和暴乱者的骚扰。在征得无数人同意的情况下，郭子兴打着红巾军的名号起义了。他并不是红巾军的分部，而是红巾军的加盟店，因为他有自己的军队。

朱元璋参加革命的开头并不美好，当他来到郭子兴军营门口时，被站岗的几个士兵拦下了。士兵们看到朱元璋这副尊荣，不约而同地断定他是政府军派来的奸细。

朱元璋就在门口咆哮起来，说："海水不可斗量，人不可貌相，你们这是狗眼看人低！"

士兵们"哇呀"叫了起来，撸胳膊挽袖子就准备让朱元璋尝尝拳头的滋味。正当朱元璋摆好姿势准备挨揍时，郭子兴走了出来，喝止住众兵，用眼睛对朱元璋进行了一次全身扫描，然后就盯在他脸上，这张脸是他有生以来见过的最抽象的脸。恍恍惚惚中，突然天老爷把一个信息塞进他脑子里，于是，他向朱元璋伸出了欣赏和友情之手，说："加入我们吧。"

就这样，朱元璋成为了郭子兴兵团的一个小兵。在后来的一段时间里，他多次走上战场。在战场上，死神带走了他无数个战友，当然，死神也总是嗅着他的气味，紧追不舍，想要在最后一刻给他致命一击。但是，死神不敢下手，因为朱元璋头上顶着个幸运之神。一个冲锋陷阵的小兵在血肉横飞的战场上能多次活下来，除了勇气、机警和善战之外，运气绝对必不可少。

很多才华横溢的人呕心沥血无法成就功业，命运之神不肯照顾他们是一个重要原因。

朱元璋很快就脱颖而出，从小步兵到小队长，再从小队长到下级军官，再从下级军官到中级军官，最后成为郭子兴的臂膀。这一路走来，不过用了一年的时间。

在一次庆功宴上，郭子兴对朱元璋说："有两件事，我希望你能答应我。"

朱元璋说："二十件也可以。"

郭子兴就说："我的干女儿小马女士，你和她很相配，你们就成婚吧。这样一来咱们就是亲戚了。"

朱元璋说："好。"

郭子兴又说第二件事："你现在也是个人物了，你那名字要改一下。我琢磨了好多天，你的新名字就叫朱元璋吧。"

朱元璋说："这个名字很好，但有什么微言大义吗？"

郭子兴说："元，就是元王朝，璋是一种玉器。你姓朱，可当诛杀的诛，我是要你成为诛灭元朝的一枚玉器！"

朱元璋鼓掌叫好，但他内心里从没有想过要做一枚诛灭元朝的玉器。他那个时候的想法和多年前流浪江湖的时候没有分别：过一天算一天，吃饱了不饿。

多年以后，他对刘伯温真情实意地说："我当初参加革命，只是想打家劫舍，混口饭吃，想不到弄假成真，当上了皇帝，这真让我恐惧啊！"

诡异的扩张

刘伯温在朱重八改名为朱元璋那年，根本就不知道有朱元璋这个人，甚至连朱元璋的领导郭子兴都闻所未闻。因为郭子兴兵团太小了，只是千千万万个叛乱团伙中的一个，还因为这一年，刘伯温被羁管绍兴，内心正在经历生与死的决斗，没有心情了解外面的世界。

1359年那个夏天的午后，刘伯温和朋友在一起谈论朱元璋，就如同谈论一个古人。但刘伯温对这个古人忽然就产生了兴趣，他问朋友："依你的讲述，这个人不过是个混得不错的中级军官而已，怎么才几年工夫，就混成了独霸一方的军阀呢？"

关于这个问题，他的朋友无法回答，因为他没在朱元璋身边待过，他不知道朱元璋是如何从一个普通的军官混成吴国公的。

这件事说来话长。其实任何一个人的成功路都不可能是一帆风顺的，朱元璋也是如此。当刘伯温在关于如何对待方国珍的军事会议上，慷慨激昂地说要对其彻底剿杀时，朱元璋遇到了他事业的瓶颈期。郭子兴兵团的发展速度太慢，又吃了一些败仗，郭子兴是个一挫就馁、才胜就骄的人，所以士气低落。朱元璋不想沉浸在这种气氛中，因为他是个受苦难侵袭多年的人。正如一个恐惧黑暗的人，一旦看到蜡烛将尽时，就会莫名地恐慌起来，他从黑暗中走出来，就不可能再被逼回去。

所以就在刘伯温于绍兴放浪山水第二年（1354年），朱元璋成功说服郭子兴攻取滁州（今安徽滁州）。为什么要攻取滁州，朱元璋对郭子兴说的是："滁州的战略地位太重要，金陵锁钥、江淮保障。只要占领它，我们就可以顺势取集庆，南中国半部江山就在我们手中了。"

郭子兴大吃一惊，这种宏图大志是他从来没有想过的，他也不敢想。先不说元政府军在集庆的重兵，就是四周的无数叛乱兵团也够他心惊胆战的了。但朱元璋的热情激发了他的胆量，他对朱元璋说："我给你点军队，你去打滁州。能打下来，固然好，打不下来就赶紧保存实力，撤回来。"

命运之神降临到朱元璋头上，他制定的奇袭滁州计划在一夜之间大功告成。当他走进滁州城，站到滁州城的城墙上时，内心澎湃不已。这是他自参加革命以来拥有的第一座城池，这是他朱元璋的城池。

正是在这座城池中，朱元璋遇到了他政治生命中最重要的人之一，李善长。李善长是濠州定远（今安徽定远）人，年轻时熟读百科全书，才气逼人，智谋百出，专攻法家哲学，是个谋划高手。朱元璋坐在滁州城办公室里一本正经地问他："四方战斗，什么时候能消停？"李善长有一项特殊的本领，就是能在快速的察言观色中洞悉对方的内心世界，他知道朱元璋要的是什么答案，朱元璋想要的是一种恭维。虽然这个时候远看不出来朱元璋最终能成什么大气候，但李善长还是用一段精辟的论述让朱元璋满足了虚荣心。他说："秦末大乱，刘邦从平民中崛起，凭借着豁达大度的性格，知人善任，不乱杀，五年时间成就震动宇宙的大业。现在，元王朝气数已尽，天下正在土崩瓦解中，您的根据地在濠州，离刘邦起兵的沛县不远，山川王气，您身上必定是有的。如果按刘邦的方法去做，您定天下，易如反掌。"

朱元璋被恭维得几乎要跳起来，但郭子兴的到来把他按到了椅子上。郭子兴从濠州跑到滁州，是因为他的大本营里内讧不断，他的几位将军都认为他们自己有超级强大的领导才能。郭子兴认为没有，这几位将军就联合起来排挤他，有一次甚至活捉了他，如果不是朱元璋在中间周旋，郭子兴早就成了刀下之鬼。

郭子兴来到滁州，朱元璋列队欢迎，并且把积攒的三万人马的指挥权交给郭子兴。这在朱元璋的亲信们看来是愚蠢的举动。但朱元璋说：“我给他兵权，一来他是我的领导兼岳父；二来，我看他在无休止的内斗中心力憔悴，兵权能让他得到一点安慰。”

郭子兴无法被安慰。名义上，他是滁州城里的军政长官，但调动任何一支部队，都必须或明或暗地通过朱元璋。1355年，刘伯温在绍兴被羁管的最后一年，朱元璋因滁州缺粮而偷袭和州（今安徽和县），马到成功。就在本年，郭子兴突然病逝，刘福通任命郭子兴的儿子郭天叙为郭子兴兵团总司令，郭子兴的大舅子张天祐为第二司令，而朱元璋位居第三。

当时郭子兴兵团的所有人都知道，朱元璋绝不肯屈居第三。因为这几年来，跟随朱元璋或者与朱元璋合作过的人都知道，此人是个暗黑人物，不苟言笑，眼神犀利冷酷，浑身散发着一种嗜血狂魔的味道。又因为他看问题精准，能在情况朦胧不明的时候，快速地捕捉到问题的根本，所以，很多人对他又敬又惧。

关于朱元璋的能力，有一件事可以证明。攻下和州后，郭子兴兵团总部派来了许多军官，朱元璋担心这些军官不服他，就选了个开会的日子故意迟到。当时的军队里有个规矩，遇到开会这种场合，谁先到场谁就坐右边，最后来的只能坐左边，因为右边的位置比左边的位置尊贵。由于朱元璋迟到了，因此来的时候，右边的位置早就没有了，他就挑了个左边并不起眼的位置坐了上去。大家开始对军事形势畅所欲言，只有朱元璋一声不吭。因会议讨论不出什么定论而要散会时，他突然从椅子上弹了起来，大踏步走到正中央，以希特勒演讲的方式进行了慷慨激昂的演说。他的气场是如此的强大，他的分析是如此的精准，他的情绪是如此的激动，在座的所有军官只有目瞪口呆的份儿。这件事后，那些心里和表面不服的人，都彻底服他了。

但郭天叙不服，张天祐也不服，两人在军事会议上经常故意和他唱反调。朱元璋说一，两人必说二；朱元璋不说一，两人绝对说一。

朱元璋的亲信们对两位领导的态度怒发冲冠，朱元璋却老谋深算道：“郭老爷子在时，最厌恶的就是内讧，我们不能对不起他的在天之灵。恶人自有恶人磨，多行不义必自毙，你们瞧着吧。”

这个恶人很快就登场了，他叫陈埜先，是元政府的一员大将，在和朱元璋兵团的一次战斗中被俘，出于“能屈能伸”的思想，他假装投降。但他的虚情假意无论如何都瞒不过朱元璋的眼睛。朱元璋苦心思虑了很久，不但表现得十分信任，还让陈埜先带领一支军队。这就使朱元璋的亲信们大惑不解，朱元璋说：“你们且看着。”

众人就看着。郭天叙也看着呢，不过他看的是集庆，和当初朱元璋那天马行空般的想法一样，郭天叙也决心攻集庆。朱元璋举双手赞成，在集结军队时，他把陈埜先的那支部队偷偷地塞到了郭天叙和张天祐的攻城兵团中。陈埜先那颗火热的爱国心燃烧起来，就在郭天叙和张天祐围攻集庆城的间歇，他请二人到集庆城下的军营中喝酒。在酒桌上，陈埜先提前埋伏下的刀斧手把二人剁成了肉酱。杀掉二人后，陈埜先派人通知集庆城中的元军，开门攻击郭天叙兵团，来个内外夹击。可元政府军出城后一阵冲杀，根本不知道谁是内鬼，陈埜先就这样稀里糊涂地死在乱军中。

朱元璋这招借刀杀人堪称绝响。在郭天叙和张天祐死后，他彻底成了郭家兵团的实际领导人。他向韩宋帝国要求任命，刘福通当时正在积极筹划针对元帝国的斩首行动，对这种疑案根本无力作精确的调查。于是，朱元璋一跃而升为郭子兴兵团总司令。

1355年最后两个月，朱元璋兵团用迅雷不及掩耳的奇袭手段，以战舰千艘的强大兵力强攻采石（今安徽马鞍山西南），采石顷刻而下。朱元璋在采石不作片刻休整，兵锋直指太平（今安徽马鞍山当涂县），太平瞬间陷落。在彻底荡平了集庆外围防御工事后，1356年二月，朱元璋向集庆发动了总攻。三月，集庆陷落，朱元璋高头大马地进入集庆城，将集庆改名应天。本年农历七月，朱元璋在未得到韩宋帝国的许可下，自称吴国公。他成功了，站在应天城上，他放眼四望，脸上挂起了阴冷的笑容。

这个时候，就像是有句咒语一样，突然开启了他脑袋中最隐秘的角落。在那里，他终于有了理想，一个看得见摸得着的理想。“我要坐龙椅！”他吼道。

从一个丑陋无比、曾被人误认为奸细的小和尚，到坐在应天城里最豪华、最光明房间里的吴国公，这条路，朱元璋才用了不到四年的时间。

但将来的路，他走起来就远没有这么容易。因为他日后碰到的敌人要比郭天叙聪明百倍、强悍百倍。

朱元璋一请刘伯温

1357年，当刘伯温在处州小心翼翼地制定围剿反政府武装吴成七时，刘福通也在大张旗鼓地开始了他的斩首行动。而朱元璋则在南方悄无声息地进行着他的扩张历程。1358年到来时，朱元璋和他的兵团以暴风骤雨之势把长兴（今浙江长兴）、常州（今江苏常州）、宁国（今安徽宁国）、江阴（今江苏江阴）、常熟（今江苏常熟）、徽州（今安徽黄山）、池州（今安徽池州）、扬州（今江苏扬州）等地纳入囊中。

在完全消化了这些城市后，1358年冬天，他的兵锋直指婺州（今浙江金华）。婺州城城防坚固，政府军顽强抵抗，朱元璋使出了吃奶的力气，才勉强把它攻陷。攻陷婺州后，他趁着胜利的余威，马上攻击处州。那位刘伯温心目中的“齐桓公”石抹宜孙不能抵抗，先是逃出城，后来头脑发热，要和祖国共存亡，又转身冲进了城。最后，他终于如愿以偿，壮烈殉国。

这在刘伯温心中是件比天崩地裂还要大的事，但在朱元璋眼中，只是一件芝麻大小的事。他现在最大的事就是攻城略地和招收人才。就在婺州城里，朱元璋遇到了一个人才，这个人正是刘伯温所以出山的关键人物。

他叫宋濂，浦江（今浙江浦江）人。论起来，他和刘伯温还是同学，因为宋濂曾在刘伯温的理学启蒙老师郑复初那里学习过。当时，他不叫宋濂，而叫宋寿。郑复初认为“寿”字不好，就给他改了“濂”字，这个字为什么要比寿字好，郑复初没有说原因。

从仕途的角度来讲，宋濂远逊于刘伯温。宋濂不是进士出身，但他的文章比刘伯温写得好。宋濂年轻时曾在大都居住过，当时的副宰相危素看到他的文章后惊为天人，想方设法把他塞进了政府，担任了皇帝的秘书。但宋濂和刘伯温不同，刘伯温是进士出身，荣誉越大，责任就越大，所以即使面对腐烂的元王朝时，也绝不言退。而宋濂不是进士出身，所以没有刘伯温那样的思想压力，他觉得元王朝的气数要尽了，就转身走了。由于他的文章写得好，因此和刘伯温惺惺相惜，他跑进龙门山当道士时，还给刘伯温写了封信，要刘伯温来和他一起当道士。

刘伯温委婉地拒绝了，但对宋濂一流的文章表示了真诚的钦佩。宋濂后来在龙门山耐不住寂寞，重新回到红尘。朱元璋攻陷婺州城后，他到婺州城为朱元璋献上了攻取处州之策，朱元璋依计行事，果然大功告成。这使得朱元璋对宋濂产生了极浓厚的兴趣，夸奖宋濂的谋略天下无二。

宋濂否认，说："我有个朋友，在谋略上比我厉害十倍。"

朱元璋问："谁？"

宋濂回答："刘伯温。"

朱元璋皱了皱眉，说："我好像听说过这人吧。"

宋濂听出来了，朱元璋对刘伯温并没有深刻的印象，正如刘伯温对朱元璋没有深刻印象一样。他就甩开膀子，滔滔不绝地把刘伯温在元政府效力的往事说给朱元璋听。最后，他又补充了一句：刘伯温这人精通五行八卦式的魔幻法术，前知五百年，后知五百年。

朱元璋这才提起一点兴趣来，说："前知五百年就算了，只要读历史，人人都能做到。这后知五百年，我就很感兴趣了。"

宋濂又趁热打铁："我听过这样一件事，刘伯温有一次和他的一群朋友在杭州西湖喝酒吟诗，突然天空飘来一片云。刘伯温站起来，掐指一算，神色凝重地对那些人说，'东南方有天子气，应天该在集庆附近。'您现在把集庆改成了应天，这不是恰恰证明，他是个未卜先知的人吗？"

朱元璋对刘伯温的兴趣猛增了十二分，着急地问："还有类似的事迹吗？"

宋濂转动眼珠，一拍大腿，说："还真又有一件。我听说最近刘伯温在老家训练他的兵马，有人劝他占山为王。凭他的智慧，必能成为一方霸主。他却说，我已占卜了一卦，卦象显示，新天子不久后就会来找我，我还是不要瞎折腾了。"

朱元璋说："这人如此神奇，赶紧派人给我请来。"

宋濂乐颠颠地正要去准备，朱元璋又叫住他，说："我听说这里有'浙东四先生'一说？"

宋濂说："是啊，我、刘伯温、章溢、叶琛。刘伯温和章、叶二人几年前共事过，两人的管理能力和执行力都是一流的强，文章写得也不错，又有军事才能，可谓文武全才。绝佳的是，这二人已经离开元政府，赋闲在家。"

朱元璋说："四个先生，已经有一个在我这里，如果我专程去请刘伯温，那这人肯定会生傲慢心，我看还是把你们四个一起请了吧！"

宋濂吃惊地张大嘴巴，被朱元璋的诡异心机折服，急忙安排人去请刘伯温。

被派到青田县的使者没费什么劲儿就找到了刘伯温。使者很恭敬，还带了很多贵重的礼物，一见到刘伯温，先没说正题，而是把朱元璋光辉灿烂的发迹史大略说了一遍，最后才说道：“我家主人请您到应天，为他效力，您也实现了人生的价值。”

刘伯温仔细地观察那位使者，他发现这人穿的衣服质地很差，但很整洁。他还发现，使者脸上洋溢着青春的光芒，举手投足间都有一股他久违了的活力。他更发现，使者的鞋子新擦过，应该是在进门前特意仔细擦过的。从使者的身上刘伯温能判断出，朱元璋的军队是一支什么样的军队，而作为统帅的朱元璋是什么样的人也就不难推断了。

但是，他对使者说：“替我转告你家主人，我是山村野夫，没有建立盖世奇功的本事，只想在家乡安稳度过余下的时光。所以，您请回吧。”

使者被闹了个大红脸，但临行之前，宋濂交代过他，一定要对他的顾客以礼相待。现在，他的礼已用完，既然人家不来，他也没有办法。于是，使者转身离开了刘伯温家，出门时还不忘了把刘伯温的门轻轻地关上了。

朱元璋得到使者未完成任务的消息后，鼻子就哼出了两股烟，但他马上转念一想，这人不来，可能是因为我派的人不够分量。才华横溢的人，总会有点架子，一请就来的人，不是半吊子，就是妓女。

但宋濂有不同的看法，他说：“刘伯温不是那种喜欢摆架子的人，他在元政府接二连三地碰壁，熊熊的理想之火已经被浇熄。我们现在就是要把他的理想之火煽起来，这不是一个使者所能办到的，非要一个能人不可。”

朱元璋说：“李善长如何？”

宋濂摇头。

朱元璋又说：“朱升如何？我去年得到他，他向我提出了‘高筑墙、广积粮、缓称王’的精明策略，我觉得他成。”

宋濂又摇头，说：“去请刘伯温的人必须是个心理专家，而且要能跟他做朋友，能在刘伯温的言谈举止中洞悉他的心理活动，发现他心理活动的根源。只有找到他这个‘病’，我们才能开出方子。”

朱元璋说：“我看我手底下没有这样的能人。”

宋濂说：“有。”

朱元璋问：“谁？”

“孙炎啊！”

孙炎两请刘伯温

孙炎，字伯融，句容（今江苏镇江句容）人，身长两尺，脸色黑如炭，还是个瘸子。这副形象放在任何地方，都会引人注目。除了这身硬件使人刮目相看外，孙炎还是个学富五车、肚里有墨水的辩才。他对科考从不感兴趣，认为科举考试出来的人都是腐儒，没有在实践中生存的能力。年轻时，他在农田里务农，由于身高和瘸腿的缘故，他的农活干得很一般。于是他扔了锄头，向天咆哮道："我孙炎堂堂六尺男儿，怎么可以当个农夫？"但至于他扔掉农具后到底都做了什么，刘伯温倒是知道一点。孙炎凭借出色的口才和下笔成章的才华，在南中国的知识分子圈中很吃得开。他和刘伯温一见如故，二人成为无话不谈的好朋友，但刘伯温多次请他到政府工作，孙炎都冷嘲热讽地拒绝了。二人后来联系很少，刘伯温印象中有这样一个人，孙炎印象中也有刘伯温这样一个人。1356年，朱元璋攻陷集庆，孙炎一瘸一拐地跑到集庆，朱元璋早就闻其大名，对其进行了亲切友好的接见。孙炎侃侃而谈天下大势，说元王朝已将毙命，朱元璋先生您应该招收天下人才，以成大业。

朱元璋对其很满意，攻陷处州后，就让他担任战时处州军区司令（处州总制）。当朱元璋要求他请刘伯温出山的信件送到他办公桌上时，他拍案而起，拍着胸脯对送信的使者说："和吴国公说，小事一桩。"

使者告诉他，吴国公已请过刘伯温一次，毫无成效。

孙炎说："这太失礼了，他不可能出山。瞧我的！"

孙炎说别人失礼，他也没有"有礼"到哪儿去。本来，按正常人的想法，孙炎应该是亲自登门拜访刘伯温的。但是，孙炎此时已不是个正常人，而是个处州军区司令，多年以来，他从没有做过这么大的官。尤为重要的是，当初刘伯温是以一种君临天下的姿态邀请他到元政府工作的，现在，他要回报给刘伯温，也准备以一种君临天下的姿态邀请刘伯温。所以，他写了一封在热情中充满着自豪和领导人气味的信。在信中，孙炎最先说的就是朱元璋如何如何有威德，他的威德不仅济于人类，而泽于禽兽。凡是朱元璋所过之处，猛兽不轻易吃弱小的动物，凤凰时常来唱歌，老虎领着山中群兽来跳舞。总之，朱元璋就是救苦救难的菩萨，也只有朱元璋能完成历史赋予的使命，驱逐鞑虏、恢复中华。然后，孙炎又拂去了他和刘伯温友谊上的尘埃，说："多年不见，我已找到人生的坐标，而你的坐标，我已经为你描画出来，那就是跟着朱元璋，帮黎民脱离苦海。在帮朱元璋成就大业的同时，实现自己的终极价值。”

最后他说：“朱元璋第一次来请你，实在是有失礼之处。你不出山，还是说得过去的。这一次，就不要推脱了。”

他的意思是，我孙炎这样重量级的人物来请你，已经给足了你面子，所以就不要半推半就的，赶紧出来吧。

刘伯温看完这封信后，哑然失笑，说：“孙伯融，你太俗了，我不出山，和你一厢情愿的猜测没有一点关系。”

如果他刘伯温知道宋濂的想法，更会大笑，因为无论是宋濂还是孙炎，都根本不知道他内心的真实活动。

刘伯温不去为朱元璋工作有着纷繁复杂的原因。他是元政府的进士，而宋濂和孙炎不是，元政府自天下大乱以来，为国捐躯的进士不胜枚举，仅他知道或认识的就有泰不华和余阙。面对着天堂里的这些同道中人，刘伯温不能殉国已是无颜相对，如果再让他和这些尽忠心的同道们背道而驰，去和元政府作对，他的良知根本无法饶恕自己。

当然，随着时间的推移，他已经看透了元政府的本质。这是一个病入膏肓、已经不给他丝毫机会尽忠的政府。他虽然决定不再为元政府效力，但从来没有想过要和它作对。

另外，刘伯温了解朱元璋只是道听途说，无论是宋濂、孙炎，还是那位使者，都是朱元璋的爪牙奴才。奴才美化主子是分内之事，刘伯温根本不知道真实的朱元璋到底是什么样的人。

即使要他走出青田去实现人生价值，也未必非要选朱元璋。北方刘福通的斩首行动已进入高潮；南方的徐寿辉兵强马壮，看上去很有旋乾转坤的本事；张士诚占据吴中富庶之地，手下多能人志士，正在豪迈地指点江山。这些人都是潜力股，没有任何直接的证据证明，朱元璋就一定能扫灭群雄，唯他独尊。

然而，人生在世，有些事必须要面对，即使你有千百万个不想面对的理由，也必须要拿出勇气来去解决它。

对孙炎的邀请，刘伯温不能置若罔闻。经过深思熟虑后，他给孙炎回了一封不冷不热的信。他说：“多年不见，我精力大不如前。你在信中所提的雄心、智谋和参透天地玄机的幻术，我早已抛到九霄云外。我感谢你能记得我们的友谊，从前它未沾染尘埃，现在依然如水晶一样光明干净。为了感谢你对我的重视，我将我祖传的一柄宝剑送给你。希望你能在朱元璋的带领下走上光明大道，我在青田山下为你们祈福。”

孙炎看了信，可就不高兴了。刘伯温这是明摆着又拒绝了，他话外之音就是，我不会来为朱元璋效力，但我也不会为元政府效力，我是个边缘人，你们就放了我吧。

孙炎抽出宝剑，用金鸡独立的姿势舞弄了一会儿，宝剑归鞘，大笔在手，摊开白纸，吼道：“我再请你一回！”

吼完，就以一种凌厉的笔法给刘伯温回了一封信。

孙炎在信中纵横捭阖，犀利地论述天下大势，然后又评价了各路英雄豪杰，最后把朱元璋从英雄豪杰中单独揪了出来重点论述。在孙炎的笔下，朱元璋成了集玉皇大帝和如来佛祖宠爱于一身的救世主。最后他谈到了那柄宝剑。他说：“这柄宝剑太过于珍贵，它是权力的象征，其最好的归宿就是‘当献之天子，斩不顺命者’。所以，我是没有资格要的，原物奉还。”

刘伯温看了信之后，有点丈二和尚摸不着头脑了。孙炎只字未提要他出山的事，但那句“斩不顺命者”让他惊得流下冷汗。这句话看上去是在说宝剑的用途，其实说的是你刘伯温就是那个不顺应天命的人。

实际上，孙炎第一次请刘伯温后，刘伯温也的确认真考虑了很久，他无法解开自己的心灵枷锁。但他知道，自己正在试图去解，不然，他就不会知道自己解不开。孙炎的第二封信送来时，那句“斩不顺命者”把他吓出几行冷汗的同时，也让他冷静起来。

这种冷静是他多年来遇到艰难困苦时，所学到的一种解决问题的能力。孙炎的那句话，其实并没有威胁他的意思，而只是想告诉他，天下大势所趋，如果你静止不动，会被冲走；如果你逆流而上，会死无全尸；你只有顺应天下大势，才能在成就别人的同时，也成就了自己。

刘伯温看了孙炎纵横泛滥的文字，惊叹道：“我一向以为我比孙炎强，现在看他的纵论，我都不敢望其项背。”（基自以为胜公，观公论议如此，何敢望哉！）

其实，这是场面话。刘伯温的性格刚毅固执，如果他想不通一件事，或是排斥一件事，九头牛都拉不动他，区区一个瘸子孙炎如何能说动他？

他的隐居家乡，不是那种万念俱灰的不问世事，而是一种蓄势待发。这个时候的他只是因为孙炎的信让他悟透了“势”之所趋，所以，才有了出山的心思。

孙炎写了那封信后的第二天，就跑到了青田刘伯温家，二人多年未见，自然要吃饭喝酒。二人相处得还算愉快。孙炎在饭桌上什么都没说，临走前，他对刘伯温说：“过去的已逝，将来的还未到，希望兄弟你能把握住现在。”

刘伯温神情凝重地点了点头，说：“我会考虑的。”

孙炎回到处州后，就给朱元璋写信报告说，刘伯温出山的概率非常高，此时正是他情绪波动时，应该趁热打铁。朱元璋就问宋濂下一步的计划。宋濂说，我给他写信，不但我写，我还让所有我们能命令到的刘伯温的朋友给他写。

那段时间，刘伯温什么都做不了，因为一封封的信如雪片般飞来，所有的信都千篇一律地吹捧朱元璋如何伟大，然后劝他出山，发光发热，为黎民百姓造福。

刘伯温的老娘也站出来推波助澜，富老太太语重心长地对他说：“如今天下大乱，群雄四起，元王朝没有几天活头了。我从那些信中看得出，朱元璋这人即使没有他们说的那么伟大，也至少是群雄中出类拔萃的一个。如果你能帮他完成大业，一统天下，不是件光宗耀祖的事吗？而且，人家已经三次请你了，如果你再端着架子，这分明是敬酒不吃吃罚酒啊！”

刘伯温放下了撰写《郁离子》的笔，叹了一口气道：“也许这就是天命让我如此，我的祖国抛弃了我，祖国的敌人却如此重视我。好吧，我出山！”

几年前，他曾要石抹宜孙做齐桓公，但人家拒绝了他。现在，他希望朱元璋是齐桓公，能扫灭那些叛乱者，至于扫灭那些叛乱者以后的事，他不想考虑。这是他出山的一个心理基础，没有这个基础，刘伯温的出山就显得极为荒唐了。

几天后，迎接他的宋濂来到青田，刘伯温那两位同事叶琛和章溢也笑容满面地来了。刘伯温的脸上冷冰冰的，和元王朝的艰难决裂其实在一年前就已经发生，但这一次的决裂，却是最冷酷最无情的，犹如和自己最好的朋友反目成仇。

当他走出青田时，回首望去，那里的宁静犹如梦中幻影，再也不能和他半个时辰前生活过的地方联系起来。刘伯温没有带走那支部队，而是把它交给了刘陛，并且嘱咐刘陛：“好好保卫家乡，不要担心我，也不要让我担心你们。”

他走出了青田山，向朱元璋的老巢应天走去。他的步伐并不大，也并不快，但在他的同伴看来，很有大步流星、天马行空的感觉。

关于刘伯温出山的故事，还有一点值得补充的地方。据说，刘伯温还未打算出山时，某日去郊外散步。当时有很多人在收拾庄稼，本来晴空万里，可突然乌云闭合，这是大雨将至的预兆。众农夫慌忙失措，只有一位小孩神态平静。刘伯温很奇怪，就上前询问他为什么不慌忙，至少也应该找地方躲雨啊。但小孩告诉他，下雨是肯定的，但雨不会在此处。

刘伯温很奇怪，掐指刚准备卜算，大雨便从天而降。正如那小孩说的一样，小孩周围并没有一滴雨。刘伯温认为遇到了小神仙，急忙向他请教。小孩就领着刘伯温见了他的师父吕六怀。

吕六怀是个神话级的人物，据说他老母亲怀胎六月就生下了他，他一生下来就能把天上所有能看到的星星数完。他三岁时开始博览群书，后来成为了一位上知天文、下知地理、文武兼备、通晓古今的天才。

和吕半仙相谈之下，刘伯温发现，二人是同道中人，自己紧锁在眉头上的秘密被吕半仙一眼看破。刘伯温也不隐瞒，就说了朱元璋来请他的事。

最后，他问吕半仙："您说我是去呢，还是不去呢？"

吕半仙摸着胡子，摇头晃脑了半天，然后神秘兮兮地指着大门说："你去的地方在那里。"刘伯温马上朝大门望去，发现有太阳光顺着门缝照进来，他没有发现什么。吕半仙解释说："缝隙里的阳光，凤阳！"

凤阳是朱元璋的老家，刘伯温大彻大悟，回去收拾了下行李就出山了。

明眼人马上就能看出这是事后诸葛式的扯淡。当时凤阳还不叫凤阳，而叫钟离县，凤阳这个名字是朱元璋当皇帝的七年后（1374年）才改出来的。

但无论如何，刘伯温是出山了，这个传说只是想告诉世人，刘伯温出山辅佐朱元璋是老天的意思，和人事无关。

你好，朱元璋

一个人建立了震耳欲聋的功勋之后，人们往往希望从他身上找到成功的密码。人类是一种高智商的动物，所以能思前想后，尽量把事做得完美顺畅。于是有人提出，人要有规划、要有计划，当然，更要有伟大的理想。人心中只要存着理想的蜡烛，必能照亮前途。但这种论调在朱元璋和刘伯温身上就丧失了价值。朱元璋从一个冲锋陷阵的小兵混到了一方霸主，他在战场上狂喊着"冲啊，杀啊"的时候，心中有什么伟大的理想？他当时的理想不过是希望能安全地退出战场，吃上一顿好饭。即使是拥有了自己的第一座城池后，他的理想也不过是当个城市的主人，离他要当皇帝的理想相距十万八千里。

刘伯温年轻时有理想，如果让他说出自己的理想，那简直就是长江大河般的壮阔。但他屡屡碰壁，理想的烛光摇曳，一阵清风就能使它熄灭。1360年，刘伯温正式向应天进发。在此之前，他从未想过自己会为一个叛乱者工作。

人生，不过是走一步看一步，许多伟大人物攀上高峰，很大程度上是时势推出来的。每个人最应该做的，不是凭空产生无数豪迈的理想，而是踏踏实实做好眼前事。这就像是种树，开始的时候发芽，然后有枝、有叶、有花、有果实，这是一个长时间的过程，每一步都要走得踏实，不要好高骛远。有枝时不要想着什么时候有叶，有叶的时候不要想着什么时候有花。焦渴的空想和望不到边际的理想没有任何意义，只要不忘记栽培，还怕没有结果吗？

刘伯温多年以来不懂这个道理，他的确没有忘记去栽培，一直在兢兢业业地巩固自己的人生，但他也抱着一种远大的理想。在1358年年末回到家乡时，他的理想之火暗了下去。而当他决定重新出山时，那种远大的理想之火又光芒四起了。

当他走到桐庐（今浙江桐庐）时，他的理想之火险些又被人浇灭。这个人叫徐舫，是刘伯温多年前的好朋友。徐舫那年已经六十岁，回首人生，他很满意。他年轻时崇尚侠义，好驰马击剑，勤于读书，酷爱吟咏，潜心探究诗歌，曾在南中国各处游历，和一些出色的知识分子交流。只是他生性散漫狂傲，所以对仕途没有丝毫兴趣。刘伯温在江浙行省做官时，曾向长官苏天爵举荐过徐舫。苏天爵也卖了刘伯温人情，专程派人去请徐舫，但徐舫梗着脖子回答苏天爵："我是个诗人，怎么可以受禄位羁縻？"说完这句话，也不等苏天爵是否真的二次来请，就跑进深山老林隐居起来了。

再后来，徐诗人就跑到桐庐，每天都把自己沉浸在诗篇中。刘伯温那天路过徐诗人的隐居之地时，徐诗人已经捻断了十根胡子，正要作出一首优美的诗来。听说刘伯温要来，他马上戴起黄色的大帽子，穿起白鹿皮做的袍子，腰间系一只青丝绳，一路小跑到河边。他看着船上的刘伯温等人，格外恭敬地鞠了一躬。这身装扮和他的举止马上就让刘伯温感觉到，徐诗人已经知道他要出山的事，徐诗人之所以这样做，是在拒绝他，甚至有种讥笑的意思在里面。

刘伯温请徐舫登舟，徐舫毫不客气，上舟后坐在正首位置。刘伯温刚要说，请他和自己一起去见朱元璋时，他突然就大笑起来，说："想不到你也有今天啊！"

刘伯温有点尴尬，徐舫就甩开大嘴，言语之间全是讥笑，嘲讽刘伯温隐居青田是假正经，连带着把宋濂三人也损了一遍。

四个人都是极有涵养的人，徐舫尖酸刻薄的话虽然使他们心上很不舒服，但谁都没有表现出来。因为宋濂、章溢、叶琛三人同徐舫并没有深交情，就好像一个路人讥讽你走路的样子时，你只会当他是自说自话。但刘伯温不同，他和徐舫是多年的朋友，朋友对你发表意见，你不可能不往心里去。

那天晚上，月亮升起，船停在如镜子般安静的水面上，空气有点湿润，一股冰冷的风吹进刘伯温的胸膛。他提笔写了一首诗：伯夷清节太公功，出处非邪岂必同？不是云台兴帝业，桐江无用一丝风。

前两句所说的伯夷和姜太公都是商周时期的人。伯夷是商朝大臣，周武王灭商后，他跑进深山发誓不吃周王朝的粮食，最后饿死；姜太公也是商朝人，但他辅佐周武王灭商，成了周王朝的开国元勋。两人的选择判然有别，但是，你能说两个人谁好谁坏吗？不过是人各有志罢了。第三句话说的是，西汉末年一批英雄豪杰帮助刘秀建立东汉的故事，后来这批豪杰被刘秀封为云台二十八将，都可谓是流芳千古的人物。最后一句说的可能是徐舫，你如果不出来建立功业，虽然身心不累，也不过是一丝无用的清风而已。

这和刘伯温多年以来秉承的人生信念是非常吻合的。在他心中，男儿大丈夫如果有才能，就必须要出来做事，事功才是体现一个人价值的唯一标准，其他都是浮云。

随着船继续在水上行走，在桐庐遇到徐舫的不快也在刘伯温心头渐渐消失，应天城很快就出现在眼前。那是一座承载刘伯温后半生梦想的城市，他一生当中最重要的人将会出现在这个城市。他在内心深处坚定而又平静地说了一句：“你好啊，朱元璋！”

离船登岸，没有大排场的欢迎仪式，只有个文臣模样的人对他们说：“请稍作休息，一会儿我领你们去见吴国公。”

叶琛和章溢脸上荡着激动的神色，宋濂微笑着，只有刘伯温，沉静如水。但他内心世界却突然波涛汹涌起来，他站在城中，眼界所限，望不出去。应天城像是一座城高墙厚的监狱，一种并不美好的感觉涌了上来：我被困住了。

这种想法一直持续到他见到朱元璋时，仍未有散去的迹象。他突然又有一种感觉，也许被困住是多年以后的事，现在，还不至于。

他走在通往朱元璋会议室的路上，尽力脱卸掉使人扫兴的感觉。当有人小声让他止步时，他发现自己已经走进了朱元璋的会议室。他很想说，终于要见到朱元璋了。

一阵冷风从门外吹进来，绕过刘伯温。刘伯温看到那阵阴冷的风吹进一张巨大的帘子里，帘子被掀起来，朱元璋就从那里施施然地走了出来。从他的步伐上可以看出，他没有兴奋点。朱元璋的脸冷酷无情，仿佛是用刀剑和阴谋刻画出来的。你在这张脸上找不到一点人性，只有不属于人类的、寒霜般的威严。

朱元璋把四人慢慢地、深深地扫了一遍，然后内心发出指令，脸上马上堆出微笑来，说：“我为天下屈四先生，今天下纷争不已，生民涂炭，何时能安定？”他问这句话的时候正盯着刘伯温，刘伯温没有说话。章溢却说：“天道无常，唯德是辅，不乱杀一人者能定于一。”朱元璋点了点头。刘伯温发现，朱元璋的点头是出于礼貌，章溢这种假大空的话根本没能引起他一丝兴趣。

刘伯温还发现，朱元璋一直在盯着他。刘伯温终于抬起眼来，主动搜寻朱元璋的目光。他看准了朱元璋，朱元璋还在盯着他。刘伯温在内心里又说了一句：“你好啊，朱元璋！”

所有人都把目光聚焦到了刘伯温身上，因为这是刘伯温第一次向他祖国的敌人开口献策。他能献出什么策略来，将决定他和朱元璋的命运，也决定着历史的命运。

第八章
谋全局，首战建奇功

时务十八策

1360年，五十岁的刘伯温见到了三十三岁的朱元璋。以他多年的人生阅历来看朱元璋，这个人的内心世界极为幽暗深邃，世俗所言，即是城府极深，非经多年的观察和实践不能看破。但刘伯温不是凡人，他是一个从混乱世界中走过来的人，当然，他也从先天术数中学到了敏锐的洞察力，能透过别人的躯体，看到其灵魂。

就在朱元璋为他们准备的接风宴上，刘伯温用犀利的眼神剥开朱元璋的皮囊，发现了他心灵最深处的秘密。朱元璋的心一直在毫无规律地跳动，焦躁不安，惊恐万状，只是没有表现在脸上。刘伯温知道，这个刚过而立之年的人想要扫灭天下群雄，甚至把元帝国都放进了自己的计划中。但是，他不知道该从哪里开始。

孔子说，一个人到了五十岁时就知道天命。所谓天命，其实就是知道你该做什么和能做什么。该做什么，就去做；能做什么，就要快速地把它完成。刘伯温发现了朱元璋心灵深处的秘密后，自然就知道该做什么，而且他也知道自己可以帮助朱元璋做到。

但就在那天朱元璋给他们准备的接风宴上，刘伯温一句有价值的话都没有说。他不是章溢那种人，张口就是一些假大空的话，更不是叶琛，欲言又止。当然也不是宋濂，因为宋濂的长处不在谋略。

刘伯温对自己太了解，不深思熟虑，决不开口，但一开口，必然是行之有效。因为开口之前，他会把功课做足。

四人就在那次接风宴上被朱元璋授予了官职。刘伯温得到一个并不太重要的军事祭酒职务，就是高级军事参谋，这个职务从名字上看离“军事”只有一步之遥，但正如狗和热狗一样，可谓相差十万八千里。

章溢和叶琛也被授予了官职，但刘伯温从他们的脸上就看出来，他们并不满意。至于宋濂，本来就是朱元璋的秘书，和他们早就拉开了距离。三人被安排到朱元璋特别交代的孔子庙，环境不错，吃穿也不错，但章溢和叶琛就是感觉少了点什么。时光倒流十年，刘伯温肯定也会有这样的感觉，那是一种尊严受到轻微贬损后的情绪波动。不过现在，已经五十岁的刘伯温，内心平静得如古井之水，不起一丝波澜。

刘伯温整五十岁那年，被朱元璋请到他的根据地应天做高级军事参谋，这不是一个让人兴奋的职务。仅从这点来看，刘伯温和朱元璋初次相逢时并未受到后者的重视。

关于这一点，有两件事可以证明。

第一件事是这样的：刘伯温第一次见朱元璋时，是被单独面见的。朱元璋没有为刘伯温准备什么酒菜，而是自己在大吃大喝。刘伯温在他饭桌前站了好久，朱元璋才抬起脑袋来，问刘伯温：“听说你是进士，能即兴写诗否？”

刘伯温内心冷笑，说：“读书人的基本功，怎么不能？”

朱元璋举着筷子在空中晃了两下：“以这个为题！”

刘伯温脱口而出：“一对湘江玉并看，二妃曾洒泪痕斑。”

朱元璋冷笑道：“秀才气味。”

刘伯温说：“还没完呢。汉家四百年天下，尽在留侯一借间。”

这四句诗需要作个简单的解释，前两句是说朱元璋用的筷子，那筷子是湘妃竹制成，如同晶莹绿玉。湘妃竹的典故是这样的：圣人舜娶了两个老婆娥皇、女英，三人恩爱无比，后来舜去世，两人赶往舜去世的所在，一路哭泣，把眼泪洒在了路边的竹子上，形成了斑纹。所以，有斑纹的竹子就叫湘妃竹。

后二句也用了个典故：刘邦和项羽争夺天下处于胶着时，刘邦手下有个儒生给他出主意，说封那些正在作壁上观的六国后代为诸侯，他们得了这样的好处，肯定会帮您对付项羽。刘邦举棋不定，趁和谋士张良吃饭时把这事说了出来，张良马上反对，从刘邦的餐桌上抓过一把筷子说：“请让我以这把筷子来为大王筹划。”然后就一二三四地分析这样做的坏处，每说一条，就放一根筷子在桌上。这就是“借箸代筹”成语的由来。刘邦听从了张良的意见，才避免了分裂割据现象的出现，让两汉活了四百年。

朱元璋听了刘伯温的这首即兴诗，大吃一惊，扔了筷子，弹起来握住刘伯温的手，说：“咱们真是相见恨晚啊！”

第二件事是这样的：朱元璋把刘伯温等人安顿妥善后，就问秘书陶安：“这四人到底怎么样？”朱元璋所以问陶安，当然有他问的理由。陶安博览群书，过目不忘，智谋百出，曾要朱元璋取应天（当时称集庆），称只要拥有应天，就能依其地势君临四方。朱元璋后来得了应天后，就把陶安随身带在身边，一遇有事，必然询问。

陶安有着敏锐的洞察力，而且在朱元璋等人来时，也多方观察做足了功课，再加上一些道听途说，就下了判断说：“论管理，我无法和章溢、叶琛相比；论学问，宋濂甩了我几条街；论谋略，刘伯温如果自称第二，天下没有人敢称第一，何况是我！”朱元璋自此下定决心，重用刘伯温。

这两事透露出一个信息：结果虽然圆满，刘伯温的谋略最终被朱元璋认可，但开头并不美好，朱元璋对刘伯温的能力还处于怀疑中。

多年以后，清朝人王士祯说，明代时浙江盛产魁首：刘伯温是谋臣之首，宋濂是文臣之首，方孝孺是忠臣之首，于谦是功臣之首。

方孝孺是明朝第二任帝朱允炆的大臣，燕王朱棣发动靖难之役攻陷南京，方孝孺宁死不屈，被朱棣诛了十族。于谦是明朝第六任帝朱祁镇时的文臣，土木堡之变后，朱祁镇被蒙古人也先俘虏，也先押着他一直来到明朝当时的首都北京，于谦顽强抵抗，取得了北京保卫战的胜利。

这四位顶级大佬中，刘伯温最为光芒夺目。因为没有他，朱元璋建立明朝的可能性会降低，后来的方孝孺和于谦出现的几率就很小了。

但在1360年的应天城中，初来乍到的刘伯温还远未受到朱元璋的重视。然而他并不急，多年来，他已经养成了“自然而然”的心灵励志法则。每天早上，他都会趁薄雾未散时，走出孔子庙，走在被雾水打湿的青石板上。那个时候，鸟儿还没有起床，整个天空一片青灰色，偶尔有几家的烟囱冒出青烟，但很快就被青灰色的空气融化了。他转了半个内城，然后悠闲地走回孔子庙，吃了点早餐，摊开纸，把笔蘸饱了墨，写下了六个大字：拟时务十八策。

在他书桌的左边，有一张潦草的地图，这是一张江南群雄图。从这张图上，刘伯温看到了朱元璋的战略构想：地图上画的那条“北起江阴，沿太湖南到长兴”的一条直线是朱元璋的重要防线，防御的目标是东面的张士诚；南面的徽州屯聚着朱元璋的主力，随时准备进入浙东；西面则和天完帝国短兵相接，只守不攻；北面根本不用操心，因为韩宋帝国正在那里牵制着朱元璋的劲敌、那位最有可能成为元朝齐桓公的察罕帖木儿。

刘伯温对着地图点了点头，提笔写道："您因天下大乱，从底层一跃而起，手无寸铁，无所依凭，全是以德服人。如今拥有江南大部，百姓顺应，这可称得上是王师也。"这是书生写文章的亮手势，有如黄飞鸿搏击前那个招牌动作一样，没有任何实质意义。下面的才是干货。

第一策：天下非一人之天下，唯有德者居之。今元王朝失德，中华大地如一锅沸水，百姓盼望有德之人如大旱盼甘露。如您能效仿商汤、周武吊民伐罪，就可顺应民意，取而代之。

第二策：元王朝已如强弩之末，又因为刘福通的斩首行动，其已顾此失彼、精疲力竭，根本无暇顾及南中国，我们应先定东南，然后北伐，大事可成。

第三策：秦朝末年陈胜第一个革命，第一个称王，这种事不要干。所谓枪打出头鸟，我们现在更应该打着韩宋帝国的旗号开疆拓土，外人看上去，认为是韩宋帝国在开疆拓土。这是朱升的"缓称王"的来源。

第四策：应天为六朝故都，西临荆楚，东有江浙，依山傍水，能守能攻，实在是个定鼎之宝地，将来统一天下，也应该在此建都。

第五策：我们有两个敌人，西边的陈友谅，东边的张士诚。陈友谅占据荆、襄全部土地，窥伺江东，天下已被其占去大半。而张士诚仅有边海地，南到会稽，北不到淮扬，虽有大志，却不能知行合一。陈友谅则彪悍异常，又有用兵之谋，所以，我们第一个敌人应该是陈友谅。猎人们常说，打一群猛兽时，挑最狠的打。古人说，擒贼先擒强的，强的一败，弱的就会束手来降。我们如果得到陈友谅的地盘，天下之势也就定了。第二策"先南后北"的基础便是本策的"先陈后张"。

第六策：所谓"得民心者得天下"。想要得民心，就要修德省刑，轻徭薄赋。在我们面前就有个绝佳的反面教材——元王朝。我们只要反其道而行之，就能得民心。

第七策：大力招揽天下俊杰。人才比黄金还宝贵，没有人才，就如无源之水、无本之木。

第八策：耕不忘战，战不忘耕，以耕备战，以战护耕。刘伯温后来创建的卫所制，源头就在此处。

遗憾的是，我们只能写到这里，《时务十八策》中的后十策众说纷纭，为什么会众说纷纭？因为朱元璋看完《时务十八策》后，先是心花怒放，紧接着就是背后发冷、毛骨悚然。他无论如何都想不到，世间真有这样的天才级人物，能在胜利的曙光未现时就谋划出建国大纲。《时务十八策》几乎就是他内心深处角落中那个喷薄欲出，但凭他的智慧永远都无法喷出来的想法。如果让《时务十八策》公之于世，将来功成名就，他人定会归功于刘伯温的谋略，一如诸葛亮的《隆中对》，这定会让朱元璋万分失色。

据说，朱元璋一个人看完《时务十八策》后，就把它处理了。有人说是藏了起来，有人说被他烧成了灰，还有人说，他看完《时务十八策》后急如星火地找来刘伯温，马上升刘伯温为军师，并且告诉刘伯温，你从来就没有给过我什么《时务十八策》。

可以这样说，《时务十八策》失传了，那么，我们所列出的八策是如何来的呢？多年以后，有人破译了刘伯温的《郁离子》，发现这本书的第十八卷就是《时务十八策》的内容，只不过是用寓言给遮盖了。

后面还有十策大致如下：粮草供应之对策，水战、火战之配合，坚城固守与弃城引敌，疑兵计与反间计，农田水利之构建，军中将领之俸禄，劫寨与反劫寨，谋士参议制，属官编制，北伐。

朱元璋认真地看了《时务十八策》后，发现第一策到第四策都不是他即将要考虑的问题，只有第五策，迫在眉睫。

第五策中，我们会发现一个陌生的名字——“陈友谅”。这个陌生的名字对朱元璋而言可谓如雷贯耳，因为自他参加革命以来几乎没有遇到过真正的对手，而陈友谅是他梦中都会被气醒的强劲对手。

陈友谅来袭

陈友谅一直都在鼎沸的南中国舞台上卖力表演，只是他始终站在他的领导徐寿辉的身后，未惹人注意而已。

刘伯温十岁那年（1320年），陈友谅出生在今湖北仙桃市通海口镇一个穷苦的渔民家庭，由于有兄弟七个，因此他从小就饱受艰辛，勉强得以长大成人。虽然每天只能勉强填饱肚子，可这并不阻碍他好动的性格，他从各路豪杰那里学来了超群的搏击术。二十岁时，陈友谅到县城考武科，但因为他的搏击术毫无观赏性，所以名落孙山。不过当地政府看他力大无穷，所以就让他在政府办公室打杂。

这个让人倒尽胃口的职务，陈友谅一做就做了十年。这十年时间里，他只学会了一条：你必须要做官才能发挥能量，否则，你的能量就是身上的血，只能维持你自己的生存。每当他在政府走廊中看到那些趾高气扬的官员前呼后拥时，他浑身的汗毛就坚挺起来。他对着柱子说，我也能当官，我也能有十万人做手下。

三十岁时，他毅然辞职，回家打鱼。在波平浪静的水面上，他看到自己的虎背熊腰，看到自己的那张饱经风霜的脸，不能得志的酸楚就涌上头顶，然后他一个猛子扎进水中，半个时辰不出来。他那颓废的形象让他老爹极不高兴，他老爹教训他，做个渔翁没有什么不好，你是心比天高，命比纸薄，难道还想做皇帝？陈友谅转动着大眼珠说：“当初刘邦不过一个小流氓，不还是当了个汉高祖！”

这是勇气催生出来的狂妄的幻想，可如果付诸实践，那就是理想。一年后的1351年，徐寿辉发动起义，声势夺人。陈友谅扔了渔网，跳下了船，在洪湖煽动渔民一千多人革命，打出的旗号是“红巾军洪湖分部”。凭借着在基层政府多年来耳濡目染而学到和悟到的出色的组织能力和控制能力，他的部队在一年之内就翻了二十倍。这个数字虽然和徐寿辉的部队数目无法相提并论，但陈友谅的发展潜力如深海巨河，看上去永无止境。

1355年，陈友谅在战场上结识了徐寿辉的大将倪文俊，在倪文俊的引荐下，陈友谅见到了徐寿辉和徐寿辉那支庞大善战的天完兵团。他全身心地把自己投入到开疆拓土中去，两年后，他那出色的组织能力和控制能力，还有他埋头苦干的精神，使他一跃而成为天完帝国的中坚人物。

与此同时，一些心机颇重的人发现，陈友谅的野心像一只巨兽，开始咻咻地转向了徐寿辉。在陈友谅心目中，徐寿辉是个不折不扣的好人，在这样的乱世，他的角色应该是吃斋念佛、普度众生，绝不是动刀动枪。

在扩张领土的过程中，徐寿辉的“知足常乐”更让陈友谅对其厌恶到骨子里。倪文俊也厌恶徐寿辉，不过和陈友谅不同的是，他纯粹是想坐徐寿辉那个位子。而陈友谅有更高的理想，取代徐寿辉只是他的一种手段，他的目的是想统一整个中国，至少是南中国。倪文俊、陈友谅对徐寿辉宝座的觊觎和当初刘邦、项羽对秦始皇车队的觊觎异曲同工。刘邦看到秦始皇的豪华车队时，说：“男人就该那样。”而项羽却说：“我要取代他。”两人的理想有天壤之别。徐寿辉身边的谋士团发现了陈友谅的狼子野心，就怂恿徐寿辉把陈友谅调到外面去。徐寿辉同意了，他没有理由不同意，因为他自认为，身边有个倪文俊就足够。

但倪文俊让他失望了。1357年农历九月，倪文俊制定了谋杀他的计划，但事前泄露，仓皇逃到了陈友谅的驻军基地黄州（今湖北黄冈一带）。倪文俊认为陈友谅对徐寿辉也没有好感，所以陈友谅应该是他朋友，即使不是朋友，也不会是敌人。初进黄州，陈友谅的确表现出了朋友的样子，请他吃的是新鲜的烤武昌鱼。但饭毕，陈友谅的背后就跳出了几个手拿短斧的侍卫，把倪文俊砍成了肉泥，脑袋当然是完好的，陈友谅派人把那颗脑袋送给了徐寿辉。凭倪文俊的智商，即使再活五百年，也不能理解陈友谅的内心世界，一个无法了解别人内心世界的人，总会做出蠢事，所以，倪文俊死了。

徐寿辉对陈友谅演绎出的这一幕忠诚大戏至为感动，几乎要流下滚烫的热泪。倪文俊谋杀他未遂后，他经常闷闷不乐，认为身边没有一位忠贞不贰的人。现在，他认为有了，这个人自然就是陈友谅。

陈友谅很快就被徐寿辉呼唤到他的大本营汉阳，授予了宰相的高位，同时统领天完帝国的所有军队。自此，陈友谅的大半个身子已经挤到了前台。他虽然实质上拥有天完帝国辽阔的地盘和骁勇善战的军团，但对付徐寿辉，他不想用军队这种粗俗的手段。他在徐寿辉政府的政治迷宫里目标明确，意志坚定，用罕见的政治手腕扫除了徐寿辉身边所有可能威胁到他的人。徐寿辉很快就发现自己成了孤家寡人，但他无法反抗，他没有反击的智慧，也没有反击的动力。

当陈友谅站在江州城（今江西九江）中最高处向东方望去，一眼就能望到滚滚东流的长江。他犀利的眼神穿透长江江面的薄雾继续向东前进，就看到应天城里虎虎生威的朱元璋，跃过朱元璋，他又看到了正在海边休闲的张士诚。

他就一直向东方望去，不转身，因为向西和向北，他看不到敌人，天完帝国的疆域太大了，或者说，他陈友谅的地盘太大了。他紧紧地盯着应天，突然转身，大步流星地回到自己的办公室，摊开一张纸，写道：消灭朱元璋计划。停笔思考了一下，又写道：关于对徐寿辉的处理方案。

1360年农历五月，消灭朱元璋的计划正式实施，陈友谅兵团出九江以迅雷不及掩耳的速度向刚被朱元璋占据的池州城挺进，但就在进军路上，陈友谅兵团遭到朱元璋大将徐达的埋伏，死了三千多人。

陈友谅气得跳了起来，也不管池州了，集结三十万大军兵锋直指朱元璋的老巢应天。想到应天城，必须要先拿下太平。太平城是朱元璋在应天的桥头堡，朱元璋自得到太平城后，就时刻在加固城墙，现今太平城城高墙厚，万夫莫开。但陈友谅却只用了三天，就把这座朱元璋极为自信的城池攻陷。太平城中的高级将领全部阵亡，包括朱元璋的义子朱文逊。

几天后，当陈友谅的海军在采石准备渡江时，朱元璋和他的参谋们正在总结太平城失守的经验教训。大家各抒己见，争论了半天，最终有人说到了点子上：陈友谅攻陷太平城，用的是海军。他把高大的军舰停泊在西南城墙下，那就是一座可以移动的城墙，士兵们攀着桅杆就能跳到城中，我们如何守得住？

朱元璋脸上罩起一片乌云。如果陈友谅真的渡江了，他就要和这位名动天下的豪杰短兵相接了，他没有这个信心。因为陈友谅的海军，是他所有敌人共同的噩梦。

先生计将安出

陈友谅从小和水打交道，所以自己就是个水上的行家。参加革命后，他更把这种别人所没有的能力发挥到极致，“地利”也给了他充分的机会。他战斗的地方大都有水，在水上，他很少被打败过。长时间以来，陈友谅心中形成了一个固定的思想：水军很重要。思想决定行动，行动又反过来固化思想。所以当他成为天完帝国的宰相时，多年以来不惧艰难的努力使他拥有了一支战无不胜的无敌舰队。

他的舰队航行在内陆湖上，犹如航行在自家的游泳池中，他的舰队航行在长江上，就如三山五岳被挪到了长江里。他所有的军舰一起下水，水面会暴涨十尺，犹如海啸一样。他有几千艘中型军舰，有几百艘如航空母舰一样的大型攻击和运输舰，至于突击舰艇，数不胜数。敌人只要听到他的重型军舰的名字，就会落荒而逃。这些名字是：混江龙、塞断江、撞倒山、江海鳖……

陈友谅深为自己的这支舰队而自豪，特别是在1360年闰五月他在采石江面的指挥舰中时。他自豪的原因有两个：一是他可以很快就和朱元璋见面，但场景可能有点尴尬——朱元璋在囚笼里，而他坐在高大舒适的椅子上；二是在和朱元璋见面之前，他会做成一件很重要的事情。这件事跟他要和朱元璋见面有很大的关系。如果这件事不做，那他和朱元璋见面时，他就不会坐着，而是站着。

这件事就是徐寿辉。陈友谅坐在自己的指挥舰中，想着这个“知足常乐”的菩萨心肠的人。想了一会儿，就站起来，他长吁一口气，坚毅地握紧了拳头，心中说，和囚笼中的朱元璋会面的那一幕将是具有历史性意义的，徐寿辉根本就不配在这个场合出现。

徐寿辉就坐在他对面，看到陈友谅神情严肃地站起来，而且站得笔直，一种很不好的感觉涌上心头。他也站了起来，陈友谅招呼他，要他看向窗外。窗外的江水在无数火把的照耀下波光粼粼，红彤彤的一片，江的对面一片漆黑。陈友谅指着那片漆黑之地，告诉他："那就是金陵，朱元璋正昼夜赶工，制作囚笼。"

徐寿辉傻傻地问："装我们吗？"

陈友谅纵声大笑，拍了拍徐寿辉的肩膀，说："是装他自己，哈哈。"

徐寿辉只好赔着笑，笑容还未在脸上全部绽开，陈友谅击了两下掌，一队士兵就出现在徐寿辉面前，他们的手中有绳子，还有开山斧。

徐寿辉脸色大变，声音颤抖，盯着陈友谅，问："你要杀我？"

陈友谅拿出很无辜的表情来，摊开手说："不是我杀你，是你杀了你自己。"

对这种哲学问题，徐寿辉没有研究，自然也就不明白。

陈友谅侃侃而谈，人生在世，应该找准自己的位置。对于有些人来说，有些位置就如毒蛇的牙齿，不能去坐的。只要坐上去了，就必须按照那个位置的要求去做事，否则就会被历史淘汰。这就是屁股决定脑袋。你恰好没有这个思想，所以你今天不是被我杀的，而是被你自己杀的。

徐寿辉脸上已没了人色，史料记载说，他临死前大骂陈友谅不忠不义，还把陈友谅的祖宗十八代骂了个遍。但这种记载并不可靠，徐寿辉是个对人生极为豁达的人。这样的人，在死前就如他在生前一样，不会怨恨什么。

陈友谅杀掉徐寿辉后，马上做了两件事：第一，登基称帝。可当时正在前线，没有可以称帝的地方。他思来想去，终于想到了五通庙。白天视察军队时，他看到有一座殿宇高耸、金碧辉煌的寺庙，这就是建于宋代的五通庙。他先让人做了简单的打扫，然后就地取材，把供桌当成"龙案"，搬来一张看着是有、坐上去就没有了的虚无的破椅子，再把五通庙前的一个土堆视为"祭坛"。他屁股贴到"龙椅"上，几乎是半蹲着，草草地开始登基大典。他睁着一双炯炯有神的大眼，扫视着下面的文臣武将，然后说："我建立的这个虎虎生威的国家国号为汉，年号'大义'。"大家山呼万岁。看上去很是那么回事，只是稍有点遗憾：登基仪式进行到一半时，一场暴雨不请自来，陈友谅只好狼狈地逃回指挥舰中。他喘息未定，就给张士诚写了封信，要他进攻朱元璋的背后，他说："这叫包饺子，要朱元璋顾头不顾尾。"

信送出后，他就一直等着，等了几天，终于等得不耐烦了。于是，他向长江对岸发出了一声叹息，说："我真蠢，自己能干的事为什么还要求别人！"

应天城里鸡飞狗跳。绝对可靠的军情已送到了朱元璋的办公桌上：陈友谅即将发动进攻，他的舰队已开始移动。

朱元璋召开了全体军事会议，会议上，有人悲观地说："陈友谅的舰队天下无敌，纵使韩信复生，也无济于事。还是和他谈判，献点城池，保存实力。"有人半悲观半乐观地说："先和他打一架，输了再说。"有人则说："放弃应天，到紫金山去坚守。"还有人提出围魏救赵之计，欲派出一支军队进攻陈友谅刚占据的太平，牵制他的兵力，伺机反攻。

会议场内很快就成了菜市场，人人都在吐沫横飞地和别人争论，只有刘伯温面无表情，一句话都没有说。他的这种沉静被朱元璋看到了。会议一散，朱元璋就把刘伯温召进了密室。朱元璋第一句话就是问话："您有什么好计策吗（先生计将安出）？"

刘伯温脱口而出："先把主张投降献城池的人和主张去紫金山坚守的人杀掉，才能破敌。"

这不是计策，但朱元璋明白，所以点了点头说："投降和退守绝不是好办法，我是坚决不赞同的。"停了一会儿，又问，"但不知您的计策是什么？"

刘伯温整理下思路，缓缓而谈道："陈友谅攻太平，三天攻取，这种战力使人敬畏。但太平城临江，陈友谅用的是他的水军。他的优势全在水军，如果我们可以避开他的优势，以我们的优势打他的劣势，我们就能成功。"

朱元璋渴求地望着刘伯温。

刘伯温接着说："我们可以把他们引诱到陆上来，在一些关键地段设下埋伏。他们的水军用不上，陆军人数又比我们少，这时我们伏击他，就可以用最小的代价获取最大的战果。"

朱元璋抚掌大笑，说："先生您想的和我一样啊。"

但具体怎么实施这个战略，朱元璋仍然要刘伯温说说他的想法。

刘伯温说："我知道咱们这里有个叫康茂才的人，他曾在陈友谅手下当差，而且陈友谅对他的印象不错。可以让他给陈友谅写信，说可以里应外合。"

朱元璋问："陈友谅素来猜疑，如何肯相信康茂才？"

刘伯温说："要鱼上钩，当然不能和鱼说有蚯蚓吃。要给它蚯蚓吃，它才能上钩。"

朱元璋问："蚯蚓在哪儿？"

刘伯温说："陈友谅喜欢用水军，那我们就让康茂才通知他，说自己已经把从长江到应天西城墙的那条三叉江上的木制江东桥挪开了。如此一来，陈友谅的水军就可以经过秦淮河直抵应天城墙之下。陈友谅必会相信康茂才，因为他太急功近利。一个急功近利的人，一定不会放过任何机会，哪怕这个机会有风险，他都会说服自己相信没有风险。”

朱元璋满意地点头，说：“您真是谋略大师啊。”

刘伯温说：“我们在江东桥设置下重兵，给他个迎头痛击。当然，我们的水军和他的水军无法抗衡，只能把他逼退。陈友谅败退后，必然要撤到龙湾，上岸坚守。这样，我们集中陆军主力对其发动全面进攻，陈友谅必败无疑。”

朱元璋把这份计划交给李善长时，李善长瞠目结舌，说：“我们担心的就是陈友谅会来，怎么现在又请他来？”

刘伯温嗤之以鼻，没有理会他。朱元璋给李善长解释了一番，但李善长仍然提心吊胆。原因很简单，把一个强大的敌人引到眼皮子底下来，稍有差池，那就是引狼入室。

不过陈友谅很给面子，当康茂才派人到他面前实施刘伯温指示的计划时，陈友谅双眼放光，问：“康老先生在什么位置？”来人回答：“守江东桥。”陈友谅追问：“桥如何？”回答：“木桥。”陈友谅搓着手，兴奋地对来人说：“回去告诉你主人，我肯定到，不见不散，到时候以呼‘老康’为信号。”

朱元璋得到这个消息后，兴奋地跳了起来，但刘伯温告诉他，此时还未到兴奋的时候，这次战役不仅是击退陈友谅，还要歼灭他的主力。

按照刘伯温的意见，朱元璋开始小心翼翼地布置战场，让康茂才带领水军一部分精锐埋伏在江东桥，再派大将常遇春带三万人去石灰山伏击在龙湾登岸的陈友谅兵团，最后让徐达兵团等在应天的南城外面作为机动攻击部队。水军主力则被派往长江下游，伏击撤退的陈友谅水军。他本人则带领预备队驻扎在城墙西北处的卢龙山。在这里，他能俯瞰长江和整个战区。

朱元璋下令，挥动红旗表示敌军已进入战场，挥动黄旗时则是命令石灰山的常遇春部队出击。

一切布置完成后，刘伯温又提醒朱元璋，康茂才的水军实力远不如陈友谅，如果稍有闪失，陈友谅冲破江东木桥，可就大事不妙了。朱元璋问：“如何是好？”

刘伯温笑了笑，说：“让李善长昼夜赶工，把木桥换成铁石桥，并迅速加固。”

李善长满脸不高兴地去办了。

1360年农历六月二十三日早晨，太阳刚从地平线上升起，陈友谅的庞大舰队已经出现在应天城下，先头舰队在陈友谅亲自带领下直奔江东桥。由此看来，陈友谅很守信，但康茂才让他对“守信”这一美好的品德产生了怀疑。他忽然发现桥不是木头的，连连呼唤“老康”，却不见任何动静。他心脏剧烈跳动起来，这是惊慌的表现。正当他确定这是一次阴谋，准备调头时，康茂才大吼一声：“给我打！”陈友谅发现自己的舰队立即陷在箭雨和火光中，但他的舰队有着非凡的抗打击能力，一面还击一面撤出了江东桥。正如刘伯温所预料的一样，他撤到了龙湾，命令士兵登陆，挖壕沟立栅栏，准备做一番有质量的抵抗后，抓住机会进行决定性的反攻。

但朱元璋决不会给他这样的机会，他在卢龙山顶把陈友谅的登陆情况看得一清二楚。他命令身边的士兵挥动红旗，所有军队都知道敌人已进入战场，各路朱元璋兵团，包括他的预备部队都擂起战鼓，喊杀声震动天地，冲向了陈友谅的登陆部队。陈友谅命令他的部队不必拘泥，反守为攻。双方的士兵在死神的带领下冲进战场，开始进行惨烈的厮杀。

战场上在血肉横飞时，朱元璋又命人举起了黄旗，常遇春的伏击部队一跃而出。他们一动不动地埋伏在那里等得太久了，一见黄旗招展，就立刻如出笼的猛虎般冲向了陈友谅兵团的侧翼。陈友谅的阵线瞬间崩溃，士兵们，包括陈友谅自己纷纷逃向战舰准备逃命。但天不保佑，当时恰好退潮，庞大的战舰无法移动，陈友谅只好逃到一艘小型战舰上，凭借着机动灵活，终于逃出生天。

但厄运之神并没有离开他，他逃到采石，朱元璋的追击部队已经赶到。他调头来希望能转运，又大败。他只好退到太平，朱元璋的追击部队像冤魂一样紧紧不放。在猛烈的攻击下，陈友谅的部队丧失了守城的信心，只好弃城而逃。厄运紧紧地跟随他，又卷土重来紧紧地抓住他。很快，安庆也在朱元璋兵团的咆哮声中陷落，接着就是信州。信州一失，陈友谅的地盘的大门就向朱元璋毫无保留地敞开了。陈友谅用几年时间获得的战果，在不到一个月的时间内全从手中如水一样流走。

此战对陈友谅是个晴天霹雳，他的军舰至少有一半——百余艘巨舰和数百艘中型战舰——被朱元璋俘获。朱元璋把这些军舰充实到自己的海军中，这使得两年后，朱元璋的海军实力和陈友谅势均力敌。除了这些军舰外，陈友谅还留给了朱元璋两万具自己士兵的尸体及七千多名俘虏。

此战后来被称为龙湾之战，龙湾之战让朱元璋名震南中国。这话刘伯温早就说过，如果这次能击败陈友谅，那么将来的大业就成功了一半。刘伯温之所以这样说，是因为当时的中国本土内，陈友谅是实力雄厚的标杆，能击败他，就击败了其他野心家的幻梦。

刘伯温功不可没。朱元璋发现，这场战役就像是刘伯温设置的一个游戏，每一步都在按照刘伯温的指令进行。

朱元璋说："这是未卜先知的人。"

刘伯温却望着青田县的方向，泪眼婆娑地说："我不是，不然，我怎么可能预测不到我老母亲的去世。"

应天有个刘大仙

刘伯温的母亲富老太太在1361年农历八月间离开人世，刘伯温说自己没有预料到母亲的去世，是因为他离开青田时，母亲身体很强健。还有，1361年，朱元璋已开始对陈友谅发动了战略性总攻，刘伯温整年都全身心地投入到这场决定历史命运的大战中来，分心无术。

陈友谅自龙湾惨败后，虽然逃得很狼狈，但站稳脚跟后，马上以雷霆之势反攻朱元璋。1361年农历七月，陈友谅突袭安庆，朱元璋在安庆的守卫部队还未反应过来，陈友谅兵团就攻陷了这座朱元璋到手还没满一年的战略重镇。

朱元璋的反应极为激烈，把逃回应天城的安庆守将处决。同时他打了个冷战，陈友谅的确有过人之处，这是个并不好惹的对手。当他转身问刘伯温"计将安出"时，刘伯温没有给他计策，而是给了他一张请假条，准备回老家守孝。朱元璋无论如何都不同意，在这个关键时刻，刘伯温就是他的空气和阳光，就是他人生的导航仪。

他给刘伯温写了封情感生动的信。这封信后来被称为《御制慰书》，信中指出以下三点：

"第一，您的老母去世时已是八十岁，这是喜丧。就是在太平时期，又有几人能如此高寿？

"第二，您来帮我建立大业，如今大业未成就要走，恐怕不太好。但您非要走，我也不能拦着，因为我在应天城中就推行孝顺之道，我不能出尔反尔。

"第三，当年徐庶的老母被曹操捉去，徐庶对主人刘备说，'我方寸已乱，必须要让我走'，刘备就放徐庶走了。我觉得这是天理人心，但您母亲已去天堂，无论我现在放您走还是一两年后放您走，您都不能再见到她老人家了。现在正是我用您之际，过了这段艰苦时日，我当以最隆重的仪式送您回家。”

刘伯温已经五十一岁，对朱元璋信中所说的三点，当然一想就通。他没有丝毫犹豫，深吸一口气，坐回了朱元璋对面，开始制定对陈友谅发动总攻的军事计划。

按朱元璋的意思，陈友谅兵团虽然一年前受到重创，但从他攻陷安庆的兵力来看，仍然是势不可当。想要彻底扫平他，必须稳扎稳打，做地毯式的进攻。

刘伯温说：“不要把自己固定死，看着来。”

朱元璋说：“那总得有第一步吧？”

刘伯温说：“当然，先打安庆。”

朱元璋问：“然后呢？”

刘伯温说：“打着看。”

朱元璋“咦”一声。这个发音如果用一段文字来解释的话就是这样的：你当初给我的《时务十八策》，可是非常具体且目的明确的。但现在这个计划，怎么看都不像是计划，有点像骑驴看唱本走着瞧的味道。难道是老娘的死，给了你沉重的心理负担，让你方寸乱了？

刘伯温一眼就看穿了朱元璋的心理活动，但他没有为朱元璋解惑。他站起来，招呼朱元璋跟他走出房间。夜色如水，繁星点点，他看着幽暗的天空，随后指着一颗发亮的星星说：“那是金星。”又随手一指那颗星星左边的星星说，“那是火星。金星在前，火星在后，这是出师必胜之兆。所以，只需出师，一切已由天定。”

朱元璋对星星特别有感觉，因为他从小风餐露宿，饿得难以入睡时，就会仰望星空数星星。但他不懂星相学，在刘伯温口中那些代表着吉凶祸福的金星火星，在他眼里只是个芝麻大的星星而已。

他当然也不想向刘伯温请教星象学，当领导的不必全都懂，有人懂，而且能为你所用就可以了。

他相信刘伯温没有装神弄鬼，因为人家的确有本钱，龙湾之战就是证明。他小心翼翼地问刘伯温：“那么，什么时间出师比较好？”

刘伯温看了他一眼，回答：“准备好了，就出。”停了一会儿，补充说，“要师出有名。陈友谅杀了他的君主徐寿辉，这就是咱们进攻他的一个理由。”

朱元璋对这样的把戏驾轻就熟，在军队准备完成后，大将徐达和常遇春的先头部队向安庆挺近，他则带着刘伯温乘坐从陈友谅那里缴获的巨大战舰逆流而上。首舰船头竖一杆大旗，写了八个大字：吊民伐罪，纳顺招降。

当陈友谅听到那杆大旗上书写的内容后，失声叫道：“朱元璋这畜生真是恬不知耻，哪些‘民’让你伐我了？我有何罪？招降我？我们都是红巾军，你是用的什么身份来招降我？”

陈友谅吼叫完毕就冷静了下来。因为他和朱元璋都知道，口号、标语都是虚的，真到台面上，实力才是真的。

陈友谅当然有实力，自夺回安庆城后，他把所有的攻城部队当成了工程部队。在短短的一个月内，昼夜赶工，终于把安庆城铸造成了一个铜墙铁壁的钢铁之城。徐达和常遇春的先头部队在安庆城下死伤惨重，也没有取得一丁点进展。

朱元璋在指挥舰里坐立不安，踱来踱去。首舰上那杆大旗上的八个字没有给他带来一点运气，他觉得刘伯温应该说点什么了。

刘伯温就说道：“既然安庆城这么难攻，那我们就不强攻了。留下一部分兵力做一般性的攻击，主力绕过安庆，奔袭陈友谅的老巢江州。江州一落，安庆孤立无援，指日可下。”

朱元璋恍然大悟，刘伯温所谓的“打着看”原来是这样啊。

陈友谅建国后，把江州作为自己的首都。江州坐落在鄱阳湖入江口，是南中国兵家们的必争之地，也就是说，它时刻都有成为战场的可能。陈友谅把首都修建于此，只能说明一点：他太自信，自信没人有能力把这里变成战场。

但“自信”这种人类本应该具备的美德往往飘忽不定，稍不小心，就变成了自负，甚至是自以为是，从而引来祸端。

陈友谅在江州城里把所有的精力都放在了安庆，所以当徐达以风卷残云的神速扫清了江州城外围的防御，进抵江州城下时，陈友谅大惑不解，进而恍然大悟，原来朱元璋攻安庆是虚，打江州才是实。

徐达在陆上发动总攻时，朱元璋的舰队也到了。这一突袭让陈友谅方寸大乱，慌乱之中，他无法冷静下来指挥，结果江州城就这样稀里糊涂地丢了。不过在江州城陷前的一个黑夜，他顺利地逃出，奔向了武昌。

从他和朱元璋正式对决开始，厄运之神一直就成了他形影不离的朋友。在武昌城的时候，他也没有过上一天舒心的日子。因为朱元璋兵团在从江州追击他的一路上，像巨兽一样吞食了他所有的城池，一直吞到武昌城下。他被困住了。

正如刘伯温所预料的一样，陈友谅在安庆城的守将一听说江州陷落，马上开门投降。朱元璋兵团势如破竹，像鲨鱼一样冲进了陈友谅控制多年的江西行省[1]这个鱼缸里。

可能就在江西，刘伯温的大名开始以裂变的速度传播。无论是敌还是友，都传说应天城里有个刘大仙，能呼风唤雨撒豆成兵。他是朱元璋的助手，卜算出朱元璋可以坐天下。

稍有点知识的人散播说，刘伯温是集政治家、文学家、军事家和魔法师于一身的人物。他并不是人，而是上天派下来的神，是来辅佐朱元璋一统天下的。

不仅仅是敌人和朋友这样说，就是在朱元璋政府内部，也有人说，刘伯温这人的确是个神乎其神的人物，他很少靠理性的思考来决断事情，而是靠灵明。有一件事在军界广为流传，让刘伯温的头上顶上了半仙的帽子。

这件事是这样的。陈友谅首都江州被攻陷后，在追击陈友谅，同时扫荡陈友谅地盘时，有一座城池成了钉子，久久不能攻下。攻击部队的司令冯胜就偷偷向刘伯温请教。刘伯温闭目许久，然后就对冯胜说："先从城下撤围，然后到某某地方，见那个地方青云升空，就埋下伏兵。大概半个时辰后，你就能见到有黑云升空，黑云的下面就是前来追击你的敌人埋伏的地方。但你不要动，中午时，黑云渐散，又和青云相接，这是敌人没有等到你，回城了。此时，青云和淡淡的黑云开始移动，你跟随它们，当青云和黑云彻底消散后，你就能碰到敌人，攻击他们，一战可定，城也可下。"

冯胜吃惊地张大了嘴巴，死都不信。但刘伯温掷地有声地说："按我说的办，不成，我负全责。"冯胜其实也没有别的办法，只好半信半疑地去依计行事。结果正如刘伯温所说的那样，有青云有黑云，冯胜看到青云和黑云出现后，欣喜若狂，更让他欣喜的是，后来的事态果如刘伯温所预料的那样。

朱元璋政府那些将军们自此更加敬重刘伯温，而刘伯温也名正言顺地成了朱元璋的第一军师。

1 此时的江西行省辖境远大于今江西省，包括今长江以南的江西大部、湖南部分、除雷州半岛外的广东全省及福建小部。

刘伯温踹了朱元璋一脚

1361年农历十二月的某一天，朱元璋坐在胡床上正听一个人说话，那人说了句什么，朱元璋没答话，站在他身后的刘伯温就踹了他一脚。当然，刘伯温没有踹朱元璋的屁股，而是踹了朱元璋坐的胡床。朱元璋被这一踹，马上就脱口而出四个字：没有问题。

古人说了，皇帝沾染过的一切都是神圣不可侵犯的。虽然1361年时，朱元璋还不是皇帝，但他手下那些人早就把他当成皇帝了。刘伯温居然踹朱元璋的凳子，难道吃了熊心豹子胆？

这件蹊跷的事是这样发生的：陈友谅在江西的城池被朱元璋不断鲸吞时，那些城池中的陈友谅手下的将军们纷纷投靠朱元璋，这里就有驻守龙兴的胡廷瑞。胡廷瑞是陈友谅的一员文武全才的将领，但他是半路出家，年轻时在元政府翰林院上班，那时就表现出了能文能武的资质来。后来南方不太平，那个在多年后引诱陈友谅到江东桥的康茂才在洞庭湖称王称霸，搞得政府苦不堪言，元朝中央政府的宰相脱脱就推荐了胡廷瑞到洞庭湖剿匪。

胡廷瑞二话不说，收拾了简单的行李就奔向洞庭湖。一路上用少得可怜的军费招了一批江湖高手组成小兵团，到了洞庭湖后，胡廷瑞三下五除二，就把康茂才和正要崭露头角的土匪流氓们收拾个干净。但他没有杀这些人，而是把他们变成了自己的人。中央政府得到捷报后，就给了胡廷瑞一个丞相的空头衔，胡廷瑞就用这个空头衔和他那支江湖高手组成的兵团为自己开疆拓土。中央政府得知胡廷瑞已失控的消息后，就想把他招进中央来，但胡廷瑞机灵得很，以各种借口推脱，其实就是不想放弃兵权。中央政府使出最愚蠢的一招：你不来，我就去剿你。

胡廷瑞大笑，他知道中央政府没有这个能力，可还是做了准备工作。他的准备工作就是投靠了当时风生水起的陈友谅。陈友谅很器重他，谋杀徐寿辉做了皇帝后，就封他为江西行省丞相（江西行省省长）。初期还好，江西大半个地区他说了算。不过后期就不好了，首先是陈友谅做皇帝后在政府内部大清洗，一批老资格的大将都被陈友谅或杀或逼走。其次，陈友谅和朱元璋开战后，屡战屡败，江西行省有大半都入了朱元璋的口袋，他这个江西省长已名不副实。

所以，用他的话说就是“弃暗投明”。暗，自然是陈友谅，而明，当然就是朱元璋。

1361年年末，他派了使者来见朱元璋，说要把龙兴城双手奉上，不过，不是无条件的。朱元璋对送上门来的龙兴城兴趣极大，就领着刘伯温见了那位使者。

使者说了第一个条件，不能降胡廷瑞的爵位。

朱元璋立即说：“放心，还让他当江西省长。”然后补充道，“我的江西行省省长。”

使者又说了第二个条件：不能拆散胡的军队，胡投降后，胡的军队还由胡来带。

朱元璋脸色就笼上了一层乌云，不说话了。就在这个时候，刘伯温从背后踢了他胡床一脚。朱元璋的反应极快，马上说：“没有问题。”又补充说，“你家将军如果觉得兵少，我还可以给他补充。”

使者高兴地离开后，朱元璋几乎流着口水对刘伯温说：“龙兴城不费一兵一卒就能得到，这真是天降大运。多亏了你，你这一脚胜过十万兵。”

当朱元璋夸奖刘伯温时，刘伯温却头脑冷静地说：“先不要高兴得太早。胡廷瑞也是狡狯猜疑之徒，您这样爽快地答应他，使者传话稍有差池之处，他必然多想，这事就泡汤了。”

朱元璋急忙问计，刘伯温说：“写一封动人心弦的信给他。”

这封信当然不可能由朱元璋亲自来写，所以代笔人自然是刘伯温。

这封信以朱元璋的口吻开头：“您的使者来说您有弃暗投明之意，这是您明达之处，我很欣慰。可您却担心我整编您的部队，实在是过虑。我革命十多年，奇士、英才两手空空地归顺我的，太多了。这些人能有先见之明，不必等我去请就来的，我都在能力范围内给他们最大的物质支持。没有兵的，我给他们兵，没有爵禄的，我给他们爵禄。像您这样带着一支军队来我这里的，我怎么可能整编您的军队呢？如果您消息灵通，您就知道陈友谅手下那些归顺我的将军们现在的生存状态。在龙湾之战、江州之战中，他们立下大功，我都给予了厚重的赏赐。他们和我从前的将军们其乐融融，我对他们也一视同仁。要知道，他们的归降可都是在城破力竭之时，很多都是不得已才归顺的。而您，却是主动归顺，您与我之间未经一箭一矢。从这一点而言，我会更加敬重您。得失之机，间不容发，您要尽快做决断。”

胡廷瑞读了这封洋溢着热情的信后，眼睛有点湿润，深吸了一口气后，就说：“准备准备，咱们去见朱元璋。”

婺州、处州之变

江州之战后，刘伯温再向朱元璋请假回家。朱元璋开始答应了，同时实践诺言，给刘伯温准备了一支装扮华丽的卫队。当刘伯温正要启程时，朱元璋又反悔了，要刘伯温帮他办完一件事后再走。这件事就是婺州、处州的苗军叛乱。

苗军是元政府在南中国失控的情况下，从今广西调入南中国的以苗族为主体民族的野战军。他们贯于野战和偷袭战，曾在短时间内帮助元政府阻挡了许多反政府武装的发展势头。不过很快，他们在元政府心目中就失去应有的地位。因为他们军纪太坏，烧杀抢劫，不问目标。所过之处，鸡犬不留，寸草不生。当然，毫无反抗能力的普通百姓是他们行凶的最主要目标，不过有时候，他们也会抽风一样抢劫政府军。

刘伯温在处州工作时，就对他的上司三番五次提过，必须要整顿苗军的军纪，否则，他们就是方国珍、张士诚第二。

元朝政府并不是傻子，当然也不是瞎子，他们对苗军的恶行早有所闻见。不过正如那些政府的大家伙们所说，如今是非常时期，小节出入可也。只要他们能帮我们对付叛乱者，军纪问题就不是问题。

问题是，没有军纪的部队不可能有高尚的情操，他们和反政府武装作战的同时，也在和反政府武装合作。比如，朱元璋在婺州的驻守部队中就有一支数目可观的苗军，在处州，苗帅贺仁德的部队几乎算得上是处州军区的主力。这些苗军是自动自发地投靠朱元璋的，因为在朱元璋向婺州和处州发动进攻时，他们见朱元璋兵团锐不可当，于是保存实力，举手投降。对于这几支苗军，朱元璋曾想过整编他们。可有人劝他说："整编他们，必然引起他们反感，如今又不是只有您一家，他们随时可以去投靠别人。安全起见，暂时先让他们自成一体，只要不闹事，等我们把江南消化掉，再动他们也不迟。"

朱元璋当时正和陈友谅战得如火如荼，自然就把这事放下了。但婺州和处州的苗帅们却放不下。据他们在反叛后的声明中称，朱元璋的人骑在他们脖子上拉屎，他们自进了南中国后，哪里受过这样的窝囊气，所以必须要起义。

这种理由，连鬼都不信。朱元璋政府在婺州的军政长官是胡大海，胡大海是朱元璋的得力干将，虽是武人，却颇懂政治，而且宅心仁厚，曾自我评价说："我虽然未读过书，不过知道带兵有三件事不可做。第一，不滥杀；第二，不抢妇女；第三，不烧人家房屋。”

无论任何人都不会相信，这样一个懂政治又有良知的人会对苗军苛刻。即使是婺州的几位苗帅，也对胡大海留有深刻印象。当他们商议起义时，就有人说，必须要杀掉胡大海，因为他有兵权。有个叫刘震的苗帅就失声叫道：“胡大人对我等情深义重，我们怎能下得了手？”

其中一个叫蒋英的苗帅跳出来，说：“你们下不了手，我可以。”

蒋英是言行一致的人，一天早上，他邀请胡大海到他军营中观看士兵的弓弩训练，半路上，他安排好的一个苗将突然冲出，跪在胡大海面前，颤声道：“蒋英要杀我。”胡大海未及回答，转头去看蒋英。蒋英从容地从腰间解下流星锤，对着那位苗将就甩了出去。当然，这是虚的，因为胡大海必然阻拦。胡大海真就阻拦，抬手准备去格开蒋英的胳膊，他也的确做到了，但由于惯性，蒋英的胳膊一停，甩出去的流星锤就回来了，胡大海的脑袋恰好在流星锤回来的路线上。嘭的一声，胡大海的脑袋被砸得稀巴烂，身体也飞了出去。

蒋英一声喊，不知从哪里冒出了一批苗兵，把胡大海的卫队全部诛杀。其他苗帅也控制了胡大海的部队，蒋英坐上会议室里胡大海的位置，说：“婺州是咱们的了，把这消息通知贺仁德将军。”

蒋英等苗帅谋杀胡大海，没有直接的利益冲突，归根结底，是因为他们投降朱元璋后，受到了军纪的约束。这对于不知军纪为何物的他们，简直就是一种心灵的摧残。他们的起义纯是为了解放心灵的重压。这种想法，在处州苗帅贺仁德和李佑之那里早已有之。

处州城中最活跃的是贺仁德，怒火攻心的也是他。苗帅们在处州城的日子差强人意，因为处州城的军政长官是耿再成和孙炎。耿再成治军严厉名声在外，孙炎是个自我控制力强而又目空一切的人，两人发自内心地对苗军没有好感。耿再成是因为他们的军纪，孙炎则是因为他们首鼠两端、毫无理想。

由此可知，苗帅们在处州的日子并不好过，贺仁德每天都失眠。当他得知婺州的苗帅们翻身做主人后，几乎不加任何思索，领着他的部队就冲进耿再成的办公室。耿再成当时正在吃饭，闻听是贺仁德造反了，摔了筷子，哇啦叫起来，集合身边的士兵二十人，开了大门，和贺仁德火速交上了火。由于他势单力薄，因此战斗很快结束，他被剁成了肉泥。

耿再成的肉泥还在淌血，贺仁德和李佑之的苗军已迅速控制了孙炎和处州的一批高官。贺仁德对孙炎有浓厚的兴趣，因为在处州这段时间，孙炎始终保持着高高在上的样子，对他们这些苗军冷眼相看。现在，贺仁德把孙炎投进了大牢。他去看孙炎时，就站在门口的台阶上，不下去。

他也摆出高高在上的样子，对孙炎道："降我，我让你官复原职。"孙炎满脸血污，那是在反抗时苗兵赏赐给他的礼物。他站起来，一瘸一拐地走到台阶下，当他确信贺仁德能看清他的举动后，就狠狠地向地上吐了一口唾沫。贺仁德没有恼火，一挥手，两个苗兵就端了盘子送到孙炎面前，有个苗兵一脚踢在他的瘸腿上，孙炎痛得大叫，坐了下去。盘子里是烤大雁，处州城中最好的一道菜，还有一壶酒。贺仁德长叹一声，说："那我就和你永别了。"孙炎握起盘子边的小匕首，割了大雁的屁股，塞进嘴里，又提起酒壶，咕咚咕咚喝了半瓶，打了饱嗝后，看着贺仁德说道："今天我被你这样的鼠辈所困，苍天无眼。我死，是为主死，光荣得很；你这个反复无常的贼，有一天死了，连狗都不吃你。"

贺仁德恼羞成怒，抽出佩刀，从台阶上跳了下来，逼到孙炎的脖子上，说："把衣服给我脱了，留你全尸！"

孙炎冷笑："这是官服，主上所赐。我要穿着它死。"

贺仁德也不明白，自己怎么就恢复了当初在深山老林里活吃野兽的气魄，他把孙炎的耳朵活生生地咬了下来，吃进肚子里，然后命人把孙炎的衣服剥了，乱刀砍死。

孙炎牺牲的消息和婺州、处州之变的消息同时传到应天，刘伯温正在收拾行李准备要走，朱元璋留住了他，狂骂不已。

刘伯温只好留下，朱元璋问刘伯温有何妙招。刘伯温皱眉沉思许久，才说："苗军表面上看骁勇善战，来去如风，但自他们进入南中国，从未听说他们守城有什么突出表现。所以，婺州、处州的兵变可顷刻而定，但有个前提，就是衢州不能失。"

朱元璋深表赞同。婺、衢、处三州对朱元璋的攻守方略极为重要，一旦这三州全失，就连为一体，朱元璋必须要拿出充沛的精力来对付三州苗军。据可靠消息，衢州城里的苗军也准备起义，州长夏毅正一筹莫展，心惊肉跳。

刘伯温建议，自己去衢州，天老爷如果保佑，衢州还在我们的控制内，那平定苗军的叛乱，就易如反掌了。

朱元璋急忙催他启程，但刘伯温不紧不慢。他知道，有些事如果早已由天注定，那人力无可奈何。

当刘伯温到衢州后，天老爷果然保佑，州长夏毅虽然魂不附体，但衢州还在他的可控范围内。刘伯温一来，夏毅就如见到上帝一样，交出所有的权力，让刘伯温全权处理。

刘伯温以朱元璋的名义给婺、处二州的所属县官下命令，要他们坚守城池，等待援军。然后又要求朱元璋派一支精锐进攻婺州，然后再派一支精锐埋伏在处州到婺州的路上。他的分析是，婺州城的蒋英只是三流角色，朱元璋攻婺州，蒋英必然逃跑。但处州城的贺仁德却是二流角色，听说婺州被攻，必然出城营救，这叫指东打西。

正如刘伯温所预料的，蒋英一听朱元璋来了支攻击部队，马上弃城逃跑。而贺仁德也像是中了刘伯温的咒语一样，领兵去救婺州。半路上，他中了埋伏，狼狈逃回处州，当他喘息未定时，朱元璋的那支伏兵已开始攻城。

苗军守城几乎等于白痴，处州城瞬间而下。李佑之自杀，贺仁德被活捉，就地处决。仅用了几天时间，婺、处二州的苗军叛乱就被刘伯温轻松地摆平。

朱元璋试图从刘伯温多次的运筹中得出谋略的真谛，但如你所知，谋略不是数学公式，它是人类抽象得近于感悟的一种灵性，它学不来，只能靠自己多年的知识积累和刹那间的彻悟。知识积累容易，每个人都能通过读书或者是实践得到，但刹那间的感悟就不是所有人能得到的了，它需要先天俱来的灵性和智商。

当朱元璋在思索刘伯温的智慧时，刘伯温正走在回青田的路上，他必须要回了，因为耽误的时间的确太久了。朱元璋说：“回去好好尽一下迟来的孝心吧，休息一段时间。”

朱元璋不会理解，刘伯温自从来到应天后，将来的人生就不会有休息。因为朱元璋太需要他了。

大家都是神

刘伯温一生中共收到朱元璋亲自赐予的八道诏书。朱元璋未称帝前，刘伯温共收到两道。一道是刘伯温得知母亲去世后要回家守丧时，朱元璋劝他留下的《御制慰书》。另外一道就是刘伯温在老家时，朱元璋写给他的《御名书》：

顿首奉书伯温老先生阁下：愚与先生自江西别后，屡有不祥，皆应先生前教之言。幸获殄灭奸党，疆域少安。收兵避暑，遣人专诣先生前，虔求一来。望先生发踪指示耳，日夜悬悬。六月二十二日克期回得教墨，谕以六月、七月间举兵用事，不利先动，当候土木顺行、金星出现则可。使愚一见教音，身心勇跃，足不敢前。如此者何？盖以先生一二年间以天道发愚，所向无敌，今不敢违教。然择在七月二十一日甲子，未得吉时，是以再差人星夜诣前，望先生以生民为念、德教为心，早赐来临，是所愿也。如或未可即来，可将年月、吉日、时辰、方向、门户择定，密封发来，实为眷顾。惟先生亮察，不备！

现在，我们认真地来分析这篇《御名书》。朱元璋对刘伯温说，自从刘伯温走后，自己的运气就特别不好。这话似乎是在说两件事：第一件事就是婺、处二州的苗帅叛乱，第二件事则是发生在1361年农历三月龙兴被陈友谅攻陷的事。胡廷瑞把龙兴拱手让给朱元璋后，朱元璋派叶琛去管理。当时没有人想过，陈友谅在屡屡遭受重创后会突然绝地反击，对龙兴发动突袭，叶琛也在龙兴保卫战中牺牲。从这件事上可以看出陈友谅用兵的灵活和勇猛。1361年农历四月，朱元璋大将徐达收复龙兴，但付出了惨重的代价。这让朱元璋心里极为沉重，认为两件事接踵而来，是上天刻意在为难他。

刘伯温走后两个月，也就是1361年六七月间，朱元璋就开始休养生息，未进行任何大的军事行动。这是因为刘伯温写信告诉他，六七月间不利采取军事行动，特别是进攻型的。刘伯温从天象学的角度解释说，土木未顺行，金星未出现，是不宜进行战争的。

朱元璋像个孩子一样听话，他在信中解释听话的原因说："刘伯温老先生您这一年多以来，每次都能按天象学的知识取得胜利，所以我很相信您。"

但刘伯温没有说哪年哪天哪个时辰是吉，所以他请求刘伯温赶紧回来，如果还无法回来，就把年月、吉日、时辰、方向、门户的择定，赶紧给他发来。

朱元璋的这封信，就像是一个虔诚的教徒向教主渴求人生答案一样。这说明此时的刘伯温已经是他人生中不可缺少的一个人，同时也说明，他对刘伯温那套神乎其神的天象学深深信服，刘伯温被他奉若神明。

众所周知，刘伯温毕竟不是神，此时他被朱元璋当作是神，是因为他的能量恰好是朱元璋需要的。当朱元璋不需要他的能量时，他就不是神，而只是个拥有超自然智慧的敌人。

朱元璋把刘伯温当成神的时候，刘伯温自然要投桃报李。这种投桃报李可不是为朱元璋出了多少智谋、谋划了多少策略，而是平等。既然刘伯温是神，朱元璋就不可能是凡人。所以，把朱元璋造成神一样的人，就成了刘伯温的一个重要任务。

这个任务，其实他完成得不错，可谓成绩斐然。

把一个凡骨肉胎塑造成一个天命所在的神，是中国人最擅长的事。翻开史书，每个皇帝都有神话传说伴其左右。有的是皇帝本人自己说的，比如刘邦说他老娘怀他时，有一条龙钻进了他老娘的肚子里。有的却是他身边的人宣传出去的，比如刘邦的老婆就四处说，刘邦即使在深山老林里也很容易就能找到他，因为他所在之地的上空有青云一团。

朱元璋曾在和他的战友们闲聊时极端严肃地说："我未出生时，我的母亲在麦场坐着发呆，忽然从西北方来了个道士，那道士的胡子到膝盖，头戴着诸葛亮似的帽子，但身上却穿着紫红的衣服，手中拿着个象简坐到我母亲对面，用象简拨弄着手中白色的药丸。我的母亲当然很好奇，于是问他那药丸是什么东西。道士说那是仙丹，同时又很热情地说，'如果你要，我就给你一粒。'我母亲仿佛不受自己的控制，就接了那药丸，还未仔细看，那药丸像有了生命一样，滚进了我母亲的嘴里。当我母亲睁眼看时，那道士已经不见了。几天后，我母亲就生下了我。生我的时候，从东南方飘来一股白气，进入房屋后，把房顶冲开，害得我老父亲还要修葺房顶。那股白气虽然很快消失，但奇特的香味在整个屋子里弥漫，一天一夜后都未散去。"

朱元璋的那些兄弟们听了他的叙述，见他眼中放出犀利的光，这种光绝不是温柔的光，所以只好点头相信他的这些鬼话。

"任何伟大人物都是天命所归。"这话刘伯温早就说过，而且和朱元璋合作的一年多时间里，他发现朱元璋虽然是个暗黑人物，却是个有理想并敢于担当的人。也就是说，刘伯温看到的朱元璋和他自己是一样的，内心深处有着一种百折不挠的使命感。所以，他也心甘情愿地给朱元璋的肉体凡胎中注入神性。

也许就是在他心甘情愿的篡改下，他和朱元璋的因缘则成了这样的故事——朱元璋占据应天的那天晚上，刘伯温在青田老家自己的房间中静坐，突然双目大开，整个房间亮如白昼，然后有个身穿红衣的人从空气中跳出来，对他说："真命天子已在金陵大显真身，汝还等什么？"

红衣人说完这句话，就又在空气中消失了，房间里重新陷入黑暗。刘伯温连灯都不点，在黑暗中摸索了几件衣服，就上路来投奔朱元璋了。这个故事在朱元璋登基后特意以诏书的形式发给刘伯温，兼带着颁布天下："朕提师江左，兵至栝、苍，尔基（刘伯温）挺身来谒于金陵。"

但这个故事显得过于突兀，没有铺垫，明眼人很容易看出是胡编的。因为刘伯温是个性格沉稳的人，不可能凭一个突然冒出的人说了一句着三不着两的话就跑去见朱元璋。所以，刘伯温只好认了下面这个故事，这个故事，宋濂也对朱元璋说起过，但只是蜻蜓点水。如果非要给这个故事加个标题，那“西湖望气”四个字当之无愧：

1349年，刘伯温被撤职，在杭州待业。待业时，他和许多朋友经常到西湖上游玩。有一天，一朵极为绚丽的云团从西北移来，云彩的样子像是某位神仙的坐骑，它红得发紫，映射到西湖水中时，整个西湖都变成了红色。刘伯温的几位朋友狂啸，认为这是自己的王朝即将中兴的迹象。只有刘伯温在一旁大碗喝酒，不发表任何意见。朋友就问他：“刘兄你有何不同意见？”刘伯温说：“这就是传说中的天子气，如果我没有猜错，那应该是从金陵飘来，过会儿还会飘回金陵。十年后，将有王者立于金陵，我当辅佐他。”

这段话简直是大逆不道，如果被元政府的密探听了去，脑袋肯定搬家。非但是他，就是他那些在场的朋友也会受牵累。所以那些朋友们唬得目瞪口呆，赶紧抢了刘伯温的酒杯，又去捂他的嘴。有些人指责他太自私，只顾自己耍酒疯，不顾朋友们的死活。

这个故事的最后说，刘伯温讥笑他们不能未卜先知。故事还说，那时起，刘伯温就和朱元璋定下了相逢的约定。

这个虚构的故事只是告诉了我们这样一件事：朱元璋是天命所归的人，刘伯温是未卜先知的人，所以刘伯温会在西湖上放肆地说，十年之后有天子在金陵，所以他才在得知朱元璋占领金陵后，马上就抱着星相占卜书跑来金陵了。

如我们所知，实际上根本就不是这么回事。但多年以后，这两个故事流传下来了。依刘伯温刚直的性格，如果他不同意，恐怕这两个故事根本就不会存在。

除了这种天外飞龙般想象力的神话外，还有实打实的口头宣传。这一点，刘伯温做得更好。刘伯温回家乡后不久，有人曾问他对这位新主子的印象。刘伯温郑重其事地说，天命将在朱元璋身上应验，朱元璋得天下是必然，就如苹果熟了要掉到地上而不可能飞上天去一样。

他说这句话是冒了很大风险的，因为当时处州、台州和明州三州是方国珍的控制区。青田又在处州，如果方国珍是真汉子，刘伯温在他的地盘上说别人是真天子，他是必然要把刘伯温碎尸万段的，让刘伯温付出妖言惑众的代价。但方国珍不是真汉子，他从发迹的初始阶段就学会了首鼠两端和得过且过。

刘伯温敢在他的地盘替朱元璋作宣传、拉人气，就是看透了方国珍血管里流淌的是“狐狸的狡猾、狮子的懦弱”的血。尤为重要的是，方国珍头上虽然戴着元政府的官帽，但和朱元璋却是极端暧昧。

朱元璋攻陷应天后，曾向方国珍伸过友情之手，要他审时度势，尽快归降。方国珍对朱元璋在短短几年内迅猛的发展势头印象深刻，所以接到朱元璋的信后，就对他的手下说：“现在元朝的气数快到尽头，称王称霸的人多如驴毛，我不看北方，只南方而言，只有朱元璋有坚持到最后胜利的气势。得罪他的成本很高，所以我决定暂时顺从他，让他满足一下自尊。”1359年农历三月，方国珍把自己的一个儿子连同一封信送到了应天，信中说：“我愿以处、台、明三州来降，但现在还不是时候，不过请你相信我，我拿了儿子做人质。如果以后我不降，你可杀我的儿子。”

朱元璋把他的儿子和一封回信原路送回，信中说：“互不相信的人才盟誓交换人质，你既然想诚信来归，就来归，搞这种人质做什么？我把你的人质还给你，你考虑一下。”

方国珍发现朱元璋看透了他的把戏，心惊肉跳了好多天。幸好，当时朱元璋正在谋攻婺州和处州，没有时间理会他，他才逐渐心安下来。

1360年正月，当刘伯温行走在通往应天的大路上时，朱元璋正派人去和方国珍接洽。使者回来后把自己对方国珍的印象说给朱元璋听。据使者说，方国珍这人太狡诈，谈判收不到任何效果，只能用拳头。朱元璋的时间表排得满满的，顾不来方国珍，于是给方国珍写了封措辞严厉、带着威胁的信，要他好自为之，否则有一天，你的三郡丢了，家人都不保，岂不是惹天下人耻笑！

方国珍又心惊肉跳起来。但当他发现朱元璋正和陈友谅纠缠，而只是和自己过嘴瘾时，又放下了思想负担。他的心灵平静了才几个月，朱元璋在龙湾之战中大败陈友谅，这让他第三次心惊肉跳。他急忙给朱元璋送上数目可观的黄金珠宝，声明自己的归顺之心。至于怎么归顺，什么时候归顺，只字未提。朱元璋又给他回信说：“我需要的是人才，黄金珠宝对我而言毫无用处，送还给你。”

原本，朱元璋是准备乘战胜陈友谅的余威好好教训一下方国珍的，但接连发生了婺、处两州的苗军叛乱，接着又是龙兴被陈友谅夺回，好不容易把这两件事平息后，刘伯温又在老家给他写信说此段时间不宜用兵。方国珍这才避免了一场战祸。

就在这段期间，刘伯温回到青田，方国珍早已闻听刘伯温是朱元璋身边的红人，所以派人送了一大批礼物给刘伯温。

刘伯温恨方国珍深入骨髓，这种仇恨跟情感无关，纯粹是思想意识上的。他虽然现在换了老板，而方国珍又是老板朱元璋争取的对象，但他的性格决定了他无法对一个仇人奉上笑脸。

不过，刘伯温已经五十多岁，沉稳了很多。所以他在给方国珍的信中，先是冷嘲热讽了一番，随即笔锋一转，开始神化起朱元璋。神化的笔锋险些转不回来，这才刹住车。最后敬告方国珍："你头脑要清醒，你现在虽然是元政府的平章事（1360年年末，方国珍被元政府授予平章事的空头衔），但元朝的气数已不多，而你又不肯尽心尽力，何必为难自己，还是顺应天命为好。"

在这封信中，刘伯温只字未提自己的过去——他的过去也是为元政府打工——可在他心里，他和方国珍是神龙和泥鳅的区别，是高尚的灵魂和烂污的狼心狗肺的区别。

通过各种方式的宣传，朱元璋就成了刘伯温策划书上的神，而刘伯温早已成了朱元璋心目中的神。大家都是神，看上去，二人合作，天下已无敌了。这就是朱刘模式，谁都离不开谁。刘伯温离开朱元璋，他内心深处涌动的建功立业的使命感就会成为泡影；朱元璋更离不开刘伯温，因为刘伯温是他的指路明灯，离开了刘伯温，他就等于是瞎子。不过，朱刘模式并非是牢不可破的，有一天，光天化日了，指路明灯就没有必要了。有一天，刘伯温完成了自己的内心交给自己的使命，朱元璋这个平台也就没有必要了。

轻解建德围

1363年春天，百花早已在青田盛开。刘伯温在朱元璋的千呼万唤中，离开青田，踏着百花的香气回归应天。路过朱元璋控制区内的建德城时，他被建德城军政长官李文忠留住了。

李文忠是朱元璋的外甥，据他自己说，小时候读书，总感觉似曾相识。后来他对人说，每个人今生所学习的知识，都只是温习了前生早已学到的知识。仅从这句话来判断，李文忠应该在哲学家中立有一席之地。

李文忠后来以文人的身份上战场，用兵如神，骁勇无比，并不比职业出身的武将差。在攻取建德的战役中，他身先士卒，第一个登上建德城墙，朱元璋听到捷报后心花怒放，火速任命他担任建德城的主人。

严格意义来讲，李文忠和刘伯温很有共同语言，因为他也是个半仙。据说在一次战役开始前，有股自东北而袭来的白气覆盖军队上空，李文忠马上掐指一算，说：“这次出征必然胜利。”结果，他以绝对的劣势兵力击败了兵力占有绝对优势的对手。

不过，李文忠和刘伯温比起来就差远了，他在未卜先知的路上走得并不远，充其量只是个入门水平。1363年春天，张士诚的一支精锐部队突然出现在建德城外围，他眼睁睁看着外围防御据点被一一抹平。他无计可施，乞灵于占卜，但占卜多次，出现的“吉”“凶”次数几乎相等。他既然无法在意识上得到答案，于是就想在实践中得到真理。不过，他对张士诚这支军队的野战能力相当清楚，所以，他又不敢贸然出击。就在他犹豫不决、无计可施时，天老爷把刘伯温送来了。

刘伯温听了李文忠对战局的描述，就走上城墙，查看张士诚军队的动向，然后又查探了城墙，最后走下来，问李文忠：“你有什么好计划？”

李文忠忽然感觉到几天来折磨他的重担被刘伯温的到来给卸掉了，他坚定地说，出城和敌人打野战。

刘伯温摇头，说：“建德城城高墙厚，这是敌人所忌惮的。而且，我看他们全是野战兵，也没带攻城器械，等的就是你出城，以他们的优势打你的劣势。如果你不出城，三日之内，他们必撤。他们一撤，你马上追击，可全歼。”

李文忠问：“您有什么天象依据吗？”这话的意思是说，他不相信刘伯温凭理性得出的证据，只相信刘伯温靠感性的占卜得出的结论。刘伯温仰头看天，白云朵朵，太阳射出万丈光芒。他只好说：“待我夜观天象。”

那天晚上，没有月亮，整个天空一片凄惨。刘伯温仰头看了许久，终于对身边也在仰着脖子的李文忠说：“据天象显示，三日之内，他们必撤。他们一撤，你马上追击，可全歼。天象还显示说，他们不可能攻城，因为建德城城高墙厚。你也千万别出城，等三日后，才可出城。”这一次，李文忠深信不疑。

三日后，刘伯温再登城墙，向对方的营垒望去，望了很久，才对身边的李文忠说：“敌人撤了，可以追击。”李文忠有了疑问，他分明看到敌人壁垒旗帜和前几日没有任何区别，而且对方的营垒中还传出频率极高的鼓声，这无论如何都不像是撤兵的样子。

此时，刘伯温没有天象可以观，因为太阳高照，晴空万里。刘伯温只好使用他世俗的手段，他以军师的权力命令李文忠开门击敌。李文忠咬紧牙关，命令突击队出城，而他自己在城上望下去，心里七上八下。

毫无悬念的是，突击队悄无声息地摸到对方的营垒前时，没有遇到任何抵抗，甚至连报警都没有。当他们轻易地翻过对方的壁垒才发现，敌人果然不见了，敲鼓的只是些老弱病残的普通百姓。

李文忠得到这样的消息后，来不及夸赞刘伯温的本事，就跳上马背，带着他的精锐，以四蹄离地的速度飞奔追敌。当然，也是毫无悬念的，他们追出一个时辰后，遇到了正在下马休整的敌人部队。这些人还未来得及上马，就被李文忠的骑兵冲碎了阵线，全军覆没。

刘伯温的大名因为多次战役前神乎其神的预测而声震江南。到1363年春时，他已经成了活着的传奇。

但是，刘伯温来到人间，并不仅仅书写传奇，还要缔造神话，让他得偿所愿的正是那位一年前惨败在他谋略下的大汉帝国皇帝陈友谅。

第九章
“操纵”天象，大明天命所归

张士诚转身

当大雁北归的1363年春到来时，刘伯温回到应天，朱元璋来不及跟他嘘寒问暖，马上就把一道难题摆在他面前。这道难题，的确有点难度。

制造难题的是张士诚。1363年农历二月，张士诚突然派他的丞相吕珍进攻安丰城（今安徽寿县）。安丰在当时遍地烽烟的南中国战场上本是个不起眼的小城，却因为走进了两位大人物，南中国所有人的目光都聚焦到了它的身上。这两个大人物就是小明王韩林儿和伟大的民族英雄刘福通。

刘福通发起的斩首行动失败后，元政府在察罕帖木儿的疯狂反攻下荡平了韩宋帝国所有地盘。他带着韩林儿退守安丰后，名义上的领土只剩下朱元璋的控制区。

从反元的角度看，刘福通无疑是伟大的，他毫无私心地对元王朝发动灭顶之战。从生存的角度说，他无疑是愚蠢的，他就像一根蜡烛，燃烧了自己，照亮了别人。当他用所有的部队打击元王朝时，红巾军的分支陈友谅、朱元璋、张士诚都在毫无底线地自我扩张，看上去像是红巾军在扩张。结果，当刘福通在安丰城中黯淡无光凄凄惨惨戚戚之时，正是陈、朱、张等人威风八面、光彩照人之日。

以刘福通的立场来看，最威风八面的人就是张士诚。因为他的部队正在安丰城下猛敲战鼓地攻城。刘福通禁不住想起自己几年前还是气势如虹，所向无敌，想不到风水轮流转的速度如此之快。现在，他被一个从前根本不会正眼相看的张士诚困得一筹莫展。

其实，刘福通太专注于元王朝，他一生中所有的精力都放在元王朝身上了，以至于他没太留意这几年张士诚凌厉的发展速度。

张士诚自取得高邮大捷后，名声大震。江浙一带的小股农民武装争先恐后地来投奔他，他和他的大周政权蒸蒸日上。1356年农历三月，张士诚和他的兵团攻陷平江，改平江为隆平府，就此定都。在一番闪电般的封官拜爵后，他的大周帝国拔地而起。

张士诚马上把在战场上未发挥尽的余热带到和平建设上来。在其控制区内，他下令废除元政府施加在农民和盐民身上的苛捐杂税。为了促进农业发展，他多次颁布有利于农民的土地政策。这就是他为什么富得流油的原因。他所占据的都是土地肥沃之地，只要政策合理，必然会产生巨大的经济效益。在发展教育上，张士诚设立多处学校，为学生提供食宿，为老师提供让人瞠目的薪水。江浙一带的知识分子被张士诚的真情感动，蜂拥而至，后来名闻遐迩的施耐庵、罗贯中就曾在大周帝国白吃白喝过。

每当张士诚只身一人走在隆平府的大街上，踏着湿漉漉的青石板，空气中就传来一声声温馨的问候——这是隆平府的百姓对他发自内心的问候。于是，那湿漉漉的青石板也仿佛有了温暖，升腾着热气，让张士诚的脸上感觉到了前所未有的舒服。

他说："我是穷苦人出身，深知穷苦人最想要的是什么。只是安居乐业，只是不被过度地骚扰，谁能让他们实现这个微小的理想，谁就是他们心中的圣人。"多年以后，朱元璋统一中国，隆平的百姓还用力怀念张士诚，每年在地藏王菩萨生日时，都会烧一种"狗屎香"。"狗屎"两个字是"九四"的谐音，这足以说明张士诚在隆平的善政，的确是货真价实的。

张士诚不是个严格意义上的知识分子，实际上，他脑中的那点传统文化，一张纸就能写得下。但正是因为没有受传统文化的侵袭和熏烤，所以他没有任何思想压力，他只是凭良知来做事。比如，中国传统思想希望一个皇帝要节俭，要存天理去人欲，张士诚就很不认可。他曾对刘伯温的同学施耐庵说："如果我穷得穿不起裤子，非穿绫罗绸缎，那这就是人欲，这很不好。可如果我富得流油，还穿打补丁的裤子，这就是虚伪、矫揉造作。我既然吃得起山珍海味，穿得起绫罗绸缎，为什么不吃，为什么不穿？"

施耐庵是在中国传统文化的酱缸里泡大的，听了这样的话，惊骇流汗，很快就一惊一乍地跑掉了。施耐庵虽然跑掉了，可他对张士诚的印象极为深刻，后来创作《水浒传》，据说里面的“宋江”的原型就是张士诚。

张士诚在隆平城时，的确有点奢侈。他曾制作连元顺帝看了都要惊骇的龙舟，龙舟一动，水平面凭空上升半尺，龙舟上美女如云，花香四溅，张士诚就在龙舟上和他的将军们划拳喝酒，过着神仙一样的生活。

不过这种生活并不是后来朱元璋圈养的知识分子所说的那样，不舍昼夜。张士诚的奢华生活只是他在隆平城生活中的一个片段，他很多精力还是放在了保家卫国上。比如为了抵御元政府和朱元璋军队的进攻，他把控制区内的重要城池无锡、常熟、湖州等地的城墙加固。特别是在隆平城的城防上，他在加固隆平本城的同时，还在隆平城外围构筑了一道钢铁般的外城。后来，面对像坐了火箭一样飞升的朱元璋，张士诚又在隆平城墙上增置了月城，在月城外面对着应天方向的地方修筑了高台。每当他的宰相向他报告说，今年的国库收入又翻了几番时，他就强压住惊喜，飞快地奔上那座高台，向朱元璋的应天看去，以提醒自己：生于忧患，死于安乐。

不过，他的忧患意识在1356年时纯粹是杞人忧天。这一年，他最大的敌人刘伯温还在处州和石抹宜孙商量如何对付小土匪吴成七；他第二大敌人朱元璋刚攻陷应天，正在消化一口吞掉的诸多城市，无暇对张士诚有任何非分的想法。

但由于朱元璋攻城略地后已经和张士诚接壤，因此起摩擦只是时间问题。1356年农历六月，朱元璋收编的一支以黄帕包头的黄包军突然向张士诚抛了媚眼。对于这送上门来的军队，朱元璋可能要考虑一下，但张士诚毫不迟疑地答应了，因为他太有钱，来多少人他都可以养活。黄包军投敌，朱元璋正在忙于与西线的天完帝国作战，不敢和张士诚闹翻，可又不能忍气吞声，于是就给张士诚写了封信。信中说：“你我二人都是反抗蒙元的斗士，现在又成了邻邦，多年以前隗嚣称雄于天水，现在你称王于隆平，你二人可谓旗鼓相当，我很为你高兴。现在咱俩应该睦邻友好，各守己境，这是古人的教导，如果能做到，真是难能可贵。希望你不要头脑发热，做出损害你我友谊的事情来。”

隗嚣是西汉末年的军阀之一，后来投降了刘秀。张士诚的知识量不许他看懂朱元璋的信，所以他叫来手下的那群知识分子。这群知识分子可就炸了窝，先是强压怒火，给张士诚大致解说了下那段历史，然后就咆哮道：“朱秃驴这厮是把他自己当成汉光武帝刘秀了，他想让你认清形势，归降他！”

张士诚像炮仗一样爆了起来，他说：“朱秃子让我认清形势，我看倒是他要认清形势。老子家财万贯，士兵的武器如果用黄金来造，都能武装几万人，他朱秃子的财富就如他当初四处化缘时的头发一样少，怎么就敢说要我认清形势？”

有知识分子借势起哄说：“咱们揍他一顿，让他知道知道咱们的厉害！”

张士诚不是那种靠血性生存的人，所以当他发了一通火后，马上就冷静下来，扣住了朱元璋派来送信的使者，不给朱元璋回半个字。朱元璋望眼欲穿，发现给张士诚的这封信和使者一起都如同进了坟墓，怒火中烧起来。但他也和张士诚一样不是靠冲动生存的人，所以很快也冷静下来，目不转睛地盯着西边的天完帝国。

人不是机器，不可能永远按照既定程序动下去，我们的情感总会有波动，所以，人会有反常的时候。几天后，一场绵绵细雨降临隆平。雨后的下午，张士诚走在隆平城狭窄潮湿的小巷里，朱元璋的那封信就在这个狭窄的空间里扑面打来。他突然就来了股情绪，对身边的人咒骂道：“这巷子太他妈的窄了，喘不过气来，真他妈窝囊。”说完，他就大步流星地回到宫中，召开军事会议。他说：“我要给朱元璋这秃子一点颜色看看。拿他的镇江！”

镇江被朱元璋拿到手才三个月，还没来得及捂热乎。张士诚为什么要打朱元璋的镇江而不是别的城市，可能有如下原因：他的很多知识分子说，镇江那地方早在秦始皇时就传说有天子气，是龙兴之地。当时这流言搞得秦始皇很不痛快，于是驱赶三千囚徒到镇江，凿断了京岘山山岭，想割断龙脉。但龙脉这玩意和神龙一样，不可能被肉眼看见，如果谁都能看得见，那就不是龙脉了。所以南北朝时，镇江接二连三地出皇帝，有南朝宋的开国皇帝刘裕、南朝齐的开国皇帝萧道成、南朝梁的开国皇帝萧衍。张士诚曾通过各种渠道得来朱元璋的档案，发现这个秃子虽然生在濠州，可祖籍却是镇江。

这是其一。其二，在朱元璋控制的城市中，镇江离张士诚虽然不是最近的，但通往镇江的路却很好走。因为水路就可直达。那段时间，张士诚庞大的水师刚刚建立，这次出战可以算是练兵，在战争中学习战争。

但让张士诚懊丧的是，他的水师还未摸到镇江城的影儿，就在龙潭被朱元璋的大将徐达击溃。据逃回来的水师将领说，没有经过训练的海军是不能出门打架的，如果非要出门，结果只有一个：被暴揍。

当张士诚在气急败坏地制定下一步作战计划时，朱元璋在应天城的宫殿里来回踱步，龙潭捷报早已传来，他也反常地跳起来，捶着书案说：“我要让张九四知道什么叫攻城！”

1356年农历九月，朱元璋的将军徐达执行朱元璋的命令，对张士诚的常州发动进攻。张士诚想不到朱元璋的反应速度如此之快，扔了作战计划书，派兵去援救。结果，徐达围常州是假，打援兵是真。张士诚的援兵在徐达谈笑间灰飞烟灭。

从龙潭和常州这两次交锋来看，张士诚兵团显然不是朱元璋兵团的对手。张士诚连败两局，也意识到这个问题，所以急忙向朱元璋请和。张士诚的请和是极不情愿的，还有点取笑朱元璋的意思。他写信给朱元璋说："我知道你穷，所以我愿意每年给你粟二十万石、黄金五百两、白金三百斤。"

朱元璋看到如此丰厚的条件，两眼放光，他以为张士诚是个毫不吝啬的土老帽。在给张士诚的回信中，他说："你赶紧放了我那位使者，看来你是真有钱！那么每年向我进贡五十万石军粮，我们再谈如何？"

张士诚得到朱元璋的回信后，惊声尖叫。他说："这朱穷鬼也是见过世面的，居然狮子大开口。看来，用钱砸死他这招并不好用，我需要好好斟酌一下。"

和张士诚相熟的人都知道，他斟酌不出什么好计策来。张士诚的军事智慧少得可怜，他在高邮创造的传奇终其一生，也不过只那一次。所以，当他反复思考如何反击朱元璋时，朱元璋已开始对他采取了重大的军事行动。

1357年农历二月，朱元璋兵团奇袭张士诚的长兴城，一战而下。张士诚派兵反攻，失败。农历三月，朱元璋兵团再临常州城下，瞬间攻陷。张士诚派兵反攻，又失败。农历六月，朱元璋兵团又攻陷张士诚的江阴。张士诚没有反攻的兴趣了。江阴一失，张士诚的海军就不敢逆江而上，他几乎出不了隆平城。现在张士诚开始在隆平城里神情沮丧，长吁短叹。

最重的打击还在后面，朱元璋兵团攻陷江阴后，挟胜利的余威猛攻常熟。常熟守将是张士诚的兄弟张士德，此人骁勇善战，又谋略横溢，张士诚在江东的地盘都是他打下来的。他在大周帝国内部是精神支柱，这根精神支柱在常熟战役中倒塌——被徐达生擒。

张士诚几乎要被一系列噩耗击倒，幸好他的丞相吕珍在这寒霜季节送来一枚炭火：吕珍在太湖中活捉了朱元璋的一名海军大将廖永安。朱元璋提出以俘获的张士诚的三千兵将换廖永安一个人。张士诚以为自己得到了上帝赏赐的珍贵礼物，告诉朱元璋：廖永安=三千俘虏+张士德。

朱元璋说："你这不是做生意的态度。"张士德却对朱元璋说："我可以劝我兄弟归降你。"朱元璋欣喜若狂，要他写信给张士诚。张士德就以别人看不明白的书写方式给张士诚写了封信。信的内容表面看是要他投降朱元璋，其实字里行间的隐形内容才是他真想说的。张士德说："朱元璋这人表面上礼贤下士，其实内心根本没有良知，是个毒如蛇蝎的人物，只不过现在还未彻底得势，所以装得像个人一样。他如果真有做皇帝的一天，必然是跟随他的人血流成河之日。你现在如陷入枯井，辗转不得，为今之计，只有一条光明大道，那就是投元，他们必然会对你笑脸相迎！"

张士诚是个不受传统道德观念约束的人，看了张士德的信，又审查了自己的现状，再展望未来，他发现，张士德说得很对！

和元政府的接洽很快就光明正大地展开了，与他谈判的是当时元政府江浙行省的右宰相达识帖睦迩。达识帖睦迩的宰相帽子已是千疮百孔，江浙两地，他的命令所及之处屈指可数。一听说张士诚来降，他高兴得跳了起来。有人劝他说，张士诚这人不可信。达识帖睦迩说了句极为凄凉的话："现在这个时候，谁投降咱们，咱们就必须要认为谁可信。"

张士诚的归降条件很高，他要一顶王爷的帽子。达识帖睦迩婉言劝说："王爷这顶帽子真不好戴，咱们国家有种族歧视啊。"

张士诚又降低条件，他要位列三公之位。达识帖睦迩又柔声细语地说："这三公之位都是虚的，你要这玩意做什么。你如果非要，那我可以给你申请，申请的权力我是有的。"接着他话锋一转说，"我有个特别好的位置给你——太尉，掌管天下军队，自然就能掌握你现在的军队。而且，你的人马原封不动，你的兄弟和战友都可以高官厚禄。"

张士诚这次同意了。

张士诚投降元政府，并没有向元政府要一分钱，也未要一兵一卒。其实他只是个元政府的名誉太尉。以物质的角度来看，他还是从前的张士诚。但他为什么要改邪归正？就是因为朱元璋在他西面把他逼得喘不过气来。他投了元，北面当时还是元的势力范围，如此一来，他即使不借助元军的实力，后退也可以从容了。

而元政府毫不犹豫地接纳他，当时的形势固然是一方面，正如达识帖睦迩所说，只要有人投，我们就收。还有一方面是元政府最欣喜的，那就是，张士诚很有钱。

杭州困

一百多年前，有个叫马克思的德国人坐在清风徐来的书桌前，这样写道：“资产阶级在革命的态度上极为犹豫，也就是说，他们具有软弱性。软弱的性格不是天生的，是后天形成的。资产阶级具备软弱性，是因为他们有财产，他们比无产阶级富有，不愁吃穿，所以没有革命的动力，更没有革命的理由。”

几年后，张士诚被朱元璋击溃，事后诸葛式的人物总结张士诚失败的原因时说，张士诚沉醉在富贵乡中不思进取，一个不思进取的人必然会被历史淘汰。这种对别人的价值判断实在不厚道，甚至有点强奸他人意志的意思。

张士诚拥有南中国最富裕的地方，又治理有方，所以家财万贯。人生不过是个过程，张士诚享受的就是人生必不可少的物质财富，而且他的确感觉到了物质财富所带来的幸福，这就算是正确的人生态度。用马克思的观点来说，张士诚是资产阶级，有软弱性。但你无论如何都找不出张士诚为什么非要有强硬性的理由，为什么非要像朱元璋和陈友谅那样，把千万人置于血肉横飞的战场上才叫强硬，才叫顺应历史潮流。

中国传统文化中有一点相当使人百思不得其解，那就是大一统。乱世中，谁手下有一支像样的军队，传统知识分子就把大一统的观念寄托在谁身上，他如果止步不前，或是后来搞砸了，大家就鸣鼓而破口大骂。这就是以小人之心度君子之腹了。

客观地说，张士诚并非是能在沧海横流中显露英雄本色的人。这缘于他的性格，他是个在平静中偶尔会寻求一下刺激的人，他不会全身心地投入到征战杀伐中去。他当初带着十七个好兄弟造反，不过也是希望过平静的日子，最终他得偿所愿，对他而言，这已足够。

他从来不知道强硬是什么，一直以来，他认为强硬就是：人不犯我，我不犯人；人若犯我，我必犯人。直到朱元璋的领土和他接壤，他才明白，在这个乱乱的单行道上，你不犯别人，别人也会不分青红皂白地犯你。

当他被朱元璋逼得走投无路，投靠元政府后，这种印象更为深刻，所以他决定用他的强硬来反击。

1358年春天，张士诚向常州发动总攻。这是自他和朱元璋开战以来最大的一次军事行动。不过，我们前面说过，他的兵团根本就不是朱元璋兵团的对手，所以这次颇具规模的进攻很快就成为泡影。常州城外血流漂杵，张士诚在隆平城里心情很不好。

第二年的春天，朱元璋对张士诚控制的浙东地区发动总攻。朱元璋兵团势不可当，张士诚节节败退，连丢数座城池，他在隆平城内坐立不安，心情沮丧到了极点。

实际上在1359年，不仅是朱元璋让他的心灵备受煎熬，还有一个人，也让他担惊受怕。这个人就是方国珍。

两人虽然都为元政府服务，可两人都知道这是虚的，实的是，两人仍然是我行我素。方国珍也具有软弱性，和张士诚不同的是，方国珍的软弱性来自于实力，他最早在南中国起兵，可限于他本人的智慧和意志力，他的地盘始终没有增加。对于方国珍，张士诚有着清晰的认识，这个人首鼠两端，只要能活下去，不择手段，不惧骂名，这是他对人生的态度。

1359年农历九月，元政府终于第一次向张士诚要军粮。张士诚极不乐意地凑出了十万石军粮，可当他听说元政府命令方国珍运送这些军粮时，他马上反悔了，因为他担心方国珍把军粮据为己有。方国珍也不乐意，因为他担心自己运送军粮时，张士诚会偷袭他的老巢。结果这件事不了了之。我们从此可以看出，张士诚虽然投靠了元政府，但只是在北线暂时安稳了，其他的事情，一切如故。

1359年最后一个月，隆平城中张灯结彩，准备迎接新年，张士诚的心情被即将到来的新年的气味熏得好了起来。他在心里默默祈祷朱元璋不要扫了他这久违的好心情，但朱元璋让他极度失望。一个冬雨绵绵的凌晨，张士诚被人叫醒，报告了他一个不好的消息：朱元璋正在猛攻杭州城。

张士诚大叫一声，破口大骂："朱秃子不过年吗？让别人过个好年，有这么难吗？"

他不了解朱元璋，朱元璋对地盘比对亲爹都亲，更不会顾及每年都有的春节了。他对杭州城的进攻是把张士诚往绝路上逼。经过一年多对张士诚的蚕食鲸吞，张士诚能拿得出手的城池只有隆平和杭州。杭州一下，他只剩了弹丸之地，那种坐困孤城的凄凉感受，张士诚在高邮时就经历过。

张士诚不想让这种滋味借尸还魂，可他现在唯一能做的只有向元政府寻求支援。元政府正在专心致志地对付刘福通的三路北伐军，让张士诚先等等。张士诚等不了，想派出援军，又担心朱元璋在半路等着他。所以，张士诚只好无可奈何地做了一件事：祈祷杭州城能挺住。

他的祈祷并非是走投无路时的呓语，杭州城的确有这个本钱。杭州城自春秋战国时代开始在南中国射出夺目的光芒，南宋时代一度成为南宋的临时首都，风景优美，繁华璀璨，马可·波罗称它人间的天堂。不过，杭州城也曾遭过灭顶之灾。1341年农历四月，杭州大火，自东南延至西北，近三十里官民间舍焚荡其半，总计毁官民房屋、公廨、寺观15 755间，10 797户的38 116人受灾，烧死74人。第二年，杭城还未完全复原，又起大火，共烧毁民舍40 000余间，火灾之甚前所未有，数百年浩繁之地，几乎成了垃圾堆。

1352年，天完兵团攻陷杭州，但在元政府军疯狂的反攻下退出。徐寿辉走之前，又给它加了一把火。元政府用了七年时间，让它恢复了精力。1359年，张士诚捡了个便宜，攻陷了它。我们都知道，张士诚喜欢对城池动手脚，得到杭州后，张士诚征民夫二十万沿城开挖护城河，自今天的五林港至北新桥，又南至江涨桥，阔约67米，遂成一条深不可测的大河。后来又让这二十万人昼夜赶工，加固城墙防御，使杭州城终于成为一座坚不可摧的钢铁之城。

1359年春节前夕，朱元璋命徐达进攻杭州城，出军前，他叮嘱徐达："张士诚对隆平、杭州二城最为在意，所以这是块难啃的骨头。你要尽全力，如果全力进攻都无法攻下，就撤退。"

徐达最近一段时间对进攻张士诚的城池很有兴趣，这缘于他那不断取得的胜利。所以，他认为杭州城是小菜一碟，甚至还有点小遗憾，因为攻陷杭州城后，张士诚像样的城市只有隆平了。

我们看到，自朱元璋占据应天后，"徐达"这个名字出现的频率奇高，各个战场上都有他活跃的身影。这自然很好理解，优秀的人才，总会散发着永恒的光芒。徐达是朱元璋后来开国功臣群体中最出色的一个，文武全才。他是朱元璋的老乡，也是朱元璋的发小，两个人可谓是光屁股长大的好朋友，朱元璋把羊尾巴塞到石缝里那次就有他。朱元璋后来投靠郭子兴军，回老家招兵，徐达第一个报了名。世间有一种人，未经任何职业训练，却能在某一领域内施展横溢的才华。徐达从未经过军事家的特殊训练，却是一个优秀的军事家。他是看着朱元璋一步一步成长起来的，因为就是他，在军营中帮助朱元璋谋划，在战场上帮助朱元璋击败各种各样的对手，最终，在把朱元璋抬上一方霸主的椅子上后，他也水涨船高地成为朱元璋兵团名副其实的总司令。

徐达打仗，智勇兼备，他善于审时度势，能在瞬息万变的战场上快速地作出正确判断，从而被当时的战友和敌人誉为货真价实的常胜将军。

在和张士诚开战后，徐达就一直冲在最前沿，每次都能旗开得胜。这让他身心愉悦，乐不可支。攻击张士诚的城池是他认为世间最妙不可言的事情之一。

所以在推进到杭州城外围，面对那条勉强能望到边的护城河时，徐达没有任何压力，他命令铺架渡河战具，对杭州城的进攻就在徐达成竹在胸的心理下开始了。

徐达原本不是个骄傲的人，作为身经百战的老兵，他最清楚在战场上看轻敌人会付出什么样的代价。攻杭州城的漫不经心，是因为他认为自己势在必得。攻杭州前，他就得到可靠情报说，杭州城里虽然富得流油，可杭州人奢侈无度，有什么吃什么，从不存粮。按他的预测，杭州城里的粮食只能支撑一个月。他即使围而不打，一月后，那些养尊处优的市民也会因吃不到美食而大开城门，迎接王师。

那条看上去特别唬人的护城河，很快就被徐达兵团轻易渡过，不过他们渡过护城河后就注定了要在这座城下徒劳无功，直到撤退。

徐达军团的攻势极为凌厉，杭州城如果不是被张士诚翻修过，肯定没有防御的资本。杭州城里的守军英勇抵抗，因为他们义愤填膺。不让他们过一个美好的春节是小事，最让他们恼火的是朱元璋太嚣张了，一年以来，朱元璋像蝗虫一样永不满足地蚕食他们。他们要让朱元璋兵团在杭州城汲取一个教训，要让朱元璋终生难忘。

官兵们众志成城，轻伤不下火线，重伤的才可以下去歇息半个时辰，如果手还能拉开弓，脚还能踢到敌人爬上来的脸，就必须再上城墙。

这种顽强死守的精神触动了徐达，也让他极为难堪。一个月后，春节过去了，杭州城依然屹立，还姓张。不过也正如徐达所料，杭州城里已经闹起了饥荒。这种饥荒只是纯粹针对杭州市民而言，他们的美食早已吃完，糟糠的价格一日千里地飙升，最后比米要贵出十倍。但杭州人太有钱了，糟糠很快断货。史书记载说，杭州人开始吃油车糠饼。所谓油车糠饼，就是将在碾米过程中剔除出来的废料——皮糠和碎米等——收集混合在一起，经过蒸煮后再用原始的榨油设备榨取糠油，在榨取的过程中受压成型的一块块类似豆饼、菜籽饼状的东西。

这种东西和糟糠不是一个等级，犹如死面疙瘩和包子一样。

杭州城里的普通市民和当兵的都吃这种东西，平时“食不厌精脍不厌细”的杭州人在关键时刻彰显了人类的本能之一：只要有能吃的，就能活下去。

张士诚在隆平心慌意乱。两个月后，消息传来，杭州城仍然在我们手中，徐达的攻势已明显减弱，但杭州城里十人已饿死六人，要不要救援？

张士诚皱眉，眉毛几乎压到嘴边，咬了咬牙，坚定地说：“不救，他们挺得住！”

他不救得很有道理，因为朱元璋就是希望他出隆平城。朱元璋和张士诚都了解一件事：张士诚不善打野战。

杭州城能挺得住，徐达挺不住了。在围困了三个月后，徐达收效甚微。这是他自参加革命以来打得最虎头蛇尾的一次战役，朱元璋催他撤兵的信件一封接着一封，这位常胜将军的光环沾上了一点尘埃，他唉声叹气地从杭州城撤兵了。

张士诚终于可以扬眉吐气一回，他在苏州城中大宴三天，庆祝这场保卫战的胜利，虽然胜利的代价太大：徐达撤兵后，杭州城里的人只剩了五分之二，在徐达撤兵的那一天，就因饥饿和疾病死了三千多人。

张士诚突然发现，朱元璋并非是不可战胜的。杭州保卫战的胜利让他三个月来备受摧残的心灵得到慰藉，又让他涌起了一股雄心壮志。徐达才撤兵，张士诚就快速地集结兵力，发动了收复河山的军事行动。这次军事行动，让张士诚收复了太多地盘，包括朱元璋的老家濠州也被他顷刻而下。张士诚又恢复了元气。

朱元璋之所以没有对张士诚进行复仇的反攻，是因为此时天完帝国的丞相陈友谅正准备和他开战，战争已到了一触即发的地步。当陈友谅在采石的战舰上向张士诚发来邀请函，一起狠揍朱元璋时，张士诚先是大喜过望，兴奋的热度消失后，他又仔细考虑起这件事的可行性来。

这可以说是张士诚性格中一个致命的弱点：平时看上去足智多谋，脑海里的计策恨不得像火山一样喷发出来。可一遇事时，他的智谋就无影无踪，被他自己吞食了。

他前思后想，始终拿不定主意该不该和陈友谅联合，当陈友谅和朱元璋交火后，他才在边境上集结部队。可还未等他下命令出兵，陈友谅已被朱元璋打残了。

张士诚恨恨地说：“陈友谅真是个窝囊废。”他说陈友谅是窝囊废，他自己也好不到哪里去，不然就不会犹犹豫豫，丧失了和陈友谅夹攻朱元璋的良机。

可能是这次理想的夹攻计划没有实现，也可能是朱元璋正急吼吼地追击陈友谅而无力对付他。他拍案而起，说：“给我收复长兴。”

长兴离开他的怀抱已有三年，但他始终把长兴当作是自己的孩子。现在，他有机会要回自己的孩子，当然不会放过。

1361年农历十月，张士诚集结水陆十万人，进攻长兴。长兴守将心惊胆战，一日发数道救急文书给朱元璋。朱元璋正在鲸吞陈友谅，没有多少兵力支援，所以只能派出小股支援部队，而这些支援部队都如肉包子打了狗般有去无回。

张士诚的攻城进展极为缓慢，长兴守军和当初的杭州守军一样，顽强死守。一个月后，朱元璋终于腾出手来，派常胜将军徐达援救长兴。徐达这次是为复仇而来，双方在长兴城外展开血肉横飞的野战，杀声震天，天地为之变色。事实再一次证明，张士诚兵团的野战能力远不如朱元璋兵团，他再一次撤退。在徐达的疯狂追击下，撤退演变成了溃退，张士诚兵团留下一万多具尸体后，总算跑回了老家。

张士诚又在隆平城里开始后背发凉，除了对这次失败的懊恼外，还担心着朱元璋的复仇。不过他的担心很快就烟消云散，因为朱元璋在1362年被晦气笼罩，控制区内的两场兵变让他不敢发动任何大的军事行动。

张士诚心平气和地度过了1362年，整整一年。

1362年年末，又是一年春节到来时，元政府通知他，韩宋帝国已走投无路，你成名的机会来了！

小明王，不能救

张士诚能否成名，不取决于刘福通和小明王，而取决于朱元璋。安丰城孤城一个，刘福通接二连三地遭到惨败，军队士气已到谷底，用张士诚的丞相吕珍的话来说，拿安丰，就如站在熟透的苹果树下等苹果一样。前提是，朱元璋不插手。

张士诚大吃一惊，突然就骂吕珍："你别浑了，朱元璋可是韩宋帝国的吴国公，他怎么可能不救主子？"

吕珍反击道："蒙元政府还是您的主子，它如果出事，您救不救？"

张士诚哑口无言，他在心里琢磨，如果吕珍这个假设成立，自己到底该怎么做。

张士诚假设出来的犹豫，也正是朱元璋在1363年春天时不可回避的犹豫。刘伯温风尘仆仆回来，还未脱下被露水打湿的衣衫，就被朱元璋叫到密室，这道难题摆在了刘伯温面前。

从刘伯温的角度看，朱元璋和韩宋帝国一点亲情都没有。韩宋帝国没有给过朱元璋任何支持，只有几个空衔。朱元璋发展到今天，全是他单枪匹马闯出来的，和韩宋帝国没有一点关系。所以刘伯温认为，救安丰是策略问题，不是责任问题。

而朱元璋不这样看。他说，当初进郭子兴部队，他就是红巾军的一部分，打的是红巾军的旗号。后来他小有所成，占了和州，小明王还封他做了个副元帅。多年以来，如果没有红巾军这个大帽子戴在头上，他朱元璋也不可能发展得如此迅猛。他还说，小明王和刘福通的红巾军在反元斗争中表现最出众，就是从道义上讲，我们也应该出兵相救。

刘伯温大吃一惊，他借着幽暗闪烁的灯光仔细审视朱元璋的表情，他很快就发现，朱元璋这次是认真的。要知道，朱元璋从来都是只为自己考虑的人，让他为别人考虑，拯救别人一次，简直是太阳西升。

人有情绪反常之时，但刘伯温确信，朱元璋不会反常到去做没有任何利益的事情，唯一的解释就是：朱元璋如果不趋利，那就是在避害。

刘伯温想到这些，就直接问朱元璋："如果你把小明王解救出来，置于何处？"

刘伯温的意思是，小明王是朱元璋名义上的领导，救他出来，难道让他继续当皇帝？那不是给自己扣了个紧箍咒吗？如果不让他做皇帝，必然要杀他，那你救他做什么？

朱元璋愣了，因为这个问题的确不好回答。他当然也想过这个问题，正是因为想过却没有答案，所以才使解救小明王这件事成为一道难题。

他问刘伯温："先生有什么好计策？"

刘伯温反问："你说的是小明王被解救出来后的归宿问题？"

朱元璋说："是啊。"

刘伯温大大地摇头，险些把头摇了下来，说："这个问题可以不存在的，只要你不救他。"

朱元璋终于说出了内心最深处的想法："如果不救安丰，张士诚必然攻陷它，到那时候，张士诚的气焰更为嚣张。我们这不是鼓舞张士诚的士气，让他来进攻我们吗？"

刘伯温哑然失笑，说："张士诚已被我们打得吓破胆了。我们不进攻他，他就要在那里烧香拜佛了，怎么会来进攻我们？况且，此时的韩宋帝国已不是曾经叱咤风云的韩宋帝国了。张士诚就是把小明王和刘福通活捉，塞进囚车里，游遍整个中国，也不会得到任何能量，我们何必担心这个呢？这根本就不是问题。"

朱元璋站了起来，搓着手，坚定地说："还是要解救，我不知为什么，也没有明确的理由，但我只是知道我要救出小明王。至于如何安置他，那就如你所说的，走着看吧。”

刘伯温也站起来，有点激动，说：“你不担心陈友谅？据可靠情报，陈友谅正在厉兵秣马，只要我们给他一个机会，他就会冲杀过来。”

朱元璋无动于衷，但说出来的话却极为严厉，毋庸置疑：“这件事就这么定了。”

刘伯温叹口气，气息冰冷，说：“你如果真的决定援救安丰，那早点不如迟点。”

朱元璋马上高兴起来，带着意味深长的微笑，说：“先生这话，我明白。”

朱元璋理解刘伯温的话中深意的出处是这样的：春秋时期，邢国受到少数民族骑兵的攻击，于是派人到当时的霸主齐桓公那里求救。齐桓公推了饭桌就要出兵，谋士鲍叔牙却拦住他，说：“拯危之功，不如存亡之德。如果现在出兵，只是解救了邢国；但如果它被灭了，我们再出兵帮它重新建国，那我们就是它的再生父母。两种方法，虽然都能得到邢国的感激，分量却有天壤之别。”

朱元璋虽然知道这段历史，而且也复述得很好，可惜，他理解错了。

刘伯温的意思不是让他在安丰城破后，再去拯救小明王，而是让他延迟出兵时间，希望张士诚能把刘福通干掉。

刘福通在整个革命区内的威望太高，而且在政治的迷宫里从不迷路。他在战友韩山童死后，把韩山童的儿子韩林儿立为韩宋帝国的皇帝，就足以说明他是个懂政治的人。在那时，他的声望足以让他轻松地坐上龙椅，可他没有这样做，而是立了个傀儡韩林儿。这是因为韩山童虽然死了，但在红巾军中，他还活着。刘福通对权力的理解是这样的：要能看得见摸得着，这种权力应该是实实在在的，不是那些虚无缥缈、没有本质只有形式的龙椅。

他当时掌握着能和元政府分庭抗礼的帝国——韩宋帝国，他拥有一支所向无敌且只属于他自己的兵团。可以说，他在某一时期是全中国权力最大的人，只是因为运气不佳，他失败了。不过，他的斗志和智慧没有失去，关键的是，虽然经历了几次重大打击，他的气魄还在。如果给他机会和时间，他还能在短时间内旱地拔葱，重新光芒四射。

这就是刘伯温所担心的，刘伯温当然指出了朱元璋对他那句话的错误理解，因为朱元璋很快就出兵了。刘伯温相信，朱元璋不会看到活着的刘福通。刘福通在危机面前向来一马当先，张士诚围攻安丰，一旦城陷，刘福通必死无疑。

永别了，韩宋帝国

一场夜雨，把应天城洗刷得整洁干净，阳光从地平线后面散发出温暖的光芒。1363年农历三月，朱元璋和他的将军们带领兵团主力，奔向安丰。

那场隆平的夜雨到了安丰，就成了雨夹雪。安丰城在那场雨夹雪中已支撑了一个多月。刘福通在第一线，韩林儿在临时的皇宫中坐立不安，连龙冠都懒得戴了。刘福通虽然脸色苍白，但眉宇之间仍然透露出直冲云霄的英气。他站在城墙上，望着下面如蚂蚁般的攻城士兵，感慨万千。这是多么熟悉的场景，就在几年前，他的兵团如一头蛮牛冲进了元政府的瓷器店里，所向披靡。如今，他成了那些心惊胆战、窝窝囊囊的元政府守城部队中的一员。

安丰城下张士诚的丞相吕珍就是另外一种心境。他仰望安丰城，就在一个月前，他连做梦都没有想过，一个月后会和革命大佬刘福通对阵，而且是如此悬殊的对阵。他对他的将军们说："安丰城指日可下，捉了刘福通和那个小屁孩韩林儿，我们就名垂青史了。"

他这话倒不是虚言，安丰城的确已摇摇欲坠。它本来就不是个可以固守的城池，城中没有一粒多余的粮食，战争进行到半个月后，城中的士兵和百姓的肚子就开始被置之不理。但人不能不吃东西，而当时的安丰城中只有两样东西可以被当成食物，第一种是井泥。

所谓井泥，就是井中的泥。井在长时间为人民提供饮水时，也会产生淤泥。如果不勤加以治理，淤泥会越来越多，最后，清凉的井水就成了污浊不能饮的泥塘。

——井泥是不能吃的，周文王早就告诉我们了："井泥不食，下也。"就是说，井底的污泥可以吃吗？不可以，因为肮脏，不但没有营养，还会使人得病。

问题是，周文王当时有饭吃，所以，他的忠告对无物可吃的那些人如同浮云。安丰城中的百姓在吃无可吃的情况下，就从井底把井泥捞出来，但这种东西实在难以下咽，于是他们就把刚死不久的人的尸体榨出油来，抹在上面吃。

不过，井泥虽然是再生资源，可它的再生速度异常缓慢。当安丰城中的井泥被吃了个精光后，人们只能选择第二种可以作为食物的东西，那就是人肉。

人类历史上，人吃人的惨剧时有发生。即使在今天，也有野蛮的食人部落。《水浒传》中孙二娘开的饭店，主食就是人肉包子。你翻开中国历史，尤其是乱世史，吃人肉和喘气一样稀松平常。五代时期的很多军阀把人杀掉后，腌制起来当作军粮。唐朝安史之乱时，张巡守睢阳，后来吃无可吃，张巡就把自己的小妾牵出来，杀掉给官兵们吃。

安丰城中的所有井水变得清凉透明时，阵亡不久的士兵尸体就成了他们的食物之一。但安丰城中没有那么多可以阵亡的士兵，所以，据史料说，安丰城的百姓就去挖掘坟墓，把里面还未腐烂的尸体拿出来，用火烤了吃。

因果论告诉我们，这种吃法是要遭天谴的。而且，这种吃法也无法让安丰城幸免于难。当朱元璋兵团抵达安丰城下时，安丰城已经被吕珍攻陷。当吕珍在撒满残肢断骨的安丰城街道上巡视时，他不由大大的惊骇。

这已不是人间的一座城，而是地狱在人间的一个分部。吕珍也是个从死尸堆中爬过来的人，可看到这样的悲惨场景，还是让他心灵受到灼烧。他对已经弃械投降的韩林儿说："为了你一个人的尊严和骄傲而让人间变成地狱，这代价，你永生永世都无法弥补。"

吕珍说韩林儿因尊严付出的地狱般的代价，韩林儿无法弥补，而很快到来的朱元璋兵团让吕珍付出的代价，吕珍自己也同样永远无法弥补。

吕珍攻陷安丰城后，就给张士诚送去了捷报。张士诚发现平时一向稳健的吕珍只字未提安丰城防御的问题。他大叫不好，派人快马加鞭，去叮嘱吕珍要加紧防卫，因为据可靠消息，朱元璋兵团已接近安丰。

吕珍没有对安丰城的防御工事进行加固，一是他还是抱有幻想，认为朱元璋不会出兵；二是安丰城经过他一个多月的猛烈攻击，已成了站立着的垃圾堆，短时间内根本无法重铸防御工事。

就当他在感叹安丰城中的惨状时，朱元璋兵团已抵达安丰城下，一抵达即发动猛攻。吕珍兵团在朱元璋兵团雪崩一样的攻势下放弃守卫，在城破之前，吕珍狼狈地撤出安丰城。他这次行动正如狗咬尿泡——空欢喜一场，如果非要说他得到了什么，那可能就是安丰城那地狱般的景象。能看到这种景象的人，并不多。

朱元璋见到了那位只闻其名却从未见过真身的小明王韩林儿。

韩林儿这段时间受到了太多的惊吓，见到朱元璋时，已吓得说不出话来。这是朱元璋从韩林儿的脸上看到的第一种反应。但当他向韩林儿请安，并述说自己的忠贞不贰时，他又看到韩林儿脸上展露出第二种反应：惊和喜的混合。这种反应用他那双独有的忧郁的眼神传递给了朱元璋。

朱元璋对他说："安丰城已不安全，况且经此一战已没有了作为都城的资格，我请您到滁州。”

韩林儿弱弱地问了一句：“我还是我吗？”

朱元璋的嘴角露出狰狞的一笑来，没有说话。

韩林儿离开他那残破不堪的宫殿走出安丰城时，迎面扑来了缕缕红色的雾霭，打湿了他的脸。他不由自主地摸了一把手上淡淡的红，凑到鼻子上闻时，一股血腥味冲了上来。他在心里说，命运可能已经注定了。的确，命运有时候在一个人身上注定很多东西，只不过有人发觉了，有人毫无感觉。当他一只脚迈进滁州城城门时，那个曾经气势如虹的韩宋帝国就已经灰飞烟灭了。人们唯一能记得起它的，也许就是滁州城里被软禁起来的小明王韩林儿。但随着时间的流逝，韩林儿的形象越来越模糊，直到最后化成一缕青烟，消失不见。

至此，我们突然注意到一件很重要的事：刘福通哪里去了？

刘福通的死是那个时代无法破解的谜。要叙述这个谜，将是一番剪不断理还乱的考据。有史料记载说，刘福通在安丰保卫战中战死了；也有史料说，刘福通虽然没有战死在安丰城的城墙上，但吕珍破门而入后，他拒绝作任何形式上的投降，被吕珍杀掉了；更有史料说，吕珍根本没来得及杀刘福通，就被朱元璋打跑了，所以，这位革命大佬后来见到了后起之秀朱元璋。我们可以设想，如果刘福通在朱元璋进安丰城后还活着，他和朱元璋的相会必然是一场大书特书的煮酒论英雄式的相见。不过，任何史料都没有记载这次相见。只有两种可能：一、朱元璋根本就没有见他，或者说，没有给他机会与自己见面长谈；二、刘福通在朱元璋进安丰时已经成了鬼，也就是真的死掉了。

几年后，朱元璋谋杀韩林儿，有的史料中也没有提到刘福通，但有的史料提到了“刘太保”这三个字。至于是不是刘福通，不敢擅作评断。

无论是哪种情况，当朱元璋进入安丰城时，刘福通和韩宋帝国的结局就已注定。他和他的韩宋帝国这支蜡烛燃烧殆尽，已成了人人都漠不关心的残烛，他所留下的只是蜡烛的眼泪凝结成的烛冢。

刘伯温曾在心中说，要小心刘福通。但如果当时朱元璋真的见到了活着的刘福通的话，他应该也不会如刘伯温那样担心。因为在弱肉强食的时代，一只没有了利爪和尖嘴的雄鹰，只能做宠物、做展览品。

当朱元璋回到应天城时，对刘伯温轻轻地说：“一切都结束了。”

刘伯温却摇了摇头，说：“才刚开始！”

竖牧耳，奉之何为

刘伯温说才刚刚开始，并非在说小明王。直到朱元璋把小明王放到滁州，又在小明王身边安插上自己的人后，刘伯温才发现，从实际政治上而言，朱元璋比他走得远了许多。刘伯温当初说，把小明王解救出来安置何处，是出于一个谋略家的考虑，而不是政治家。谋略家要算准每一步，每一步都要走得稳妥，不能有半点差池。但他又不能算得太远，因为太遥远的事，过于飘忽不定，谁都无法保证。正所谓，人有千算，天有一算。

以解救小明王这件事来论，刘伯温算计的是，正好趁此机会借张士诚的刀杀掉小明王。因为他只考虑到这点，所以他才问，如果把小明王解救出来安置何处。问这话时他内心的想法其实是不解救。朱元璋站在政治家的角度来看这件事，就是另一番景象：小明王已夕阳西下，无论怎么安置，都不成问题。关键是不能让张士诚得了士气。

这是朱元璋和刘伯温的第一次分歧，两人都没有错，因为站的角度不同，看到的形势自然也就不同。其实，刘伯温不想让朱元璋解救小明王，还有他隐藏在内心深处不可动摇的一个秘密。

这个秘密是属于刘伯温和他的同道，也就是传统儒家知识分子的。

1360年，刘伯温到应天献上《时务十八策》后，得到了朱元璋的信赖。自此后，每遇大事，两人就躲进密室中商议，一般事务，则在会议室中和其他人一起商讨。1361年大年初一，朱元璋突然在会议上命人搬来一把椅子，居于中央，他自己则一本正经地坐于偏席，这让初来乍到的刘伯温大惑不解。朱元璋解释说："这把椅子是给我们韩宋帝国的皇帝小明王准备的，我们每年初一，都要拜他一拜。在他英明的领导下，我们才有今天，大家都要心存感恩。"

刘伯温在众人之中，就爆发出一阵低沉的冷笑。他向来是个敢说话的人，遇到和自己心灵抵触的事，总要发泄出来。这一声冷笑把众人笑得莫名其妙，朱元璋就问他为何而笑。刘伯温指着那张椅子说："放牧的小屁孩，拜他做什么（竖牧耳，奉之何为）？"

朱元璋的脸上就显出极不舒服的表情来，倒不是因为刘伯温对韩林儿不恭，而是因为他朱元璋小时候也是个竖牧。刘伯温可没有指桑骂槐，韩林儿小时候是否放过牛、羊、猪，他也没有调查取证过，不过可以用常理推测，当时的小孩如果不读书，那就是要给地主家放牛、羊、猪。

朱元璋在最快的时间里发现刘伯温并没有指桑骂槐，就未置一词。这件事他很快就忘记了，可刘伯温却铭记于心。这缘于他的人生经历，一个从小受儒家文化熏陶的人，才有这样的想法。

儒家思想的开山鼻祖孔子算是可以容纳百川的大度之人，当时他还去向非儒家大师老子请教学问，被老子几句话训了出来。他一点都不生气，还对弟子们说："这老头虽然不习我等儒术，却是神龙见首不见尾的高人啊，我真想拜他为师。"这件事，让孔子的弟子们印象深刻，无数年过去后，孔子这种不存门户之见的风度涵养成为弟子们回忆老师的故事之一。

不过，在儒家看来，道教和佛教却是最要命的异端，因为它们是叛乱者的温床。

刘伯温所在的时代，道、佛二教被称为异端，已是不争的事实。但只有在有人借助它们叛乱时，它们才是异端。如果没有，那这两种学说则是知识分子们最青睐的。刘伯温本人对道家和佛家思想就深有心得。注意，刘伯温青睐的是道家思想和佛家思想，而不是道教和佛教。

与白莲教等民间宗教相结合而发动的红巾军，在刘伯温看来就是道教和佛教的杂交产物。白莲教是一个大杂烩的教派，它混合了佛教、明教（摩尼教）、弥勒教等内容，独树一帜，称自己为白莲教。它的核心观念就是弥勒重生思想：佛祖涅槃后，世界成苦海，千难万险即将呈现，等弥勒现世后，则立即成为极乐世界。

刘福通眉批道：佛祖涅槃了几十年，我们在苦海中成长，如今弥勒就要现世，你看我的朋友韩山童相貌奇异，其实他就是弥勒佛下生，明王转世，我们和他一起显灵去。

就这样，刘福通、韩山童领导的红巾军大叛乱敲响了元王朝的丧钟。

刘伯温说，刘福通这厮是个半吊子白莲教教徒，他根本没搞明白弥勒是怎么回事。弥勒在白莲教的经典文本中，本是佛祖指定的救世主，根本不是革命者。如果刘福通真的是白莲教合格的信徒，他应该这样教导大家：弥勒佛要转世，来救灾避劫，我们信奉他，就能得拯救，不信，就会永远沉沦苦海。

刘伯温切齿痛恨的是，刘福通居然把弥勒佛解释成了革命家，于是才有了红巾军大叛乱。对于以白莲教思想为指导的红巾军，刘伯温是不假思索地给其扣上了"异端"的帽子。因为这种思想和儒家思想是背道而驰的，背道而驰当然也不要紧，可你却用这种邪门歪道的思想叛乱，这就是罪孽深重了。

《郁离子》有这样一个故事，一个轻浮的青年对刘伯温说：“西方有个圣人，神乎其神，可以解世间一切苦，可以解世间一切厄，跟随他，将得永生。我准备去见他，要不要一起？”

刘伯温斩钉截铁地回答：“孔子说，攻乎异端，斯害也已，我不去。”

由此看来，刘伯温和异端是水火不容的。而红巾军就是水，他自然是火。之所以有这样牢不可破的思维定势，刘伯温的心中其实只有一个理由：他们是叛乱！是异端的叛乱！既然是异端，他们就永远不是天命所授。而朱元璋还要拜小明王，就说明他仍然承认自己是异端叛乱的一分子，这是刘伯温最不愿看到的。

他的想法是，让朱元璋从异端小明王的阴影里跳出来，让他成为天命所归的人。虽然还没有天象显示，但他完全可以自己创造天命，兜头罩在朱元璋脑袋上。既然朱元璋已是天命所授的那个人，无论如何都不能身居在异端叛乱的名下，这就是刘伯温当时内心最真实的想法。

然而这种内心最深邃的想法，并不是普通人所能理解的。所以当他说出那句“竖牧耳，奉之何为”时，很多人都大吃一惊。

朱元璋是否明白刘伯温话中深意，没有人知道。可他当时没有反驳刘伯温，并非是出于礼貌，而是他的心弦的确被刘伯温的一句看似鲁莽的话给拨动了。

即使没有刘伯温，朱元璋将来革命的路上也不会再有小明王的身影，但正是因为有了刘伯温，朱元璋心中才有了定见，这一定见，他和刘伯温恐怕从没有说过。当他去解救小明王时，刘伯温劝说的那些话其实都是多余的，可谓是鸡同鸭讲。

因为朱元璋早就把小明王归宿的问题解决了，那就是死路一条，虽然还需要几年的时间来过渡。

第十章

生死决战，献奇策屠灭陈友谅

刘伯温猜中了

1363年，朱元璋兵团去安丰城拯救小明王。据朱元璋自己说，小明王非救不可，如果不救，他彻夜难眠，就好像小明王是他亲爹一样。刘伯温却头脑冷静地说：“陈友谅必趁机来袭。”1363年农历四月，当朱元璋在遍地瓦砾的安丰城中昂首阔步时，刘伯温再一次料事如神：陈友谅从武昌南下，直逼洪都（1362年，朱元璋改元朝龙兴路为洪都府）。

据陈友谅说，近一年来，他寝食难安，心灵备受煎熬。之所以受到这种不公正的心灵摧残，全是因为一年前和朱元璋的那场战争。他说，那场战争毁了一切。他从前的乾纲独断蒙上了尘埃，他从前的意气风发渐渐衰老，他从前的目空一切变得面目全非。但他又说，他终于在1363年春节时挺过来了，他性格中那股百折不挠的韧性突然冲出来拯救了他。他要复仇，他发誓，自己和朱元璋两个人之间，只能活一个！

1363年前四个月，他以倾国之力大造战舰，希图在最短的时间里恢复他无敌舰队的荣耀。1363年农历四月，也就是朱元璋把小明王带出安丰城到滁州时，陈友谅的无敌舰队建造完成，最值得一提的是他的主力舰“铁舰”。后来得胜的朱元璋打扫战场时，对“铁舰”印象极为深刻：“铁舰”有三层，足有三层楼的高度，上有走马棚，气势雄伟，巍峨壮观，放到江里如同一座小山。

当“铁舰”从武昌沿长江东下，从江州进入鄱阳湖后，看到这种场景的朱元璋的士兵们吓得瘫软在地。那根本不是舰队，而是一块会移动的喜马拉雅山。当它进入鄱阳湖后，鄱阳湖为突然到来的庞然大物所惊，不断翻滚着湖面。幸好，“铁舰”很快就进入赣江，一路南下，抵达洪都城下。

洪都城守军遥遥望见一座山压顶而来，魂飞魄散。幸好防御部队司令朱文正见过世面，只是惊慌了一会儿就恢复了常态，命令部队有序地坚守城池。只要不出战，陈友谅想要攻陷洪都城，还是要费些精力的。

朱文正有这样的自信，并非纯粹是精神的力量。洪都城被胡廷瑞拱手送给朱元璋后，曾被陈友谅夺回过。那次战役，双方记忆犹新。陈友谅是趁着涨水的工夫，让他的海军一直开到城下，士兵就在船上登城。朱元璋后来又夺回洪都，对陈友谅的海军战力刻骨铭心，所以就把沿江的旧城墙推倒，退后三十步重新建筑城墙。陈友谅此次前来，已占不了上次能占到的便宜，所以只好让士兵登陆攻城，他的海军优势荡然无存。

但他的陆军攻击力也非同小可，朱文正的压力越来越大。他曾派出多人到应天去通知朱元璋，全被陈友谅的巡逻队活捉，在城下斩首。朱文正把希望寄托于运气，他一天之内派出数十人，甚至上百人，希望菩萨保佑能有一条漏网之鱼。

上天眷顾了他。终于有人把洪都城被陈友谅围攻的消息带到了应天。朱元璋听了这个消息后，脸色只是微微一变，就问送信的人：“陈友谅兵势如何？”来人回答：“陈友谅说他带了六十万人，我们朱将军粗略数过，好像作战部队远没有这么多，他可能把后勤部队也算上了。虽然他的兵攻城很猛，可伤亡也很重，其部队的士气低落。如果我们派出救援部队，马上就能把他击败。”

朱元璋沉思片刻，对送信人说：“回去告诉朱文正，让他再坚守一个月，我会有办法灭了陈友谅，只要你能安然回到洪都城。”

朱元璋不知道送信人是否能安然回到洪都城，当时，他也没有一个清晰的办法能消灭陈友谅。陈友谅可不是蚂蚁，说消灭就能消灭的。他之所以对送信人那样说，只是想给自己一个充分的时间考虑消灭陈友谅的方法，其实也不是他自己考虑，他要找他的刘伯温先生。他当时只有冥冥中钻进脑海的感觉：陈友谅不攻应天，却去攻洪都，这可能就是老天要陈友谅灭亡。

“先生您又猜中了！”他把刘伯温请进密室，还未坐稳，就这样说，然后又补充了一句，“陈友谅不趁我带主力去救安丰的时候攻应天，却去攻洪都，真是个蠢货！”

刘伯温对这种自以为是的“站在他人立场上”来想问题的方式很不欣赏。

刘伯温聪明绝顶，正是因为聪明绝顶，所以才知道每个人都有自己的智慧，当你看到别人做出一件愚蠢的事时，他本人却并不觉得这是愚蠢，而且当事人还会认为，这是他智慧的结晶。你认为别人愚蠢，是因为你站在自己的智慧基石上来判断的别人。智慧，其实是不分高低的，它受当事人的立场、情绪，甚至天时、地利的影响。

刘伯温认为，陈友谅攻洪都而不攻应天，站在陈友谅的角度看，是最佳选择。从武昌离南京沿长江攻应天，要先东去，然后北上，路过的沿江城市有安庆、铜陵、芜湖、马鞍山，最后才到应天。这沿江的几个重镇都在朱元璋的控制下，也就是说，陈友谅不可能如他第一次进攻应天那样，一路平安地到达应天。他必须要过关斩将，而这段时间对他而言，耗费不起。因为一旦在路上被拖住，朱元璋的主力很快就能从安丰返回应天。

攻洪都，陈友谅舰队可以顺流而下，一路上不会遇到任何有质量的抵抗。如果能攻下洪都，朱元璋必会从应天救援，那么陈友谅就在鄱阳湖中等他，一决生死；如果攻不下洪都，陈友谅也会在鄱阳湖等朱元璋，因为陈友谅坚信，朱元璋必来，他不可能对洪都城见死不救。

陈友谅所以不选择攻打应天，还有个心理因素。他两年前在应天吃过大亏，虽然对于朱元璋，他的恐惧感早已荡然无存，但对于应天，他还是心有余悸。他打洪都，按刘伯温的解释，可能就是引蛇出洞。

朱元璋听刘伯温把陈友谅塑造成了一个并不愚蠢的聪明人，心上可就一紧。他见识过陈友谅海军的战力，那次应天城外的反攻，如果不是康茂才的诱敌计和刘伯温的精打细算，他不可能打败陈友谅。即使现在，每当他站在缴获的陈友谅的战舰面前仰望时，还会不由自主地打个激灵。

现在，他又打了个激灵，问刘伯温："那洪都城，是救还是不救？"

刘伯温说："当然要救，他既然约战，我们没理由不接受挑战。"

朱元璋再问："可有取胜的把握？"

刘伯温说："世间有哪件事是万无一失的？只能走着看。虽然如此说，但提前的准备工作还是要做好。这就叫尽人事，听天命。"

朱元璋对这种回答很不满意，他要的是个确切答案，而不是总拿老天来说事。虽然他不得不承认刘伯温说的话很对。世间一切事，没有一件事是万无一失的，人生多变，不如意事十之八九，做好分内事，听天命，这是我们凡人所能做的唯一的事。

刘伯温注意到了朱元璋的内心世界，在那个很少有人可以摸透的内心世界，陈友谅的形象是猥琐而无能的，谁要是让陈友谅在那个世界里成为聪明人，成为顶天立地的汉子，谁就是叛徒。

所以，刘伯温提了一件事，这件事可能是刘伯温胡编出来的，也可能真有其事。不过，朱元璋听了这件事后，心情马上就愉悦了。

据刘伯温说，陈友谅其实是个半瓶子醋，他创下了这么大的家业，全是因为有个贤内助。这个贤内助叫娄玉珍——也有人说她姓杨，原本是个官宦人家的小姐。如同黑暗旧社会的许多故事一样，她的老爹被人诬陷死在狱中，她的家被抄，为了生计，她只好做了失足妇女。当她凭着如花的美貌和如海的柔情名扬南中国时，她遇到了陈友谅。陈友谅用武器帮她赎身，从此，她就成了陈友谅的老婆。

刘伯温说，这个娄女子不仅是陈友谅的老婆，还是陈友谅的军师。我们两年前让康茂才采用阴谋诡计去骗陈友谅来应天，陈友谅喜出望外，可娄玉珍却一眼就看穿了咱们的诡计，如果不是陈友谅刚愎自用，不能从谏如流，咱们不可能取得龙湾大捷。

刘伯温还说，这个娄女子不但是陈友谅的军师，还是陈友谅的科技总监。据可靠情报，此次陈友谅的主力舰“铁舰”就是她的发明创造。

刘伯温最后总结说，陈友谅和他的这位妻子，正是“假天子真娘娘”（友谅与内，假龙真凤也）。

朱元璋很高兴，说：“我们这次不仅要彻底斗败陈友谅，而且还要斗臭他！”

走，去找陈友谅

洪都城在腥风血雨中坚持到第八十五天时，朱元璋的舰队才进入鄱阳湖，离朱文正传递朱元璋消息已过去了接近两个月。在近三个月的时间里，朱文正的人生正在接受炼狱般的洗礼。陈友谅几乎把当时所有能发明出来的攻城器械一股脑地倾泻到洪都城上，他的攻城器械有抛石机、望楼、云梯、冲车、墙车、壕桥、撞竿，还有弓弩、火箭，当然更多的是黑压压的攻城士兵。朱文正也不是省油的灯，他的防御武器是炮石、檑木、火箭，还有士兵手中的弓箭和刀枪。

洪都城自建城以来从未受到如此高的待遇，所以受宠若惊，它不停地左右晃动，仿佛经受不住敌人的攻击而要撒腿逃跑一样。在朱元璋即将到来的最后几天里，朱文正坐在晃动的办公室里主持会议。他满脸血污，气喘吁吁，朱元璋的援兵迟迟不到，他不知道自己可以坚持多久，但他必须要坚持下去，直到最后一刻。他的士兵尸体堆积如山，当然，这也成了他一道防御工具——把士兵的尸体浇上油，点燃后抛下去，成为人肉汽油弹。

最后，他想出一个办法，可以给自己一点残喘的时间。他派人到陈友谅营中诉说守城的苦楚，并严正声明，希望陈友谅能让他们摆脱这种痛苦，接受他们的投降。陈友谅命令攻城部队稍息，要他们第二天早上大开城门，迎接他这位汉帝国的皇帝入城。

可让陈友谅气炸了的是，第二天早上，洪都城门紧闭，城墙上的士兵弓在手，箭在弦，根本就没有投降的架势。陈友谅发现自己受骗了，暴怒之下，以比从前更猛的攻势攻城。就在他咬牙切齿，发誓要进入洪都城后屠得鸡犬不留时，探马来报告："朱元璋舰队进入鄱阳湖，正朝这儿来了。"

陈友谅放声大笑，下令停止攻城，说："朱秃子怎么来得这么慢，我险些就把洪都攻下来了。"

朱元璋本来可以来得快一些，但刘伯温认为应该做好充足的准备才能上路。所以，朱元璋把正在围攻庐州的徐达从前线调回来。徐达在庐州城下和陈友谅在洪都城下的处境一样，他也是围攻了三个月一无所获，临走时还有些愤愤不平。

1363年农历六月初六，朱元璋集结他所能集结起来的所有兵力，号称二十万，带着他那支缴获的陈友谅舰队，对刘伯温说："走，咱们找陈友谅去！"

于是，这支已被陈友谅淘汰的舰队顺江南下，很有气势地奔鄱阳湖驶来。他带上了几乎所有的高级军官，可以说是不遗余力。不过只带了两个军师，其中自然有刘伯温。

舰队刚离开长江，准备进入鄱阳湖时，刘伯温就扭头指着泾江口方向说："在这里，要安插兵力，"又指着鄱阳湖湖口西面的南湖嘴方向说，"在这里也要安插兵力，陈友谅如果失败，必然从这里进入长江逃回武昌，我们守株待兔。"

刘伯温又指着地图，说："要在武阳渡设下埋伏，陈友谅有可能从那里逃跑。"

那是一幅鄱阳湖地图，从地图上，我们能清晰地看到一个葫芦，葫芦嘴在北，葫芦底在南。这就是鄱阳湖，3150平方公里，平均水深8.4米，最深处能达到30米。朱元璋和刘伯温从葫芦嘴进入葫芦里，刘伯温要朱元璋设下兵力的泾江口和南湖嘴恰好就在葫芦嘴的左右，至于武阳渡，不在葫芦里，而在葫芦的南面，可以从武阳水顺流而下到达那里。

看上去，这是一个完美的计策，整个水路都被封死，陈友谅除非抛弃他的无敌舰队才有逃跑的可能。刘伯温和朱元璋都知道，陈友谅不可能抛弃他的舰队，因为他现在所有的财产，包括他的生命，和将来有可能获得的荣耀全押在他的舰队上。他没有抛弃这支舰队的任何理由，甚至连头脑中一丝闪念都没有过。

根据可靠情报，陈友谅这次不仅带来了六十万人和几百艘大铁舰，还有他的妻儿老小。也就是说，他不是来打仗的，而是来孤注一掷的。

朱元璋也不是来打仗的，而是来实现几年来一直都想实现的理想的。击败陈友谅，他在南中国将再无劲敌，他的大梦就可成真。

刘伯温也不是来打仗的，他是来创造奇迹的。如果运气好，天老爷垂青，他将为朱元璋缔造一个传奇，而他也会成为传奇。不过，他创造奇迹，不一定就非要靠这个奇迹制造名声。刘伯温只是在做他该做的事，事成之后的荣耀、光芒，他认为都是可有可无的。

什么是天理，什么是人欲？朱元璋和陈友谅的想法就是人欲，他们做的每件事都有极端的目的，不达目的，誓不罢休。刘伯温的想法就是天理，我只做事，不想其他。

1363年农历七月十六日，朱元璋进入鄱阳湖的大葫芦中，捕捉陈友谅的主力。陈友谅早就从赣江逆流而上，进入鄱阳湖的大葫芦后，如山的舰队沿着鄱阳湖东下，也开始捕捉朱元璋的主力。

1363年农历七月二十日，两支舰队在康郎山迎头相撞，中国历史上震撼天地的鄱阳湖之战爆发了。

有一点值得补充。据传言，陈友谅的那位“真娘娘”娄女士曾嘱咐过陈友谅：进入鄱阳湖后，迅速把舰队开到康郎山，将战舰隐藏在康郎山西侧，朱元璋那笨蛋必从山北来，必会绕到康郎山东侧，当他在东侧找不到我们的主力时，会沿着山向西来，我们正好打他个措手不及。

陈友谅再一次没有听从这位料事如神的老婆的劝告，他的舰队横行在鄱阳湖底，如同一条鲨鱼进了沙丁鱼缸中，高调地横冲直闯。于是，就碰到了正在鬼鬼祟祟地寻找陈军主力的朱元璋舰队。

关于这个传言，即使是真的，陈友谅也没有听从的理由，而且还有个弊端。他的战舰体积庞大，离山太近会搁浅。而且他根本不担心朱元璋那小渔船似的舰队，所以他远离康郎山航行是正确战略。不过，实践才是检验真理的唯一标准，他的战略是否正确，还需要在实践中进行检验。

鄱阳湖四日之第一日

若干年后，朱元璋将会回想起1363年农历七月的鄱阳湖。七月二十二日那天早上，阳光发着刺耳的声音射入水中，鄱阳湖波光粼粼，康郎山上飘来杜鹃花的芬芳，透过冷森森的舰队，钻进朱元璋的鼻里。

他看到陈友谅的无敌舰队时，陈友谅也看见了他的二手舰队。陈友谅就在轻蔑的微笑中，把所有的“铁舰”用铁索连在一起，组成了数道壮观的长城。和长城不同的是，这几道海上长城可以移动，它动起来时，就是二郎神下凡也不能阻挡它。

朱元璋在陈友谅把他本已是巨无霸的铁舰组合成超级巨无霸时，也在认真排列组合自己的舰队。朱元璋把舰队分为十一队，舰队武器清一色为火器，有大火炮、小火炮、大火铳、小火铳、大火箭、小火箭、大火蒺藜、小火蒺藜、大神机箭和大弓弩。他命令所有舰队的指挥官，使用武器的方式要统一：靠近对方的超级巨无霸后，先用火器给它个下马威，再用弓弩；如果能和对手的巨无霸擦肩而过，那就不要用火器了，因为这玩意也不是白来的；最后的攻击武器是加长版的长矛。

朱元璋在认真地设计战斗方式时，陈友谅也在设计他的战斗方式。他对他的将军们说：“我们的船大而高，又连成一眼望不到边的超级巨无霸，冲过去的时候，就像是一座火山。你们只要记住一点，闭着眼向前冲就是了。我们的武器不是什么大火炮、小火炮、大火铳、小火铳、大火箭、小火箭、大火蒺藜、小火蒺藜、大神机箭、大弓弩，我们的武器就是战舰本身。”

陈友谅只关注了自己战舰的优点，却没有审视朱元璋战舰的优点——朱元璋的战舰比他的小，但在短距离内加速快、冲力强。所以当双方同时下令攻击时，陈友谅那超级巨无霸慢吞吞地才起步，朱元璋的五队战舰就像鱼雷一样冲了过来，冲在最前面的是内心永无恐惧的徐达。当他冲到火器有效射程后，就命令战舰上所有的火器向陈友谅的超级巨无霸开火。密集的炮弹在天空中飞行时，太阳被遮蔽了光明；当它们落到湖里时，鄱阳湖像个酒鬼一样摇摇晃晃；

当它们落到陈友谅的巨无霸上时，巨无霸发出凄厉的惨叫；当它们没有冲到天上，就在炮筒里爆炸时，徐达的战舰上就如起了一阵飓风，士兵被弹到空中，战舰上顿时一片火海。

众所周知，明朝时，热兵器虽然已被装备到军队中，但质量差强人意。有的纯粹是定时炸弹，一不小心就会伤到自己。所以，当徐达在攻击对方时，他自己也受到自己的攻击。这正应了那句古语：杀人一万，自损三千。

徐达一面命人灭火，一面盯紧陈友谅前沿巨无霸联队中最靠边的一艘，他发现那艘战舰摇摇晃晃，与团队的铁索连接并不牢固。徐达命令使用大火炮、小火炮、大火箭、小火箭的士兵对准那艘战舰的铁索处开火。一阵震耳欲聋、浓烟滚滚的轰击后，那艘战舰的铁索被炸开。大概是因为和团队失去了联系，它变得惊慌失措，在前进和后退中摇摆不定，徐达瞅准这个千载难逢的机会，不顾一切地冲向那艘脱离了组织的战舰，同时下令战舰上所有的火器全部开火。那艘战舰被轰得晕头转向，停在原地，任凭徐达的战舰靠近，战舰上的士兵爬上它。很快，舰上的战斗结束，它被徐达占有了。

并非都是好消息。徐达刚占有了陈友谅的一艘巨无霸，陈友谅的其他巨无霸就马上还以颜色。其中一艘超级巨无霸以泰山压顶之势把朱元璋的一队战舰压得抬不起头来，由于距离太近，大的火器发挥不出作用，因而陈友谅的士兵们从超级巨无霸上毫无阻碍地跳到了敌人的船上。有时候打架就是这样，双拳难敌四手。我们从双方战舰的体积上就能看出兵力的多寡，所以，朱元璋这队战舰很快就灭亡了。

徐达那边也没高兴太久。他让一部分兵力占据了那艘巨无霸，自己战舰上的兵力严重短缺，陈友谅舰队趁势对其掩杀，陈军士兵从三层高的铁舰上跳到徐达的船上，犹如神兵天降。徐达哇呀呀怪叫，不知是恐惧还是气愤，敌人士兵越来越多，徐达眼看不能再支撑，朱元璋看到这一危险的场景，内心也哇哇怪叫，他不能失去徐达，所以剩下的那六队战舰全部出动，去拯救徐达。徐达运气好，在友舰的帮助下，终于死里逃生。当他正要向朱元璋方向投去感激的目光时，他脸色大变、魂不附体，因为正有一艘陈军“铁舰”缓缓逼近朱元璋的指挥舰。朱元璋现在是孤家寡人一个，因为所有的战舰都跑出来拯救徐达了。

徐达一面掉头回救，一面把船上的所有火器都对准那艘逼近朱元璋的“铁舰”。朱元璋早就看到有艘“铁舰”如孤胆英雄一样，从不计其数的战舰群中悄无声息地游离出来，然后猛地加速，冲向自己。他的指挥舰虽然是舰队中最高大的战舰，可和正急速奔来的“孤胆英雄”仍然不能相提并论。他不能向后逃，因为他的指挥舰是舰队的灵魂，灵魂如果出窍，那整个舰队离覆亡就不远了。他只好咬牙迎击。

指挥舰上所有的火力一股脑地倾泻到那艘铁舰上，但铁舰像是个受到雪球攻击的巨人，毫发无损。只是在即将靠近时，朱元璋指挥舰上的强弩发挥了作用，稍稍延缓了那艘铁舰的速度。可铁舰还在向它逼近，而且铁舰上的冷兵器也开始还击。铁舰攻击它，是俯冲，它攻击铁舰，是仰攻。无论怎么打，它都吃亏。

多年以后，朱元璋回想起这件事来，仍心有余悸。那艘铁舰的指挥官叫张定边，是陈友谅最得意的爱将，因善于在瞬息万变的战场上抓住稍纵即逝的机会给敌人致命一击而闻名南中国。

朱元璋说："那次，朕真的受惊了。如果不是徐达，朕岂止是受惊，简直要受俘。"徐达急如星火地赶来，由于张定边正专心致志地盯着朱元璋，因此没防备徐达会从侧面对自己进行偷袭。徐达的偷袭也不是张定边未能活捉朱元璋的主要原因，主要原因是，朱元璋指挥舰离康郎山很近，那里是浅水区，所以张定边的战舰进入浅水区后就搁浅了。张定边面临着无法靠人力解决的困难，进不能进，退也不能退。更要命的是，徐达从侧面向他发动猛攻，不但向他射出火箭，还有冷兵器的羽箭。这些羽箭从天而降，向来是不长眼的，张定边的胸口突然就吃了一箭，正要大叫时，腿上又吃了一箭。幸好，一艘友舰适时地出现在他后面，他跳到河里，游到铁舰上，才总算捡了一条命。

当最后一缕阳光消失在地平线后面时，鄱阳湖发出忧伤的哭泣，死尸和战舰的残骸遍布湖面，一片狼藉。

双方同时鸣金收兵，鄱阳湖之战第一天的光阴，就在血雨浓烟中虚掷了。

朱元璋后来说："第一天的战绩很不同凡响，仅徐达一人就杀掉了对方一千五百人，击沉对方的战舰数百艘，并俘获了对方一艘巨无霸。"

陈友谅在1363年农历七月二十二日那天傍晚大摆庆功宴，说："第一天的战绩很不同凡响，我们干掉了朱秃子三队战舰，杀掉了他两千多人。虽然丢了艘巨无霸，可我们还有几百艘呢！"

刘伯温在血色夕阳下对朱元璋说："我军有必胜之气色，不必担心。"

朱元璋后来一个人偷偷在密室中回想刘伯温时，总会想到刘伯温的那句话。其实那句"我军有必胜之气色"的话，刘伯温在开战前就已说过，当时朱元璋一见到陈友谅的超级巨无霸，脸上的血色就荡然无存。

他问刘伯温："气色如何？"

刘伯温看了他一眼，回答："不好。"

朱元璋深吸口气，说："我不是问这个。"

刘伯温现出恍然的样子，说："我兵有必胜之气色。"

朱元璋脸色好转了一半，再问："该如何？"

刘伯温再看了他一眼，轻描淡写地回答："力战之。"

朱元璋每次想到刘伯温在鄱阳湖之战前期的表现就怒上心头，因为就在那天，他险些成为俘虏，而刘伯温却告诉他不必担心。

鄱阳湖四日之第二日

第一天朱元璋先攻，第二天轮到陈友谅。陈友谅倾尽家底，把所有的巨无霸都投入战场，以排山倒海之势冲向朱元璋舰队。朱元璋舰队在庞然大物的压迫下频频后退。朱元璋大怒，说："你们再退就退到我门口来了。"可他的惊恐与愤怒无法阻止他的舰队一退再退。朱元璋像炮仗一样爆了起来，把在阵地最前沿的小队长凑足十人，就在他的指挥舰船头处决。这一残暴的方式暂时稳住了阵脚，但很快，他的舰队又后退。这一次，他拿出了军官花名册，要人指出阵地前沿指挥官的名字，他随手圈了几个，正要命令把这几个人捆了处决，刘伯温站出来了。

刘伯温说："陈友谅的战舰高而大，今天恰好又被他得了先机，第一个发动进攻，我们的战舰小，和他的舰队硬碰硬，这就是像是拿鸡蛋去碰泰山，纵然战神韩信复生，也无济于事。"

朱元璋就问："那军师您有什么好计策？"

刘伯温说："天下万事万物，有一利必有一弊。陈友谅把战舰连在一起，无论是攻击力还是气势，都凭空增加数倍。这是他的利，但他肯定有弊。"

朱元璋和他的将军们对这种"阴中有阳，阳中有阴"的辩证法一点都不感兴趣，在他们眼中，哲学上的辩证法是用来满嘴跑火车的，属于文字游戏。他们最想知道的是，陈友谅那看上去天衣无缝的巨无霸舰队的弊端到底在哪里？

刘伯温说："如果我们用火攻，他的舰队因为连在一起而不能马上分开，必然大败。"

朱元璋的将军们哄堂大笑。有人说："您这计策，我们听说过。赤壁之战嘛，可当时人家诸葛亮能借来东风啊，没有风，火攻就是原地打转，热闹是热闹，可于战事没任何帮助啊！”

朱元璋也说：“能用火攻当然好，可这风？”

他瞅了一眼刘伯温，刘伯温一语不发。他站起来，连瞅都不瞅那些将军一眼，走出船舱，登上甲板，看着军旗。看了好一会儿，又去看湖水。最后，他蹲在船头，探出耳朵去听鄱阳湖。他的头上，太阳在嗡嗡地响着，军旗撕心裂肺地叫着，只有鄱阳湖，发出不同于昨天的、犹如少女抚摸头发时静电的声音。

他又走回船舱，对朱元璋说：“让人准备七条小船，船上装满火药，用芦苇覆盖其上，再扎几个草人，立在船头。黄昏时，会有一阵东北风，风力极强，持续时间也不短，足够我们大破陈友谅的巨无霸舰阵。”

朱元璋的那些将军们面面相觑，然后哗然一片。他们认为诸葛亮借东风的事是不可复制的，或许那根本就是个神话故事，可今天居然有人要现场表演，他们先是惊骇，后是嗤笑。

刘伯温可不管这些，看都不看那些将军们一眼，就邀请朱元璋到单独的房间。他告诉朱元璋，按他对空气状况和风向还有水文的观察，今天黄昏时分必然起大风，所以必须要马上去准备。

朱元璋相信，因为自刘伯温跟了他以后，没有办砸过一件事，也没有漏算过一件事。可他又有点不太相信，因为这似乎太神乎其神了。倒不是刘伯温神乎其神，而是老天爷。

如果说第一天和陈友谅对决，他的处境是险象环生，那今天就是危机四伏。第一天是他运气好，攻击他的敌方战舰搁浅，而今天，他才踏踏实实地知道陈友谅的舰队当真是无敌天下的，至少在南中国是无敌的。面对这样一个劲敌，死神已开始在他的军队中乱窜。就在他的指挥舰上，他好像看到死神站在半空中，向他微笑。可刘伯温却说，晚上有一阵东北风吹来。他所处的位置恰好是东北方，陈友谅那倒霉鬼恰好在西南，如果真有这么一阵天老爷给他的神风，那他岂不是可以转危为安，转败为胜？

这就是他不太相信的地方，他不相信自己的运气有这么好。但刘伯温马上告诉他：人，有时候就是靠运气，一个人的成功，百分之九十九靠努力，百分之一靠运气，但运气绝不可少。几百年后，有个叫爱迪生的人说，所谓天才，就是百分之九十九的努力，加百分之一的灵感，但灵感至关重要。中国人翻译这段话时，把“但灵感至关重要”给删除了。

朱元璋说，从前在老家给地主家放牛，运气出奇的差：回去早了，被地主臭揍一顿，回去晚了，又没有饭吃。后来当了和尚去四方化缘，别的和尚都能在深宅大院门前得到吃的，只有他，经常被大院里出来的狗追着跑。再后来，他参加郭子兴的革命军后运气才渐渐好转。他在战场上冲锋陷阵、摸爬滚打了好多年，他身边的大多数战友前一天还跟他一起并肩战斗，第二天就变成了一具死尸。他看到过无数战友的肉体就在他面前像是灰烬被风吹起一样，飘散起来，最后在他眼前就剩了一堆白骨。

他对刘伯温说，他最近这几年的运气好得一塌糊涂，顺风顺水，没有他做不成的事，只有他想不到的事。但他也说出了自己的担忧：好运气不可能一直跟着他，如果今天黄昏东北风没有来，那他现在就该穿起裹尸布了。

刘伯温无法涤荡朱元璋内心深处的这一担忧，所以他说："如果今天黄昏没有东北风来，我也不知道该怎么办了。"不过，他最后又说，"放心，我军有必胜之气色，以此推论，黄昏时分必有东北风吹来。"

两人在探讨天气变化时，陈友谅气定神闲。他的舰队虽然在朱元璋舰队的顽强抵抗下进展缓慢，他却一点都不焦虑。陈友谅表面看上去急功近利，在战场上总是给人急吼吼的求胜心切的印象，其实真到人生拐点时，他会表现出令人难以置信的心灵定力。这是陈友谅人格中唯一的魅力，可惜在他一生中并不多见。

他命令他的巨无霸舰队按部就班，稳扎稳打。他对他的将军们说："你们要像蚕吃桑叶一样，从头吃到尾，不要留下任何后患。你们开过去的地方，不要让我看到朱秃子的一个士兵、一面旗帜！"

直到黄昏，陈友谅的计划稳步进行，朱元璋舰队被逼到康郎山的浅水区，动弹不得。那时正是仲夏，闷热无雨，湖水被太阳炙烤得都要沸腾了。朱元璋擦了脸上的汗，看向刘伯温。他大吃一惊，因为刘伯温的脸色苍白，他急忙问："军师可好？"刘伯温笑了一下，说："我很好，从来没有像现在这样好过。"他的话音一落，战舰上的五彩旗神秘地抖动起来，幅度越来越大，湖水也开始泛起层层涟漪，朱元璋惊喜若狂："风，风，风！"

这三个字就像是咒语，旗帜突然像死蛇一样，瘫了下来，湖水又恢复了从前的镜子模样。朱元璋蹿上甲板，先看旗，再看湖水，然后扭头看刘伯温。

传奇故事发生了。

这个传奇的第一个版本的主人公是刘伯温。刘伯温在朱元璋扭头看他时，突然大叫一声："船要沉。"还未等朱元璋反应过来，刘伯温抓起朱元璋，逃到了康郎山岸。朱元璋仓皇中回头一望，他的那艘指挥舰正以铁球入水的速度下沉，只几秒钟的时间，那艘船就如被鄱阳湖吞没一样，消失得无影无踪了。

这个传奇故事告诉我们，刘伯温不但能预料五百年后的事，更能预料到五秒钟内的事。

第二个版本的主人公是周颠。金庸在他的《倚天屠龙记》中把他写成是明教五散人之一，武功出神入化，人也是神秘莫测。不过历史上，周颠确有其人，他少年时得了一种怪病，可能就是精神病，遇到路人就说三个字：告太平。朱元璋在应天时，有一天在路上遇到他，他拉着朱元璋的缰绳，连说“告太平”。朱元璋把他看成是神经病，让人用大锅扣住他，周围架起火来烤。烤了一个时辰后，朱元璋叫人把锅掀开，发现里面什么都没有。

那天，刘伯温和朱元璋在鄱阳湖上等东风，周颠突然就出现在岸上，朱元璋要他上船。他摇头说：“船要沉。”朱元璋大怒，叫人上岸捉他。周颠在岸上一跳两跳就不见了。朱元璋大为诧异，也跑到岸上来看，正在这时，鄱阳湖在他的指挥舰下面露出一个大洞，船被吞没了。

无论这个故事是真是假，有一点我们可以确认，朱元璋对周颠印象深刻。二十多年后，朱元璋还叫人去深山古刹中寻找周颠，当不能找到时，朱元璋就命人写了《周颠仙传》，来颂扬他的功德。

朱元璋可从来没有让人写过《刘伯温传》，个中原因，随着时间的流逝，朱元璋和刘伯温都心知肚明。

那天黄昏，东北风最终还是来了，来的时候，席卷黄昏下的残云，吹过布满杜鹃花和夜来香的天空，在朱元璋舰队上空转了一圈，一扭身，就奔陈友谅的舰队冲去了。从刘伯温的眼中看去，这阵风是死神向陈友谅吹出的气，是厄运之神对着陈友谅打了个哈欠。

从陈友谅的眼中看去，这阵忽然吹来的大风有点诡异。他虽然对天文气象知识没有任何研究，但生活常识告诉他，这个季节的鄱阳湖起这样大的东北风是非常稀奇的。他心神突然就不宁起来。他的对手朱元璋此时的心神早如猴子一样跳动，七只早已准备好的小船如离弦之箭一样冲向了陈友谅的巨无霸舰阵。

根本没有思考的时间，陈友谅就下令对着那七艘小船开火，射出的火箭点燃了船上的芦苇，船借风势，火借船势，越烧越旺，七个高速行驶的大火球扑向了陈友谅的战舰。芦苇烧尽，火药被引燃，又恰好撞上了陈友谅的巨无霸。

根本没有反应的时间，火就借着风势开始在陈友谅的战舰上燎开。由于陈友谅的所有军舰是连在一起的，因此火只要烧到一艘军舰上，就会马上向另外的军舰上蔓延。军舰上一片惨叫，短短的时间内，陈友谅的一百艘军舰受到了火神最野蛮的攻击。浓烟弥漫天际，火光冲天，朱元璋下令反攻。

陈友谅在危急时刻，放弃那些被火神肆虐的战舰，斩断还完好的战舰缆绳，匆忙后撤。朱元璋主持下的史书记载说，当时陈友谅兵团有两千人被烧死，湖水一片血红。

——搞不明白，人被烧死，怎么会出血？

这一天是1363年农历七月二十三日，鄱阳湖之战的第二天，霉运之神和陈友谅握手的第一天。

难星过，速换船

陈友谅坐在他的指挥舰中，两只大眼睛仍然炯炯有神，他缓缓地扫视着他的将军们，还有几张空椅子。昨天，那些椅子还没有空。朱元璋的火攻，让他失去了两个亲弟弟和一个宰相，他们的尸体沉到鄱阳湖底，早被食人鱼吃得一干二净。

陈友谅没有检讨失败的原因，因为他不客气地认为，朱元璋是走了狗屎运才遇到了那阵东北风。如果没有那阵东北风，朱元璋的舰队早被他的巨无霸们挤扁了。这当然没有任何问题，就像我们走在大街上，突然被高空坠物砸到一样，都是我们没有办法预测到的，事后，我们也得不到什么教训。如果非要得到个教训，那就是，以后我们不要出门；非要出门，要仰头看，小心再有高空坠物。

陈友谅对将军们说东北风初起时，他的脑海里也闪过用火攻朱元璋的想法。可闪念之间，朱元璋已经先用了。他不无遗憾地说："朱秃子居然未卜先知。"一提到未卜先知，他拍了下脑袋大叫道，"他妈的，他船上肯定有刘伯温那厮，这阵东风可能就是刘伯温借来的。我们是在跟呼风唤雨的神仙打架啊！"

他发完一通牢骚，马上就恢复了高傲和冷静，他对他的将军们说："擒贼先擒王，明天开战，你们要在最短的时间内找到朱秃子和刘伯温的船，狠狠地攻击它，把它打沉。一个死人，是不会呼风唤雨的。一个没有了首领的舰队就是一群无头苍蝇。"

和陈友谅低沉的士气截然不同，朱元璋军队的士气直冲云霄，把月牙冲得乱晃。1363年农历七月二十四日，鄱阳湖之战的第三天凌晨，朱元璋对他的将军们说："昨天已经把陈友谅的士气彻底击垮，他们的灭亡指日可待。今天，我们好好地打，兢兢业业地打，胜利之神很快就会到我们这里做客。”

他的将军们被他激励得热血沸腾、满脸红光，腰间宝刀嘎嘎作响，要从鞘中飞出。他的士兵们站在各自的战舰上齐声呼喊胜利，他们身边的空气都被这些震耳欲聋的声音震动得颤抖不已。

陈友谅遥遥地听到这些平时根本听不到的壮观声响，轻轻地冷笑。他对将军们说：“这种狂叫乱喊不是战斗。我们低调一点，记住今天唯一的任务，找到朱元璋的指挥舰，用火炮把他送到白莲教总部那里见他的‘教主’去。”

不过，在几百艘战舰中找到朱元璋的指挥舰并不容易。因为朱元璋的指挥舰在海战的第二天沉了，所以朱元璋又换了一艘舰。那艘沉没的指挥舰，张定边最有印象，上面被装扮得花里胡哨，一杆极为显眼的米红色大旗高高飘扬。战舰上仅敲锣打鼓振奋士气的士兵就有一百多人，他们的鼓声贴着湖面，一直向北可以传到长江，再从长江登陆向北，可以传到黄河，把黄河的泥沙震荡得跳出水面。

但鄱阳湖之战的第三天，朱元璋换了指挥舰，那是一艘草草准备的普通的战舰，唯一和其他战舰不同的是，它的樯桅被涂成了白色。指挥舰必须要有区别于其他战舰的特点，这样有利于指挥。陈友谅可不知道朱元璋被迫换了指挥舰，他让士兵们寻找朱元璋从前的指挥舰，所以双方的战斗从早上进行到中午时，陈友谅也没有得到使他惊喜的情报。

朱元璋舰队的战斗士气的确很旺，陈友谅的多路巨无霸只是在防御，而没有反击的机会。虽然如此，在庞大的巨无霸面前，朱元璋舰队每想要前进一步，都要付出巨大的代价。他把火器用到了极致，火箭、火炮、火蒺藜在空中飞过时，如同日全食一样，天昏地暗。双方只能借助爆炸的闪光来观察敌情。当朱元璋的火器短时间内停止后，阳光又普照鄱阳湖。就在白昼变成黑夜、黑夜再变回白昼之间，陈友谅突然发现朱元璋舰队中，有艘白色樯桅的战舰，形迹十分可疑。它的高处，有几个士兵挥动着五颜六色的小旗，陈友谅当即断定，这就是指挥舰，那些小旗就是指挥信号旗。

陈友谅大喜过望，命令他的信号兵发出攻击信号。信号一出，他的前哨战舰左右闪开，一艘装备精良的巨无霸像是从水底浮出来一样，所有的火器都对准了那艘白色樯桅的战舰，同时开火。这就像是剁砧板上的猪肉，绝没有剁不到的道理。

可陈友谅太倒霉，朱元璋身边有个刘伯温，这就注定了陈友谅的一切深谋远虑和辛苦努力都将付诸东流。

在太阳被漫天的火箭遮蔽了光芒时，无数星星从天空中探出头来。刘伯温仰头观星时，突然大叫一声："不好！"他当时正坐在朱元璋旁边，话音一落，他揪起朱元璋，让护卫开路，跳上了一只小船，小船以箭一样的速度飞离了朱元璋的指挥舰。朱元璋在慌乱中听刘伯温说了六个字，像是咒语：难星过，速更舟。告诉他灾难之星来了，赶紧换船。

朱元璋在小船上还未彻底坐稳，他的指挥舰就轰隆一声，铁甲横飞，被炸了个稀巴烂。朱元璋瞠目结舌，回想刘伯温那六个字，心有余悸地连连咽口水。

他问刘伯温："你怎么知道我的船要被击中？"

刘伯温回答："难星来袭，被我发现。"

朱元璋惊骇不已，说："青天白日，您居然还能看到星星，这真是太出神入化了。"

刘伯温没有回答，他也没有给朱元璋解释什么是难星，更没有给朱元璋解释一个基本的天文学常识：星星一直都在，无论白天还是黑夜，无论阴天还是晴天，世界上不缺少星星，缺少的是发现星星的眼睛。

陈友谅在船头上看到那艘白色樯桅的战舰被击成了碎末，高兴得跳了起来。他在等待朱元璋已被炸死的好消息，但这个消息没来，来的全是坏消息。他的阵线因他的命令而露出个口子，朱元璋那些灵敏的战舰迅速冲了进来，现在，前线混战一片。他庞大的战舰行动迟缓，被朱元璋那些灵活的小战舰围着打，且打完就跑。他的战舰一还击，就伤到了友舰。

陈友谅感到了压力，沉重的压力。鄱阳湖里全是火药味，湖里的鱼都受不了，纷纷跳出水面呼吸新鲜的空气，但上面的空气更糟糕。世界上唯一平等的事物就是空气，没有特供。陈友谅被浓烈的火药味呛得剧烈地咳嗽起来，他躲进船舱，浑身发热，关节疼痛。不幸的消息一条接着一条，当他的神经被这些坏消息彻底麻醉后，他从口中勉强地吐出两个字："撤退！"

朱元璋站在他临时避难的那只小船上，抻长了脖子向前线望去，他没有看到陈友谅的一艘船，只看到自己战舰的屁股。他对刘伯温说："我胜利了！"

刘伯温仰头看天，天空被浓烈的火药味熏得苍黄，他没有看到星星，只看到太阳从苍黄里射出夺目的光芒，照在朱元璋那张兴奋得扭曲变形的脸，又反射到刘伯温眼睛里，非常非常刺眼。

朱元璋在1363年农历七月二十四日傍晚时说他胜利了，其实为时过早。陈友谅虽然失去了许多战舰，但主力未受重创，他仍有实力再来一战。而且他此时的实力和朱元璋的实力相差无几，按他自己的话来说，他和朱元璋唯一差的就是——运气。

陈友谅的运气的确很差，朱元璋的运气的确很好。问题是，朱元璋的运气虽好，但如果没有刘伯温在他身边帮他稳稳地抓住那些运气，朱元璋的好运气也不过是过眼云烟。

所以，陈友谅应该这样说，我和朱秃子唯一不同的地方就是，他有个半仙刘伯温，而我连个半鬼都没有。

陈友谅和朱元璋在鄱阳湖上三天的战争交流告诉我们，人类历史最贵的东西就是人才。

1363年农历七月二十四日夜晚，陈友谅彻夜未眠，直到凌晨，他才睡去。他梦见自己进入一个四面白墙的房间，里面什么都没有，却有两扇门。他打开一扇门，映入眼帘的还是一个四面白墙的房间，里面什么都没有，也有两扇门。他走向另外一扇门，正在犹豫是否打开时，身后有人叫他，似乎是他那美丽的老婆娄玉珍的声音。他一回头，却没有人，又回过头来，门也不见了。他陷在前所未有的孤独中，这种孤独感从他的毛孔渗入，进入他的骨髓，他开始哭泣起来。

就在他要淹死在自己泪水中时，他的侍女推醒了他。他恍惚地坐了起来，想到自己的老婆娄玉珍。但有一种声音冲进他的脑海，对他说，你根本就没有这样一个老婆；又有一种声音赶走了那个声音说，你老婆早就死在江州城了。

陈友谅这时恍恍惚惚地想起，自己的确有个老婆叫娄玉珍，但又不对。他想，他的老婆应该叫杨茗华，是个美丽温柔的女子，更是他的贤内助。当初，朱元璋进攻他的江州，他的老婆在他出征前对他说："吾君出阵作战，千万记住，人在军旗在，兵败军旗倒，免得我牵挂。"他还隐约地记得，那天出征时，他老婆站在江州城里最高处，含情脉脉地望着他，她的万缕青丝被清风吹动，说不出的妩媚动人。

他朦胧地记得，那一战他打败了朱元璋。凯旋时，他在石拱桥边洗脚——后人将此桥取名"洗脚桥"，今叫洗心桥——突然一阵狂风将插在身边的军旗吹倒，但他忘了及时扶起。当他的老婆看到他的部队没有军旗时，以为丈夫吃了败仗，于是就在身旁的大青麻石上撞碎了脑袋，此石后来叫"别夫石"。

陈友谅一想到他老婆的死，就流下泪水。不知是谁告诉他，他老婆的尸体还未寒冷，突然就天降暴雨，山洪暴发，很快将那具艳尸卷入山下小河之中，一直漂进长江，然后又逆水而上。三天后，他老婆的艳尸停留在今湖北省沔阳县陈家庄碧绿的池水中，空气不再流动，很快凝固成了绿色的一片天空，那片天空中散发出花香。这是陈友谅的故乡，是他老婆一直魂牵梦绕的地方。

陈友谅坐在床边想这些事，就如想史前时代的神话一样。他有点确信自己此时已丧失了判断梦境和现实的能力，他身处虚空中，无依无靠。只是当他坐在会议桌前时，现实才明朗起来。他看着他的将军们的脸，那些脸苍老得让他惊骇，才三天时间，时光好像流逝了二十年！

沉默了半个时辰后，陈友谅拿出了他今天的作战方案：故伎重施，找到朱元璋的指挥舰，轰他丫的！

他的将军们对他的决定震惊不已，因为朱元璋不是不长记性的猪，在经历了那次险情后，他肯定会把指挥舰隐藏起来。果然，当他们再次寻找朱元璋白色樯桅的指挥舰时，发现对方所有的战舰都拥有了白色樯桅。

也就是说，1363年农历七月二十五日，鄱阳湖之战的第四天，他们已没有了作战计划。而朱元璋的作战计划完美无缺，他趁着陈友谅这几天士气的持续低落，制定了一个“深入敌后”的作战计划，就是用数艘小战舰，装备大量的火器，从陈友谅巨无霸的空隙处插入，把陈友谅的阵地变成战场。

这些小战舰的速度快，机动而灵活，采用游击战，打一炮换个地方，就像是在象群中来回穿梭的老鼠。陈友谅的巨无霸被这些可恶的小东西绕得头昏眼花，连连中招。这个时候，鄱阳湖之战已不是战争，而是老鼠挑逗大象的游戏。

显然，陈友谅已经失去了制定游戏规则的资格，他也没有了退出游戏的能力，只能在朱元璋制定规则的这个游戏中被动挨打。中午时分，朱元璋发动总攻，主力舰队直逼陈友谅的中央部位，机动部队从陈友谅侧翼发动骚扰性袭击。在内外夹击之下，陈友谅舰队发出惊天动地的崩溃声。

陈友谅坐在他的会议室中，嘴角渗出苦涩的黏液，他垂头丧气地说了两个字：“撤吧。”

撤退已经完全不可能，在朱元璋舰队疯狂的冲击下，陈友谅舰队的撤退变成了溃退，朱元璋舰队像是打落水狗一样的狠揍陈友谅舰队，当陈友谅舰队溃退到渚矶时，连鄱阳湖最深处的鱼儿都知道，陈友谅大势已去了。

那些鱼儿在湖面恢复平静后，偷偷地游到湖面来，湖面上漂浮着陈军士兵的尸体、兵器、盔甲和正在下沉的战舰。它们深吸一口气，终于可以摇头摆尾地互相庆祝，我们的苦日子过去了，因为鄱阳湖之战结束了。

友谅死矣

陈友谅一直向北溃退到渚矶时，朱元璋也向北转移到左蠡控制江水上游，使陈友谅无法进入长江。

渚矶在葫芦口的小葫芦西边，左蠡在东边，遥遥相望。陈友谅用了三天想要冲破朱元璋的防线，但没有任何成绩。就在这三天时间里，陈友谅的一艘巨无霸舰队的司令投降朱元璋，军队士气降到冰点。

陈友谅现在进退失据，他从武昌出来时，带的粮食并不多，在洪都城下被阻挡了接近三个月，粮食吃得差不多了。他本以为能在鄱阳湖一举歼灭朱元璋，可四天的时间证明了一件事：他的理想是不着边际的幻想。

他在渚矶的临时指挥部里闷声不响地看着一张地图。在地图上，他离长江只有一指距离，只有进入长江，他才能全身而退。可惜，现在世界上最远的距离不是生与死，而就是这一指。

到了这个境地，他已没有了战略计划，甚至连战斗计划都没有。朱元璋始终在围困他，却不进攻他。只有他的舰队摆出架势要向长江冲击时，朱元璋的舰队才像苍蝇见到粪堆一样蜂拥而至。他不明白，短短的四天光阴，为何会让他那所向无敌的舰队的战斗力荡然无存。这使人厌恶和恐惧的光阴啊，陈友谅心里想，我要虚度它，以此来惩罚它！

刘伯温对待光阴的态度和陈友谅截然不同，他在争分夺秒地算计时间，预测陈友谅还能撑多久。围而不攻，正是他递给朱元璋的战略。陈友谅的水军主力虽然受到有史以来最大的重创，但瘦死的骆驼比马大。如果真要对其发动总攻，陈友谅这只困兽会在绝境中爆发出惊人的力量，这是“杀人一万，自损三千”的下等策略。刘伯温是具有上等智慧的人，当然不会给朱元璋出这样的馊主意。

他站在左蠡岸上，遥望陈友谅的舰队和他在陆地上的军营。在那片阴郁的领域上空，一大团乌云涌动着，像是另外一个国度，一个荒凉而绝望的国度。他对朱元璋说：“我们围困陈友谅已半个月，他的军粮肯定没有多少。我想，他会去攻打洪都，劫粮。”

朱元璋点头称是。刘伯温又说：“洪都城经过三个月的攻击，已破败不堪，守军筋疲力尽，应速派一支军队去支援。”

朱元璋感到惊讶，他说：“当初陈友谅主力犹在，尚且不能攻下，现在他主力受到重创，难道会出现奇迹？”

刘伯温说：“世事难料，陈友谅这段时间倒霉透顶，谁知道会不会否极泰来呢！”

朱元璋又是一惊，说：“先生您说得极是，我这就向洪都城派援军。”

刘伯温的预测分毫不差，在半个月不停的突围受挫后，陈友谅终于在那段时期内做出了一个有价值的军事计划：挑选精锐登陆部队，乘坐几艘巨无霸战舰，突袭洪都城。目的只有一个：粮食。

他的精锐部队还未集结完毕，朱元璋在刘伯温的指引下，已经发出了一支援军。这支援军从左蠡出发，沿着鄱阳湖北岸向东飞速前进，到达都昌（今江西都昌），在都昌一个华丽的右转，进入鄱阳湖，直抵鄱阳湖进入赣江的入江口处。他们在这里等了一天，才等到陈友谅的劫粮水军姗姗而来。

劫粮部队的指挥官一看到入江口有朱元璋的部队，又惊又怒：惊的是，他们怎么知道我们要去洪都；怒的是，这些兔崽子冤魂不散，走哪里都能遇到他们。

双方同时开战，一个时辰后，朱元璋的部队被击垮，但陈友谅的劫粮部队也伤亡惨重，已没有力量再去洪都城。他们只是登陆后，象征性地做了一次攻城，然后就急急忙忙地撤回了渚矶。

陈友谅突然发现自己的脑子在朱元璋那里已经成了透明的，他想什么，朱元璋全都知道。这使他的精神向崩溃的深渊飞驰而去，他开始喜怒无常，身边的侍卫和宫女，包括他的将军们，都成了他刀下的牺牲品。

他杀人已经没有了目的性，甚至连动机都没有。突然一阵不可名状的恐惧和怒火冲上头顶，就抽刀奔最近的人冲去。

在朱元璋没有把他送进地狱前，他自己提前把自己的心炼成了地狱。

1363年农历八月十五，刘伯温在鄱阳湖上度过了他五十三岁的生日。在那个月圆的夜晚，他坐在船上，航行在鄱阳湖中，船尾拖出粼光的航迹。月光把鄱阳湖变成了一片银蛇世界。屈指一算，他和朱元璋的合作已经有三个年头，在这三年里，他对朱元璋的了解其实并不深。因为朱元璋本身就是一层阴黑的浓雾，纵然刘伯温能明察秋毫，却也无法看穿这团浓雾。世界上有一种人，是让你无法看透的，一个人所以能被看透，关键就在于人心。

我们的心灵能感应到对方的心灵，才能有心上的交流，在交流中，我们才能用心观心，从而认识对方。心灵中最重要的不是智慧，而是爱。只有一个人的心灵拥有爱时，才能被对方感应到，才能被对方理解。朱元璋是个没有爱的人，确切地说，他没有爱的能力。在1363年时，他的这种特征还未被人熟知，在刘伯温看来，朱元璋礼贤下士，爱臣如子，常常带着微笑对他的爱将们嘘寒问暖。可有时候，刘伯温对那层脸皮凝成的微笑不寒而栗，因为那根本不是发自内心的笑，而是一种技术。

当刘伯温看着在湖中摇摇晃晃的月亮时，朱元璋那张奇丑无比的脸就出现在月亮里，随着粼粼波光，那张脸扭曲变形，使人冷汗直冒。

刘伯温深吸了一口气，这不是幻觉，因为朱元璋也在船上，正和他一起庆祝他的生日。朱元璋向湖里望去时，月亮都不禁打了个冷战，月亮里嬉戏的鱼儿突然就像离弦的箭一样飞走了。

朱元璋说："先生您已五十三，而我才三十六。我还年轻，希望先生在今后的日子里多指点我。"

刘伯温说："你如此年轻有为，现在马上又要击败你在这个世界上最强大的敌人，前途是不可限量的，我是凡夫俗子，只能尽力而为。"

朱元璋脸上挂出微笑来，很严肃地问："先生可否预测一下，陈友谅何时彻底失败？"

刘伯温看着月亮，月亮不知什么时候已躲进惨白的云里，但光辉不减，白银似的空气在刘伯温身上流动，他感到一阵寒意。不知为什么，他脑海中突然冒出一句格言来：狡兔死，走狗烹。

他强压住那句格言对他精神的刺激，去看朱元璋那张丑陋的脸，不动声色地说："不出半月，陈友谅必亡。"

朱元璋希望时间再确切一点，刘伯温就仰头去看天，月明星稀，但他总算找到了一颗星，那颗星震颤着，像要从天上掉下来。于是，他对朱元璋说："金木相犯之日，就是陈友谅必死之时。那一天应该是八月二十六日。我们最近这段时间就应该悄悄地把主力移到湖口，在长江南北两岸设置木栅栏，多做火筏放在江中。"

朱元璋沉思，他想猜出刘伯温的用意。刘伯温没有给他这个表现的机会，接着说："陈友谅会在不久的将来全力突围到长江中，然后回武昌。他只有两个选择，一是南湖嘴，二是湖口。我们在南湖嘴的防御工事无懈可击，陈友谅会在碰壁后，选择湖口突围。到那时，我们以逸待劳，陈友谅必败无疑。"

朱元璋鼓掌叫道："先生和我想到一起了。"

但刘伯温又说："如果在湖口阻击不了陈友谅，那只能是天不佑我，所以我们要在长江上游布置一部分兵力，阻止冲破湖口的陈友谅回武昌，务必要让长江成为陈友谅的葬身之地！”

1363年农历八月十五那天晚上，陈友谅在他的军营里召开了最后一次军事会议。在会议上，他稍稍恢复了点理性和傲慢的性格，他要求在十天时间内整顿军队士气。八月二十六日，全军突围，突围点选定了南湖嘴。

之所以选择南湖嘴，是因为南湖嘴是长江入鄱阳湖西面的入湖口，只要突破南湖嘴，就能进入长江。进入长江，一直向西，他就能回到老巢武昌。

有人小心翼翼地问：“如果南湖嘴无法突破，该如何？”

陈友谅瞪着灰蒙蒙的眼睛，看了那人许久，又看了看地图，用食指戳到南湖嘴东边的湖口说：“那就选这儿！突破它后，从泾江口进入长江！”

最后，他扫了他的将军们一眼，深吸一口气，坚定地说：“我决不会死在长江里，更不会死在鄱阳湖！”

1363年农历八月二十六日凌晨，陈友谅从噩梦中惊醒，一骨碌爬起来，把突围计划的时间提前了。虽然多日来受到不计其数的创伤，但他的舰队在经过十天的整顿后，仍然有股傲气，大旗在晨风中飘起，杀气逼人。

晨光熹微中，陈友谅下达了全军突围的命令。巨无霸舰队重新出现在鄱阳湖上，他经过左蠡时，料定必有一场恶战。但是，让他吃惊的是，左蠡方面毫无动静，只有一群水鸟被喷薄而出的太阳的嗡嗡声吵醒，扑啦扑啦地飞到空中。

陈友谅想不明白这是怎么回事，仿佛一夜间，朱元璋的舰队被地球吞没了一样。但他没有考虑那么多，他沿着鄱阳湖西岸一直向北，很快就进入了朱元璋南湖嘴的防御区。

南湖嘴在鄱阳湖之战开始之前，已被朱元璋布置得如同天堑，陈友谅的先锋攻击舰队使出吃奶的力气轮番攻击，朱元璋的舰队只是顽强防御，没有一点主动出击的架势。

将近中午时，太阳的马达飞速运转起来，似乎向地球靠近了几千万公里，把人晒得昏昏欲睡，把鄱阳湖上的飞鸟晒得羽毛起火，从空中栽到湖里。陈友谅坐在指挥舰的船舱里，没有一丝风吹进来，他浑身冒汗。他的战舰就有这种特点，铁板太多，吸收阳光，所以他就如同坐在烤炉里一样。他把头探出来，去看战场。有人告诉他，没有任何进展。

他擦了擦汗，下了第二道命令：“向东，去湖口！”

巨无霸舰队转舵，慢悠悠地向湖口驶去。陈友谅找不到朱元璋的主力，早上时还心惊肉跳，中午时，这种感觉就烟消云散了。他安慰自己说：“也许朱元璋在长江里等着我呢。”当到达湖口后，他这种自我安慰马上就没有了，心惊肉跳的感觉又回到了心上。

他最终还是在鄱阳湖中发现了朱元璋的主力舰队，就在湖口严阵以待。现在，他已没有后路，南湖嘴的战舰正在尾随他。他如果南下重新进入鄱阳湖，那就真的要饿死在湖里了。其实，他也没有想过要后退，在心惊肉跳了一会儿后，他恢复了平静。他对他的将军们说："生死存亡在此一举，诸位要努力向前，回武昌后，朕会大力犒赏这场战争中的英雄们的！"

朱元璋向陈友谅的主力舰队望去，激动万分，真想拥抱身边的刘伯温。刘伯温却出奇的冷静，他告诉朱元璋，不可轻敌，陈友谅仍有热血和实力。

朱元璋点头，扯着嗓子下令："全线攻击！"

陈友谅也用他那低沉的声音下达了全线突围的命令。这并不是一场硬碰硬的战役，朱元璋早有准备，他的火筏最先冲进了陈友谅舰队中，这些东西就是会动的小火焰山，只要和陈友谅的战舰一碰上，马上起火。朱元璋再次使用他那所向无敌的火器，陈友谅的战舰几乎已无还手之力。湖口之战不同于鄱阳湖的几次大战，在鄱阳湖中，陈友谅的巨无霸战舰还可以展开阵形，可在狭窄的湖口，陈友谅的巨无霸互相碰撞着"自相残杀"起来。

对于朱元璋而言，这是一次围剿战，但对于陈友谅而言，这是一次最窝囊的防御战。黄昏来临，他好不容易带着不到一半的战舰突破了湖口，直奔泾江口。近一个月以来，他第一次露出会心的笑容。因为只要突破泾江口，进入长江，凭借巨无霸的速度，他一定能摆脱朱元璋的"小渔船"，安然回到武昌。

危急时刻，只有少数人能爆发出超人的智慧来审视复杂的问题。陈友谅不知道，他能突破湖口，正是朱元璋的诡计。泾江口早已有重兵布防，朱元璋的舰队现在又在后面追击，几乎是把陈友谅堵在了一个巷子里，进退不能。

陈友谅拼命地想要突破泾江口，他把所有的战舰都投到了战斗中去，朱元璋已经悄无声息地逼近了他的屁股。

当朱元璋的湖口舰队向陈友谅的屁股发起攻击时，陈友谅才反应过来，这次想要逃脱，真是比登天还难。但他仍然有热血，仍然有实力。他把攻击泾江口的几艘战舰调过来，死命抵抗朱元璋的攻击。

在战斗最激烈的时候，他探出头去，向北遥望。他几乎能看到长江那奔腾着一路向东的浪花，他还能看到武昌城中大汉帝国的国旗，他更能看到，城中的百姓正夹道欢呼，迎接他的归来。

当然，他也听到了朱元璋的战舰炮火声越来越清晰，他更能感觉到，战舰在炮火的震荡下不停地摇晃，像是个醉酒人的五脏六腑。

包围圈越来越小，陈友谅舰队被压缩在一个狭窄的空间里，奋勇还击着。朱元璋感觉到，离陈友谅越近，他的攻击压力就越大。陈友谅果然是个巨兽，在这种四面楚歌的情况下，居然还能发挥出如此强大的抵抗力。

死神站在陈友谅的船头，嗅着他的气味。在几十年的寻找中，它终于找到了陈友谅，并且决定给他致命一击。陈友谅坐在船舱中，突然像中了魔一样，呆住了。一道闪光射进船舱，陈友谅不由自主地站了起来，失魂一样的打开舱门，向外面望了一下。

这一望，是万劫不复的一望。他没有作任何闪躲，因为一支由死神钦点的羽箭正呼啸着刺向他的左眼。他命中注定会死在鄱阳湖上，会死在他从未高看的朱元璋之手。

羽箭从他的左眼射入，在他脑中不作停留，又向前冲了几厘米，贯后脑而出，陈友谅未发出一声叫喊就仰天摔在船上。他的身体很快变得僵硬如大理石，死神从他尸体旁掠过，尖叫着冲上天空，连射得最远的羽箭都追不上了。

这是鄱阳湖之战的尾声，但战役并没有随着陈友谅的死去而加快结束的速度。事实上，在箭如雨下时，谁都不知道陈友谅已死，就是在陈友谅指挥舰上的那位英雄人物张定边，也不知道皇帝驾崩，他还在奋力地指挥作战。

朱元璋站在他的指挥舰上，四周布满了防御铁板，他抻着脖子望，好一会儿，他对刘伯温说："想要全歼陈友谅，还真是件难事。你看他的部队士气，居然高涨起来，这就是负隅顽抗吧。"

夕阳如血，湖水成血。刘伯温看到一条大而肥的鱼，慢慢地游到湖面上来，一转身，又游回湖底，带走了一片血色。他又去看那夕阳，点了点头说："友谅死矣。"

朱元璋大吃一惊，去看陈友谅的舰队，想看出点儿陈友谅已死的蛛丝马迹来，但他看不到。刘伯温又说："友谅死矣。"这一次，他的声音微颤，像是一根刚被人拨动过的琴弦。

朱元璋未作片刻考虑，喊向他的那些参谋们："赶紧给我作篇《祭陈友谅文》！"他没有英雄相惜的高尚情怀，文章一成，他就叫一些嗓门大的士兵对着陈友谅舰队朗读起来。这个时候，陈友谅的将军们冲进指挥舰，在满仓的腾腾雾气中，他们看到了陈友谅的尸体。

陈友谅舰队霎时崩溃，朱元璋趁火打劫。在乱哄哄中，张定边带着陈友谅的次子陈理冲出包围圈，进入长江逆流而上，逃回了武昌城。

鄱阳湖之战的尾声正式结束，陈友谅大汉帝国的尾声开始了。

大汉余音

几年后，朱元璋和刘伯温一起回忆鄱阳湖之战，刻骨铭心。朱元璋说：“鄱阳湖之战，炮声击裂，如同滚滚天雷在头上飞奔，将士的呐喊，纵然鬼神听了也会吓得哭嚎。从早到晚，一连四日，日日心惊胆战。”他看着刘伯温，“你当时就在船上，可以说是与我共患难的人啊！”

但刘伯温记得的好像并不是这些，而是当朱元璋取得鄱阳湖之战胜利后回到应天的情景。据刘伯温回忆，朱元璋犒赏了活下来的将军们后，对刘伯温说：“我现在很悔恨当初去救小明王，如果不是老天的眷顾和陈友谅的愚蠢，我现在真不知身在何处。”

朱元璋说陈友谅愚蠢的理由，指的就是陈友谅应该直趋应天，而不是去攻洪都。这个论点，刘伯温早就反驳过，陈友谅远没有朱元璋想的那么蠢，他有他的计划。朱元璋说人家愚蠢，不过是一个三流货色侥幸成功后，对对手的刻意贬低而已。

他在沾沾自喜时，刘伯温冷冷地提醒他：“别忘了，陈友谅的大汉帝国还在呢。”

大汉帝国的确还在，武昌城中虽然哭声一片，但陈友谅的大旗依然高高飘扬，大汉帝国又有了新的领导人——那个逃回来的陈友谅的次子陈理。

1363年农历十月，朱元璋命徐达率领主力部队扫荡陈友谅地盘，徐达兵团如风卷残云，一路势如破竹，进抵武昌城下。武昌城顽强抵抗，徐达在武昌未占到半点便宜。春节即将到来时，朱元璋命令徐达继续围攻，而主力则撤回去扫荡陈友谅其他地盘。

1364年农历二月，陈友谅的大汉帝国在朱元璋疯狂的扫荡下只剩武昌一座孤城，朱元璋见时机已到，亲自出马，来到武昌城下。在持续不断且质量极高的攻击下，武昌城陷落，陈理在城池即将陷落时出城投降。陈友谅的大汉帝国度过了最为光辉的三年和最为惨淡的一年后，退出历史舞台。

朱元璋赢了，他几乎赢了整个南中国。不过，胜利者未必就是真王，失败者也未必就是真寇。宇宙中，最势利的动物非人类莫属，因为人类往往以成败论英雄。

陈友谅败了，可他应该有个接近于事实的评价。如果我们把陈友谅和朱元璋进行一番对比，就会得出一个并不讨朱元璋喜欢的答案：陈友谅和他半斤八两，他没有高出陈友谅半分，有时候，他还矮了陈友谅几分。

朱元璋说，陈友谅不讲道义，是禽兽，因为他杀他的主人徐寿辉。如果单从弑主这个角度来说，朱元璋连禽兽都不如。陈友谅固然杀了他的主子徐寿辉，但人家只杀了一个，而朱元璋杀了两个，一个是他的主子郭天叙，另一个则是几年后的小明王。陈友谅杀徐寿辉是敢作敢当，人家承认自己杀了徐寿辉，可朱元璋杀郭天叙、小明王，却到死都不承认，把责任统统推到别人身上。陈友谅如果是真小人，朱元璋就是伪君子。伪君子大言不惭地指责真小人，世界上最荒唐透顶的事莫过于此。

朱元璋还说，陈友谅凶暴，在内部搞政治斗争，把所有人才都杀掉了。如果这指责不是信口开河，那我们很难解释陈友谅手下大将张定边的英雄智慧和英雄行为。我们更难解释，为什么在陈友谅去世后，大汉帝国在残破不堪的情况下，还支撑了四个月。事实上，朱元璋才是个搞政治斗争的顶级下三滥，他在建国后一系列屠杀功勋的行为，陈友谅望尘莫及。如果当时陈友谅还活着，看到他凶残的杀戮行径，肯定会毛骨悚然。

毋庸置疑，陈友谅在道德上有瑕疵，但那个混乱的年代，你讲道义，正如到猪圈里讲五线谱一样，浪费时间和精力不说，一不小心，就会被猪吃了。政治和道义是各行其是的，谁如果把它们搞混了，谁就必然死无葬身之地。朱元璋又何尝讲道义？他最卑鄙的行径之一就是，用自己没有的东西去评价别人。他没有道义，却总喜欢用道义去评价他的对手。

陈友谅雄心壮志，胆气逼人，敢作敢为，是那个时代当之无愧的英雄之一，但凭朱元璋那些猥琐卑鄙的行止，他连给陈友谅提鞋都不配。陈友谅无法和朱元璋相比的就是手腕，朱元璋能团结一切可以团结的人，用一系列为人和处世技巧来拉拢住别人，让别人为他赴汤蹈火，但他从不用真心回报。陈友谅有强大的组织能力和控制能力，可惜老天爷没有给他一个刘伯温式的谋略家，这就是命，人力在命运面前必须要止步。

朱元璋赢得鄱阳湖之战的胜利，并不能证明他比陈友谅高明到哪里去，如果不是刘伯温和多次命运之神的眷顾，失败的可能是他。

世界上从来没有哪一场战争是靠运筹就能取得胜利的，谋划固然重要，但运气更重要。所谓绝对百战百胜的将军是不存在的，你要看他的对手是龙还是虫，一个百战百胜的将军背后，必然倒下了一群猪一样的对手。朱元璋的对手陈友谅不是猪，遗憾的是，他进入鄱阳湖后就开始拥有了猪一样的运气。

所以，当我们审视历史时，千万要注意，成败论英雄是最不可取，也是最浅薄的。

不过，我们的历史还应该继续。陈友谅已死，朱元璋的确是赢了，他不仅赢得了实惠，还赢得了面子。就在1364年正月，他自立为吴王，建立百官司属。两位宰相的官印理所当然地赏给了李善长和徐达，刘伯温什么都没有得到。这或许并不是朱元璋的吝啬，而是在朱元璋眼中，刘伯温只是个策划师、魔法家，宰相那把椅子，他是坐不上去的，坐上去肯定会感到不舒服。

但刘伯温却不这样看，他这种聪慧过人的人，用三年的时间足够看清一个身边的人。他认为，朱元璋是个政治高手，深谙官爵对人的重要性，正如刘伯温在《郁离子》中说的，官爵是宝器，不能轻易给人；如果轻易施舍，那官爵的神圣性就不复存在，拉拢人就缺少了最重要的一件武器。

有一件事让刘伯温印象深刻：鄱阳湖之战结束后，朱元璋并没有进行泛滥的封赏，即使在灭掉大汉帝国后，朱元璋也只是按平时的军功给一批将军们进行了微不足道的封赏。这让很多人提出质疑，对于朱元璋的吝啬，他们气得发狂。在一次宴会上，几个鲁莽的将军借着酒劲，就向朱元璋发出了积攒已久的牢骚。

这些牢骚在酒气的缭绕下，冲进朱元璋的左耳，就要从右耳冒出时，他拍了下耳朵，牢骚在他脑海中荡漾了一会儿，他轻松地一甩头，从右耳出去了。他一脸严肃地看着那些将军们，眼光如毒蛇。当喧哗声渐渐平息后，朱元璋说："你们跟我有年头了，我对你们的能力和勇气了如指掌。即使我不知道你们的能力，你们的上司应该知道，你们的下级也应该知道。你们如果功勋盖世，我怎么可能遗漏你们？可你们如果只是尽了一个军人的职责，那吼叫着要什么封赏？那是你们应尽之事。"

说完，他停了一会儿，下面安静得连掉根针都能听到。他指着徐达说："你看你们徐相国，功勋盖世，可你再看看和他并肩作战的兄弟，现在不仍是低级军官吗？为什么？就因为他们没有过人之处。你们如果有过人之处，立下超人的功绩，我的眼睛会看到的。你们不要担心没有封赏，要担心也应该担心你们是否建下功勋！"

这席话让那些将军们只是闭上了嘴，却让刘伯温脑海中唯一愚昧的角落里荡起了浪花。刘伯温一向是直来直去，是非分明，从来不绵里藏针。他喜欢把针亮给别人看，让人知道他就是一根坚硬的针，他更喜欢把棉花放在别人的胸怀，温暖别人的心。他永不可能像朱元璋那样，把针藏在棉花里，让你既喜又惧、既爱又怕。

这是一种“看山还是山，看水还是水”的最高明的政治手腕，它以语言的方式呈现，比任何一门武器都要厉害。

刘伯温不得不承认朱元璋是个厉害角色。

朱元璋说：“你所有的谋划都是天衣无缝，你能贡献，我能审而听之，这就是你，这就是我！”

刘伯温大吃一惊，他终于确定了几年来始终萦绕在心头的疑惑：他不是朱元璋身边的智慧口袋，朱元璋掏出来一个就用；他只是朱元璋身边的小药箱，朱元璋从里面拿出的药，要先加鉴别，然后才吃。

当他在1364年农历二月回家的路上时，他的这种印象逐步加深了。可能就是在那条通往家乡的路上，刘伯温开始扭转他和朱元璋的关系，但他那刚直、不管不顾的性格如老虎一样拦在他面前，使他功亏一篑。

刘伯温回家时，圆月高悬，树木在月光下像是剪影，偶尔传来几声鸟叫还有猴子的嬉闹声，这在夜晚显得极为恐怖。四周一片凄惨，浓烈的雾气打湿了双脚，他就在月亮钻进云里时，突然停了下来，说：“五十而知天命，我做我自己！”

说完，不知什么原因，刘伯温又突然想起了陈友谅和他的大汉帝国。才几个月的时间，刘伯温几乎把这位英雄人物和他一手创建的大汉帝国忘却了。在那个月光如水银流淌的世界中，他试图回想起陈友谅的尊容，可总是被朱元璋那张丑陋冷酷的脸挤到一边去。他努力用眼睛把陈友谅的脸拉回来，却拉回来一张哭丧着的脸。那张脸上又浮现出一张床，这张床用云南出产的楠木架构而成，楠木上镶嵌着制作精美的金片。刘伯温见过这张床——有一天，投降了朱元璋的陈友谅部下抬了一张床，放在朱元璋脚下，恳请朱元璋笑纳。

朱元璋的眼睛一亮，发出贪婪的光，但那光倏然熄灭。因为在他身边有很多人，那些人眼睛放出比他还亮十倍的光，垂涎三尺。他极端严肃地咳嗽了一声，然后开始进行思想教育：“这个床如此奢华，和后蜀后主孟昶用珍宝做成的夜壶有什么区别？”

孟昶是五代后期南中国后蜀的皇帝，此人在生活的奢侈上极具想象力，他曾用七彩珠宝装饰夜壶。北宋第一任帝赵匡胤灭掉他后，看到他的夜壶，大怒，拎了锤子就把上面的珠宝敲了下来，说：“这小子用七样珍宝来装饰这个东西，那么又会用什么容器来装他的食物啊？他如此奢侈，怎么会不亡国？”

朱元璋能想到孟昶，说明他对中国历史颇有了解。所以，他和赵匡胤一样，也来个毁坏作秀，命人把那张价值连城的大床销毁。

这一倡导廉洁的举动马上感动了身边的马屁精们。其中一只就跳出来指责陈友谅：“没有富有就先骄傲，没有达贵就先奢侈，因此而失败。”

朱元璋认为他说得很好，但他还需要进一步补充：“富有了难道就可以骄傲？达贵了就可以奢侈？有了骄傲奢侈，即使富有达贵还能保全吗？在富有达贵的时候，更应该抑制奢侈、崇尚节俭。戒除奢侈的欲望还恐怕不能符合人民的意愿，更何况用尽全天下的能工巧匠，来为了满足自己的欲望呢？这样很容易就导致灭亡了。前车之鉴，不能重蹈覆辙。”

刘伯温在一旁听着，他已经听出来了，朱元璋现在俨然以中国的皇帝自居了，可朱元璋离中国的皇帝还有一大段距离。谁都知道，就是在南中国，他若称中国皇帝，第一个跳出来反对的就是张士诚。

必须要和张士诚有个了断。朱元璋看向刘伯温，目光犀利、坚定。刘伯温的头上有一个白色的光环，十分耀眼，据民间说，那是大仙的特征。

第十一章
千年预言：迷雾中的《烧饼歌》

敌人在哪里

刘伯温五十岁时出山辅佐三十三岁的朱元璋，流年似水，1364年时，刘伯温已五十四岁。在这四年时间里，他让一个并不起眼的割据政权脱胎换骨，一跃成为南中国第一霸主。后人说他能化腐朽为神奇，太过于夸张，但说他能点石成金，却是事实。

当朱元璋于1364年正月自称吴王时，他心中早把自己当成了皇帝。事实也的确如此，那年正月，他的同乡，也是他最信赖的战友李善长和徐达要求他登基称帝。他内心抑制不住地兴奋，可他虽然是个冒险家，但极有政治头脑，这个时候称帝，虽没有弊，但也没有任何利。所以他假惺惺地推辞说："战马还在战场上驰骋，人们还在呼号中奔走，天下未定，天命未必在我，不可冒昧行事。"

他似乎忘记了他在鄱阳湖上写给陈友谅的信，但刘伯温未忘。他在那封信字里行间把自己置于天命所归之处，而把陈友谅放在逆天而行的火炉之中："你不要做欺人之事，马上取消你那皇帝的称号，等待真命天子的到来。否则，家破人亡，后悔晚矣。"

那时，鄱阳湖之战才进行到第二天，朱元璋明显居于劣势。能在如此形势下有这种猖狂的口吻，刘伯温很是吃了一惊。但刘伯温吃惊过后，就看透了朱元璋的肺腑——这是个想做皇帝想疯了的人。当他在鄱阳湖之战胜利的三个月后，在众人的拥护声中冷静地拒绝称帝之时，刘伯温又很是吃了一大惊——这人的理性和自制力如此强大，真是世间，至少是那个年代少有的人啊！

站在刘伯温那超自然智慧的圣坛上，就能明白朱元璋为何不称帝而只称王——因为小明王还在滁州活着。天下的人，包括草木鱼虫都知道他朱元璋是小明王的部下，如果他朱元璋称帝，那他的领导小明王该称什么？也就是说，有小明王在，至少在名声上，他就无法称帝。

不过，这件事在1364年的朱元璋看来，并不是什么事。让他真正挂怀的是，陈友谅虽然不在了，但他还有敌人。他说："我们不能忽视任何敌人。"

据朱元璋的叙述，他有四个敌人。第一个就是那位多年前被方国珍活捉，后来又和王保保势不两立的孛罗帖木儿，1364年孛罗帖木儿占据河北，对元政府阳奉阴违；第二个则是王保保，这个人非比寻常，几年后，他让朱元璋建立的明帝国寝食难安；第三个则是李思齐和张良弼，两人占据关中；最后一个，也是离朱元璋最近的敌人，就是张士诚。

据刘伯温看来，这四个敌人的前三个不足惧，至少在短时间内，他们不会威胁到朱元璋。孛罗帖木儿占据河北，虽然有一支数量可观的兵团，但军纪太差，打不了硬仗；王保保在河南，军纪严明，可士兵太少；至于李思齐和张良弼，更不足以忧虑，因为他们占据的关中严重缺粮，自保都成问题。

刘伯温最后说："我们最大的敌人自然就是张士诚，这人要军队有军队，要粮食有粮食。想要消灭他，必须要审时度势，在最好的时机给他最致命的一击。"

朱元璋问："什么时候是最好的时机？"

刘伯温朝天空望去，那时，应天城中阴雨绵绵，房檐挂着一道雨帘。刘伯温和朱元璋并肩站在檐下看雨。刘伯温没有给朱元璋答案，朱元璋也没有继续问。几年来，两人似乎已形成一种默契，朱元璋知道，刘伯温该说的时候肯定会说，他不说的时候，证明时机还未成熟，所以，不必问。

几年后，刘伯温在朱元璋的许可下参与法律制定，他提出一个影响朱元璋多年的思维定势：执法要严，要灭绝人性的严厉。他说："元王朝的覆灭就是太宽纵，所以，真正的法律应该是这样的：它一旦被制定出，如果不是在非常时刻，它就不该被变动；任何人都要在法律的框架下对法律顶礼膜拜，执法者要严格依法办事；法律是神圣不可侵犯的，包括君王自己也没有资格修改、意淫法律。"

中国古代的这种法制精神并非是刘伯温的启蒙。千百年来，中国一些拥有良知的执法者都在千方百计地维护法律的尊严。但是，当他们面对有实力的犯罪嫌疑人时，纵然口若悬河，也无法维护法律的尊严。

而中国古代，触犯法律、玷污法律的人有时候是皇帝本人，而有时候则是皇帝一手培养起来的那些坐在尊贵位置上的人。其实也不是他们自己触犯了法律，而是他们下面那些狗仗人势的奴才。这些人不仅是皇帝的敌人，还是国家的敌人。

朱元璋曾问刘伯温："我的敌人在哪里？"刘伯温告诉他："人最大的敌人不在外而在内。"朱元璋当时并没有理解，直到1364年那个阴雨连绵的农历四月，朱元璋才知道他的敌人在哪里。

功勋盖世的徐达是第一个被朱元璋叫来训话的人，因为他的那些家人仗着他的势力在应天城中为非作歹。他们根本不知道主人创建下这些功勋背后的艰辛，他们认为主人能有今天的辉煌，必须要惠泽于他们。所以，他们骄傲了、跋扈了，在菜市场买菜不给钱，出门乘坐超过规格的车队，看到不顺眼的人就拳脚相加，搞得应天城乌烟瘴气。

朱元璋对徐达说："你是跟着我一路披荆斩棘过来的，好不容易混到这个地步，不要被那些狗奴才毁了你。你要好好管束他们，否则，不但他们后悔，你也有后悔的一天。"

徐达听了这些话，惊出一身冷汗来。回到家中，他官服都不脱，就把下人们集合起来训话，而且还杀了几只鸡儆猴。

刘伯温早就说过，帝国的敌人就是触犯法律的那些人，而敢于触犯法律的人必然是自以为有实力的人，这种人一旦放纵之，后果不堪设想。

可是，这种警告对当时的朱元璋来说，所起的作用并不大。朱元璋不是哲学家，他理解不了深层的问题，他只是知道他的敌人是那些有兵有地盘的军阀。他虽然经常和他的将军们谈到纪律问题，但只是例行发言。实际上，他根本没有把这样的敌人放在心上，直到他统一中国后，文武大臣们的放荡不羁才让他重拾刘伯温的警告。可惜，为时已晚，例行发言已无法解决问题，只能用屠刀。

刘伯温五十四岁那年在应天城。应天城阴雨连绵，三个月不见阳光，空气中飘荡着青灰色的雨丝，打湿了他的脸。他伸出手去，手很快湿了，他于是想到了法律之网，后来又想到朱元璋的敌人。再后来，他站在雨中，进入与雨水合二为一的境界，什么都不想了。

刘伯温就在那最佳状态中站了好久，突然有人来拍他，他这才从梦幻跳回了现实。扭身回头时，他向南昌（1363年，朱元璋设洪都府为南昌府）看了一眼，心里暗叫一声：“不好，南昌有变！”

吴王，请速去南昌

1364年年末，刘伯温对朱元璋说：“注意南昌。”朱元璋一愣，说：“朱文正在南昌啊。”刘伯温又说了一句：“那就注意朱文正。”

在刘伯温说出那句话之前，朱元璋从来没有注意过朱文正，注意这个“注意”，在政治圈中，谁要是被“注意”上了，谁就要倒霉。朱元璋心中，朱文正是绝不会倒霉的，这位曾把陈友谅钉死在南昌城下达三个月之久的守城奇才是朱元璋心目中的一颗耀眼的恒星。不过对于那场“洪都保卫战”，很多人都高估了它。我们在前面谈过，南昌城被朱元璋重修之后，陈友谅威力无比的攻城武器——战舰——无用武之地。陈友谅在南中国的崛起，很多时候靠的是海军，他是个典型的偏执狂，过度地重视海军的优势。朱文正守南昌城时，只有两万人，陈友谅六十万，但这六十万人攻城的能力很差。朱文正之所以能守住南昌城，一是他的确有一定的调度能力——南昌城比较大，他却能把两万人分配合理，能在危机时刻拆东墙补西墙；二是，陈友谅这个对手的攻击力很一般。

朱元璋回想关于朱文正的往事，首先想到的自然是洪都保卫战，这场保卫战在他战略上的价值有多大，他心知肚明。可如果站在陈友谅的角度来看，南昌城的得失如浮云，因为他去攻南昌的目的就是引朱元璋前来决战。所以，攻南昌城时是否用了全力，只有成了鬼的他知道。这也同时说明，朱文正在守城上固然有天分，可远没有如后人说的那样高。

朱元璋那天在刘伯温的提示下，脸向西南，看向南昌城。他眼前就浮现了一张轻佻的脸，这张脸的主人就是朱文正。

朱文正是朱元璋哥哥朱兴隆的儿子，朱兴隆早死，他老婆领着朱文正四处流浪。朱元璋革命大业稍有起色后，朱文正和他母亲一起来投奔朱元璋。在后来的战争中，朱元璋发现这个侄子虽然任性轻佻，但却骁勇善战。在攻陷应天的战役中，朱文正一马当先，最先冲进应天城，给朱元璋争了很大的面子。朱元璋论功行赏时曾问他想要个什么官，朱文正很懂事地回答：“叔父您真成大业，何患不富贵。先给亲戚封官赏赐，何以服众？”

朱元璋大为惊喜，深为侄子的见解感到欣慰。一定要注意朱文正的这句话，他不是说不要封赏，而是想要最大的封赏。

1363年，朱元璋从陈友谅手中重新夺回南昌后，他心目中守卫南昌的唯一人选正是朱文正。陈友谅未攻南昌城之前，朱元璋就曾收到南昌城一些官员的密信，说朱文正在南昌城不理政事、花天酒地，他们很担心南昌城在这样一个浪荡子手中会不会再次丢失。使人惊骇的是，当陈友谅六十万大军兵临南昌城下时，朱文正来了个超级大变身，推开酒杯，踢开怀抱里的女人，梳洗打扮一番，然后调兵遣将，聚精会神地守起了南昌城。

如你所知，他守得很好，洪都保卫战几近于完美。

陈友谅从南昌城刚撤军，朱文正就脱掉了战袍，穿起当时世界上最精致的丝绸长袍，用他那双还有血腥味的手端起酒杯、搂起美女，载歌载舞起来。

朱元璋和陈友谅在鄱阳湖生死相搏时，他在南昌城中醉生梦死。即使和他最亲近的人都看不懂他，在平常时期，他是个花花大少，而一旦到危机时刻，他马上就能进入救世主的角色。如果说朱元璋是深不可测，那么他的这个侄子朱文正就是变化无常，你能按朱元璋的逻辑猜出他下一步要做什么，但你永远猜不出朱文正的下一步。

鄱阳湖之战结束后，朱元璋并没有对任何人进行厚重的赏赐，他从未想过朱文正会质疑他的这一行为。因为在他心目中，朱文正很识大体，他当初那句拒绝封赏的话就是明证。

刘伯温在鄱阳湖之战后曾提醒过朱元璋，让他注意一下在这场战争中的无名英雄。这些无名英雄当然不是漂浮在鄱阳湖上的士兵，而是未参加鄱阳湖之战，却对鄱阳湖之战有着卓越贡献的人。比如在武阳渡驻扎的部队，他们未发一枪一弹，却震慑了陈友谅不能南逃；再比如朱文正，如果不是朱文正拖住陈友谅，朱元璋就不可能有充分的时间准备。

朱元璋却说："陈友谅来攻南昌城，就是要和我决战的。即使他攻陷南昌城，也会到鄱阳湖中来，而我们在长江到鄱阳湖的沿线都布置了重兵。也就是说，朱文正的功勋没有人们想象的那么大。"

这成了他在鄱阳湖之战后未对朱文正封赏的心理依据，他一厢情愿地认为朱文正能理解这件事，朱文正对这件事是超然度外的。

朱文正不能超然度外。鄱阳湖之战的后期，陈友谅派人来南昌城劫粮，他在击退敌人后，曾洋洋得意地问他的部下："你们说这场战争功勋最大的是谁？"

他们的部下知道主子要的答案是什么，异口同声地说："是您。"

朱文正很不客气地接受了这个答案，说：“我拖了陈友谅三个月，叔父才有时间作充足的准备，我现在又断了陈友谅的粮道，他成了无本之木。你们瞧，这种功勋，光芒可与日月争辉。”

在他意识中，他认为自己说得没有错，他希望朱元璋也认可这种说法。因为几年来，他的确没有升迁过，这一次，就是击鼓传花的封赏，也该轮到他了。但他很快就滑进失望的深渊中，朱元璋对他未作任何振奋其心的封赏。

他先是在房间里来回转悠，自言自语，后来就像中了魔一样的大喊大叫。最后，他把自己放进极乐世界，这个世界里，有美女、美酒、最赏心悦目的歌舞和男人们的淫笑。

他的部下也跟着他神魂颠倒起来，居然有人劝他投靠张士诚。朱文正初听到这个建议时惊骇万分，后来在没完没了的纵欲狂欢中，他惊骇的心情居然奇迹般的平静下来。他认为，这种提议有它一定的道理，乱世中太多人的效忠心理没有被培养起来，而趋利避害是人的本能。

正当他准备发挥这一本能时，刘伯温提醒了朱元璋要注意南昌城。朱元璋半信半疑，可还是派了使者去南昌城。使者回来报告说，朱文正的确有点不对头，依他的观察，朱文正心灰意冷的外表下藏着一颗躁动不安的心。

朱元璋在那时就已经表现出了“宁可信其有，不可信其无”的恐惧特质，他再派使者到南昌城，特意嘱咐使者：一定要查出朱文正到底是在玩物丧志，还是别有用心。

现存的史料已无法证明当时朱文正是否真有背叛朱元璋的行为，也无法判断他是否存在背叛朱元璋的心。但多次的使者往返后的报告都指出，朱文正的确有怨气，而且这股气很浓。

朱元璋气得发抖，任何人都可以背叛，只有他朱文正没有理由背叛。朱元璋派使者前去责骂朱文正，朱文正恐惧万分，可能就在此时，他真的想准备背叛朱元璋了。

朱元璋不可能给他这样的机会。1365年正月，朱元璋亲自来到南昌城下，并不上岸，召朱文正来见。朱文正扔了酒杯，踢开美女，仓促穿起官服，一路小跑来到朱元璋面前。朱元璋站在船头，朱文正左摇右晃，好不容易跪了下去，前仰后合，像个不倒翁。

一股浓烈的酒气冲到朱元璋鼻中，朱元璋皱了皱眉，问：“你想干什么？”

朱文正浑身发抖，不说话。

朱元璋连续问了三遍“你想干什么”，朱文正始终没有给出一句回答。可能他根本就不知道自己该如何回答。他如果说我是冤枉的，朱元璋就会说，我都没有说你干了什么，你为何说冤枉？你说自己清白，本身就是一种罪恶。如果他说，我什么都不想干啊，朱元璋就会说，你干的还少吗？

朱文正被押回应天后，朱元璋对刘伯温说："先生真是料事如神，这小子真要谋反。"刘伯温却说："我没有要你注意他谋反啊，我是要你注意他这个花花公子会把南昌弄丢了。"

朱元璋很吃了一惊，他理解错了。可他不能承认，他说："先生跟我想到一块儿去了。"我们无从得知刘伯温是否说的是真心话，不过就是这句话，让朱文正讨了个死罪，被囚禁直到死去。

刘伯温就在朱元璋吃惊时，又冒出了一句话："东南必失一良将。"

这句话非同凡响，若干年后，就是这句话，催生出了刘伯温最神话的一幕——《烧饼歌》的诞生。

东南必失一良将

1365年正月的那天，刘伯温意味深长地看了朱元璋一眼，朱元璋如坠五里雾中。刘伯温说："东南必失一良将。"朱元璋不以为然，如今是战争时期，每天都有人死，每天也都有将军死。但刘伯温却说："我暂时还不知道是谁，但现在他正走在通往阴界的路上。"

1365年农历六月，朱元璋吴王府的参军胡深在福建行省牺牲。刘伯温一语成谶。

胡深是名将，而且是良将，很少有他那样的将军，不把别人的生命视同儿戏。胡深早年和刘伯温在石抹宜孙帐下共事过，刘伯温对他的评价是：文武全才，知道慈悲是何物，能用谈判解决的事，决不动用武力；一旦动用武力，就是全力以赴，不分胜负，决不回头。

胡深是个神童，先天优势和后天努力使他年纪轻轻就蜚声其家乡处州。他熟悉经史子集，并能从书本中汲取智慧，同时还和刘伯温一样，在占卜星相学上有很深的造诣。东南大乱后，他夜观天象，说："浙东地气尽白，大祸将来临。"于是变卖家产，召集精壮汉子组成一支部队，投奔石抹宜孙。

刘伯温在石抹宜孙帐下时，正是他和胡深伟大友谊的开端。这一伟大友谊还未升温，刘伯温就离开处州，回了老家青田。1359年，朱元璋兵团攻处州，胡深统领龙泉、庆元、松阳、遂昌四县兵，准备闭关顽强抵抗，可四县士民纷纷向他请愿，要他投降朱元璋兵团，以保存百姓性命。

胡深仰天长叹，说："大元待我不薄，我怎忍心做下这等丑事？"

四县士民的代表对他说："您带兵数年，勤勤恳恳，朝廷却没有一点封赏，是国家有负于你，你哪里有对不住国家的地方？"

胡深头脑中电光一闪，想到唐王朝安史之乱时，张巡守睢阳，战至最后一刻，城中人相食，张巡把自己的小老婆拿出来给将士们吃掉，就是不投降。

张巡这一惊天地泣鬼神的举动让后人对其评价分为两种：一种认为，他是个对政府忠贞不贰的人，应该大力宣传；可也有一种观点认为，张巡如果投降，那睢阳城就不会发生那么多惨剧，搞得人吃人。每个人都有生存的权利，张巡用别人的生命来表现自己的忠贞，根本不把别人的生命当回事，简直就是人渣。

胡深现在就面临这个问题。最后，他和张巡背道而驰，开门迎接朱元璋兵团进城，四县百姓安然无恙，他也摇身一变，成为朱元璋的将军。

朱元璋数请刘伯温时，胡深就给刘伯温写过信，恳请他能为天下苍生着想，出山辅佐朱元璋。刘伯温很理解胡深的投降行为，因为胡深是把别人的生命当回事的人。在给胡深的回信中，刘伯温指出："我和你胡深不同，你投降朱元璋才是真为苍生，而我手中没有四县百姓的生命，所以投靠朱元璋，我有选择的余地，你却没有。从这一点而言，你比我要崇高。"

一个人的崇高是由纯洁的灵魂所决定的，纯洁的灵魂就是一个人的良知，良知就是是非之心，是非之心便是懂得区分善恶。知道什么是善，去做；知道什么是恶，不去做，这就能使一个人进入崇高的殿堂。

胡深投靠朱元璋后，始终在处州从事军事征伐和行政管理。在他的管理下，处州很快从战争废墟中恢复了元气。当朱元璋看到生机勃勃的处州时，不禁问宋濂："胡深这人怎样？"宋濂回答："文武全才。"朱元璋说："是！他就是我浙东的一面屏障。"

元政府福建军区司令陈友定不相信胡深这面屏障，1364年农历二月，陈友定率领主力兵团进攻处州，浙东震荡。

陈友定和陈友谅没有一毛钱关系，陈友定是福州福清（今福建福清）人，沉勇有智谋，为人讲义气，社会交际能力强，所以人脉极广。小时候他曾给地主家放鹤，仙鹤的高洁品行深深打动了他。当他驱赶仙鹤，让它们飞起时，就在心中暗暗发誓，将来要如这些大鸟一样，翱翔天际。二十多岁后，他到元政府在福建行省的驿站工作，很快升为站长。1352年，一股千余人的农民武装在当地纵横驰骋，官军毫无办法。陈友定主动请缨，在这支农民武装的小部队前来驿站索要战马时设宴款待，暗地里偷偷把他们的武器收取，在他们喝得酩酊大醉时，将他们全部杀掉。那支农民武装的头子得知消息后，领人来复仇。陈友定在他们来的路上设下埋伏，一举将其歼灭。元政府对他的表现非常满意，给了他一个行政编制。1352年，陈友定这只仙鹤开始了飞翔之梦；1358年，他被升为延平路军区司令，他翱翔天际，成为元政府在福建的一只仙鹤。

1359年，陈友定大败前来攻击福建城镇的陈友谅大将邓克明；1363年，陈友定再次大败邓克明。这两次战役使他名扬福建，成为福建不折不扣的实力派军阀，但他和方国珍、张士诚截然不同，他忠诚于元政府如忠诚于自己的灵魂一样。

1365年，朱元璋看上了福建，可他深知这不是一块好啃的肉，陈友谅两次惨败就是明证。左思右想，朱元璋把胡深从处州调出来，同时又调遣一员猛将朱亮祖，把两人投到了福建战场。

朱亮祖本是一支土匪武装的大当家的，匪气十足、我行我素，后被朱元璋收服，成为朱元璋的马前卒之一。朱元璋要他和胡深一起到福建战场，可能是看中了他的蛮劲可以激发胡深谨慎性格中的冲力，但正是这种安排，断送了胡深的性命。

在行政设置上，朱亮祖和胡深平级，谁都无法指挥谁，到了必须有一个指挥的时候，谁脾气大，谁就是总指挥。

1365年农历六月，二人来到建宁城下，面对城高墙厚的建宁城，朱亮祖要胡深发动总攻。当时大雨，胡深眼皮直跳，掐指一算，对朱亮祖说："天时对我等不利，恐怕有灾祸。"朱亮祖嗤之以鼻，说："天道幽远，云电风雨，变化无常，却是平常之事，这能证明什么？"

这个时候，正是刘伯温对朱元璋说"东南必失一良将"的时候；这个时候，正是朱亮祖扯着嗓门要胡深出兵的时候；这个时候，正是胡深在雨中神情忧伤、浑身散发死亡气息的时候；这个时候，也正是陈友定全身心投入准备歼灭这支朱元璋兵团的时候。

在大雨倾盆时，胡深架不住朱亮祖的催促，跨上战马，按自己最理想的攻击方式，主攻建宁城正门。建宁城守军顽强抵抗，陈友定得知这支朱元璋兵团的主力正在全身心地攻建宁城后，命令守将阮德柔抓住机会反攻，而派另一支部队去攻击胡深的后面，把胡深引到锦江附近，在那里，陈友定已设下天罗地网。

胡深明知那支攻击他的部队是诱饵，但他不得不追击，因为建宁城的守军已经发动了反攻，他不想被夹成包子。就在他追击到锦江并求老天保佑陈友定没有埋伏的时候，一声锣响，四面八方冲出了陈友定那支强悍善战的福建兵团。胡深陷在包围圈中，多次突围，多次失败。最后，胡深的战马跌倒，人被活捉。

见到陈友定时，胡深还想发挥他那三寸不烂之舌，对陈友定大肆渲染朱元璋的伟大。陈友定冷冷一笑，用一句话就堵住了他的嘴：“你背主不忠！”

胡深顿时感觉自己身陷黑暗之中，那是无边无际的黑暗。他看到了自己在石抹宜孙帐下的运筹帷幄，听到了那四县士民哭天抢地要他投降的哀号，闻到了家乡山上玉兰花的清香。

他长叹一声，再无一句话，他几年来始终不敢去碰的脆弱的神经，被陈友定无情地拨动了。

胡深被陈友定俘虏的消息传到应天时，应天在下雨，雨打在芭蕉叶上，噼里啪啦地响。朱元璋对刘伯温说：“先生说东南必失一良将，果然应验了。”

刘伯温说：“还未应验。”

朱元璋疑惑不解，瞪着眼等待刘伯温的解释。

刘伯温说：“太阳有黑子，是死一良将，而不是被俘。”

朱元璋嘿嘿一笑：“陈友定不过是个暴发户，我用良马、金银可以赎回胡深。”

刘伯温也笑了，很轻，在嘈杂的雨声中，朱元璋根本没有听到。刘伯温继续说：“陈友定是对元王朝忠贞不贰的人，他决不会和你做交易。”

刘伯温猜对了，陈友定不是暴发户，他是一只元政府眼中最纯洁的仙鹤。当朱元璋向陈友定提出他试图换回胡深的想法时，陈友定冷冷一笑，把信扔到一旁。几天后，在元政府的要求下，胡深被处决。

胡深的死亡，并未让朱元璋抱憾许久，最让朱元璋感到惊讶的是，刘伯温真的可以料事如神。这种超自然的技能，朱元璋知道，自己必须要好好利用。

不可改葬

1366年农历四月一个雨后的下午，在阴郁的吴王宫中，朱元璋忽然就想到了“衣锦还乡”这四个字。他眼前出现一幅水墨画，画上是个粗线条的大汉，穿着漆黑的盔甲，骑着一匹高头大马，飞奔在回江东的路上。这个人自然是项羽。项羽那时刚灭秦朝，正准备带兵回老家。有人对他说，关中这地方是帝王基业所在，不可轻易抛弃。项羽说，富贵不还乡，就如穿着锦绣在黑夜里行走一样。后来有人说项羽是戴着帽子的猴子，这种人的智商根本无法理解项羽。

项羽能建下震动天地的灭秦奇功，并非全出于他的好运气，他的头脑不是摆设。在江东革命时，他带着八千老乡杀向中原，多年血战，他的兵团人员构成始终以江东人为主。大功告成后，少年变成了青年，青年变成了中年，中年即将步入老年之境，他们太想念阔别已久的家乡了，项羽所以要回江东，不仅是“衣锦还乡”的虚荣心作怪，还有时势的使然。如果他建都关中，兵团的怨气一定很深，中国人的乡土气息浓厚，如何维护他的权威，这是个很大的问题。

朱元璋就很理解项羽：感情上，他很想回老家；政治上，他在老家淮西一带发迹，他的兵团里也是淮西人居多，他的文臣武将里，淮西人占了十之八九。这些人组成的圈子被称为淮西集团。当1366年，朱元璋和张士诚全面开战后，胜利只是时间问题。朱元璋此时已有了衣锦还乡的资本，但他和项羽当时的想法稍有不同，项羽回老家，纯是欢乐，朱元璋回老家，却有万分的苦楚——他的老爹老娘至今连个坟墓都没有。

那个阴郁的下午，朱元璋对刘伯温讲起父母凄惨的往事，不禁流下几滴泪来。刘伯温马上就明白，朱元璋是想回老家濠州了。

刘伯温望着外面铅灰色的天空，一场雨又将到来。他对朱元璋说：“这个时候回濠州，恐怕不是时候吧。”

朱元璋看了他一眼。刘伯温说：“我们和张士诚的战争正进入关键时刻，您这一走，恐怕影响军心。”

朱元璋这回笑了一下，对刘伯温说：“张士诚已是我掌中之物，不必担心。我必须要回趟老家。”

刘伯温马上就问：“你可是想把新都建到你老家？”

朱元璋大吃一惊，这是他给两年后作的打算，想不到在这时就被刘伯温卜算了出来。这如同在苍茫无边的大海上，正茫然无措时，突然看到了指路的灯塔。朱元璋急忙打消这个念头，这个念头，在这个时候，是无论如何都不能有的，它必然要存在，可绝对不是这个时候。他说："当然不是，我是想改葬我父母的坟墓。"

朱元璋说，此生以来最大的痛，不是经历过永恒的饥饿，也不是在血肉横飞的战场上丧失最亲密的战友，更不是在险象环生中的焦虑和恐惧，而是他父母死后连个像样的坟墓都没有。每次想到这件事，他的心就如刀绞，几乎滴出血来。

刘伯温说，他没有这样的感受，他父母的坟墓都很像模像样，所以他无法理解朱元璋的感受。人的命不同，后来形成的心理状态自然也不同。但他后来说，虽然不能理解朱元璋的这种心理，他还是愿意让朱元璋回老家，只是有个条件。

他的这个条件恰好是朱元璋最不愿意的：不允许改迁父母的坟墓。

朱元璋的父母死时，没有棺材，就是墓地也是随意挑选的。对于轻生重死的中国人而言，谁要是对父母办了这样的事，谁就是大逆不道。

如今，朱元璋这个穷小子一夜暴富，必须要摘掉这顶"大逆不道"的帽子，刘伯温却不让他摘，他内心的愤懑可想而知。

刘伯温当然有他的理由，他说："我并未亲见你二位高堂的坟墓所在，但我知道一个最基本的风水学理论——不能轻易迁坟。否则，破坏了风水，你就和倒霉结下了不解之缘。"

朱元璋最怕的就是倒霉，一个从来没有倒霉过的人永远不理解和霉运共进退的痛苦。见刘伯温说得极为严肃，他就打消了这念头。刘伯温又叮嘱他："就是装修你父母的坟墓，也要从简。"

朱元璋这次发起火来，但未等他用语言的形式表现出来，刘伯温马上就说："当然，孝道乃天道，您看着来吧。"

两人的谈话随着那场雨渐渐大起来而结束。就在他们结束谈话时，朱元璋兵团横扫张士诚在淮水各地的驻军，为朱元璋的回乡之路涤荡了尘埃。

朱元璋那次回老家，看着凄凉的父母坟墓，痛哭失声，如重新死了一次爹妈一样。虽然如此伤痛，他还是听从了刘伯温的建议，并没有改葬，只是把他父母的坟重新装修了一下，并且安排坟墓旁边住的居民二十多家守冢。朱元璋在应天登基称帝后，派人又精装了一次父母的坟墓，这就是今天安徽凤阳城南七公里处的明皇陵。

明皇陵规模宏大，森严壮观，在历代开国皇帝的父母陵墓中出类拔萃。明朝二百多年，明皇陵始终受到最体贴的照顾。明朝末年，革命家张献忠攻陷凤阳，对明皇陵进行了剥皮剔骨一样的破坏。这是朱元璋永远都不会想到的，刘伯温是否想过，没有人知道。

朱元璋回老家去探望已成碎骨的老爹老妈时，刘伯温也想起了自己的老爹老妈。不过，他已经五十六岁，这样的年纪，想到的亡人，更多的时候是自己，而不是父母。所以，他眼前一片模糊，后来脑海里也朦胧起来，以至于连父母的模样、甚至是自己是否有过父母都记不起来了。

1366年农历五月的一次滂沱大雨中，朱元璋从濠州回到应天，他一回到南京就找来刘伯温，对他讲述回来路上的艰辛。他说："尤其是进了应天城后，马上就胸闷气短起来。"刘伯温仰头看了看昏暗的宫殿，又冒雨跑出去，看了看城墙，再跑回来对朱元璋说："我们必须要有个像样的宫城。"

除非燕子能飞入

在1366年建造新宫城，朱元璋有些心摇神迷，又有些不安。1366年，朱元璋各条战线上都有些吃紧。王保保兵团的快速机动性让前线的徐达有些吃不消，虽然他先后在安丰、徐州击败了王保保兵团，不过他辛苦取得的成果，必须要付出十倍的努力才能保住。对张士诚的战争，前线传来的永远都是千篇一律的战报：一切顺利，一切正常。

可战争这玩意，一旦出现"一切正常"的情况时，说明要么是僵持了，要么就是进展缓慢。如果不是刘伯温的支持，朱元璋在1366年的那种情况下，重建应天城一事，虽有想法，却不可能付诸实践。

1366年农历八月，刘伯温被朱元璋任命为应天城的总设计师，其实，刘伯温只是选址师。应天城在两年后改称南京，南京城的修建持续了多年，我们今天见到的南京城城址，就是刘伯温奠基的。

刘伯温站在应天城城墙上开始对应天城的历史进行了一场严肃的追溯。在这场追溯中，应天城如百变神君，它的形象变幻莫测，使人眼花缭乱。

刘伯温的意识最先流到西周王朝，周武王站在一块用泥土堆起的国家地图前，指着一块他的兵力从未到达过的地方，说："在这里设周章国。"周章国国王是个只穿了一个茅草制作的丁字裤的矮小汉子，他坐在今天南京城的某个茅草屋中，恭敬地向西北方鞠躬说："我谢谢您，素未谋面的周大王。"

五百多年，周章国悄无声息，如同被地球吞没一样。直到一个野蛮的楚王国在南方拔地而起，它才以被征服者的身份进入了历史的视野。楚王的右臂前伸，有点像法西斯的直臂礼，说："在那里设置棠邑。"这一年是公元前571年，南京历史上有了最早的地方建置记录。

春秋末年，楚王国被它背后阴狠的吴王国持续不断地攻击，地盘大量丧失，其中就包括棠邑。吴国的国王夫差说："我要在这里建城。"于是，今天南京的朝天宫一带旱地拔葱般崛起一座新城。

这座新城沐浴了吴国的春风不到30年，公元前472年，那位以吃屎名留史册的越国国王勾践灭吴。勾践对他的谋士范蠡说："我要在这里建一座比吴国所建的更大的城，我称它为越城。"范蠡说："好。"于是，在今天南京城中华门外的长干里，神话般的崛起一座城池。勾践自豪地大笑说："将来谁在这里建城，都逃不出我所创下的城址。"勾践说得没错，越城就是今天南京城垣之始。公元前333年，楚国重振神威，攻下越城，就在此地建筑金陵邑，"金陵"之名就此确定。

公元前221年，秦始皇统一中国，四处巡游。在第五次巡游时，秦始皇沿长江东下，远远望见金陵。他大吃一惊，因为他看到金陵上空有清气数道，如柱子一样直逼霄汉。他身边的术士趁机说："金陵乃龙脉地势，虎踞龙盘，地形险峻，王气极旺，五百年后会有天子坐镇。"

秦始皇又吃了一大惊，说："这是要我的后代迁都吗？"

术士说："非也，是有人要取代您的子孙。"

秦始皇脸色发青，问："如何是好？"

术士说："破坏它的龙脉，改它的名，让它一辈子抬不起头来。就是真有人在这里当天子，也不会长久。"

秦始皇当机立断，命令他的卫队把方山凿开，又把淮水贯穿金陵，通达长江，成了秦淮河。做完这一切后，秦始皇远眺，看到金陵城北的狮子山、马鞍山，说："这两座山，也给我凿了。"

大功告成后，秦始皇对金陵人说："以后有人问你们是哪里人，你们要说自己是秣陵人，不许说自己是金陵人。"秣陵就是草料厂的意思。

秣陵开始低下刚刚昂起的头颅，默默无闻地度过了秦王朝、西汉王朝、东汉王朝。虽然沉默了几百年，但它有一颗火热的心，这颗心终于在公元229年被三国时期的军阀孙权接纳，它成为孙权所建立的国家吴国的首都。孙权将它改名建业，重新为它装扮，注入生命的活力。

自此，南京就成为光芒四射的明星之城，东晋以及南朝的宋、齐、梁、陈均相继把它当成都城，所以南京有“六朝古都”之称。

那时候，南京城是世界的中心，它代表着繁华和壮丽。如果居住在罗马城的古罗马人来到南京，他们会羞愧得要死，因为和南京城一比，罗马城就是个小村庄。

那时南京城的街道上人山人海，比肩接踵。夜晚来临，家家灯烛亮起，可以和又大又圆的月亮一比高低。南京城里日新月异，就是南京市民，早上出门，晚上回家，在繁华的街道上都容易迷路。还有寺庙道观，极尽繁华之能事，进入这些场所，必须要把耳朵塞起、眼睛蒙起，否则会失去对现实世界的判断，误认为自己在西天极乐世界。寺庙中的香火如火焰山，能把人熏得失去味觉。还有数不清的亭台楼阁，恍如仙境。

六朝时期，是南京城最光辉的时期。就是在刘伯温站在城墙上回首它的往事时，仍然能看到艳绝人寰的妙龄女郎走在清澈的秦淮河上，能在城墙上闻到穿越几百年而来的脂粉味。但流年似水，南京城的光辉终于在公元589年消失在地平线下。这一年，大隋帝国的远征军攻入南京，隋帝国一任帝杨坚警惕着南京城里的纸醉金迷，所以下令将城邑和宫殿“荡平”，改为耕地。

南京城最美丽的往事从此烟消云散，但它那养尊处优多年的绝代风华并未荡然无存，隋、唐、宋、元虽然一直压制着它，可它始终是南中国瞩目的焦点。朱元璋攻下它后，马上就被它的地理优势深深迷住了，他毫不犹豫地把它当成了自己的根据地。

现在，刘伯温站在它那饱经沧桑、柔情似水的城墙上，看它的从前，畅想它的将来。当这一切感性的思维过去后，刘伯温走下城墙，开始了他的选址之旅。

他在应天城内外四处察看，从山峦走势到江河流向，从地势高低到村居稀稠，从空气质量到水资源多寡。有人看到他端着罗盘，伸着中指和食指，口中念念有词；还有人看到他站在钟山山前，若有所思，一站就是一天。

在1366年农历八月一个阳光明媚的下午，他在朱元璋面前摊开他的设计图。新的应天城将建在旧城东部、钟山阳面，距离白下门约两里多路，东北紧依着钟山。那是一处开阔之地，气势磅礴，整个城址占尽了钟山之阳，周围绵亘五十余里。

刘伯温说，这是他多年以来在风水学上的智慧结晶。朱元璋叫来李善长和一名姓张的道人，要他们实地考察后汇报他们的意见。李善长跑到钟山前转悠了一圈就跑了回来，对朱元璋说："建都应天不是好事。历史告诉我，这地方被秦始皇断了龙脉，虽是六朝古都，可那六朝全是割据政权，况且寿命极短。"

刘伯温冷冷地看了他一眼。这一眼，让李善长有些魂不守舍，再去看朱元璋，朱元璋的脸色极难看。要刘伯温选址是他的意思，李善长却说出这样的话来，这使他很不高兴。李善长突然发现自己陷在危险之中，马上改口说："不过，刘先生新辟的这个城址非常好。"然后转向张道士，说，"你说是吧，张真人？"

张道士连连点头，说："把钟山圈了进来，正是把龙脉请了回来。就是秦始皇诈尸，也没有办法了。"

我们今天见到的南京城的原型就在1366年农历八月开始成长，那时，朱元璋是深信他即将要建立的王朝是万万年而不败的。新的应天城即将要动工修建时，出了意外。

这场意外把刘伯温塑造成了神，也把朱元璋自以为是的嘴脸刻画得入木三分。

意外的原委是这样的：有一天雷声在钟山上滚来滚去，黑云压着应天城，像要把这座城池压垮一样。朱元璋在宫中心神不宁，他从窗户望出去，钟山在黑云中颤动着，要坍塌了。他突然就想到了新城的城址，钟山如果真塌了，那岂不是预示着他即将要到手的江山也塌了？

这种想法越想越揪心，他在房间里踱来踱去，最后，在大雨下得最猛烈时，他带着几名卫士出了宫廷，径直来到钟山下。

由于雨太大，焦虑的朱元璋来到钟山下时已浑身湿透。在电闪雷鸣和滂沱大雨中，他不知为什么，突然就看出城址有些偏前，宫前的地方不够宽阔。于是，他下令把宫址向后移了一些，然后下令就在那场暴风雨中动工。

朱元璋做完这件事，很是洋洋得意了一回，认为这是他高度智慧的结晶。他把刘伯温请到现场观看，刘伯温叹息道："这样做，也不错，不过他日将有迁都之举。"

朱元璋纵声大笑，笑声极为空洞。他说："谁说我就建都于此啊？"

刘伯温不说话，背手而立，像个孤独的老人。

新城城墙刚有个影子时，朱元璋带着文武百官到现场游览，所有人都赞叹不已，只有刘伯温不发一言。朱元璋见他那沉默孤独的样子，就问："如此壮丽的大城，谁能攻进来？"

刘伯温脸上带着神秘的微笑看了一眼城墙，只看了一眼。说："人是攻不进来，但恐怕燕子能飞进来。”

朱元璋当然明白，燕子是个象征，而不是那种我们经常看到的那种鸟。但是这到底象征着什么，四年后的1370年，才有答案。这一年，朱元璋一口气把自己的后辈都封了王，有一个封爵为燕王的，镇守北京，他叫朱棣。三十年后，他从北京发动靖难之役，一路南下，攻陷南京，跳上龙椅，历史上称他为“明成祖”。

不过在1366年，朱元璋不可能想到，这个当时只有六岁的儿子朱棣会在多年以后飞进南京城，又是多年后，这只燕子把他辛苦铸造的南京城当成了第二首都。

朱元璋在1366年说，他的南京城无人可以攻入。那时的南京城还只是个雏形，二十八年后，新的南京城横空出世，它那恢宏的气势的确给朱元璋的夸口加了个保险。

南京城东西略窄，南北狭长，城墙周长接近34公里。有人从高空看南京城这怪形状，说是葫芦，还有人说是粽子，更有人说是朱元璋的那张老脸。如果你让刘伯温说，他会告诉你，南京城的形状其实是按照南斗与北斗星宿聚合而成的，象征着永恒。

南京城墙高度一般在14米到21米之间，城基的宽度为14米左右，略小于一个篮球场的宽度，顶部的宽度在4米到9米之间，最窄处也可以放下两张乒乓球桌。

长城是地球上最长的城墙，而南京城墙则是地球上最长的都城墙。为了凑出城墙所用的城砖，工部指定长江中下游近130个州县不分昼夜地赶工制作城砖，共运送城砖一亿五千万块到南京城下。

并非每块城砖都有好运气可以成为南京城墙的一分子，城砖必须是精雕细作。南京工部的人要求运送来的每一块城砖上都要打上烧制的州、府、县及工匠和监造官员的姓名，有的还印上制作的年月日。如果发现有残次品，就要退回重做；如果二次返工，那当事人就要受到严厉的处罚。

城砖与城砖之间的黏合剂用石灰、糯米汁或高粱汁再加桐油掺和而成，毫无缝隙，硬化之后，堪称牢不可破。

城墙一周共设13座城门：东有朝阳门，南有聚宝、通济、正阳三门，西有三山、石城、清凉、定淮、仪凤五门，北有太平、神策、金川、钟阜四门。朝阳门和神策门各有一道瓮城，西面的石城门有两道瓮城，聚宝、通济、三山门各有三道瓮城。聚宝门瓮城规模最大，东西长118.57米，南北长128米，城顶原有木结构敌楼，城门设铁闸和木门，铁闸用绞关上下启动。瓮城两侧有登城马道，主城内侧上下两层及瓮城两侧共有27个藏兵洞，外廓城略成圆形。可以说，每一座城门表面上看，都是攻城敌人的梦魇。

这样一座高大坚实、雄伟壮观的大城，即使多年后的刘伯温看到，也会同意朱元璋的看法。不过，世界上没有不能攻破的城墙，况且，刘伯温不是用眼睛看，而是用神乎其神的预见能力在看。

他看到的情景就是，一只燕子飞了进来，绕了一圈后在这里定居了几十年，后来又飞到北京，把那里当成了永远的家。刘伯温说的有迁都之举，正是指此。

朱元璋问刘伯温："先生可否能卜算下南京城将来的命运？"

据说，朱元璋问刘伯温时，自己正在吃烧饼，一半在手中，一半在口腔里，口腔里的半个烧饼把他的腮帮子撑得畸形了。

烧饼的故事

刘伯温那天去见朱元璋，朱元璋正在吃烧饼。听到刘伯温前来，他灵机一动，把半个烧饼藏在碗里，用手遮住。他问刘伯温："你知道我碗里是什么吗？"刘伯温掐指一算，回答："半似日兮半如月，定是金龙咬一缺。"

朱元璋惊喜道："先生您果然能未卜先知啊。"

朱元璋这话有些夸张，如果让饮食专家来叙述这件事，则是平淡无奇的。烧饼是西域人的主食之一，东汉时期，英雄人物班超在西域待了几十年，回中原后，就把烧饼带进了中原。当时的烧饼不是我们今天所说的烧饼，其实是我们今天的馅饼，而且以羊肉馅居多，制作完成后，放到特质的器皿上烘烤而成。由于古人在饮食上很注重质量，因此制成的烧饼"面脆油香"，香味可以传出几米远。也就是说，刘伯温一进朱元璋的房间里，就闻到了烧饼的味道，他掐指一算实属多余。

朱元璋就问他："我这份家业，能延续多久啊？"

刘伯温想了半天，说："万子万孙才尽，您不必问（茫茫天数，我主万子万孙，何必问哉）。"

朱元璋很高兴，可他认为这不可能，于是又问："自古有枯荣，世间无朽物，天下怎么能永远是一姓的天下呢？"

他当然不知道，刘伯温说的"万子万孙"，其实是明帝国最后四位皇帝：

万历帝（朱翊钧）、泰昌帝（朱常洛）、天启帝（朱由校）、崇祯帝（朱由检），朱常洛是朱翊钧的儿子，朱由校和朱由检是朱翊钧的孙子，这就是万子万孙，然后玩儿完。

刘伯温此时发现，朱元璋还是个比较冷静的人，这种把戏骗不了他。所以只好说："如果您赐我无罪，那我就泄露点天机给您。"

朱元璋说："赶紧泄。"

——注意，刘伯温泄露天机时虽然使用的是世俗的汉字，可语言却是天上神仙的，所以，凡夫俗子很难看懂，我们必须要随时加以注解。

刘伯温就开始泄露道："朱先生您将统一中国，但太子可能无法即位，皇太孙能即位，却是个文运高照的书生，可能要坏事（我明一统移南偏北阙，虽然太子是嫡系，文星高照妨皇孙）。"

由于朱元璋是真龙天子，下凡前和神仙交流过，因此他能听懂这天机。他"哦"了一声，说："你说的坏事，指的就是燕子飞入应天城吧？"

刘伯温说："是的。"

朱元璋问："然后呢？"

刘伯温清了清喉咙，慢条斯理地吟咏起打油诗来："此城御驾尽亲征，一院山河永乐平（朱棣称帝后，年号永乐）。秃顶人来文墨苑，英雄一半尽还乡（秃顶人指的是朱棣的顶级谋士姚广孝，此人是个和尚，朱棣进南京城后，把建文帝的文臣武将杀了个精光，很多人都跑掉了，这说的就是英雄一半尽还乡）。北方胡虏残生灵，御驾亲征得太平（朱棣五征北方的蒙元残余，保证了明王朝的太平）。失算功臣不敢谏，生灵遮掩主惊魂。国压瑞云七载长，胡人不敢害贤良。相送金龙复故旧，云开日月照边疆。天下饥寒有怪异，栋梁龙德乘婴儿。禁宫阔大任横走，长大金龙太平时。老拣金精龙壮旺，相传昆玉继龙堂（1449年，第六任帝朱祁镇亲征，被蒙古人活捉。明帝国又立了朱祁钰为帝。朱祁镇后来被蒙古人放还，做了七年的囚徒后，发动夺门之变，把皇位重新夺回）。"

听到这里，朱元璋感觉有点乱，就问："之后还有什么事吗？"

刘伯温回答："天下大乱啦。"

刘伯温这句话并非危言耸听，事实上，明王朝从朱祁镇重新复位后就开始乱了。我们都知道，明王朝灭亡的三大因素——宦官之乱、党争、内战——中，宦官之乱是最主要的要素。朱祁镇时期的宦官王振开先河，就是他怂恿朱祁镇亲征，朱祁镇才被活捉的。朱祁镇之后的各个皇帝，似乎离开太监就活不了，于是导致了太监擅权，直到明朝灭亡。朱见深（明宪宗）信赖的汪直、朱厚照（明武宗）信赖的刘瑾都是太监，尤其是刘瑾，几乎把明帝国掀了个底朝天。后来的朱厚熜（明世宗）时代虽未出现出色的太监，却出了个奸贼严嵩，朝政一塌糊涂，帝国乌烟瘴气。到了朱翊钧登基后，明帝国已是奄奄一息，幸好有张居正变法，为明帝国延缓了些时日。刘伯温想说的是，朱祁镇之后天下大乱，既是上天的指示，也是世俗中的事实。

朱元璋听到这里时，大为震惊，问道："谁敢乱我天下？"

刘伯温直接泄露出对明王朝伤害最深的一个太监："谁人任用保社稷，八千女鬼乱朝纲（魏忠贤）。"

魏忠贤是朱由校的心灵导师，身边的大红人。朱由校有着艺术家的气质，在手工艺制作领域成就非凡，对做皇帝没有一点兴趣。于是，皇帝的权力悄悄地滑到魏忠贤手上。魏忠贤利用这至高无上的权力，编织自己的权力系统，排除异己，到天启后期，明帝国的行政系统被魏忠贤拆得七零八落，朱由检上台后，居然要分出一部分精力来重组政府！

朱元璋当然听不明白刘伯温说的"八千女鬼"是什么玩意，他以为是父子争国，因为他根本想不到他的帝国会被太监搞乱。建国初期，他对太监的防范相当严厉，专门制作一牌挂在宫门上，上面写：太监不得干政。甚至连太监识字都不许，太监稍有差池，就会被杖毙。太监在朱元璋眼中只是废物利用。世事无常，人算不如天算，明帝国太监干政可作一明证。

刘伯温纠正他对"八千女鬼"的误解，说："非也！树上挂曲尺（指明朝朱姓），遇顺则止（李自成建立的政权称为大顺，1644年攻入北京，明朝灭亡）。"

朱元璋还是没有完全理解，刘伯温就又重复了一遍明帝国的灭亡过程："万子万孙层叠层，祖宗山上贝衣行（崇祯吊死在煤山，煤山又名万寿山，祖宗的意思）。八侯不复朝金阙（李自成围攻北京城时，崇祯皇帝要各地勤王，但没有人来），十六孩儿难上难（明朝从太祖朱元璋至崇祯皇帝共经历十六位传人）。"

见朱元璋仍然沉浸在愚昧的泥潭中，刘伯温就卜卦曰："木下一头子，目上一刀一戊丁。天下重文不重武，英雄豪杰总无春。戊子己丑乱如麻，到处人民不在家。偶遇饥荒草寇发，平安镇守好桂花（木下一子就是'李'字，目上一刀指'自'，一戊丁指'成'字，就是说明朝末年李自成自立为闯王，与另外一位军阀张献忠兴兵作乱，镇守山海关的明将吴三桂因李自成抢夺其爱妾陈圆圆，大怒之下大开城门引清兵入关，终导致明朝彻底灭亡）。”

朱元璋还在泥潭里：“偶遭饥荒，平常小丑，难道我的天下就这样玩儿完了？”

刘伯温回答：“西方贼拥乱到前，无个忠良敢谏言。喜见子孙耻见日，衰颓气运早升天。月缺两耳吉在中，奸人机发走西东。黄河涉过闹金阙，奔走梅花上九重（崇祯崩于梅山，煤山的谐音——你的江山是玩儿完了）。”

朱元璋一听说是梅山，急忙问：“难道有人在梅花山作乱？朕从今命人看守，可以避免否？”

刘伯温摇头，道：“迁南迁北定太平，佐王佐帝定牛星。运至六百又得半，梦花有子得心惊。”

朱元璋这回高兴了，他说：“大明有六百年之国祚，我知足啦。不过，您可否留下锦囊一封藏在库内，世世相传，到危机时刻，打开它，拯救我的后代。”

其实，刘伯温说的六百又得半，是六百的一半。明王朝1644年灭亡，后来又有南明四朝的反抗清朝，直到1683年，台湾的明朝将军郑克塽投降清朝，明帝国才算彻底玩儿完，共计315年。

朱元璋要他留下锦囊，刘伯温说：“我也有这个意思，但我还是把天机都泄露完再说。”于是就继续泄露道，“九尺红罗三尺刀，劝君任意自游遨。阉人尊贵不修武，唯有胡人二八秋。桂花开放好英雄，拆缺长城尽孝忠（吴三桂将城门打开给北方满人入关）。周家天下有重复，摘尽李花杆劳功。黄牛背上鸭头绿，安享国家珍与粟。云盖中秋迷去路，胡人依旧胡人毒。反覆从来折桂枝（历史再次出现，吴三桂发动三藩之乱，最后被胡人平定）。”

朱元璋问：“这个胡人所建的国号是什么呢？”

刘伯温说：“水浸月宫主上立（‘清’字）。禾米一木并将去，二十三人八方居（八旗军之编制）。”

朱元璋大惑不解：“二十三人就把我的天下搞乱了？”

刘伯温说：“是的。”

朱元璋再问：“这些人生长何方，若何衣冠，治理天下的能力如何？”

刘伯温回答：“还有胡人二八秋，二八胡人二八忧。二八牛郎二八月，二八嫦娥配土牛。”

朱元璋听明白了，还是不解：“人说胡人建国无百年，这个胡人建的国家居然有二百余年之运？”

朱元璋对历史显然是半瓶子醋。蒙古人建立的元王朝固然没有百年，可鲜卑人建立的北魏（386—557年）有171年，女真人建立的金（1115—1234年）有119年，党项人建立的西夏（1038—1227年）有189年，而契丹人建立的辽（907—1125年）长达218年。

刘伯温没有用这些历史反驳朱元璋，而是接着泄露他的天机："这个胡人建立的国家开始时是用血液浇灌出来的——雨水草头真主出，路上行人一半僧（清朝百姓头发一半光头一半扎辫子）。赤头童子皆流血，倒置三元总才说（清军针对明朝遗民反抗剃发令的军事行动，于是有扬州十日、嘉定三屠）。须是川水页台阙（顺治），十八年间水火夺。庸人不用水火臣（康熙），此中自己用汉人（康熙开始学汉语及用汉人），卦分气数少三数，亲上加亲又配亲。"

朱元璋听到这里，大叫道："胡人用汉人，水夺火灭，又亲上加亲，驸马肯定要作乱吧？"

刘伯温摇头："他们好得很呢——螺头倒吹也无声，点画佳人丝自分，一止当年嗣失真（即雍正在位十三年）。泥鸡啼叫空无口，树产灵枝枝缺魂。朝臣乞来月无光，叩首各人口渺茫。一见生中相称贺（乾隆），逍遥周甲乐饥荒（清乾隆时国富民强，被称为盛世，而且这老家伙很能活，在位六十年，可他死后，盛世一去不返）。"

朱元璋急忙问道："这下他们该灭亡了吧？"

刘伯温回答："早着呢。虽然治久生乱，国家困苦，民怀异心，可气数仍在——廿岁力士双开口，人又一心度短长（嘉庆年）。时佐寺僧八千众，火龙渡河热难当。叩首之时头小兀（道光皇帝），嫦娥虽有月无光（在位三十年，中国一片黑暗，太平天国起义）。太极殿前卦对卦（咸丰的"丰"字），添香禳斗闹朝堂。金羊水猴饥荒岁，犬吠猪鸣泪两行。洞边去水台用水，方能复正旧朝纲（同治）。火烧鼠牛犹自可（英法联军火烧圆明园），虎入泥窝无处藏（清朝末年洋人及列强瓜分中国）。草头加上十口女（慈禧），又抱孩儿作主张（慈禧控制了光绪）。二四八旗难蔽日，思念辽阳旧家乡（1900年，八国联军攻陷北京，光绪和慈禧逃往热河，思念故京）。东拜斗，西拜旗，南逐鹿，北逐狮（各国的代号），分南分北分东西（各国在华建立势力范围）。偶逢异人在楚归，马行万里寻安歇，残害中女，四木鸡，六三人（外国在华残害百姓），不识山水倒相逢。黄龙早丧赤城中（光绪被囚禁瀛台），猪羊鸡太九家空。饥荒灾害皆并至，一似风登民物同。得见金龙民心开（孙中山），刀兵水火一齐来（辛亥革命）。文钱斗米无人籴，父死无人兄弟抬（辛亥革命后中国军阀割据，兵灾连连）。金龙绊马半乱申（孙中山于中国尚未统一就在北京病亡），二十八星问土人。蓬头女子遇蓬头，揖让新君让旧君（袁世凯违反协议，先破坏临时约法，后称帝）。”

朱元璋听完这一大套，根本没有进入耳内，他最关心的是灭掉他国家的胡人是否亡了：“胡人至此败亡否？”

刘伯温没有回答他，而是继续泄露天机：“手执钢刀九十九，杀尽胡人方罢休。炮响火烟迷去路，迁南迁北六三秋（中华民国成立后，先有袁世凯称帝，再有张勋复辟，南北分裂，军阀混战，多年内战后，到1929年才形式上统一，1929年是民国十八年，正是六三一十八之数）。可怜难渡雁门关，摘尽李花尽灭胡。黄牛山上有一洞，可藏一万八千众（台湾约一千八百万同胞）。先到之人得安稳，后到之人半路送。难恕有罪无不罪，天下算来民尽瘁。火风鼎，两火初兴定太平。火山旅，银河织女让牛星。火德星君来下界，金殿楼台尽丙丁。一个胡子大将军，按剑驰马察情形。除暴去患人多爱，永享九州金满赢。”

这就是云雾缭绕的《烧饼歌》，作者被署名为刘伯温。我们应该注意，《烧饼歌》中的解析词，都是事情发生后加上去的。先有这件事，然后才有《烧饼歌》中的解析。《烧饼歌》是字典，只有先有了一个字后，这个字形才有意义。没有那个字，字典里关于那个字的解释，就毫无意义。

《烧饼歌》不一定是刘伯温智慧的结晶，但人们希望是他智慧的结晶，因为他是个大仙级的人物。人们寄予了他太多的希望，所以《烧饼歌》就成了刘伯温的作品。

朱元璋关心的不是《烧饼歌》那千年的预言，他最关心的是刘伯温答应给他后代的那个锦囊。

我们欢迎神仙降临，并不是我们喜欢神仙本身，而是喜欢神仙给我们的礼物。朱元璋希望刘伯温给他的礼物就是那个锦囊。

刘伯温第二天就把那个锦囊交给了朱元璋，其实它是个四方盒子。他对朱元璋说：“你的后代只有到了危机时刻，并且无法解决这危机时，才能打开。否则，这个锦囊就是个普通盒子。”朱元璋记下了。

如你所知，多年以后，朱元璋的儿子朱棣从北京南下，直捣南京，朱元璋的孙子朱允炆在南京城里一筹莫展。朱棣攻陷南京城之前，朱允炆无限期待地打开那个大盒子，只见里面有如下物件：剃刀一把、佛珠一串、袈裟一件、和尚合法证明文件度牒一张。朱允炆一看到这些物件，顿时垂头丧气。但他突然灵光一闪，抄起剃刀。如你所知，在传说中，朱允炆出家了，保住了一条命。

也许有人会说，刘伯温给朱元璋的锦囊简直太失水准了。他应该给这样一个锦囊：呼风唤雨、撒豆成兵的咒语。

不过，刘伯温早就预料到天道是朱棣当皇帝，他给的锦囊只是让朱元璋指定的接班人可以活命罢了。

《烧饼歌》是刘伯温成神之路上的一座丰碑，围绕着这座丰碑，有无数刘伯温未卜先知和奇技百出的故事来完美他的神仙形象。

1366年，朱元璋吃着烧饼和刘伯温沉浸在将来的往事中时，朱元璋兵团和张士诚兵团正在战场上殊死搏斗。刘伯温的神仙形象已经被塑造完成，朱元璋的终极梦想也即将实现。看上去，一切都那么美好。

神仙不信神

一个心灵极其脆弱的人，一遇事就去拜佛求佛。有一天他发现一位留着满头卷发的和尚跪在佛祖面前，定睛一看，发现跟佛祖相貌一样。此人对这一造型极为惊讶，问："你整容否？怎么和佛祖一个模样？"

和尚回答："我就是佛祖。"

此人又是惊讶，问："为何拜自己？"

佛祖说："求人不如求己，信佛不如信自己。"

任何人都看得出来，这是一个意淫出来的心灵励志故事，它告诉我们一个道理：世界上没有任何外援，能帮助你的只有你自己。如果让刘伯温来理解这个故事，他就会得出这样的感悟：神仙是不信神的，只信自己。

刘伯温不相信世界上有神仙存在，他的种种恍恍惚惚的神仙事迹，只是他相信自己能力的结果，他自己就是问题的解答，他头顶上从来没有神仙之光照耀。

他曾在《郁离子》中悲愤地问道，如果世界上真有神仙，那他们的善恶标准是什么？是和人间的善恶标准一样吗？如果一样，为什么会有那么多乱世，生灵涂炭？如果不一样，那即使他们神通广大、三头六臂，我们也没必要信奉他们，因为他们在我们看来就是魔鬼。我们认为善的，他们认为恶；我们认为恶的，他们认为善，这简直比魔鬼还令人恐惧。

刘伯温还说，即使这个世界上真有神仙，我们也没必要对他们顶礼膜拜，因为他们也会死。因为他们如果如人形，那必是人生出来的。人是必然走向死亡的动物，所以神仙也会死。

他又谈到浩荡的、在别人看来是无所不能的天，说天不过是一团气，天做不到的事，人却能做到。比如天下雨，它自己不能用水桶接雨，而人却能。

西方人说，上帝是万能的。也就是说，上帝什么东西都能制造出来。但有人却提出，上帝是否能制造出一块他自己搬不起来的石头？

这个问题就不好答了，如果上帝能制造出这样一块石头，可他却搬不起来，说明他不是万能的；如果他不能制造出这样一块石头，一目了然，他更不是万能的。

刘伯温在搀扶着朱元璋走向光明之路时，他运用的全是自己多年以来蕴藉在胸的能力，而非有天助。他在中国传统神秘科学上的造诣是精深之极的，可很多人却把这种后天学到的能力当成是他先天而来的智慧。

朱元璋和李善长曾在一起论述天下人物，李善长说："宋濂是个象纬大师。"朱元璋拼命摇头，说："依我看，刘伯温才是。"

在朱元璋看来，刘伯温的象纬、占卜之术已是出神入化，如果不是刘伯温天生具有超人的聪慧，那他不可能有这种超自然的料事如神的能力。刘伯温的料事如神的确有使人惊讶之处。

朱元璋有天夜里做了个梦，他梦见三个相貌比他还要诡异的人并排站在一起，共戴着同一顶帽子，而帽子上全是血迹。醒来后，他认为这是个凶兆，命人按他的描述去找那三个相貌诡异的人。他的手下行动迅速，很快就把三个奇丑无比的人送到他面前。

朱元璋正要下令将其处决，刘伯温来了。他问明了情况，说："三人共戴一顶血帽，是一个'衆（众的繁体）'字，这是得众的征兆。"

当时，朱元璋兵团正在攻一座城池，长久未攻下。刘伯温就说："先把这三个人留着，三日之内，这座城池必下。如果不下，你再斩他也不迟。"

三日后，果然如刘伯温所言，那座城开门投降。

1367年，天象有变，荧惑守心。

——"荧惑"指的是火星，在古人看来，火星荧荧似火，行踪捉摸不定，使人迷惑，所以我国古人就称它为"荧惑"。据说，火星是赤帝的儿子，主掌对天下君王与臣子的刑罚。对于那些独裁分子和独裁政府官员来说，它是灾祸的象征。

"心"也是一颗星，用今天的星象术语来说，它就是天蝎座中的红色一等亮星——心宿二，由于它的红光如血似火，故我国古人称它为“大火”。心宿有三颗星，分别代表了皇帝、太子和庶子。而火星总是在黄道附近移动，火星留守在天蝎座的罕见的天象，在中国的星占学上被认为是最不祥的，象征独裁者毙命，独裁政府官员死无葬身之地。但独裁者毙命可能是独裁政府的官员们搞下来的，而独裁政府官员们死无葬身之地，可能是独裁者搞的。所以，当“荧惑守心”时，无论是皇帝还是大臣都会心惊肉跳。

朱元璋当时魂不守舍，心脏加速跳动，好像要从胸腔里跳出来一样。他的那些文臣武将也是心惊胆战，很怕厄运降到自己头上。这时，刘伯温站出来，只一句话就解除了这一危机。他对朱元璋说：“可以下罪己诏，老天受到感动，就不会降灾。”

朱元璋问根据何在，刘伯温就脱口而出一席话。这席话全是专业术语，朱元璋一句都听不懂。可刘伯温肯定的眼神使他相信，这是刘伯温通过奇异的法术推算出来的问题的解答。于是，他做了。他后来说：“果然如刘先生所说，没有灾祸啊。”

刘伯温的神仙事迹无始无终。有一年天下大旱，朱元璋问他：“先生能祈雨吗？”刘伯温说：“天不下雨，是因有冤狱，只要派人重新审理一些大案要案，天自然下雨。”朱元璋照做，天果然就下起了雨。

在所有关于刘伯温的神仙事迹中，恐怕没有下面这个故事更令人兴趣盎然的了。

据说，朱元璋称帝后，给了刘伯温一个金瓜，这金瓜可不是我们知道的那种台湾水果，而是一柄像西瓜样的铜锤。据说，当时应天城里很多有阴阳眼的人，能看到刘伯温身边跟着一个拿金瓜的小孩。这个小孩就是金瓜神，是上天派来保护刘伯温的。

朱元璋把金瓜送给刘伯温时说：“如果有急事见我，你就拿这个东西敲击宫门，我无论如何都会见你。”

这话说出去没几天，一天夜里，朱元璋就被金瓜击门的声音吵醒了。侍卫报告他说是刘伯温。他当时睡得正酣，猛地被人吵醒，实在有点不舒服，但为了践履诺言，还是让刘伯温进来了。

刘伯温一到，就要求下棋。朱元璋心说：老子我给你那金瓜，是要你有急事时用，这么黑的夜，你居然使用它叫老子陪你下棋。

虽然心中一百个不愿意，可朱元璋还是忍住了。因为他脑海里马上闪现刘伯温这个人的性格，刘伯温不是那种任性妄为的人。所以他坐下，和刘伯温对弈起来。

朱元璋正入佳境时，突然侍卫来报说："太仓粮库着火了。"

朱元璋推开棋盘，就要换衣服去救火。刘伯温把他拦住，说："下完再说啊。"

朱元璋激动起来："太仓可是国家命脉，怎么可以不救？"

刘伯温平静地说："就是救，也不必要您亲自出马，可遣一名官员，乘坐您的轿子去。"

朱元璋看刘伯温气定神闲，心里就有了点底。按刘伯温的意思，派了一名内史乘坐自己的轿子去了。

棋才下了几步，侍卫心急火燎地回来报告说："内史的轿子被人砸得稀巴烂，太仓火情已控制住。"

朱元璋这一惊非同小可，看向刘伯温。

刘伯温轻轻地推开棋盘，说："我今夜来，是因看到乾象有变，君主危险。如果我不来，您肯定要亲自出去，那可就惨了。"

朱元璋惊得浑身发抖，说："您知道是何人所为？"

刘伯温掐指一算，说："明日早朝之上，有穿红衣者。"

朱元璋说："这不是和没说一样吗？很多官员都穿红衣啊。"

刘伯温补充道："袖中有鸽子者。"

第二天早朝，朱元璋命令人搜索穿红衣服的臣子，果然搜出一名穿红衣的臣子里袖中有鸽子。

据说，此人以为朱元璋已在昨夜毙命，今日准备等所有大臣到齐后，放出鸽子，让伏兵冲进来，把朱元璋政府连根拔起。

这个神仙事迹显然是假的，但我们之所以看得津津有味，或者是深信不疑，就是因为我们相信刘伯温是神仙，无所不知、无所不能。

遗憾的是，刘伯温不是神，因为他自己都不相信有神仙这回事，他相信的只有他自己。他成神的路线图只是一张写满"后天努力"的励志图。

每当他走在应天城的大街小巷中，他就会仰起头，看应天城上空那蓝蓝的天和惨白的云彩。他在天空中从来没有看过神仙，当他低头看自己时，只是从内心深处看到了神仙。每个人心中都有个神仙，所不同的是，很多人无法使用这个神仙，而刘伯温能用而已。他的能用也不是他身边有个手拿金瓜的小孩，而全是他个人几十年来的刻苦攻读和不停地感悟，由此锻炼出的对世事明察秋毫的能力。

当普通人看刘伯温时，他瘦削挺拔，脸色苍白，眼神坚毅冷漠，浑身都散发出天使的光芒。

没有人可以完整地了解一个人，只有自己才能真正地了解自己，所以，自己才是自己的神。

第十二章
朱、刘再联手，围城绞杀张士诚

专用黄菜叶

朱元璋击败陈友谅回南京大肆庆贺的1363年农历九月，张士诚也在他的苏州城大摆筵席，庆贺他的自我晋升。刘伯温曾说过，如果一件事自己能解决，那就不要求别人。张士诚对这句话很有感触，所以当他向元中央政府请求王爵多次遭到委婉拒绝后，他索性抛开元政府，在苏州城中自称吴王。始终和他合作的元政府官员达识帖睦迩只能干瞪眼。

达识帖睦迩接受张士诚投降时就说过，一只老鼠接受一只大猫的投降，这是人间最大的闹剧和悲剧。张士诚投元后，达识帖睦迩处心积虑地希望能从他身上得到些有益国家的东西，可惜，张士诚除了向中央政府送了几石粮食外，什么价值都不创造。

他虽然投靠了老鼠，但他还是只大猫。达识帖睦迩曾对亲信说："对张士诚，我们没有幻想，只有一个办法，就是不要触怒他。我懂得处世之道，其中有一条你们一定要记住，不要触怒恶人，恶人一旦发怒，就不是人了。"

张士诚对达识帖睦迩的担忧表示很严重的关切，他向达识帖睦迩保证："我不会发怒，即使发怒，也不会对你怎样。不过呢，"张士诚严肃申明，"现在我是吴王，你只是个江浙行省的丞相，所以你要按我的方式来。也就是说，你要听我的。"

达识帖睦迩连连点头，开始明哲保身。他眼睁睁看着张士诚在苏州城中大摆筵席庆祝吴王诞生，他眼睁睁看着张士诚组建的吴王政府表面上受元政府领导，实际上已是独立政权。他最后看不下去了，只好闭上眼睛。但张士诚又让他睁开眼，而且对他说："我弟弟张士信有经天纬地之才，很适合做中央政府江浙行省的丞相。你意下如何？"

达识帖睦迩说："好啊。"

张士诚对达识帖睦迩的回答很满意，他热情地提醒达识帖睦迩说："你要不要向中央报告一下？"

达识帖睦迩说："按程序，是应该报告。"

张士诚说："你就这样说：你自己太无能，根本做不了丞相，不过你有那么一点点识人之能，在人山人海中一眼就看中了我弟弟的才华，所以，你主动让贤。"

达识帖睦迩说："好啊。"

张士诚又说："还有件事，你去嘉兴吧，那里气候宜人，并不比苏州城差。"

达识帖睦迩说："好啊。"

达识帖睦迩到嘉兴后，张士信派人把他的住所包围起来，连只苍蝇都飞不进去。达识帖睦迩就在这座"监狱"中听歌赏舞，喝酒吃肉。

达识帖睦迩本以为可以这样到世界末日的，可张士信做了丞相后没有相印。相印在江浙行省御史大夫普化帖木儿手上，普化帖木儿几年前在福建行省做丞相，可福建是陈友定的地盘，他没有机会有所作为。调到江浙行省后，他发现此地还不如福建，在忧郁中，他衰老得可怕。当张士信去向他要相印时，他多年来的愤懑爆发出来，把张士信骂了个狗血淋头。张士信采用最原始的手段回应他的破口大骂：逼他喝下毒酒，拿走相印。

普化帖木儿壮烈的消息传到达识帖睦迩耳中时，这位明哲保身的蒙古人推开怀抱中的美人，穿起官服，对张士信的看门狗说："普化帖木儿已死，我不死还等什么？"

话音刚落，有人就端来一杯美酒，酒中不但有酒精，还有毒药。达识帖睦迩一仰而尽，紧随他的同事而去。这一年是1364年，朱元璋和刘伯温正在制定进攻张士诚的作战计划，张士诚则和他的丞相张士信在苏州城里庆祝吴王国展现出的勃勃生机。

张士诚有庆祝的资本，1362年到1364年两年时间里，在未受朱元璋攻击的情况下，他把自己的疆域扩张到了空前的规模。一个北方人要游遍整个吴王国，还是颇费工夫的。他要从济宁进入，这是吴王国的北界然后南下到徐州，继续南下到绍兴，但不能再南下，因为这是吴王国的南界；从绍兴一直向北，再向西，到达汝、颖、濠、泗四州，这就是吴王国的西界；从西直向东走，当无路可走时，你会看到波澜壮阔的大海，这就是吴王国的东界。吴王国的周长达两千余里，吴王国的野战部队有数十万，如果他们站在海边齐声呐喊，大海会翻腾起巨浪，如果他们站在济宁狂笑，泰山会被震得摇摇欲坠。如果把吴王国的金银财宝倒进大海，海平面会上升，如果把吴王国的粮食在平地堆起，泰山就成了个小山包。

但地盘大、经济强、军队多，并不等同于是强国。一个国家的强盛必然要以清明的政治为基石，张士诚吴王国的政治，至少在朱元璋和刘伯温看来，并不清明。

朱元璋认为张士诚的政治不清明，是把张士诚兄弟的奢侈生活作为着眼点的。张士信自封为元政府的丞相后，就在杭州城里大建办公居住楼，这座楼几乎占据了杭州城最繁华地段，险些超越了张士诚在苏州的吴王宫。这座最璀璨的建筑里有最体现中国园林水准的楼台亭榭，以及世界上最古怪的石头，还有当时西方君主们见一眼就要流口水的天下名画。张士信房间里挂满了名画，就像是贴墙纸。他专门有一间房间摆满古玩，数目之多，几乎就是个古玩批发市场。他的歌女比丞相府的卫队还要多，他的厨子比歌女还多。他吃的可不是什么山珍海味，而是精细到极致的食物，做一只麻雀，就需要十几个厨师，耗费两个时辰。张士诚兄弟过的生活，连最奢侈的神仙看了都要瞠目结舌。朱元璋说：“如此穷奢极欲，不亡何待？”

但刘伯温对张士诚兄弟政治浑浊的着眼点却另有不同。刘伯温和朱元璋的生活环境不同，自然看问题的角度就不同。刘伯温年轻时不愁吃穿，肉体上体验着小资的生活，而朱元璋始终挣扎在饥饿的贫困线上，看到别人稍微吃得好一点的情景就怒目圆睁、痛不欲生。

刘伯温说，在能力范围内，奢侈点也不是大缺点。明明有钱，却过得和苦行僧一样，那是守财奴，是在标新立异。这种人不懂得享受生活，拿苦难惩罚自己，有点变态。张士诚富得流油，就是每天吃三斤重的龙虾，也是吃得起的。

刘伯温说，张士诚的政治浑浊不在于他的生活穷奢极欲，而是他对所有知识分子都有好感。如你所知，大多数知识分子都眼高手低，理论和实践不能同步，倒霉的是，张士诚积极拉拢的那群知识分子几乎全有这样的问题。张士诚和徐寿辉有共同点，那就是知足常乐，他们对人生的看法就是：人生是个过程，在有限的时间里，千万不要委屈自己。身心的幸福才是人生第一要义，其他所谓开天辟地之功、震荡宇宙之能，倒在其次。正因为他有这种对人生深切感悟，所以稍有点远大理想的知识分子都会离他而去，而剩下来的，自然就是享受人生之徒。

其实，人生到底该怎么过，中国人历来就没有高明的看法。中国人从古到今，所追求的完美人生就是成功。对于“成功”这两个字的解释很功利，也很窄。成功就是，发家致富，要钱有钱，要美女有美女，要大房子有大房子，要地盘有地盘。很少有中国人想过，所谓完美的人生，其实是身心的幸福。人生一世，短短几十年，无论你身心疲惫地活着，还是身心畅快地活着，你都会死去。如果身心疲惫地活着能使你感到幸福，你就去活。问题是，你什么时候见过身心疲惫的人会幸福？

当然，张士诚的人生观没有错，可放到现实中来，就错得离谱了。他在享受人生的同时，应该注意一下周边的环境，物质和精神的享受都是外来货，稍不小心就会被那些无法幸福的人夺走、砸碎。这个人当然就是朱元璋。朱元璋是个变态人物，因为自己遭受过苦难，所以对没有遭遇困难、特别是在他眼皮子底下享受幸福的人，有一种深入骨髓的恨。几年后，朱元璋用他一系列的残杀功勋的手段证明，他就是个下三滥的暗黑人物，蛇蝎一样的心肠，看不得别人好，他最喜欢看的就是让别人匍匐在他脚下痛哭流涕请求他饶恕，他偏不饶恕。

张士诚和朱元璋截然不同，张士诚喜欢看到别人开心快乐。他虽然不是纯正的知识分子，但对知识分子在元王朝几十年来的悲惨遭遇深表同情，于是他对知识分子好，他对知识分子们说，你们若安好，便是晴天。

刘伯温说，张士诚正是出于这种高尚情怀，用了一大批知识分子，但这些知识分子全是半瓶子醋。在他的影响下，他的弟弟张士信也特别喜欢知识分子，所以在对待知识分子的态度上极尽柔和，有一件事可以证明。元末著名画家倪瓒在杭州隐居，张士信喜欢名人字画，就派人带着顶级的绢布和钱财请倪瓒作画。倪瓒那种清高的腻歪劲儿一上来，就让人难以忍受。他生气地说：“我又不是你们王府的画师，你让我画我就画啊。”说完，就把绢布撕了，叫人把金钱带回给张士信。

如果倪瓒面对的是朱元璋，他就是九头鸟也死了九回了，可他太幸运，遇到的是张士信。张士信对倪瓒很不礼貌的回复超然度外，还夸奖倪瓒有上古知识分子的风度。

这件事不久，张士信带着一群知识分子到湖上游玩，忽然闻到一艘迎面而来的小船上飘来他从未闻过的香味。他对身边的人说："这艘船上的人肯定是个懂得享受人生的人，我要拜访他。"可当他登上那艘小船时，发现居然是倪瓒。他突然想到了前些日子的事，不禁恼了，说："我还以为你清高，穿粗麻衣服，吃残羹冷炙，想不到你是个花花大少。他妈的！"

接着就是一顿臭骂，倪瓒一语未还。张士信骂完了，就跑回自己船上，想了想刚才的举动太失礼，于是主动邀请倪瓒到他船上来。倪瓒又摆起了架子，摇着船走了。张士信只是一笑，任他耍清高。

后来有人问倪瓒："张士信那样侮辱你，你为何不还口？"

倪瓒大言不惭地回答："我那时要是出声，我就也是一个俗人了。"

其实，这是得了便宜还卖乖。如果他面对的是朱元璋，他根本说不出这句话来，他不说话就是最大的罪恶。依朱元璋的性格，会将他肚子剖开，放进铅块，然后缝合，再把他推进湖里喂鱼。

张士信对任何知识分子都有种"放纵"的心态，这是一种毫无理性的溺爱，所以难免会出差错。他最喜欢的三位知识分子黄敬夫、蔡文彦、叶德新，虽然读的是孔孟之书，行的却不是孔孟之道。知识分子身上最卑劣的诸如无独立精神、谄媚主子的特点全被他们照单全收了。

如果说这三位知识分子做了什么伤天害理的事，还真找不出确凿的证据来，只有一首歌谣可以证明这三位的确不是好鸟："丞相做事业，专靠黄菜叶，一朝西风起，干瘪！"

"丞相"说的是张士信，"黄菜叶"自然指的是黄敬夫、蔡文彦、叶德新，而"西风"指的是朱元璋，"干瘪"说的就是玩儿完了。

刘伯温说，张士诚的政治不清明，就是因为他重用了一大批伪知识分子，这才是他无法成就大事的根本所在。

据说，那首歌谣是苏州城百姓传播开来的，而且还被煞有介事地写进了《明史·五行志》中，这实在很可疑。张氏兄弟在苏州城的人缘特别好，而且当时没有人有那样的眼光预料到张士诚后来的失败，普通百姓怎么会编造这样的歌谣放到他们伟大仁慈的领导人身上？这首歌谣很可能是朱元璋本人或者是他的走狗们"事后诸葛"编出来的，因为我们找不到"黄菜叶"为非作歹的证据，他们可能只是把更多的精力放到了导引张氏兄弟享受人生上了。即使这是真的，也不是他们的错，上有所好，下必从焉。

"专用黄菜叶"，只是不分青红皂白地泼脏水，胜利者对失败者总有这样的优势。前提是，你必须要是胜利者，否则，你连喝脏水的资格都没有。

注意明玉珍

朱元璋对张士诚发动全面战争的计划，其实在鄱阳湖之战后不久就已开始。1364年，朱元璋称吴王，忽然就大发雷霆，说："张士诚这人也敢称吴王。现在有两个吴王，正如一山有两只老虎一样，谁是活的吴王，很快就见分晓。"

他发了一通火后，就想到了一个问题。他问刘伯温说："我全军出动去打陈友谅时，你说张士诚绝不会动，事后证明果然如此。这是为什么？"

刘伯温说："简单得很，因为张士诚的理想不是这些，他喜欢满足。况且，他的兵团跟我们交战多次，屡战屡败，他有点怕了。"

朱元璋问："现在他就不怕吗？"

刘伯温说："我说张士诚怕，是他的满足感导致他怕。他不想主动出击，但如果我们进攻他，他就不会怕了。几年前，我们对他发动进攻后，他很快反攻就是证明。所以，打他并不比打陈友谅容易。"

朱元璋把刘伯温请进密室，说："几年来，每次军事行动，您都白天掐指，夜观天象，闻风嗅雨，使我兵团势如破竹，我对您那出神入化的超自然能力相当佩服，也能审而用之。现在，您能拿出消灭张士诚的计划来吗？"

刘伯温沉思了一会儿，说："有四步。张士诚的疆域南北狭长，中隔长江，南北兵力支援不便，所以，第二步，先扫清他在长江以北淮河以南地盘，泰州、徐州、淮安、宿州等地是我们的第一波攻击区，接着再扫荡淮河下游。第三步，攻湖州、杭州。第四步，围困苏州。"

朱元璋问："为何不直捣黄龙，直取苏州？"

刘伯温说："湖州和杭州是张士诚延伸出来的手臂，如果我们打苏州，湖州和杭州必定倾力援救苏州，我们取胜的把握不大。如果先把湖州、杭州拿下，对苏州形成钳形包围，张士诚必败无疑。"

朱元璋说："您这个分析还是有点道理的，我思考一下。"

朱元璋正要进入思考状态，忽然发现刘伯温漏了什么，他问："您的第一步呢？"

刘伯温说："第一步很关键，如果第一步走不好，下面三步就是水中月、镜中花。"

朱元璋等着，刘伯温望向西方，那间密室里暗无天日，只有蜡烛，西方到底在哪里，朱元璋可不知道，只有等着刘伯温说出答案。

刘伯温说："注意明玉珍。我们要和他拉好关系，明玉珍不是张士诚，一旦他在我们倾力打张士诚时从西面来，我们可能要吃不了兜着走。"

朱元璋笑了笑，说："您这话有点太抬举他了，他有这样的本事吗？"

刘伯温说："当然有。"

明玉珍在遥远的成都说："刘半仙，你讲话要负责任啊！"

明玉珍在1366年离开人间，年仅三十八岁。如果能给他多一点时间，朱元璋的明帝国将会多一个劲敌。

明玉珍是随州（今湖北随州）人，有人说他本姓旻，因当时白莲教鼓吹"明王出世"，所以明玉珍参加革命后就改了姓。这可能是恶意的诋毁，因为明玉珍参加徐寿辉的革命队伍后，始终把自己看成是徐寿辉的下属，从来没有想过要当什么王。

明玉珍二十二岁那年被乡亲们推举，开始革命，他参加了徐寿辉的天完兵团后，因敢打敢拼又特别重义气而被徐寿辉刮目相看，在天完帝国平步青云。

1353年，天完帝国遭到元政府军的围剿，危在旦夕，在一次保卫战中，明玉珍的右眼被飞矢击中，从此失明。这年年末，徐寿辉被元政府军驱赶进沔阳湖，在沔阳湖中，天完帝国一夜数惊，形势极为复杂。明玉珍和他的卫队就站在徐寿辉门前，充当起了徐寿辉的门神。徐寿辉感激得热泪盈眶，心里暗暗发誓，把明玉珍当成是他此生最好的兄弟。

1355年，天完帝国光芒四射的大将倪文俊突袭沔阳城，重创元政府军。天完帝国恢复元气，为了扩大战果，徐寿辉让明玉珍到夔州（今重庆奉节）筹备军粮。明玉珍在未骚扰四川百姓的同时奇迹般的圆满完成任务，他的军粮使天完帝国重新在南中国奠定了坚实的基础。徐寿辉又是感激得一塌糊涂，泪水横流。

1357年农历三月，明玉珍兵团突然出现在四川行省重庆城下，元政府的重庆守军大惊失色，还未等布置防御，明玉珍已攻陷重庆。进入重庆后，明玉珍三令五申军队纪律，他的好心肠感染了重庆百姓，重庆人说，他是重庆有史以来最仁慈的统治者。明玉珍以重庆为中心，在三年时间里东征西讨，把四川行省渐渐地变成了天完帝国的后花园。他正踌躇满志地准备再为天完帝国建立赫赫功勋时，1360年，陈友谅把天完帝国的瓢把子徐寿辉杀了。

明玉珍悲痛得不能自已，陈友谅欢天喜地地把讣告派人送来，希望明玉珍能效忠于他，就像当初效忠徐寿辉一样。明玉珍擦干左眼的眼泪，让人把使者带到城外斩首，然后三军穿孝，为徐寿辉发丧。在徐寿辉的尸体缺席的葬礼上，明玉珍号啕大哭，如丧考妣。他在徐寿辉的空坟墓前发誓，将永远把他当成自己今生的主人，并和陈友谅不共戴天。

陈友谅在龙湾之战惨败后，明玉珍集重兵于三峡。可很快就有消息传来，陈友谅退守武昌后，很快就恢复了元气。明玉珍思量许久，让军队解散了。

从明玉珍那只左眼看出去，陈友谅是这样的一个人：有着无懈可击的组织能力和控制能力，在所有能力上，陈友谅甩了徐寿辉几条街。但是，从他那只丧失了功能的眼睛，用心看出去时，陈友谅就是这样一个人：贪欲十足、不仁不义、凶残跋扈、不可一世。

每当他走在重庆的山路上，他就会用那只丧失功能的眼睛来看陈友谅，越看就越恨。他对身边的谋士刘桢说："陈友谅这孽畜居然拿着天完帝国的资本擅改国号，大逆不道！"

他的谋士刘桢趁势说道："您可以称王。"

明玉珍说："那我如何对得起九泉下的皇帝（徐寿辉）？"

刘桢说："称王，不改国号，不改元，谥徐寿辉为应天启运献武皇帝。"

明玉珍动心了，他用那只健全的眼睛看重庆，重庆在白茫茫的雾气中，山水仿佛涂抹上了一层牛奶，煞是好看。他在起伏不平的重庆山路上走着，向东方看去，什么都看不到。因为山高水远，就是用心来看，他也必须翻过无数奔腾的河流，越过千姿百态的高山，穿过密林，在羊肠小道上崎岖行走多年，才能走出四川，看到陈友谅、朱元璋和张士诚。

他说："我已有了全蜀，纵是应天启运献武皇帝在，也有理由封我为王，那我就称陇蜀王吧。我要在这里建立新中国，把蒙元的陋习涤荡干净，我要恢复汉人的荣耀和光芒，我要在高山之巅、大河之畔，宣讲新中国的光辉。"

他那只左眼闪烁着刺眼的光芒，把他的谋士刘桢晃得心摇神迷，于是说："大王你占据全蜀，这是个聚宝盆，沃野千里，这又是个鬼门关，一夫当关万夫莫开。倒不如建立政权，积聚人心，找准机会，与群雄逐鹿。如果胜利，那就是在整个中国建立新中国。"

明玉珍那只丧失功能的眼睛都要射出光芒来，他说："这事要从长计议。"

只计议了一年，1363正月，明玉珍即帝位，以重庆为都城，国号大夏，改元天统。大夏帝国在四川行省冉冉升起，谁都不敢视而不见，因为明玉珍本人就是个做开国皇帝的料。

他开国第一步就是构建帝国的行政区划，他把他的地盘分为八道，设置府、州、县三级。府的最高军政长官为刺史，州为太守，县为县令。

第二步，轻徭薄赋，“十取一”。这在那个时代的众多政权中，是最轻的赋税。他让军队的士兵在没有战事时屯田，保证了士兵的体力和源源不断的军粮。

第三步，信仰始终如一。在称帝后，明玉珍从没忘记自己发迹的思想源泉，他始终说，自己信奉的是弥勒教，他的大夏实际上是已成白骨的徐寿辉天完政权的延续。

第四步，扩张地盘。在这一步上，明玉珍走得很谨慎，他曾多次把主力投入汉中战场，和军阀李思齐、张良弼争夺陕西，成效显著。他又曾对云南发动总攻，却无功而返。

有一天，他闲极无聊，就摊开他的疆域图，他的左眼睁得好大好圆，因为这份疆域图，已足够他生活了：东界在夷陵（今湖北宜昌），西界在中庆（今云南昆明），南界在播州（今贵州遵义），北界到兴元（今陕西汉中）。

明玉珍在四川不辞辛苦，终于把大夏帝国建设成一个百姓安乐、士气高昂的山林里的大帝国。由于昼夜不眠的工作，他的左眼变得越来越大，这正好弥补了数量上的不足。

所以，他虽然只有一只眼，却比有两只眼的人看得更远、看得更透。

对于这只奇异的大眼，朱元璋根本未放在眼里。刘伯温提醒他要注意大眼明玉珍时，他漫不经心地问了句：“注意他什么？他只是个龟缩在山林里的独眼猫头鹰。”

从朱元璋那两只凌厉的眼中看去，明玉珍虽然头脑清醒、勤政爱民，但气场不大，难成气候，而且离他太远，他没有担心的理由。

可刘伯温却说：“不怕一万，就怕万一。如果我们命运不济被张士诚拖住，他神经错乱地攻我们的西线，我们可能要腹背受敌。”

朱元璋“哦”了一声，说：“这好办，我去和他建立深厚的友谊。”

1365年秋，朱元璋派人带着一封信来到重庆，重庆人民载歌载舞地欢迎了这位使者。使者后来说，明玉珍很给他们吴王的面子，在重庆，他吃的瓜果是新摘下来的，他吃的烤鱼端上来时还在鼓动着嘴巴，他吃的烧鸡公是一只活鸡直接扔进锅里的。总之，他在重庆过得非常滋润，过了许多天嘴瘾。

明玉珍对这位使者说：“我早就听说吴王朱元璋是天下第一等豪杰，一直想和他见面却没有机会。如今你们吴王居然主动来要和我建立深厚的友谊，我真是喜出望外，不禁手之舞之、足之蹈之了。”

朱元璋的信写得很卑微，开头就是“吴王奉书夏国皇帝”，但之后就吹嘘起来了："我击败陈友谅这个超级巨无霸只用了三年。元王朝这个巨无霸已行将就木，你我应通力合作，一起搞定他。到时候，你在四川称你的皇帝，我在应天称我的皇帝，大家井水不犯河水，各过各的。"

明玉珍睁圆了他那只大眼，想从字里行间看出朱元璋的真实想法，最终，还是让他看出来了。朱元璋是想对张士诚开战，担心我攻击他的西线，这明显是缓兵之计啊。

他的谋士刘桢提醒他："朱元璋是个奸猾之徒，他说将来灭元后和你相安无事，各过各的，这简直是糊弄小孩子的话。"刘桢当时站在他右边，他只好把头转到右边，用那只大眼睛看了一眼刘桢，问："依你之见，该怎么办？"

刘桢冥思苦想了许久，才摇头说："我也没有办法。我们如果真的和张士诚联手攻击朱元璋，也未必能取胜。所以，只好见机行事了。"

明玉珍说："我根本就没有想和他成为敌人的意思，他现在来信要和我建立深厚友谊，这正合我意。我给他回信，答应和他建立友谊。"

刘桢说："信中要把咱们的实力亮一下，别让他小瞧了咱们。"

明玉珍说："这是必然的，我虽然不打他，但也不是纸糊的。"

于是，明玉珍在给朱元璋的回信中说："蒙古人已奄奄一息，汉人的复兴指日可待。我这个人没多大本事，我的帝国也没有多大能量，只是有二十万在血腥中成长起来的兵团。北面，我可以开辟汉中战场；东面，我们可以开辟荆楚战场；西面……那是您，我们是同盟，没有开辟的必要。吴王你尽管放心地干你的事，我不敢说我是你坚实的后盾，但不会给你制造麻烦，是肯定的。"

朱元璋接到明玉珍的信后，对刘伯温说："你瞧，我就说他没什么气候。"刘伯温说："实践出真知，没有这封信，咱们也不敢确定他真的就没有什么气候啊。"

明玉珍不是个雄才大略的人，他和徐寿辉、张士诚都有共同点，他们的人生是减法，减掉一份人欲，就多了一份天理。朱元璋则是加法，在雄才大略的幌子下，竭尽全力地追求永不满足的欲望，为此不惜把千万人送上战场，再让他们走上死亡之路。

明玉珍没有雄才大略，却有忧患意识。他在重庆那简陋的宫中睡觉时，唯一的那只眼只闭一半；他每天都要处理无数政务，太阳未升起，他就坐在办公桌前，月上柳梢头，他还在那里坐着；他每天接待的知识分子不计其数，听他们大谈治国之道。在听的时候，他聚精会神，很多次都忘记眨眼。于是，他眨眼的次数越来越少，最后，他就不眨眼了。

1366农历二月六日，明玉珍忧劳成疾，在病榻缠绵了一个月后驾崩。在他生命中最后的几分钟里，他把儿子和几名忠臣叫到床边，对他们说：“我此生最大的遗憾就是未驱逐蒙古人回他们老家。我死后，你们千万不要暴躁，四川是天堑，守着这份家业就好，不要出去争霸，友谊第一！”

朱元璋当时正在和张士诚决战，对于明玉珍的死，他激动得跳了起来，说：“太好了，他儿子才十岁，灭他儿子，不用我费多少气力。”

张士诚的八宗罪

1365年农历十月，朱元璋正式对张士诚宣战。张士诚应战。

刘伯温制定的灭张战略第一阶段开始。本年农历十月十七日，徐达兵团渡过长江，对张士诚的淮东控制区发动推进式扫荡。四天后，徐达兵团顺利推进到海安（今江苏海安）城下发动猛攻，几个时辰后，大功告成。闰十月初，徐达兵团完成对泰州新城的包围。张士诚泰州兵团虽然有着顽强的战斗精神，但徐达兵团持续不断、越来越猛烈的攻击使他们渐渐不支。

张士诚命令救援泰州，救援兵团由他最信赖的将军王成率领，马不停蹄地奔赴泰州战场。徐达对围城打援驾轻就熟，在王成赶来的路上伏下重兵。王成救援军受到灭顶之灾，全军覆没，他本人也被活捉。

直接救泰州未成，张士诚“围魏救赵”。他派重型战舰四百艘，大张旗鼓地驻泊在长江北岸范蔡港，然后又派出轻型战舰，在孤山附近水域敲锣打鼓地巡弋。目的是让朱元璋误以为他要进攻长江水寨，到那时朱元璋肯定会让徐达回防，泰州之围就可不战自解。但刘伯温提醒朱元璋，张士诚这是老掉牙的小聪明，不必理他。

张士诚除了祷告上天保佑泰州不失守外，别无他法。1365年农历闰十月二十六日，泰州失守。徐达兵团乘战胜余威，直逼兴化、高邮。张士诚大为恼火，发动反攻。他把一支主力兵团投到朱元璋控制区内，进攻目标是宜兴（今江苏宜兴）、安吉（今浙江安吉）、江阴（今江苏江阴）。

朱元璋想不到张士诚还有进取精神，慌忙命正在高邮城下攻击的徐达兵团后撤长江，支援宜兴。徐达兵团赶到宜兴城下时，张士诚兵团还未发动攻击，两支兵团就在宜兴城下展开野战。无数次朱张兵团的战役都证明，张士诚兵团不是朱元璋兵团的对手，所以，这支攻城部队连宜兴城城门都未摸到，就被徐达兵团全歼。宜兴之围一解，徐达兵团迅速掉头再北渡长江，挺进高邮城下，全面攻击开始。

张士诚两次“围魏救赵”的失败，不能证明他智慧的枯竭，只能证明他兵团的朽木不可雕。他只好再派一支救援部队去解救高邮城，可这支部队在太仓（今江苏太仓）停了下来，战战兢兢，不敢前进。张士诚多次催促，这支部队多次不动，最后，由于恐怖气氛的不断降压，这支部队突然从地球上消失了，谁也不知道去了哪里。

张士诚在垂头丧气中过了一个毫无生气的春节。1366年正月，他提起精神，第三次使用“围魏救赵”之计，水陆并进，海军进驻君山，步兵团和骑兵团出驮沙，攻击目标：江阴。

朱元璋难以置信，张士诚这时候还有心情攻江阴。刘伯温却说，他现在只有这一招，希望东方不亮西方亮。朱元璋对张士诚这次进攻很是谨慎，决定亲自率军驰援江阴。张士诚闻听朱元璋亲自来了，魂不附体，水陆两军掉头就跑。朱元璋下令舰队追击，张士诚的海军逃跑起来的速度都相当慢，很快被朱元璋舰队追上。张士诚再不战就太说不过去了。他后队变前队，仓促展开队形，迎战如泰山压顶般的朱元璋舰队。

事实又重新证明了一点，张士诚的陆军不如朱元璋，海军更是如此。一个时辰后，这场海战无悬念地结束，张士诚扔下几百艘战舰的躯壳狼狈而逃。

1366年农历二月，明玉珍在重庆睁着大眼去世时，徐达兵团攻陷高邮城。多年以前，高邮城是张士诚的一块招牌，他在这座城下创造了击溃元政府军最后一支主力的传奇。不知道从什么时候开始，张士诚缔造的那个传奇销声匿迹，再也没有给他带来任何惊喜的消息。现在，张士诚内心深处最得意的高邮城永远地离他而去了。据说，当得知高邮城失守后，他呆若木鸡，许久才叹道：“想不到它也丢了。”

使他想不到的事还有很多。高邮城一下，徐达兵团于1366年农历四月进抵淮安（今江苏淮安）城下，张士诚政府在淮安的守将立即投降。淮安的丧失使张士诚在淮东的大门敞开。徐达兵团如暴风一样，一连串攻陷兴化、通州（今江苏南通）、濠州、徐州等地。张士诚的北境被击破，只能局促于长江以南。

自此，刘伯温制定的灭张战略第一阶段胜利完成，历时半年。张士诚在苏州城的宫殿里不停地踱步，他的身心受到严重的创伤，需要很久恢复。

朱元璋可不想让他复原，哪怕是心灵上的创伤都不许。就在灭张战争的第一阶段圆满结束后，朱元璋回老家看了老爹老妈的坟墓，之后只一个月时间，他就匆匆地回到应天，他还有更重要的事要做，那就是传檄声讨张士诚。

传檄，其实是公布檄文。檄文是合法政府用于征召、晓谕的公告或不合法政府声讨、揭发敌人罪行的文书。

中国人在传檄上有着精深的造诣。不过，中国人里写出优秀檄文的都是不合法政府人员。

比如商汤声讨夏桀的《汤誓》、周武王声讨商纣的《牧誓》，都是不合法政府声讨合法政府的檄文。唐朝武则天时期，徐敬业造反，骆宾王写了篇《讨武曌檄》，把武则天看得直愣。可徐敬业是造反派，武则天才是合法政府的代言人。也就是说，中国历史上大部分檄文，都是不合法政府摆出一种不要脸的高昂姿态来声讨合法政府的。或者可以这样说，檄文就是为了师出有名，书写檄文的人不管是否能打败敌人，都想先过过嘴瘾再说。

檄文是声讨性质的文章，因此，里面只有两种话：一种是好话，这是要扣在自己头上的；一种是坏话，这是要扣到对手头上去的。檄文的行文方式是典型的两分法：我什么都好，对手就没有一点好的；我高尚如圣人，对手则是彻头彻尾的小人。

这叫不厚道的造势，朱元璋肯定有这种造势，因为他本来就是个极不厚道的暗黑人物。

在声讨张士诚的檄文中，朱元璋断定张士诚有八宗罪。

第一宗：张士诚你当初贩卖私盐，后来最先造反，四处杀人，还有根据地，大罪第一（为民则私贩盐货，行劫于江湖，兵兴则首聚凶徒，负固于海岛，其罪一也）。

第二宗：后来发现根据地危如累卵，就假装投降元政府，可不久就杀了元政府官员，大罪第二（又恐海隅一区，难抗天下全势，诈降于元，坑其参政赵琏，囚其待制孙撝，其罪二也）。

第三宗：再后来又占了浙西，擅自称王，大罪第三（厥后掩袭浙西，兵不满万数，地不足千里，僭号改元，其罪三也）。

第四宗：冒犯我的疆域，被我打败，又投降元政府，大罪第四（初寇我边，一战而生擒其亲弟，再犯浙省，扬矛直捣于近郊，首尾畏缩，又诈降于元，其罪四也）。

第五宗：占了那么富裕的江浙地区，却不向政府交税，大罪第五（占据江浙，钱粮十年不贡，其罪五也）。

第六宗：对元政府阳奉阴违，谋害元政府官员，大罪第六（阳受元朝之诏，阴行假王之令，挟制达丞相，谋害杨左相，其罪六也）。

第七宗：知道元王朝已没落，就把元政府在江浙的行政人员一窝端，大罪第七（知元纲已坠，公然害其江浙丞相达识帖睦迩、南台大夫普化帖木儿，其罪七也）。

第八宗：诱我的大将投靠你，又掠夺我的百姓，大罪第八（诱我叛将，劫我边民，其罪八也）。

张士诚听闻这八条罪状，跳了起来，失声叫道："朱秃子神经错乱啦。"

朱秃子没有神经错乱，这八条罪状看上去是无稽之谈，其实，它们有很深的渊源。而这渊源，如果张士诚能绕过现象的漩涡，就会发现这篇檄文的本质所在。这一本质正是刘伯温几年来对朱元璋的教诲，才使他迷途知返、恍然大悟的。

檄文声讨的到底是谁

朱元璋对旧社会有一种深入骨髓的恨。多年以后，他泪水在眼里打转地回忆说："在万恶的旧社会，州县官吏对百姓如对待牲畜，贪财好色，饮酒废事，从不认为民间有疾苦。我当时愤怒得发狂。"

刘伯温在1360年初见朱元璋时，无法理解朱元璋浑身散发出来的对元王朝的刻骨仇恨，这是因为他对年轻时的朱元璋不了解。朱元璋没有知识、没有背景，处在社会最底层，受了太多的苦。就是后来拿着饭碗以和尚的身份要饭，也是过了今日没明天。用民间的说法，朱元璋的人生就是"强活"——奋力勉强地活着。

刘伯温即使知道朱元璋那段凄惨岁月，由于二人的经历不同，他也无法理解朱元璋的仇恨。刘伯温不想改变朱元璋对元王朝的看法，因为他本身就义无反顾地抛弃了元王朝，他对孔子的"己所不欲勿施于人"的教诲很有心得。他只是希望朱元璋在反元的时候，抛掉朱元璋头上顶着的红巾军的帽子。其实抛掉的不是红巾军这顶帽子，而是这顶帽子的白莲教的质料。

他在给朱元璋的《时务十八策》中就特意用文字透露了这一信息。他说朱元璋赤手空拳创建了应天政府，而丝毫未提朱元璋是红巾军的一员将领。

1362年农历六月，察罕帖木儿在他最后的宝贵时光里向朱元璋投去温柔的一笑，这位元王朝的"齐桓公"对朱元璋说："我已经奏报朝廷，给你个丞相的职务。”朱元璋对这察罕帖木儿的温柔一笑，心神不宁。当时刘伯温正在老家守丧，他给刘伯温写信征求意见。刘伯温对他说：“察罕帖木儿现在是元王朝的顶梁柱，我们不能得罪他，但我们也不能像张士诚那样投降元政府，这和我们的初衷相违背。只有一个计策，那就是不理他，既不说投降也不说不降。”

刘伯温的这一想法，是他把朱元璋和张士诚作比较得出来的。当时张士诚投降元政府，在法理上名正言顺。很多知识分子为什么喜欢到张士诚那里，这是一个主要原因。跟着张士诚，风险成本小，而跟着不合法的朱元璋，风险大。

朱元璋是否想过被元王朝招安，没有任何直接的证据证明。但就在本月，察罕帖木儿被田丰谋杀，朱元璋得知这个消息后，茫然了很久，最后叹息说：“天下无人也。”

后来吹捧朱元璋的人说，朱元璋当时不理察罕帖木儿，是因为对将来的成功已成竹在胸。这简直是胡扯，朱元璋当时西边有巨无霸陈友谅，东边有张士诚，还有他至少在七年时间里都难以企及的元大都，他怎么就会对成功成竹在胸？

他所以没有接受元政府的招安，是因为察罕帖木儿死得早，如果再给察罕帖木儿几年时间，朱元璋后来的路肯定会不同。

1362年年末，元政府派了一批使者先到方国珍处，然后送信给朱元璋，要招安他。朱元璋和刘伯温商议许久，刘伯温认为，继续不理。因为在刘伯温看来，失去了察罕帖木儿的元政府，已经没有了招安的资格。朱元璋比刘伯温走得更远，他不但这样认为，而且还把元政府的使者叫到应天，杀掉了其中几名。

但几天后，朱元璋马上对自己的鲁莽反悔了，他派人送还了活下来的使者，还送了许多战马给元政府。元政府无法做深一层次的追究，此事只好不了了之。

1363年农历二月，张士诚攻安丰城，朱元璋深思熟虑了一个月后，亲自出兵解救安丰。刘伯温当时让他放弃这次机会，他内心深处最真实的想法就是要把朱元璋从小明王的红巾军旗下解放出来。

刘伯温多年来对朱元璋的教诲，使朱元璋逐渐理解了这样一个道理：不能和白莲教有瓜葛，自己就是将来的天下之主。

如果我们了解了这些，就能明白朱元璋在讨张士诚檄文中除了张士诚罪状之外的那些话。他说：“我参军之前，是有很深考虑的。首先考虑的是红巾军，但他们全是些妖言惑众、装神弄鬼之徒，后来又考虑参加政府军，可他们以杀害百姓为己任。所以我艰苦奋斗，今天，我拥有了南中国广大地盘，这是祖宗的显灵和上天的指令。”他又说，红巾军革命以来，做过的事主要有三件：杀人、放火、凶谋，杀戮天下的知识分子。所以呢，红巾军就是个贼窝，就是十恶不赦的团伙。而他自己则是商汤和周武，可以吊民伐罪。他讨伐的人全是坏人，比如张士诚。张士诚这人虽然和红巾军没有任何关系，但是因为朱元璋要讨伐他，所以他就成了下流胚。

接着，朱元璋又说，自己可以替蒙元政府“立功”，大家联合起来平定那群乱臣贼子。这群乱臣贼子很多，张士诚是，王保保是，李思齐是，张良弼是，甚至躺在坟墓里的明玉珍也是，就是他的顶头上司小明王也逃不掉乱臣贼子的名号。

朱元璋现在摇身一变，成了中国最伟大的人物。他清清白白，既不是邪教，也不是乱臣贼子，他是尧舜级别的人物，要比汤武还要崇高。

他站在应天城的最高处，那张丑陋的嘴脸迎风招展，嘴里吐出慷慨激昂、义愤填膺的词句，使人听一句就浑身起鸡皮疙瘩，看他一眼，骨头就咯咯作响。

他说他是当时世界上最崇高的人物，还可以理解，但讨张士诚的“八宗罪”实在让人莫名其妙，就连张士诚在反复看了几遍后，也看出问题来了。张士诚对他的将军们说：“把第一条、第四条、第八条去掉就是我讨朱元璋檄文啊。”

其实，这八条罪状，是朱元璋政府搜索枯肠、抓耳挠腮凑出来的。

从张士诚的角度来反驳这八条罪状，就很是好看。

第一条罪状：当初贩卖私盐，后来最先造反，四处杀人，还有根据地。

张士诚反驳说：“我是贩卖私盐，可我贩卖私盐的钱都救济贫苦百姓了。你朱秃子倒想贩卖私盐，可没有这头脑啊。你说我最先造反，你脑子进水了吗？最先造反的是主子刘福通和小明王。我有根据地，你就没有吗，你的应天城是茅坑吗？”

第二条罪状：后来你张士诚发现根据地危如累卵，就假装投降元政府，可不久就杀了元政府官员。

张士诚反驳说：“我假装投降元政府，你就没有想过投降元政府？我杀了元政府的官员，你他妈的还杀过人家元政府的使者呢。两国交兵，不斩来使，相比之下，哪个罪孽更重、道德更败坏？”

张士诚突然又想起一件事来，让他怒火升腾。这件事是这样的：当初元政府主力军围攻高邮城，朱元璋这孙子居然送给围城的元军牛肉和美酒，说是犒军。幸好，张士诚气量大，他收拾了愤怒的情绪，继续反驳第三条。

第三条：再后来，你张士诚又占了浙西，擅自称王。

张士诚反驳道：“我攻浙西，可没像你那么不要脸。你朱秃子当时每攻一城时，都给你的士兵打鸡血，说什么‘前有某某城，子女玉帛，无所不有。若破此地，从其所取’。我擅自改元称王，那还是我的独创，你一直使用不合法政府韩宋帝国的龙凤年号，你说到底谁罪大？”

第四条：冒犯我的疆域，被我打败，又投降元政府。

张士诚反驳道：“是我冒犯你的疆域，还是你来拱我啊。这是狗咬狗的事，你居然把这当成是我的罪过，真是岂有此理。”

第五条：占了那么富裕的江浙地区，却不向政府交税。

张士诚愤怒地反驳道：“你朱秃子狗戴帽子装人啊，你拥有‘江左及淮右数郡’，你给过元政府一粒粮食没有？我这几年每年都给元政府运送十万石粮食，收据还在我手里，你居然说我十年不纳贡？噢，我想起来了，你纳贡过，就是当初我在高邮城里被元军围得生不如死时，你给人家送过牛肉和美酒。”

第六条：对元政府阳奉阴违，谋害元政府官员。

张士诚冷笑着反驳道：“我对元政府阳奉阴违，人家元政府还没有说什么，你朱秃子算老几啊，轮得到你张嘴咬我？”

第七条：知道元王朝已没落，就把元政府在江浙的行政人员一窝端，杀了江浙行省丞相达识帖睦迩、御史大夫普化帖木儿。

张士诚反驳道：“达识帖睦迩和普化帖木儿是自杀，怎么就成了我杀的？你也杀了不少元政府的高级官员，又怎么说？”

第八条：诱我的大将投靠你，又掠夺我的百姓。

张士诚呸地吐了一口，反驳道：“好意思说我诱你的大将，我是曾诱过你的侄子朱文正，可你怎么不想想，你的侄子都想背叛你，你做人太失败了。别以为我不知道，你派到我王国里的间谍比我的百姓还多，这到底是谁诱谁？”

张士诚反驳完“朱八条”后，心情大为舒畅。可他转念一想，朱元璋智商怎么低到如此程度，把声讨我的檄文几乎写成了声讨他自己的？他手下的刘伯温是顶级秘书，怎么会让这样愚蠢的檄文从朱元璋眼皮子底下发出？

这也是我们疑惑的问题，如果是刘伯温写这篇檄文，即使不经大脑也不会写成这样。这其中，必有原因。

果然是有原因的，原因出在一个叫张昶的人身上。张昶在1366年农历五月的身份是朱元璋政府的副宰相（参知政事），三年前，张昶的身份是元政府的民政部部长（户部尚书），在那次招降朱元璋的计划中，张昶作为使节团团长被朱元璋扣留。朱元璋一边当着他的面杀掉他的同事，一边露出挤出来的微笑，劝他为自己效力。朱元璋说自己是天底下第一菩萨心肠的革命家，还说自己对张昶强大的执行力早有耳闻。

面对屠刀，张昶没有别的选择，只能委曲求全。在他投降朱元璋的三年时间里，他的确把朱元璋政府管理得井井有条，朱元璋政府的建置、制度大多都是出自其手。张昶最厉害的地方就是他的执行力，没有一件事在他手里停过一天以上。朱元璋对张昶这几年来的表现很满意，渐渐地把他当成自己人，但张昶不是朱元璋的人，他始终心系元政府和他在北方的家人。

他在朱元璋政府所做的一切，只是他的职业习惯，那张丑恶的嘴脸，不是他心目中的圣君，更不是他心目中的菩萨。他对朱元璋有刻骨铭心的憎恶，他对一切造反者都有憎恶。依他的看法，这些人毫无高尚的道德情操，造反的唯一目的就是发家致富，无数的历史事件和历史人物都证明，造反者后来能得天下，是一系列偶然事件和时势造就的。假设没有刘福通的红巾军革命，宰相脱脱的治世能力会把元王朝从堕落的泥潭中拯救出来。就是因为各地不断有人造反，宰相脱脱那些行之有效、立竿见影的治世措施无法施行，才有了今天的局面。

张昶经常站在应天城的最高处，遥望北方，忽然就眼含热泪。当朱元璋和张士诚的战争开始后，张昶殚精竭虑地为朱元璋贡献心力，这倒不是因为他忠于朱元璋，而是他特别喜欢看狗咬狗，他希望两只造反狗两败俱伤。

于是，我们有理由相信，朱元璋声讨张士诚的檄文，可能就是出自张昶之手。按张士诚的话说，这篇檄文去掉第一、第四、第八条外，完全就是一篇声讨朱元璋的檄文。

我们完全可以想象这样一个画面：张昶站在书桌前，摊开纸，不怀好意地奸笑着、快乐着，一个字一个字地把朱元璋的罪行写到纸上，看上去，那就像是张士诚的罪行。他几乎每写成一条朱元璋的罪状，都像酷暑时吃了一块冰冻西瓜一样的身心舒畅。

按刘伯温那超人的聪慧，不可能发现不了檄文里的“指桑骂槐”，但他也没有办法，因为张士诚和朱元璋根本就是一丘之貉。

张昶的结局是可以预料的，他的心思绝对逃不过阴谋高手朱元璋的眼睛。1367年农历六月，张昶写信给朱元璋说：“现在天下几乎已定，作为君主，您应该是个神秘主义者，最好待在深宫里不要出来，及时行乐，使天下人摸不到您的心思，您才能被人惧怕。”

朱元璋把信给刘伯温看。刘伯温说：“他想做赵高，把您想成了秦二世。”朱元璋就把张昶叫到面前，痛斥他。张昶见朱元璋不吃这套，就想出了另一套，他又写信给朱元璋，说：“元政府失于宽纵，所以才走到今天这一步。想要国家稳定，必须要用严刑峻法。”朱元璋又把信给刘伯温看，刘伯温说：“他说得有道理，但这个时候不适合严刑峻法。此时大业未成，严刑峻法会失民心。”

朱元璋动了杀机，说：“张昶这厮到底想要做什么？如果他的智慧仅限于此，我要他何用；如果他是故意的，我怎么敢用他！”

几天后，有人从张昶的枕下搜到了一封他写给元朝皇帝的信，信中回忆了他为元政府服务的那些年，又回忆了给朱元璋政府工作的这几年。信的最后说：“在元政府的那些年，是我最快乐的日子，在朱元璋政府的这几年，简直如在地狱，度日如年。”

朱元璋得知这封不是写给自己的信后，暴跳如雷，下令逮捕张昶，张昶在狱中写了八个字：身在江南，心怀塞北。朱元璋说：“这小子心意已决，得到他的人却得不到他的心，留也无用。”

张昶于是殉国。张昶的殉国悄无声息，没有任何人关注这件事，就如没有任何人关注小明王的死一样。

小明王之死

小明王韩林儿死于1366年农历十二月，正是朱元璋对张士诚战争的第二阶段完成、正准备第三阶段时。

朱元璋发出那篇朦胧恍惚的讨张士诚檄文后，就开始进行灭张战争的第二阶段，这一阶段是攻击张士诚的湖州和杭州，剪除张士诚的羽翼。

1366年农历八月，当刘伯温在寻找应天城新城基时，徐达兵团二十万人从应天出发奔赴太湖。为了迷惑张士诚，朱元璋宣称要进攻苏州，张士诚还未来得及分析朱元璋这句话的真假，徐达兵团已进入太湖，疯狂扫荡张士诚的据点和阻击军。当徐达兵团来到湖州城最后一个外围据点三里桥时，张士诚才发现朱元璋撒谎，急忙向湖州派出援军。

湖州守将张天骐是张士诚兵团中一员出色的战将，他始终相信一个观点：进攻才是最好的防御。所以当徐达在拔除了湖州城外最后一个据点三里桥时，张天骐大开城门，分三路迎击徐达兵团。徐达针锋相对，也分三路进攻。不过徐达动了点脑子，他在张天骐的三路军中发现南路军的阵形不稳，士气不高，于是他把主力放到了南线，攻击张天骐的南路军。

徐达蒙对了。那路军是湖州城里最差劲的部队，和徐达兵团一接触，即行溃败。张天骐兵团的另外两路一见友军这副德行，也就不准备打了，掉头就往城里跑。

张天骐是个不受观念和规则束缚的人，当他发现进攻不是最好的防御后，就马上认为，防御才是最好的防御，于是紧闭城门，严防死守。

张士诚派到湖州的援军是李伯升兵团，李伯升是张士诚的亲密战友，张士诚的“十八条扁担起义”中就有他的一条扁担。不过，李伯升并非是出色的军人，他的战绩乏善可陈，特别是张士诚与朱元璋交战以来，他在各种战役中都被打上了失败的烙印。虽然如此，张士诚依然很信任李伯升，因为他是元老，也是自己最好的朋友之一。

李伯升兵团进抵湖州后，发现徐达兵团并未把湖州围得水泄不通，于是，他的兵团就趁着夜色由城东的荻港偷偷地进了城。他来是解围的，可进入城后，他和张天骐一样一筹莫展，两人只能互相拍着肩膀困守湖州。

在张天骐眼中，李伯升是个扫把星，因为李伯升一来，徐达兵团就丧心病狂地对湖州四座城门发动猛攻。张士诚得知李伯升那支解救兵团成了守卫兵团后，又派出吕珍率领六万精锐披星戴月援救湖州。

吕珍一直很有充沛的精力和卓越的才能，但使人大跌眼镜的是，他从前围攻顶级大佬刘福通的安丰城时所表现出来的勇气在此时销声匿迹。他的兵团到达离湖州城东四十里的旧馆时，突然停下，还筑起了五个寨堡。

有人说他可能是因为看到徐达兵团的二十万人而吓破胆了，但这不是真实的吕珍，吕珍不可能被吓破胆。他可能是想把徐达围困在湖州和他的寨堡之间，步步紧逼，最后要湖州城的守军出城，和他一起把徐达包成饺子。

吕珍的想法没有错，只要湖州城能一直坚持下去，当徐达兵团的锐气被消磨得差不多时，这个计划就能实现。问题是，朱元璋不可能给他这份战场上最宝贵的财富——时间。

吕珍兵团寨堡的湿泥味道还未消散，朱元璋增援徐达兵团的另一支兵团已赶到湖州城。徐达有了援军，喜出望外，于是将计就计，在湖州城东迁镇南的姑嫂桥连筑十座堡垒，把旧馆与湖州的通道阻截了。等于说，吕珍的增援部队和湖州城里的守军现在一毛钱关系都没有了。

张士诚在苏州急得抓耳挠腮，气得暴跳如雷。多年以来，他一直就没有破解朱元璋“围城打援”这一低级计谋。朱元璋三番五次地使用，张士诚三番五次地认栽。如果用四个字来概括朱元璋与张士诚十多年的战争风云，那就是：

围城打援。

每次朱元璋“围城打援”时，张士诚都会冒出这样一种想法：老天爷不会总让我倒霉的，这次运气应该轮到我了。可现实每次都狠狠地抽了他一耳光。

1366年农历八月末，湖州被围时，张士诚那种想法再度袭来。他攥紧拳头，嘀咕道：“这次，运气该轮到我了吧。”

九月初，张士诚亲率精锐驰援湖州。老天爷又让他空想一场，当他的兵团行进到皂林时，他遇到了等他多时的徐达阻击部队。双方一接触，他的精锐就像是童子军，被徐达阻击部队打得七零八落，死亡人数不详，仅被活捉的就达三千人。

张士诚连发火的情绪都没有了，当天夜里，他派一支夜袭部队，试图偷袭姑嫂桥，结果这支夜袭部队意料之中地撞上了徐达兵团的埋伏，全军覆没。

张士诚琢磨了许久，想破解朱元璋的“围城打援”，可琢磨得头皮发胀，眼冒金星，也只有一个办法：继续派援军，被朱元璋打。

从徐达兵团的角度来看，现在的作战目标已不是湖州，而是吕珍兵团的旧馆。张士诚也发现了徐达兵团的作战用意，于是赶紧派人冒死进入旧馆，希望能带回点有价值的情报来。可这支军队一进入旧馆，就再也没有机会出来了，因为徐达兵团把他回来的路封死了。

张士诚又是一番抓耳挠腮地琢磨计策，可他的计策如沙漠中的水源，毫无踪影。他只好凭感觉行事，把他的海军全部投入战场，设想能冲开一条通往旧馆的活路。可朱元璋的海军在消化了陈友谅海军后，已天下无敌。张士诚的海军毫无悬念地被击败逃跑，徐达兵团围追不舍，最终全部被徐达海军歼灭。

张士诚倒霉到极点，在办公室里转来转去，嘴里不停地嘀咕着，愤愤不平。他的愤愤不平没有任何改变现实的能力，此时，吕珍旧馆兵团的外援已全被扫除，吕珍的士兵因为缺少粮食而面黄肌瘦，六万人成批成批地出门投降。在这些投降的人中，自然有吕珍。他投降时，心情极为沉重。面对苏州方向，完成一系列复杂的臣子对君王的仪式后，吕珍草草包扎了下因磕头而出血的额头，出门投降了徐达。

徐达对吕珍说：“还要辛苦您一下。”说完，就把他绑到湖州城下。张天骐和李伯升在城上向下望去，望到的是一个哭丧着脸的吕丞相，那可是他们吴王国的顶梁柱啊！

就在张天骐仰天痛哭时，李伯升悄悄地打开城门，第一个跑出来，要为徐达献出湖州城。张天骐发现自己这个时候哭得太不是时候，也急忙跑出城，要为徐达献出湖州城。

湖州城陷落。1366年农历十一月，朱元璋的另一支兵团攻陷了杭州，杭州守将潘元明投降，绍兴、嘉兴也不战而降。

朱元璋对张士诚战争的第二阶段完成，两支兵团进围苏州。

小明王在滁州自己的庭院里，隐约感觉到大地的震颤，那是朱元璋两支兵团进军苏州的整齐划一的脚步声。小明王如果当时趴在地上，就能闻到一股血腥味——那是他的血，他似乎没有感觉到，自己人生中最宝贵的时间已经所剩不多。

1366年农历十二月，朱元璋主力军对苏州城完成包围。在未下达总攻令前，发生了一件事。这件事不是什么大事，只是应天城中有一首不知是从何处起源的歌谣。歌谣说："眼看羊儿年，便是吴家国。" 1367年就是羊年。

朱元璋对刘伯温说："这歌谣说得如此清晰，应是上天要我称帝吧。"

刘伯温看了一眼朱元璋，意味深长，把朱元璋看得莫名其妙。那天刘伯温什么都没有说，但晚上，朱元璋在床上辗转难眠，像是躺在了火盆上。因为他想到了一个人，这个人恰好是歌谣成真的一个障碍。

如你所知，这个人就是小明王。小明王是韩宋帝国的皇帝，是朱元璋名义上的领导。朱元璋想要称帝，就必须脱离这个皇帝！

按一般人的思路，当时的形势下，朱元璋废掉或是杀掉小明王易如反掌。当时，已经没有任何力量可以反对他，只要派个人到滁州城，一把刀或是一杯毒酒就完全可以解决了。可朱元璋不是一般人，或者说，他是个敢做不敢认的人，再或者说，他是个既想当婊子又想立牌坊的人。

他必须要在暗中干掉小明王，哪怕明杀不会给他带来任何的损害。这就是一个政治恶棍所具备的特征：在道义的圣坛上做圣人，在圣坛下当卑鄙无耻的小人。

朱元璋派去执行谋杀小明王这一任务的叫廖永忠。廖永忠是朱元璋的老乡，在鄱阳湖之战中功勋不小，朱元璋曾赐他八个大字"功超群将，智迈雄师"。廖永忠后来就靠这八个字光荣地活着，而且运气极好，在日后讨伐方国珍、陈友定，平定广东、广西的战役中超常发挥，是朱元璋明王朝开国将领中极闪耀的一位。

朱元璋为什么要派廖永忠去做这件丧尽天良的事，可能有两个原因：一、廖永忠当时闲着，徐达等一干将领都在苏州城外准备灭张士诚，只有廖永忠在应天城；二、廖永忠是朱元璋的忠实奴才，朱元璋要他干什么他就干什么。当初，他投靠朱元璋时，朱元璋问他："你想拥有富贵吗？"廖永忠回答："在您身边，是我此生最大的荣幸。"

朱元璋喜欢奴才，尤其是廖永忠，他在一群奴才里出类拔萃，每当朱元璋看到廖永忠时，心里就特别安宁。他把这个任务交给廖永忠时，根本没有具体说什么，廖永忠马上就表现出了"智迈雄师"的高尚智慧。于是，廖永忠向滁州进发。一路上，他都在思考把小明王送进地狱的方式，最后，他决定用"被落水"这一简单而不会留下蛛丝马迹的谋杀方式。

廖永忠到滁州见到小明王时，小明王马上就产生了一种感觉，这种感觉和他幼时听说老爹韩山童参加革命后的感觉一样：恐惧。实际上，小明王多年以来一直就生活在恐惧中。他老爹死时，刘福通派人来接他，他当时魂不附体，认为刘福通要杀他。即使后来刘福通把他尊奉为韩宋帝国的皇帝，他每天也总处在恐惧中，因为他无权无势，就是刘福通手上的一枚棋子。幸运的是，刘福通是个具有高尚灵魂的人，把他放到最尊贵的位置上，让他享受生活。几年前，他在安丰城中听到张士诚兵团的呐喊，惶惶不可终日。朱元璋兵团来解救他并把他带到朱元璋面前时，这种恐惧非但没有消解，反而加重了。

近三年的滁州软禁生活，使他如身处恐惧的泥潭中，每天都等待着死神的降临。廖永忠来请他到应天城，他已经看到了廖永忠脸上的杀机，可不知为什么，这个时候，多年来折磨他的恐惧感突然消失了。当他正为自己的这种变化感到吃惊时，廖永忠已经把他驱赶上了船。随着船的缓慢移动，韩林儿那张娃娃脸露出了笑容。他如释重负地对他所有的家人说了句莫名其妙的话："这回终于解脱啦。"

廖永忠听到这话时大为震惊，当船走到瓜步山时，他让船停了下来，深吸一口气，对韩林儿说："上路吧，时辰到了。"

韩林儿和他所有的家人就在船上先被打晕，然后扔到了江里。韩林儿晕去之前，脸上带着淡然的微笑，意味深长地说："你何必着急？"

不知为什么，廖永忠在回应天的路上一直想着韩林儿的临终遗言。八年后，他被朱元璋处决，临刑时，那句话像箭一样射进了他的脑海。他终于恍然大悟，说："原来如此啊。"

如果你读正史，你丝毫看不出是朱元璋命令廖永忠杀掉韩林儿的。不过有两条证据间接证明就是朱元璋下的命令：第一，廖永忠是朱元璋的奴才，唯朱元璋马首是瞻，他绝没有擅自做主的胆量和智慧；第二，廖永忠回应天后当着许多大臣的面说韩林儿是落水而亡，这是连三岁孩子都欺骗不了的，可朱元璋居然相信了。

小明王一死，朱元璋再无任何心理压力。1367年正月，朱元璋改元，称1367年为吴元年。紧接着，对张士诚的最后一战开始。

天日照尔不照我

张士诚领导的苏州保卫战坚持了十个月，当徐达兵团在1366年最后一个月扫荡苏州外围防御时，张士诚在苏州城内一筹莫展。1367年春节，这是张士诚自出生以来度过的最难过的春节。最近这几年，他过的春节都很沉闷，这一次，不但沉闷，而且极度的压抑。因为朱元璋已经打到他家门口来，而且把他的家围了个水泄不通。

徐达兵团是第一波攻城部队，他首先在苏州城外构筑长围，然后搭起木塔、筑起比苏州城城墙还高的土楼，让自己可以俯瞰苏州城。徐达攻城兵团的火器配备充足，火铳和襄阳炮日夜喷出蓝色的火舌，十二个时辰不停地攻击。襄阳炮是当时世界上最先进、最恐怖的武器，可以发射重达一百四十公斤的炮弹。南宋末年，蒙古人进攻襄阳，屡攻不下，最后动用了襄阳炮，一炮就把襄阳城炸出个大窟窿，襄阳守军立即投降，所以有"一炮定襄阳"的说法。

徐达兵团把这种恐怖的武器都用上，说明朱元璋并未小瞧张士诚，即使他小瞧张士诚，也没有小瞧苏州城。苏州城经过张士诚几年来的苦心经营而坚固异常，在徐达兵团猛攻了三个月后，依旧完好无损。徐达兵团伤亡巨大，也很少有士兵能摸上苏州城城墙。

徐达用襄阳炮对付张士诚的同时，张士诚也针锋相对。他在城中制作飞炮，将用油燃烧起来的巨石发射到城外，每次发射出去一颗这种"炮弹"，都能听到徐达兵团里炸窝似的号叫。

徐达攻城兵团受阻，朱元璋在应天城急得抓耳挠腮。他找刘伯温商量，刘伯温说："张士诚已是强弩之末，现在有质量的抵抗完全是回光返照，我们根本不用担心，要担心的是军队的伤亡。不应该让徐达再继续这种持续不断的攻击了，我们要劝降张士诚。"

朱元璋明知道这不是办法，但为了少死点人，还是照办了。劝降书自然是刘伯温书写，他劝告张士诚，不要逆潮流而动，要有点眼光，学习一下北宋初期吴越国的钱镠投降北宋皇帝赵匡胤的光辉事迹，献出城池，投降朱元璋。刘伯温向张士诚保证，只要放下武器，献出城池，将来的富贵还是有的。

张士诚收到信后，看完就撕得粉碎。他说：“老子就是被乱箭穿身，也不投降朱秃子。”

朱元璋对刘伯温说：“盐贩子还很有骨气。”

刘伯温说：“要让徐达将军注意，张士诚可能会突围。”

关于从围城中突围，这是每个在城中被围困多时的人的一种本能。徐达在继续围困了四个月后，他和张士诚在1367年农历七月的关系恰好就是那句：围在城里的人想出来，城外的人想进去。但两人的理想实现起来都很困难。

徐达在猛攻了三个月后，不再进行轰动性的攻击，而只是围困。苏州人和杭州人一样，都喜欢有质量的生活，所以平时没有积攒。徐达围困苏州七个月后，苏州人就发现通货膨胀了。普通百姓已经买不起粮食，况且，即使买得起，已没有粮食可卖，百姓开始吃稻草和老鼠。但老鼠这种东西捉起来是很难的，未经过专业训练，不可能捉得到。有养猫的人家，此时喜出望外，问题是，猫也要吃东西，所以很多猫只给主人带了点老鼠皮毛。有需求自然就有供应，一批专业人士开始在苏州城里捉老鼠，一只老鼠的价格比十石米还要贵。

这是1367年农历七月的事。张士诚丝毫未感到通货膨胀带来的危害，他召集他的那群知识分子，大摆筵席，仿佛苏州城根本没被围困，仿佛他依然生活在从前的天堂里。如果不是徐达兵团偶尔向城里发射一枚炮弹，激起许多人的惨呼，张士诚真以为苏州还是从前的苏州，根本就没有战事。徐达兵团的炮兵们每天都会例行公事似的在固定的时间向苏州城里发射炮弹，炮兵们平时就互相倚靠着看向苏州城。他们聊天，聊苏州城里的美女，聊苏州城里的山珍海味，聊苏州城里冒出热气的澡堂子。那些澡堂子就处在繁花茂叶中，洗澡的时候能闻到花香，听到鸟语，和大自然一体。他们还聊到苏州城里的财宝，那可是能堆积成一座山的，要比应天城中的钟山还要大还要高。他们最后说：“妈的，咱们在这里过的简直不是人的日子，身上长满了虱子，几个月不刷牙，吃的米饭中有臭水沟的味道。”

人人都认为别人比自己幸福，其实人人都有本难念的经。张士诚的宴会上，虽然鸡鸭鱼肉不停地放在盘子里端上来，虽然美酒像水一样被浪费着，虽然歌照唱，舞照跳，但张士诚的世界一点都不美好，他隐约感觉到了一些不对。

他在视察苏州城时，发现街道两旁已有死尸，发现最阴暗的臭水沟里连老鼠的毛都见不到，他还发现城外徐达兵团的后勤补给线上川流不息。他看着面黄肌瘦的士兵，不禁流下眼泪来。只有善良如张士诚这样的人才不会干出吃人的卑劣勾当来，苏州百姓都知道，张王是自盘古开天地以来最慈悲的人。张士诚完全可以把死掉的百姓，甚至是活着的百姓推到大锅里当军粮，但他不是这样的人，他是个慈悲的人，所以，当他流泪时，老天也哭了。苏州城下起了毛毛雨，很快就打湿他的脸，这个时候，你就分不清他脸上哪些是雨水哪些是泪水了。

必须要突破困局！张士诚心里发誓。

1367年农历七月的一天凌晨，阴雨绵绵。张士诚命令他的特种部队“十条龙”突围。“十条龙”特种部队是张士诚的卫队，接近两万人。这支特种部队，就是当年张士诚在高邮城被元政府主力围困时使用的那支奇兵。在元政府不战而溃后，张士诚追击敌人时，这支部队发挥了惊天地泣鬼神的战斗力。不过，张士诚这人有点小家子气，出色的作战部队都是在实战中训练出来的，可张士诚始终把这支部队当成是古玩，呵护备至，几乎很少让他们上战场。于是，这支部队就在主人的关怀备至下成了废物。

张士诚带领这支废物突击部队出城时，迎头撞上了朱元璋另一员猛将常遇春的围城部队，双方一行接触，张士诚的“十条龙”立即溃败，惨败时发出了排山倒海般的声音。

张士诚本人被他慌不择路而逃的“十条龙”挤下战马，掉到水里，如果不是他机灵，恐怕已被淹死。他身边的几个特种部队成员把他拖进了城里，张士诚坐在椅子上，大口地喘着气，脸色惨白，浑身湿透，如水鬼附体。

张士诚在苏州城里惊魂未定时，徐达早已把他突围的消息传到了应天。朱元璋失声说：“想不到他还敢突围。”刘伯温说：“小心，他还会再次突围的。”

张士诚像是和刘伯温心有灵犀一样，十天后，他用行动验证了刘伯温的预测，这次突围很见成效。张士诚选择的突破口和上次一样，任何人都没有想过，他会重蹈栽跟头的地方，这可能是张士诚唯一一次智慧的体现。他的突围部队一出城门，马上分为左中右三支，他则带领中路直插常遇春的大本营。常遇春吓了一跳，他想不到张士诚选的又是他。张士诚这一次的突围，质量奇佳，常遇春的左路和右路很快就被撕开，中路也抵抗不住，节节败退。张士诚两眼放光，这是他自和朱元璋交战以来最痛快的一战，他叫喊着，脸上呈现出从未有过的喜气。这是他自高邮之战以来最扬眉吐气的一次，然而，他的厄运之神突然在他马前一晃，向他吐了吐舌头，做了个鬼脸。他大惊失色，忽然听到了苏州城上鸣金收兵的锣声。他怔住了，这是万劫不复的一瞬，他的突围部队只是稍微延缓了一下，常遇春就缓过神来，趁张士诚愣怔的刹那，下令反攻。

张士诚的突围部队在半个时辰取得的辉煌成果，又在几分钟内失去了。他被驱赶着狼狈地逃回城中，他的弟弟张士信急忙跑来嘘寒问暖，说：“我看到你们打得太累了，所以才想让你们回来歇息一下。”

张士诚仰天长叹，说：“真是天亡我也。”对于张士诚来说，老天爷最瞎眼的就是让他和张士信有血缘关系。张士信的愚蠢无知使张士诚丧失了生的良机，他站在苏州城望下去，再也看不到他突围的任何机会了。

1367年农历十月，苏州城里连老鼠都没有了，由于饥饿和恐慌，张士诚兵团的士气跌入低谷。徐达收到了朱元璋的命令：可以总攻。

黎明一场大雨，把苏州城洗刷得分外明朗干净。就在黎明前的夜晚，张士诚回想往事，他希望高邮奇迹能再一次降临，不过黎明那场大雨变成淅淅沥沥的小雨，徐达兵团总攻的呐喊声传来时，张士诚彻底脱卸了这一理想的包袱。他对妻子刘女士说：“我兵败将死，你怎么办？”

刘氏的脸上带着颤抖的微笑，看了一眼张士诚，然后不露声色地说：“君勿忧，我必不负君。”说完，这位女中英豪抱起两个幼子，走上高台，要人搬来柴火，命令张士诚的其他小老婆一齐登上高台，刘女士先自杀，自杀前，命令点燃柴火。

张士诚在熊熊火光中泪水横流。他没有听到一句哭声，也没有听到一句怨言。一个男人要有多大的魅力才能让他所有的老婆都心甘情愿为他赴死，这是个谜。

他抽出宝剑，横在脖子上，目光呆滞。这时，徐达兵团已突破外城，正猛攻内城。他心里说，这宝剑真他妈的凉。他身边的忠诚卫士说：“我们还有几万人，可以打巷战。长矛对火炮，短刀对长矛，匕首对短刀，赤手空拳对匕首，牙齿也可以成为武器。”

这名忠诚卫士说这话的时候，苏州城里的巷战已经展开。张士诚长叹，说：“但如果我们反抗到底，朱秃子大怒之下屠城，百姓何辜。你们投降吧！”

傍晚，雨停了，太阳出来了。张士诚站在他宫殿的楼上，看着远处踏着正步走来的敌兵，他想要跳下去，一死了之，但随之赶来的他最亲密的战友、投降分子李伯升涕泪滂沱地劝他：“不要做傻事，您是英雄，还怕不保一命吗？”

张士诚惨笑，整理下衣冠，走下楼来。夕阳的余晖从苏州城飘走了，他望向夕阳，解下腰中的宝剑，微笑着面对正小跑而来的徐达。

徐达把他押上船，迅速送往应天。张士诚在船里不吃不喝，连眼都不眨。看守时刻要碰他一下，才知道他是死还是活着。

张士诚从来没有这样忧郁过，从来没有这样孤独过。当朱元璋来见他时，发现他已没有任何活人的特点，朱元璋对张士诚这个已经腐烂的大活人深感惊讶。张士诚没有看他一眼，让他吃了闭门羹。可不知为什么，他离开时，又派了李善长来劝降张士诚。

张士诚使出浑身的力气破口大骂，险些把李善长骂得发了病。如果不是他绝食导致力气很小，他肯定要揍李善长一顿。

朱元璋气得像炮仗一样爆了起来，下令处死张士诚。在处死他之前，他又下令给张士诚一顿军棍。

张士诚临死前，保持的是一种冷漠的贵族气质。他自己都惊讶，人的潜力真是无限的，自己的出身那么低贱，却在他最恶心的敌人面前表现出了他从不曾有过的气质。

他对朱元璋说的唯一一句话，也是他最后一句话："天日照尔不照我。"意思是老天爷一直在眷顾你，却不眷顾我。其实，这句话应该是陈友谅的台词，只有陈友谅最有资格、最有能力说这句话。

从能力上来说，张士诚根本不是朱元璋的对手，只有陈友谅是。但张士诚却有着一股傲气，虽然这股傲气只是在他临死前最宝贵的几天时间里出现在他身上的，也正因此，就更弥足珍贵。

一个真英雄，在他厌恶的敌人面前，就要有这种傲气。从这点而言，张士诚是货真价实的英雄。

第十三章
进献国策，稳固大明江山

宜大展兵威

张士诚被消灭，使朱元璋再无敌手。刘、朱模式的历史已到尾声，不过，这一尾声持续的时间很长。

张士诚壮烈的两个月后，刘伯温被朱元璋任命为监察院副院长（御史中丞）。这个礼物和刘伯温所建下的功勋极不成正比，不过，刘伯温什么都没有说，欣然接受了。很多人会发现，官职的高低刺激不了刘伯温的神经，他是个“心不动”的人，想让他心动，要颇费工夫。

不过在朱元璋看来，刘伯温做不了宰相，因为他性情太刚，他也做不了副宰相，因为副宰相就是宰相旁边的一片绿叶，刘伯温做不了绿叶。世界上没有哪一片绿叶能如刘伯温那样，稍一释放生命的力量，就如最娇艳的花一样引人注目。刘伯温黑白分明的性格，恰好可以做御史，御史负责监督百官、弹劾百官。可问题是，朱元璋居然让刘伯温做了个御史台的二把手，而刘伯温的顶头上司居然是军人出身的汤和。虽然朱元璋说汤和是个文武兼备的人，可没有人相信汤和的文能比过刘伯温，况且，御史这一职务本身就是文臣的特权。也许，正是因为当时全国还未全解放，朱元璋为了给武将以激励，才让汤和坐在御史大夫座位上的。或许刘伯温也明白这一点，所以他什么都没有说，人们连他急促的一声叹息都没有听到。

那个时候，没有人会为刘伯温在官职上的不公正操心，因为应天城中所有人都在忙碌着。新的城池已经初具规模，朱元璋的将军们骑着高头大马，背后跟着英姿飒爽的士兵到前线去为朱元璋争夺最后的地盘。文臣们在光线充足的办公室里制定各种制度规章，为朱元璋不久后建立的新中国作着真心实意的准备。即使是老天也在为朱元璋即将建立的新中国而锦上添花，入冬以来，应天城始终温暖如春。鸟儿唧唧喳喳地在城市上空掠过，春天才开始有的花香在1367年的冬天就已经沁入心脾了。

刘伯温说，他很少见到应天城如此好的天气。他说：“也许中国的春天真的来了。”朱元璋说：“人人都喜欢和煦的春光，可必须要经历秋冬的肃杀。没有秋冬的肃杀，就不可能有明媚的春光。”

这话刘伯温早就说过：“元王朝走到今天这个地步，全是因为对官员的约束不严，法律太轻。”实际上，元王朝的法律太随意，连成文法典都没有，纯粹的人治。朱元璋可不想自己即将建立的王朝是这样一副吊儿郎当的样子。在他的命令和暗示下，唐宋法典不但死灰复燃，而且还添枝加叶，几乎织成了一张密不透风的法网。

刘伯温提出自己的意见：“网太密，水无大鱼；法太密，则国家就没有清白的百姓。所有的刑名条目是否真有存在的必要，必须要仔细斟酌。”

朱元璋对刘伯温的意见表示赞同，倒不是因为他有慈悲的情怀，而是当时他的吴王国还未解放全中国，法律太严苛，恐怕会失去解放区的人心，使元统区的人因恐惧他的法律而顽强抵抗。

在1367年冬十月，朱元璋不是没有敌人，但这些敌人已完全不是他的对手。南方的方国珍、陈友定在朱元璋眼中，只是小股土匪，只有北方的元朝皇帝，似乎要严肃对待一下。就是在这年十月，应天城里百花几乎要迫不及待地绽放时，他下达了对元王朝的总攻。1367年，距伟大的英雄人物刘福通掀起反抗元王朝的旗帜已过去十六年，距朱元璋自己参加红巾军已过去十三年，他才正式面对他一直叫嚣着是敌人的元王朝。

如果以“成败论”来论述朱元璋，那就可以得到下面的结论：朱元璋是个胸怀大略、善于韬光养晦的智谋人物。如果从政治角度来看朱元璋，那他是个具有罕见手腕和独特眼光的人，他善于坐山观虎斗，善于保存实力，在关键时刻给对方致命一击，取得最后的胜利。

但如果从“人性”上来论述朱元璋，那他就是个货真价实的瘪三。他在1368年称帝前打击的所有对手其实都是他的战友，他的战友刘福通始终在和当时人类最大的敌人元王朝战斗，徐寿辉、陈友谅、明玉珍、张士诚，甚至是不值一提的方国珍都有过和元王朝的军队血战的记录。只有朱元璋，这个浑水摸鱼、始终在谋杀自己战友的瘪三和元王朝军队未发生过引起轰动的战斗。

他是一个出色的政治家，但绝对不是个好人。所以，作为普通人的我们，在阅读朱元璋的事迹时一定要小心，如果像他那样做人，你会不得好死。但如果你不想做个普通人，人性对你而言只是垃圾，那你一定要学习一下朱元璋，因为他是个异形政治家和生存魔王，你只需要学习到他身上的一门，就足以横行天下。

朱元璋把攻击当时世界上的合法政府元政府的军事行动称为“北伐”，北伐军的总司令自然又是他的得力将军徐达。

对于这次“北伐”，徐达有自己的一套军事战略。他说：“应采取斩首行动，直逼大都，一战而下，全国解放的钟声就可以敲响了。”

刘伯温根据刘福通北伐失败一事和自己对元大都城池的了解，又结合了朱元璋兵团的特点，提出了不同的意见。他说：“刘福通北伐采取的就是斩首行动，最后的失败就是因为没有稳扎稳打。另外，元大都城墙坚固，短时间内不可下，一旦山东的元军全部奔赴元大都，我们就是腹背受敌。况且，我们在南方打陈友谅和张士诚，海战居多。我们兵团在陆地作战的能力，或者说，是到北方陆地上战斗的能力是否能全部发挥出来，还是未知的。”

朱元璋点头认可，最后，两人商量了一套战略。这套战略最终成功，它打破了中国历史上南方政权“北伐”总以失败告终的常规。朱元璋的“北伐”是中国历史上唯一一次南方政府向北方政府进攻成功的案例，而这场成功案例的先期规划者正是刘伯温。

这份计划是这样的：先平定山东，这叫撤了元大都的屏障；移兵河北、河东，这叫毁了元大都的篱笆墙；再攻陷潼关而守之，这叫扼其门槛。于是，元大都就成了势孤援绝之地，不战而下。元大都一下，向西进军，关陇之地可席卷而解放也。

朱元璋宣布了这个战略，他的将军们都称“善”。朱元璋声称，他自己是汉族人的救世主，他现在北伐合法政府元政府，是为了汉人的复兴，他要“驱逐鞑虏，恢复中华”。朱元璋又说，他还是个解放者，他有解放全中国，甚至是全人类的高尚情操。他要把蒙元反动政府扫进历史的垃圾堆里，他要建立一个新中国！

当徐达兵团渡过黄河，进攻山东时，朱元璋的另外两路大军同时向福建和广西进军。1367年农历十一月，徐达兵团攻陷沂州（今山东临沂）。刘伯温建议朱元璋让徐达大展军威，不作停留，攻击益都（今山东益都）。朱元璋说：“益都是蒙古人在山东的重地，徐达兵团需要休整，恐怕以疲惫之师攻击它有难度。”刘伯温说：“我已看过天象，火星驱逐着金星，现在两颗星正以齐、鲁的益都为界。我占卜后得到的结果是，宜大展兵威。”

朱元璋说：“好，那就依你之言。”徐达在接到朱元璋“宜大展军威”的命令后，毫不犹疑，命令他的兵团以闪电的速度奔赴益都，一抵达城下，即发动猛攻。益都在徐达兵团的猛攻下，无法支持，顷刻陷落。徐达兵团再接再厉，继续保持着凌厉而持续的攻击。1368年正月，山东战场捷报频传，朱元璋心花怒放，预料山东已是囊中之物。李善长适时地向朱元璋提出：“您应该建立新中国了。”

朱元璋说：“善。”

1368年正月，朱元璋在应天举行开国大典。他宣布他现在是中国的皇帝，他所建立的国家是中国唯一的合法政府，他的国号称为“明”，建元洪武，1368年就是洪武元年。

虽然开国了，但刘伯温的职务仍没有任何起色，只是多了个“太子率更令”的职务。这个职务只是太子宫的一名普通官员，掌东宫的宫殿门户和赏罚。

刘伯温丝毫不感到沉闷，当时应天城中的空气极为清新又极为忙碌。朱元璋在北伐的同时，还在向方国珍发动最后的攻击，应天城里仍然忙碌异常。

方国珍在1367年农历七月突然有种神秘的感觉。有一天他看到一个满头是小蛇的妇人穿过他的宫殿到后花园中去，那个妇人穿过他宫殿时，向他回眸一笑。方国珍马上打了个冷战，他把自己投进回忆的泥沼中，他记得儿时在老家的乡下玩耍时，也看到过这样一个妇人。一些老人告诉他，这个妇人是死神。那时候他还小，但已知道了死亡是件可怕的事，于是他号啕大哭。自他革命以来，无数次险象环生，他都未曾见过这个死神，他几乎忘了还有死神这个神，当他在那1367年农历七月那个雨后的下午看到死神时，他垂头丧气。

几个月以来，他一直关注着朱元璋和张士诚的最后决战。当他得知张士诚困守苏州城时，惊慌地大叫起来，说：“完了，完了，朱秃子下一个目标就是我啊。”

他想过一百种方法摆脱灭亡，可他又不自觉地用了一千种理由否定了这些方法。他思来想去，唯一要做的事就是故伎重施：积累粮食和财宝，泛舟海上，过海盗一样的浪漫生活。

就在他遇到死神的几天后，朱元璋派人送了一封信给他，信中严厉指责他到了这个时候还给元政府运送粮食，这是冥顽不灵。朱元璋还热心地为他指明了一条路：“投降我，这是唯一的活路。如果你再一意孤行，站在人民的对立面，你搬到船上的财宝会成为你坟墓里的蛆，你的家人会和你一样，在坟墓里哭泣。”

方国珍被这封信气得跳了起来，说：“朱秃子这人说话太不要脸，他怎么就知道我站在人民的对立面？他居然恐吓我。我本来有要归顺他的心，现在全完了。”

他想给朱元璋回一封措辞严厉的信，可提起笔来想了想，又放下了。他一向是个给自己留后路的人，就是因此，他才多活了这么多年。可朱元璋等他的投降等了两个月，最后等得实在不耐烦了，1367年农历九月，朱元璋命令他的一位副宰相朱亮祖带领兵团进攻方国珍。

张士诚在应天城中壮烈的几天后，朱亮祖兵团攻陷了方国珍的台州。方国珍知道朱元璋兵团强大无比，可从没想过强大到这个地步。当他在琢磨朱元璋的兵团如此神速的原因时，1367年农历十一月，朱亮祖兵团直抵方国珍所在的庆元，方国珍抵抗了一会儿，发现根本不是对手，急忙放弃庆元，逃到海上。方国珍此时已狼狈不堪，可朱元璋不给他任何喘息的机会，派出一支海军，会合朱亮祖兵团，到海上去寻找方国珍的主力。

1367年农历十二月，方国珍黔驴技穷，在海上动弹不得，无奈之下，给朱元璋写了封投降书。朱元璋对方国珍的使者说：“回去告诉他，他这个人反复无常，我本来应该穷追猛打把他赶进地狱的，但我是个大度之人，不计较他的过去。我接受他的投降。”

刘伯温叹了口气，方国珍是他前半生最讨厌的人，想不到斗转星移，他最讨厌的人，即将要和他成为同僚。世事无常，他这个半仙也卜算不到这样戏剧性的事情。

这位刘伯温最讨厌的人于七年后病死在应天城，朱元璋还假惺惺地让宋濂给他写了墓志铭。

对于这样一个人，如果刘伯温能做主，他会说：“对他，要大展兵威！”

可惜，他做不了这样的主。1368年到来后，他能做主的事越来越少，他和朱元璋的同谋关系已接近尾声。

《御史中丞诰》

1368年农历三月，朱元璋赏赐给刘伯温一道手诏，名为《御史中丞诰》，摘录如下：

> 奉天承运皇帝圣旨：太史公之职，天下欣闻；中执法之官，台端清望。惟亲信之既久，斯倚注之方隆。前太史令兼太子率更令刘基学贯天人，资兼文武，其气刚正，其才宏博。议论之顷，驰骋乎千古；扰攘之际，控驭乎一方。慷慨见予，首陈远略：经邦纲目，用兵后先。卿能言之，朕能审而用之，式克至于今日。凡所建明，悉有成效……方当兵起，乘时纷坛。原其投戈向化，帖然宁谧，使朕无南顾之忧者，乃卿之嘉谟也。若夫观象视祲，特其余事。天官之署，借重老成。以至谳狱审刑罚之中，议礼新国朝之制，运筹决胜，功实茂焉。乃者肇开乌府，丞辅需贤，断自朕衷，居以崇秩，清要得人，于期为盛。於戏！纪纲振肃，立标准于百司；耳目清明，为范模于诸道……

这道手诏，是朱元璋对刘伯温七年来的工作成绩作的一个打分。朱元璋说："刘先生您的才学、人品那是没得说，您的军事谋略、经邦良策，我是非常肯定的。这么多年来，您提出的先南后北、先陈后张的战略使我混到今天，这是多么伟大的功绩啊。虽然您那么多神乎其神的观天象、摆卦象帮了我很多，但我认为，您的这些都是业余娱乐，也就是说，我没有把你当成个半仙，您是我心目中的谋略大师。"

只有天知道，这是不是朱元璋的真心话。政治家向来把说真话当成是不祥的妄动。我们所以有此怀疑，是因为朱元璋还有句话：您所有的计策，我都是审视而后用的。他的言外之意是，你出谋划策伟大，但我能审视而用你的计策，那证明，我比你伟大。

这道手诏中还谈到刘伯温自担任御史中丞以来的工作成绩，朱元璋说："自从您担任这一监察部门的官员以来，纪纲振肃，耳目清明。您就是我的一把利剑，斩那些倨傲的官员。"

朱元璋这段叙述的确是真的，刘伯温黑白分明、刚直不阿的性格使他在担任监察官时严肃法纪，他自己成了法律严肃的象征。

刘伯温在朱元璋建立的新中国政府中是使人望而生畏的御史，他对任何触犯法律，甚至只是违反了礼仪制度的行为都深恶痛绝，并且会采取行动。每次的朝堂上，刘伯温都是发言最多的人，被他发言击中而名誉扫地的人往往是成群结队。

刘伯温在太子朱标的东宫中主管惩罚。太子宫从上到下，无论是服务人员还是教师，稍有过错，就会受到刘伯温的严厉惩治。那些被惩治的人突然发现，这个朱元璋建立的新中国和从前万恶的旧社会相比，他们更怀念后者。

很多人都有一种错觉，刘伯温此时终于可以发挥他性格中的积极因素大展拳脚，而且朱元璋也给了他一个坚固的平台——朱元璋对刘伯温在御史职权范围内的所有要求，几乎有求必应。看上去，朱元璋和刘伯温的合作还是亲密无间的，可如果我们透过现象去看本质，就会得到与此截然相反的结论。

朱元璋严苛阴毒，他喜欢把这种性格中的毒素施法于政治上，也就是说，他的严苛阴毒是目的。刘伯温的严苛是他本性的流露，是他骨子里对不公现象的一种化学反应，是手段。他希望通过这种与生俱来的手段达到公平的目的。

刘伯温做御史，得罪了好多人，朱元璋欢喜异常，因为他需要有个人整顿秩序，维持纪律。这么多年来，他为了能有今天，曾纵容过他的手下，让他们极致地发挥人性中的恶。徐达、常遇春等诸多武将都有过屠杀平民百姓的记录，他们在多次凯旋中逐渐沾染了傲慢、无视规则的放荡心态。即使他那些以李善长为首的文臣群体，也在多年为他营造功业的过程中养成了飞扬跋扈的脾性。这是朱元璋必须要铲除的，而武器就是刘伯温。

刘伯温丝毫没有感觉到他是朱元璋手中的一把利剑，因为他是个单纯的人，是个直来直去的人。他只是认为自己在做分内之事，为了营造一个美丽和谐的新中国，他认为得罪人天经地义，作为御史，如果不得罪人，那才是莫名其妙。

危险就在他这种性格的运行下，开始嗅着他的踪迹，准备给他一击。刘伯温没有感觉到，似乎在朱元璋的新中国建立后，他的神性就退化了许多。

朱元璋不仅为他写了篇《御史中丞诰》这样空虚的评价书，还为他做了可用肉眼见到的感谢。

朱元璋平定张士诚后，浙西全成为他的领土。1368年农历二月，他派人到曾经是张士诚的地盘上核实田亩，制定赋税。朱元璋做这件事之前是怒气冲冲的。因为在对张士诚开战以来，他的兵团所到之处都没有受到“王师”的待遇。张士诚领土内的居民对朱元璋兵团来解放他们反应冷淡，甚至有些地方还咒骂他的军队，认为他们不是解放者，而是侵略者。

比如在刚被“解放”的苏州，居民还称张士诚为张王，对于解放了他们的救世主“朱元璋”这三个字，他们连提都不提一句，假如有人说，西吴王朱元璋如何如何，那就等于是在骂街。对张士诚政府抱有无限好感的人，认为说“朱元璋”这三个字，会引起口臭，甚至会烂舌头。

朱元璋对张士诚领土内的人民没把他当回事这件事，早有耳闻。所以这次派人去核实张士诚曾占据的浙西田亩、制定赋税政策时，怒气冲冲地把该地区的赋税定得奇高，几乎高出了其他地方两倍。青田本属处州，也是浙西地界，自然也就在朱元璋这种喜怒用事的范围内。

刘伯温提出异议，他说：“青田这地方山多田少，百姓大多在山上垒石作田，耕种起来特别难，如果还收那么重的税，恐怕不妥。”朱元璋看了看地图，发现青田只是个弹丸之地，就在青田那里画了个圈，说：“刘先生有功于我的新中国，青田是刘先生的家乡，所以这地方的赋税要低，低到其他地方的一半。我希望这样做，能让青田的百姓世世代代不忘刘先生的恩情。”

刘伯温深为动容，但他对朱元璋的喜怒用事却印象深刻。

1368年的朱元璋已不再是那个吴王，而是建立了新中国的大明皇帝。以当时的眼光来看，这个新中国是货真价实的新中国，近一百年来，中国始终在蒙古人的统治下，中国的民族主体汉族被蒙古人骑在脖子上为非作歹。朱元璋以一个汉人的身份，把中国重新拿到汉人的手里，这份功绩，如果抛掉历史时势的因素，那是可与日月争辉的。

可很多人在1368年时都没有注意到，朱元璋建立的新中国只是他自己的新中国，跟汉人无关。实际上，任何一个独裁者建立的国家都是他和他家族的，和百姓无关。朱元璋所建立的国家名称为“明”，可能有丰富的内涵。日月为明，《周易》上说：“日月相推而明生也。”中国远古时代，就有祭祀“大明”的典礼，祭祀的对象就是太阳、月亮。明是火，象征光明，而朱元璋的姓“朱”又是赤的意思，“朱明”恰好把皇帝的姓和国号连接在一起，浑然一体。有人说，这是刘伯温的主意，显然，这是很值得商榷的。刘伯温最厌恶的就是以白莲教为革命思想的红巾军，红巾军信奉的则是明教中的明王转世。小明王韩林儿是刘伯温很不屑的一个人，他不可能把他最讨厌的“明”当作是新中国的国号。

唯一的解释就是，这个“明”是朱元璋自己设计出来的，为的就是给“家国一体”一个好彩头。

刘伯温似乎也没有注意到朱元璋建立的新中国只是他朱家的财产，实际上在那个时代，根本不可能有人存着“为百姓建国家”的思想。即使如刘伯温这种比魔法和奇迹走得更远的大仙，也不可能有这种思想。

不过，刘伯温却有个清醒的认识——一个好的国家对百姓一定要宽仁。朱元璋嘴里说的也是这样，他曾和刘伯温探讨过如何对待百姓的问题。刘伯温说：“要宽仁，政府有时候需要不作为，让百姓自己发展。”朱元璋说：“这是扯闲话，宽仁的前提是要让百姓丰衣足食，只有这样，才能谈得到宽仁。”

朱元璋的意思是说，百姓必须要在他这位伟大领袖亲自的带领和指导下，才能走上丰衣足食的道路，而让百姓有吃有穿，这就是宽仁。至于说让政府不作为，朱元璋想都没有想过。明王朝对百姓的控制最为严厉，百姓必须要生在一个地方，死在一个地方，不得任意迁徙。值得一提的是，户口制就是朱元璋时代发展完善起来的。

但当朱元璋问刘伯温，怎样对待吏治的问题时，刘伯温毫不迟疑地回答：“要严，极端的严。”

朱元璋又问他：“最近坊间传说，任何开国都是严刑峻法三十年（杀运三十年），时间太长了吧。”

刘伯温说：“当然太长啦。如果让我来治理，一两年就足矣，还用得了三十年吗？”

对于刘伯温这样极端自负的自信，朱元璋也是印象深刻。

所以，当他在写给刘伯温的《御史中丞诰》时，就特意提到了刘伯温在吏治监察上的成绩。这一成绩看上去是蛋糕，其实是定时炸弹。刘伯温正是有了这种鼓励，才有了他和朱元璋的第一次说再见。

卫所制

刘伯温五十八岁那年在应天城中担任明帝国政府的御史中丞，这个职务是他仕途生涯中的最高峰，从前没有过，以后也不会再有。不过，他还有另外的身份，就是朱元璋最得力的谋士，从前是，现在也是。在1368年年初，他以谋士的身份向朱元璋提出了一项军队改革，这就是明朝军制独具特色的“卫所制”。

卫所制的特点是这样的：在全国各个要地建立军事据点“卫”，每一卫有5600人，长官称为指挥使，这位指挥使管辖五个千户所，每个千户所有1120人；千户所又下辖十个百户所，一所为112人，百户所下设两个总旗，总旗下再设五个小旗，每个小旗为十人；千户所的长官称为千户，百户所的长官则称为百户。

有战事时，中央政府国防部（兵部）就命令各地的卫所最高长官指挥使把他的5600人交出来，然后皇帝再指派一人担任这支军队的司令，司令领着这群卫所的士兵出征。

如果把5600名士兵看成是武器，那么，指挥使就是制造和维护武器的人，他没有权力使用武器，有权力使用武器的人必须是皇帝指派的人。这是有战争时指挥使的尴尬处境，即使平时，指挥使的权力也相当有限。卫所的部队平时要做的除了训练外，还要务农。中央政府会在他们的驻地附近划出一块地来（军屯区），让他们来耕种，他们自己养活自己。在卫所制最健康的那些年，全国的卫所军士每年都能生产三亿公斤粮食，足以供养一百万军队，从而使中央政府节省了大量军费。

卫所军士和军官的身份都是世袭的，也就是说，你如果是军士，你的后代也必须有一个人是军士，你如果是军官，你的后代里也必须有一个人是军官。如果你倒霉，生的全是女儿，那政府就一直等着你，等你生出能当兵的男孩来为止。如果你真的太无能，那只好让你的亲戚来充数。

从政府的角度来看，卫所制度的好处是，将不知兵，兵不识将，不会有大将趁出征时造反。这是每天都处在恐惧中的独裁分子最喜欢的。卫所制还有个好处是，由于士兵在卫所是带着家人的，政府已经把他们的家人记录在册，所以他们为了养家，必然要努力耕种。当他们出去战斗时，由于牵挂家人，也必然竭尽全力地战斗，而不会逃跑。

刘伯温曾仔细研究过中国历代以来的兵制，他发现，主导中国多年的兵制主要有两种。一种是征兵制，这一兵制的好处是，举国皆兵，有事召集，无事务农，兵员素质好，来路清楚，平时军费开支少；但缺点也很明显，兵员都出自农村，如有长期战争，势必影响农业生产。而另一种募兵制，好处是应募的多为无业游民，当兵是职业，训练有素，战斗力强悍，兵员数量和服役时间不受农业生产的限制；可缺点是，要维持庞大的军队，军费开支就很大，招募的士兵大部分来路不明，没有妻儿老小的牵挂，容易当逃兵，也容易叛变。刘伯温的想法是，扬长避短，将武装力量和生产力量结合起来，既可以在战时有军队可用，又可以避免财政负担。于是就有了卫所制。

明代卫所的兵源主要有四种：第一种是朱元璋起事时所指挥的军队，它的班底就是朱元璋当初在郭子兴手下回老家征募的士兵700人；第二种是归附军，包括元政府的投降部队，陈友谅、张士诚等群雄失败后的军队；第三种则是谪发，都是因犯罪而被罚充军的，也叫思军；第四种是籍选，亦即垛集军，是根据户籍抽丁而来。除此之外尚有简拔、投充及收集等方式。

这种军事制度一经刘伯温提出、朱元璋确认后，发展迅猛，到1390年时，全国共有卫547个、所2563个，可以参战的士兵达300万。

其实，卫所制并非是刘伯温的原创，早在1363年，那位“身在江南，心怀塞北”的张昶在元大都时就已提出过。张昶提出卫所制是他的高瞻远瞩，也是他设想对元王朝兵制作的一个升级。

蒙古帝国兵团的最高统帅自然是大汗。大汗的下面设有宗王、万户长、千户长、百户长、五十户长、十夫长等各级指挥官。

蒙古帝国军队的基本战斗单位是千户，有一部分千户分属于宗王，即成吉思汗黄金家族成员，其他千户则编入左右两翼军，由左右翼万户长分掌。

蒙古帝国军队的兵员主要是蒙古各部成年男子（15岁到70岁）。这些人服兵役被纳入国家法律，无论贵贱，也不论家中人口多少，只要你符合条件，就必须要服兵役。在平时，他们进行牧业生产和其他活动，一旦有战事，就要根据大汗的需要，或者“空营帐而出”，举国皆兵，或者抽调其中一部分人出征，被抽调者的奴仆也要随军行动。

随着地盘的不断增加，灭亡的国家不断地增多，蒙古帝国积极扩军。这一支扩充的军队被称为汉军，兵员主要是金朝末年中原地区出现的守土自保的地方武装，他们被蒙古帝国击败或是招安后，成为蒙古军；还有就是蒙金战争中投降蒙古的各个军队，如中都（今北京）的乣军、北京（今内蒙古宁城县）的契丹军等；最后一类则是中原汉人民户中签发的士兵，数量达到十万人。元王朝建立，统一中国后，元朝的军制依然延续着成吉思汗时代的制度。

他们把汉军也编为千户和万户，各汉军万户所统人数多的有五六万，少的有二三万，汉军的万户长由蒙古大汗指定。汉军万户长之上设立统军都元帅，由探马赤军将领担任。蒙古大军出征，都元帅要接受大汗指定的蒙古亲王、万户长、千户长等前线指挥官的调遣。

在整个中国，元政府最先实行的是征兵制，后来又改成世兵制——凡列入军籍的人户要世代当兵。

综上所述，元王朝的兵制已经有了卫所制的雏形，所以当张昶提出卫所制时，元朝的执政家们认为这是多此一举。何况1363年时天下大乱，军队调动频繁，根本没有时间来实行卫所制。所有的军人都上了战场，谁还有时间讨论种地的问题？

卫所制正如脱脱宰相整修黄河一样，如果真的实行了，恐怕会引起滔天大祸。张昶后来被朱元璋扣在应天城不放，他在极不情愿地为朱元璋工作时，可能也提过卫所制，因为1368年时，朱元璋的军队里就已有了千户、百户、总旗和小旗的军官职务。

可集大成者的荣耀，却戏剧性地罩到了刘伯温头上。

多年以后，当卫所制因为指挥使和他下面的那些军官的贪腐而灰飞烟灭时，刘伯温在天之灵可能会感慨：再好的制度，如果所用非人，也会一塌糊涂。

——卫所长官们的贪腐很好理解，他们平时在屯田过程中有权决定给士兵哪块田、不给哪块田，时间一久，他们发现侵吞士兵的田地是条发财之道，侵吞了士兵的田地后再雇人来种，粮食就归他自己了。士兵们断了生活来源，只好逃跑。

这正如一朵鲜花，插在美人头上，就使美人更为妩媚动人，而放在毛驴头上，毛驴会把它当成草料，过了嘴瘾。

刘伯温隐约地感觉到，1368年的自己可能就是一朵鲜花，而朱元璋是美人还是毛驴，时间很快就给出了答案。

和李善长交火

每当李善长坐在他的宰相办公室时，他内心都会升起一种自豪感。这种感觉是那么强烈，当它发作时，太阳都要抖上一抖。李善长有骄傲的资本，自跟随朱元璋后，李善长的表现一直让朱元璋非常满意。李善长是个心理高手，能在最短的时间里洞察朱元璋的好恶。同时，他勤奋刻苦，不遗余力地为朱元璋的后勤保障作出了卓越的贡献；他善于理财，朱元璋遇到他后，从未有过经济上的拮据。朱元璋曾说："刘邦有萧何，而我有李善长。"所以当李善长在1368年被任命为新中国的宰相时，没有人有一点异议，用李善长自己的话说，宰相这个位置就是为他而存在的。

从刘伯温的眼中看去，李善长也是个宰辅之才。宰相的主要工作就是管理百官，李善长是个特别善于调护百官的人，所有官员都感觉到工作得很愉快，认为自己在宰相的领导下正实现人生最终极的价值。但刘伯温也注意到，李善长有一种并不使他欢喜的情结：地域情结。

李善长和朱元璋是老乡。朱元璋能有1368年建立新中国的那一天，用李善长的话来说，都是淮西帮的功劳。

元末的淮西，指的是淮南西路，包括今天安徽省中部（庐州、安庆、寿州、濠州、和州）、河南省淮河以南地区（光州）、湖北东部（黄州、蕲州）。

顾名思义，淮西帮也就是淮南西路地区的人。在朱元璋政府中，淮西人多如牛毛。李善长、徐达、常遇春，包括刘伯温的顶头上司御史大夫汤和这些名震遐迩的顶级人物都是淮西人，朱元璋也是淮西人，这就是一人飞升，仙及鸡犬。刘邦建立西汉帝国后，满朝文武半数以上是丰沛人，所以时人说，刘邦的政府就是丰沛集团的政府；李渊建立唐王朝后，关陇集团成员充盈朝堂。这并不是说，淮西和沛县，或者是关陇人才辈出，实是因为他们的主子当了皇帝，而他们恰好在主子未飞龙在天时就跟随左右。

据说，当时的应天城中，半城的高官都是淮西人。朱元璋就是淮西帮的帮主，而李善长则是副帮主。由于朱元璋的主要身份是皇帝，因此，李善长就成了淮西帮的大当家的。

当公务不忙时，李善长会坐在他的办公椅上向外望。他能看到高大粗壮的红柱子，看到青灰色的砖墙，看到宫廷侍卫闪闪发光的盔甲，还能看到空气中的流气如万马奔腾。于是，他站起来，找他的淮西老乡们用家乡话聊天。越是有外省市的人在，李善长的家乡话就说得越地道，声音就越大。他只是想告诉那些非淮西人，这个政府是他们淮西人的，他是淮西帮的头子。

1368年的头四个月，李善长春风得意，但他也有烦心事，让他烦心的事就是刘伯温的为人。有一段时间，李善长特意关闭房门，严肃地思考刘伯温。刘伯温自1360年来到应天后，巨大的能量始终让李善长如芒刺在背。不过，由于二人的工作性质不同，李善长主要负责的是后勤，刘伯温负责的是战前谋划，因此两人没有大的冲突。李善长曾在朱元璋面前积极表现出他瞧不起刘伯温，朱元璋曾问他，谁是象纬高手，他硬着头皮回答是宋濂。其实，宋濂在他心目中远没有这样大的分量，他当时的回答只是出于意气，只要不是刘伯温，任何阿猫阿狗都可以。朱元璋矫正他说："其实刘伯温才是象纬高手。"刘伯温在朱元璋和陈友谅的战争中所表现出的才气与神乎其神的卜算能力，让李善长既妒又恨。不过，他始终没有把刘伯温看成是对手。很简单，他是淮西帮的头，新中国就是淮西帮建立的，刘伯温无论如何，也不过是他们淮西帮的工作人员。

和李善长对刘伯温的态度不同，刘伯温对李善长是从心里轻忽。刘伯温孤独的性格和已经定型的孤傲的个性，使他看不起那些爱吹捧主子的奴才。李善长恰好就是这样的人，朱元璋称吴王，是他率先叫嚣的，朱元璋称帝前，他忙得四脚朝天。李善长善于逢迎朱元璋，即使是淮西帮的人也都看得到。刘伯温轻忽他，其实是对事不对人。除了这点，刘伯温对李善长的能力是敬佩的，几年后，朱元璋要他评论宰相，对于李善长，刘伯温的评价就是：这人有调护百官的能力，这种能力非平常人所能具备。

1368年刚开始，很多人就感觉到了李善长和刘伯温之间的紧张空气。刘伯温在御史中丞位置上严厉执法，从不姑息、从不忽视任何作奸犯科之事，这让身为宰相的李善长心情很不舒畅，因为刘伯温弹劾或者是惩罚的官员都是李善长这个宰相在管理。

他曾以柔和的态度提醒朱元璋，刘伯温这人工作一根筋，死咬着法律条文不放，应该要他灵活执法。朱元璋在沉思中，那是1368年农历三月，汴梁已被攻陷，朱元璋正准备去汴梁考察迁都的问题。

对于李善长的提醒，朱元璋心中有数。他觉得李善长领导下的一部分政府官员的确有失检点之处，刘伯温做事，他是放心的。这人不会营私舞弊，更不会公报私仇。刘伯温做事，向来是按规则、按良知，这样的人，就应该让他发挥良知的力量，使那些没有良知的人得到惩罚。所以，当他在1368年农历三月从应天去汴梁时，他把政府委托给了李善长和刘伯温。他对李善长说："你管理百官。"又对刘伯温说："你监督百官。我希望在我回来时，你二人会让这个政府比现在要好。"

李善长对朱元璋的警告理解得很随意，刘伯温却郑重其事。没有了朱元璋的应天城，政府官员们的头号人物和监督政府官员的头号人物意料之中地交火了。

二人交火的原因很简单，刘伯温纠察百官，使李善长极不舒服。他几乎要像响雷一样炸起来，因为在他看来，刘伯温纠察的官员都是淮西帮的。如果他能冷静下来，认真地想一下，就能明白这样一个事实：政府官员半数以上是淮西人，刘伯温纠察百官时，即使用击鼓传花的游戏手法，十人中也会有八人是淮西人。

李善长不是不能理解这一事实，只是不想去理解。这种掩耳盗铃的思想，加上他想和刘伯温来次短兵相接的战斗，终于使两人之间的矛盾借着“李彬案”爆发了。

如果不是李善长和刘伯温的交火，“李彬”这个名字势必淹没在明初群星闪烁的官员群体中。我们只知道，李彬是淮西人，多年前就参加朱元璋的队伍，立过战功，他是李善长最得意的亲信之一。1368年农历四月时，他正在中书省担任秘书职务。从后来刘伯温对他的判决词中可以知道，李彬的自制力极差，修养不高，所以当身居要位后，他就肆无忌惮地释放人性中的恶。他欺压过应天城里的百姓，抢过郊区百姓的钱，最后，他没有通过任何司法程序，杀了人。

刘伯温迅速行使他的权力，将其捉拿，然后以太子宫官员的身份迅疾面见太子朱标，请求处斩李彬。太子朱标同意，刘伯温马上就下了斩杀令。

李彬在监牢中等待死神到来时，李善长早已得到消息。他一路小跑地来见刘伯温，先是很客气，说：“李彬犯法，是该治罪。可您想过没有，李彬可是为这个国家立下汗马功劳的人，即使你要处置他，也应该从轻。否则，岂不是冷了众臣的心吗？”

刘伯温认为这种论调很有问题。他反驳道：“大臣有罪，就该按法律治罪。如果不治罪，那我如何向皇上交代？你说他有功，我不否认，可他有功，皇上已有了恩赐封赏。也就是说，他和皇上、和法律是两清的。你怎么拿他的功劳来说事？你说处置他会冷了众臣的心，可如果不处置他，你就不怕冷了天下百姓的心吗？”

李善长被刘伯温的这段话噎得涨红了脸，浑身发抖。他太想救李彬，以至于忘记不该以宰相之尊如此有失体统地来求刘伯温。当刘伯温这段话把他气得鲜血直往上冲时，他才突然想到这一问题。他立即恢复了宰相的尊严，板起冰冷的脸来，冷冷地问道：“你要杀中书省的秘书，需先经过皇上的裁决，你经过皇上了吗？”

刘伯温冷笑：“您不必操心，我已派快马去汴梁请示皇上了。我相信皇上的意思和我一样。”

李善长指着刘伯温：“你！”嘴唇哆嗦着，眼里射出凶残的光来，他恨不得自己的眼神是一支箭，射穿刘伯温的脑壳。他的嘴唇抖动了许久，最后说了三个字：“走着瞧！”

“走着瞧”这三个字往往是无计可施的人面对敌人时的自我安慰，李善长回到家中后，仍然愤愤难平，在房间里来回转悠。当他在房间漫无目的地转悠、李彬在监牢里看到死神向他微笑时，朱元璋的批复回到了应天城。正如刘伯温所料，朱元璋同意处斩李彬，因为据朱元璋自己说，这小子横行不法的劣迹，我早有耳闻，既然他不思悔改，那留着也无用。

刘伯温拿到朱元璋的批复后，李善长也知道了，他又一路小跑来见刘伯温。他使出最后一招，也是让刘伯温难以招架的一招。

他对刘伯温说："今年一直就没有下雨，如果杀李彬，恐怕今年的雨就再也不会来了。你要三思。"

1368年农历四月，天气酷热，侍卫腰间的宝刀都快热得融化了，天空中的鸟儿被热浪烤得晕头转向撞到墙上死去，井里的水都被太阳炙得沸腾起来。的确需要一场雨，来涤荡这股热浪。

李善长让刘伯温三思，其实是让刘伯温回忆。在李善长的记忆中，刘伯温曾因大旱无雨而向朱元璋建议过，释放犯人，以求得老天降下甘霖。像刘伯温这样的"大仙"人物，都不由自主地坚持认为，活人一命，就会感动老天，得偿所愿。李善长让刘伯温三思，其实要刘伯温在回忆中思索他的原则。按李善长的分析，刘伯温在此时，应该不杀李彬而感动老天，让老天降下一场大雨来。

遗憾的是，刘伯温不是李善长，在虚无的原则和现实原则之间，他选择了现实原则。这个现实原则就是，李彬犯法，必须要处死。

他告诉李善长，自己没有什么三思的。如果非要思考，那他相信，只要杀了李彬，天自然就下雨。

这一回答让李善长大为惊骇，随即就是震怒。由于愤怒，他的手抖抖索索，他就用那抖抖索索的手指着刘伯温的鼻子，口气阴冷地问："你真敢斩？"

刘伯温向他亮出朱元璋的批示，平静地回答："我现在就斩！"

李彬在监牢被死神抽了一嘴巴，所以当他被拖出来准备送往法场时，已经昏死过去。

李善长也险些没有昏死过去，他是被气的。

李彬死的那天晚上，李善长组织了淮西人的同乡会。在同乡会上，他首先对李彬的死表示莫大的遗憾，而且还真的流下几滴泪来。然后，他马上收了泪，一拳头砸到桌子上，所有人都感觉到桌角在晃动，地动山摇。李善长咬咬牙，不无痛苦地说："我要刘伯温血债血偿！"

淮西人一直都是心连心、共进退的。听了李善长的毒誓，他们也义愤填膺起来，举起右拳，放到耳边，齐声说："要刘伯温血债血偿！"

要刘伯温血债血偿并不那么容易，至少在李善长看来，朱元璋对刘伯温是非常信赖的。不过他同时也知道，朱元璋是个喜怒无常的人。这种人，会在最短的时间里和别人成为朋友，也能在最短的时间里和别人成为敌人。

朱元璋显然不知道李善长和刘伯温已成不共戴天的仇敌，他在汴梁城中看着几个月内他的兵团取得的光辉业绩，不禁喜上眉梢。1368年农历二月，他的兵团削平福建陈友定，农历四月，他的兵团在河南歼灭了河南元兵团主力，河南被解放。与此同时，他的兵团也解放了广东。农历五月，他的兵团在广西如狂风扫落叶般一口气解放了十余城。整个中国除了云南和大都外，全成了朱元璋新中国的地盘。就在1368年农历六月，朱元璋和徐达在汴梁城中筹划对元大都进行总攻，一连串的巨大胜利使朱元璋沉浸在脱离现实对天堂的想象中。在1368年农历七月，他和徐达制定了总攻大都的战略，闰七月，徐达总攻大都战役打响。

在刘伯温的预测中，这是一场毫无悬念的战役。因为在对元王朝的总攻战略中，第一阶段已胜利完成。1368年闰七月初一，徐达兵团二十五万人自中滦渡黄河，沿御河，经临清、长芦、通州向北挺进，一路势如破竹，锐不可当，直逼大都。通州易如反掌地被徐达兵团解放。就在通州失守的夜里，妥懽帖睦尔带着太子、后妃和十万蒙古人悄悄地出了大都城，向北出居庸关逃到了开平。

徐达在通州城待了五天，因为据可靠消息，大都城内还有至少五万的蒙古精锐。于是徐达就在通州城和大都之间树立栅栏，准备和蒙古兵团打野战。可等了五天，不见任何动静。他试探着派出一支军队到大都城下，发现大都城上旗帜飘飘，灰尘乱舞，就是不见一人。

徐达得到消息后，脑海里一道闪电。他叫了起来："鞑子肯定跑啦！"

1368年农历八月初二，徐达兵团从通州向大都挺近，一路上，没有遇到任何有质量的抵抗，顺利兵临大都城。此时，大都城已是没有了士兵的空城，徐达兵团不费吹灰之力就解放了大都。

统治中国97年的元王朝至此结束。1368年的它就像是一盏枯灯，没有任何风吹草动，它就悄无声息地熄灭了。人们回忆起这个用奔腾的万马建立的王朝时，什么都想不起来。唯一能想起它的只有苍苍的天、茫茫的旷野和被风吹起如波浪样的草原。

后来，逃到开平的妥懽帖睦尔在徐达兵团的追击下向北逃啊逃，一直逃回了他的祖先发迹的地方——草原。在这里，他仍然认为自己是元朝的皇帝，但朱元璋已不承认他和他的政府，而称元为北元。

永别了，朱元璋

同八月吉利地灭亡元朝而来的，是刘伯温的不吉利。

1368年闰七月末，朱元璋回到应天。一回到应天，他就召集大臣们商讨一件事，这件事就是定都。朱元璋最开始的想法是把都城定在应天。应天城从硬件上来看，很有资格，朱元璋在应天城苦心经营多年，已很具规模。从地利上来看，应天背靠钟山，面临长江，龙盘虎踞，是天造地设的皇帝之家。从经济条件来看，应天是当时全国的经济中心，不仅盛产粮食，纺织业、制盐业和繁荣的商业都是它傲视天下的本钱。

不过应天城也有致命的缺陷，它偏居中国东南，不是全国的中心，与山海关外强大的敌人遥不可及。刘伯温曾说，应天城被秦始皇凿开了龙脉，是短命王朝或者是颓废王朝的都城。一年前，刘伯温奉命建造新城，朱元璋也并未把应天当成是都城的首选。

所以当徐达兵团解放了汴梁后，朱元璋迫不及待地跑去汴梁，他设想在汴梁建都。可当他仔细对汴梁考察后发现，虽然它地处中国中心地带，道路通畅，但它“八面漏风”，无险可守。在从汴梁回来的路上，朱元璋又有了新想法，那就是把应天当作南京，把汴梁当作北京，而把他的故乡临濠（原濠州）设为都城。

1368年农历八月初一，他下诏改应天为南京，汴梁为北京，第二天，他召集在南京的文武百官，商讨建都临濠的问题。所有人都同意，因为大部分人都是淮西人，建都临濠，正是他们衣锦还乡、大显神威的好机会。只有刘伯温不同意，他的理由很直接：“临濠虽然是皇上您的故乡，但不宜建都。”

朱元璋问为什么，刘伯温就把临濠的地理位置和风水情况作了一番博学的汇报，朱元璋不以为然。李善长跳了出来，说：“刘基认为临濠的风水不好，那为何还会出皇上您这样震动天地的人物？这分明是醉翁之意不在酒！”

这种指责连朱元璋都大为惊骇，刘伯温自然难以心安。但他不露声色，重新叙述了一遍临濠的地理位置和风水情况，最后，再次说了他的意见：“临濠虽然是皇上您的故乡，但不宜建都。”

突然，徐达兵团解放大都的消息传来，举朝欢庆。连朱元璋都露出最灿烂的笑容，在那一刻，又闷又热的南京城突然变得清凉起来，铁树开了花，坚石变得柔软，南京城中的百姓忽然觉得平等了。

只有刘伯温脸色依然铁青，心潮未曾澎湃，甚至连涟漪都没有。他平静地注视着朝臣们的手舞足蹈、拥抱握手，由于激动，他们的脸红得透明，有人甚至噙着泪水，跪倒在朱元璋脚下，高喊吾皇万岁，喊得嗓子都嘶哑了。

刘伯温在这场如中了魔的狂欢中始终保持着冷静，朱元璋也很快从激动的情绪中冷静下来，他问刘伯温：“鞑虏被驱逐，我中华复兴，先生为何没有半点兴奋？”

刘伯温不答反问：“皇上您和徐达将军制定的总攻大都计划，为何要绕开秦晋？”

朱元璋浑身一震，他看见一位有着坚毅眼神的粗壮大汉骑在高头大马上，来去如风，这个人就是王保保。此时，王保保还据有秦晋，还拥有一支让朱元璋和徐达都深为恐惧的蒙古骑兵团。这时，他又看向刘伯温，刘伯温一字一顿地说道：“王保保未可轻也！”

二人的对话，是李善长没有听到的，所以当他看到刘伯温丝毫没有和他们一起中魔时，马上就向朱元璋递上了攻击刘伯温的奏折。他称，刘伯温听说元朝灭亡，脸色极为难看，他曾做过元朝的官，所以这是怀念旧主。他这样的前朝余孽，就是新社会的敌人，应该对他进行专政。

朱元璋没有理会。李善长发动淮西帮成员，接连不断地向朱元璋投诉刘伯温，说他在执法过程中不分青红皂白，总拿朱元璋的老乡开刀。李善长还特意指出，刘伯温杀李彬，是在祭祀朱元璋祖先的祭坛杀的，这是大逆不道！

朱元璋这次理会了，他叫来刘伯温问李彬被处决的地方。刘伯温如实回答，祭坛。朱元璋有点不高兴了，说：“你执法可以，为什么要玷污我祭祀祖先的地方？”

刘伯温哑口无言。他当时没有这么多想法，只是认为皇上不在，就应该以皇帝的名义来处决犯人，而祭坛正是皇权的象征之一，这只是随机挑选的地方而已。

看到刘伯温无话可说，朱元璋嘿嘿笑了笑，说：“我最痛恨的就是臣子擅自妄为。”

刘伯温张大了嘴巴，他想不到朱元璋的变化如此之快，这是一句多么重的话，居然就扣在了他的头上。未等他平息这种情绪，朱元璋马上又问：“先生当初在黑暗的旧社会政府工作时，也有这样的行为吗？”

刘伯温这次岂止是张大了嘴巴，心脏都要从嘴巴里跳出来了。

我们找不到积极的证据证明，朱元璋为何会对刘伯温的态度一百八十度大转弯。刘伯温不要他建都临濠，朱元璋并未说什么；李善长说刘伯温怀念前朝，朱元璋也未说什么；淮西帮控诉刘伯温滥用权力，朱元璋更没说什么；只有提到刘伯温在祭坛杀人时，朱元璋才说了什么，而且话一出口，就是严厉至极。

如果非要找到积极的证据，那可能就是朱元璋的喜怒无常导致了他突然对刘伯温失去了耐心。有时候，很多人都会做些莫名其妙的事，事后反省时，发现当时如鬼迷心窍一样。也只有这样，我们才能理解朱元璋为何对刘伯温失去耐心，用最严厉的话来质问他。

当刘伯温发现自己置身在毒蛇牙齿上时，他唯一能做的事就是等待。他知道，朱元璋已经站在了淮西帮一面，他现在无论做什么，都不能挽回朱元璋的心。因为他是个做光明正大的出谋划策事业的人，而当时，已经没有出谋划策的事要他来做。他对元王朝是否怀念，这在八年前他就已经给出答案，如果他对元王朝仍有一丝希望，就不会来南京城见朱元璋。

1368年农历八月初的那几天，刘伯温在酷热的南京城里挥汗如雨。太阳最毒时，刘伯温漫不经心地看着书房里的山水画，怀念故乡的情感如一波清泉，流淌进他的心田。不知道为什么，他突然很想家，青田山上，梅花已准备绽放，兰花正在飘荡着沁人心脾的清香。他家后院的池塘中，大如车轮的荷花正向他招手，从青田山上吹下来的风，在池塘的水面上撒下让人迷醉的芬芳。怀乡之情使他忘记了现实世界，进入了梦幻。南京城中已被烤得热气腾腾的城墙成了绿荫，长江里战舰热得弯曲的绞索成了依依杨柳，燥热的尘土也成了清晨亮晶晶的露水。

在他书房的桌上，放着一封家信，信中说，他三位老婆中的陈女士去世了。当他从幻境中走出来时，看到那封信，不禁眼睛发红，房间里的空气充满了忧伤的气息。

他忧伤的事并不仅是老婆的去世，还有今天朱元璋在朝堂上的震怒。几天前，被酷热折磨得无法忍受的朱元璋要他求雨。刘伯温说：“阵亡士兵的家眷被圈在一处，不给她们自由；建造南京城的工人死伤无数，尸骨暴露。如果能把这些事解决，天自然就下雨。”

热得直吐舌头的朱元璋马上命有关部门办理，一天后，朱元璋摇着蒲扇坐在水桶里等待大雨。可惜，三天后，苍蝇都被烤得死在地上，还没有一丝雨点。

朱元璋震怒，酷热推波助澜，使他像炮仗一样，毫无悬念地爆了起来。当他正要向刘伯温讨要说法时，刘伯温递上了一封信。信中说：“我已五十八岁，而且身体一向不好，这次又死了老婆，所以无论是心情还是身体都难以经受如此重击，请求回家养老。我不是辞职，而是告老还乡，请皇上您批准。”

朱元璋问身边的李善长：“你怎么看？”

李善长心花怒放，说：“一个连求雨都求不来的半仙，留他何用？”

朱元璋沉思许久，说：“允他回家乡，办他老婆的葬礼。”

刘伯温离开南京城时，南京城城门正被烈日炙烤，发出吱吱的声音。他走出南京城，回首望了望，心甘情愿地把自己投进回忆的陷阱中。八年前，他进入这城时，城里下着小雨，朱元璋那时如大理石般的脸，直到现在还印在他的脑海里。这八年来，他用超自然的智慧为朱元璋创造了一个崭新的天地，一无所求。八年后，他走出南京城，他那超自然智慧的神性已销声匿迹，他以一个神的形象进入了南京城，又以一个凡夫俗子的身份出了南京城。他不禁为自己丧失的神性而感叹，最后，他说道：“永别了，朱元璋。”可是，他又补充了一句，“谁知道呢！一切都未可知啊！”

第十四章
逃不脱的宿命，二次获召回京

朱元璋来请

1368年农历十一月，青田县沉浸在雨中。这场雨自刘伯温回到青田时就开始稀稀拉拉地下，一直下了两个多月。刘伯温刚回青田时收到了无数鲜花和掌声，不过很快，鲜花被雨水浸得腐烂，掌声和那小雨一样开始稀稀拉拉，最后就什么都没有了。他的家人以为，刘伯温不该在众人面前透露他辞职的消息，刘伯温不以为然。他说，迟早有一天世人会意识到，他刘伯温指引朱元璋八年，功勋盖世，最终一无所求地告老还乡是最英明的选择。

但这不是刘伯温真实的想法。他在1368那年回老家后最切实的想法是，他不中用了，这种想法出于意气，背后的根源是，朱元璋把他抛弃了。当他在接见那些地方官恭敬的拜访时，他脑海中会出现朱元璋那张古里古怪的脸；当他在妻子陈女士的坟前徘徊时，他眼前也会出现朱元璋那张稀奇古怪的脸；当他从噩梦中惊醒睁开双眼时，看到的也是朱元璋那张丑陋的脸。在他的意象中，这张脸自八年前进入他的视线，随之渗入他的脑海后，直到他临终前，都未曾退去。

他和朱元璋的关系自1360那年就已无法分割。这八年时间里，他就像一位幼儿园的老师，用各种方式激发朱元璋的智慧；他像是朱元璋的人生导师，指引着朱元璋走好每一步。但当朱元璋可以直立行走，已经到了幼儿园毕业的年纪时，表面上看，这个大孩子已经不需要刘伯温这位启蒙老师了。

刘伯温有过长期复杂的心理斗争。有时候他会想，朱元璋的确抛弃了自己；有时候他又回想，自己是不中用了。像朱元璋那种做大事的人，身边留一个不中用的人又有什么意义？

在青田老家，刘伯温曾对自己的“不中用”以诗歌的形式表达了出来。他说，“我身衰朽百病加，年未六十眼已花”，临床症状是“筋牵肉颤骨髓竭，肤腠剥错疮与瘕”“肺肝上气若潮涌”，从前吃的药毫无效果，以至于现在“有眼不视非我目，有齿不啮非我牙”。虽然病得如此严重，但他刘伯温还有星点的梦想，“不如闭门谢客去，有酒且饮辞喧哗”。

刘伯温早就有病，而且很重。1330年，刘伯温在石门洞研究天书时，曾写过《送龙门仙子入仙华辞（并序）》一文。他说：“最近这段时间似乎是得了一种说不上来的病，临床症状是疲乏无力，懒言少动。我都想过要做道士。”1353年，刘伯温被元政府定罪羁管绍兴。一天早上，由于过度悲愤，他突然呕血数升。这到底是一种什么病，我们缺少足够的资料，不能妄加断言。但这种病绝对不是感冒的小病，有人推测可能是肝炎，刘伯温后来的死亡，可能和肝病有直接的关系。

除了这种病之外，刘伯温还有一种可以认定的疾病。在羁管绍兴期间，刘伯温的情绪低落到极点，吐血数升后得了“痰气病”，也就是我们今天所说的“中风”。不过，刘伯温的“中风”应该是小中风，也就是发作起来持续的时间只有几分钟。

十九世纪广泛流传着这样一种理论：创造性和天才往往与疾病缠绵。也就是说，一个有伟大成就的人肯定是个病人。比如福楼拜就有癫痫病，卡夫卡就有肺结核，唐初四杰的卢照邻有麻风病。最有代表性的就是明朝心学大师、三不朽的典型代表王阳明，此人从小就患有严重的肺病，最后死在了这一疾病上。

1368年的那个冬天，如果有幸在青田看到刘伯温，你会看到他已白发苍苍，眼睛蜡黄，眼神迷离，还能看到他坚毅的嘴角挂起了深刻的皱纹。他一天的时间都把自己关在房间里，谁也不知道他在房间里干什么。他唯一有生气的活动就是每天黄昏时，拎着一个小凳子到大门口，然后坐在那里。他看着黄昏的景色，一动不动。细心的人会发现，时间在轮回，就在四十多年前，刘伯温也是这样保持孤独的。

有一天他在蒙蒙细雨中坐在门口，一个路人打破了他的孤独，问他：“刘先生在想什么？”刘伯温连看都不看他一眼，回答：“等呢。”

那人丈二和尚摸不着头脑，再问了一句：“等什么？”他没有得到回答。因为刘伯温正看向远方，那里一片白蒙蒙的，预示着大雨将来。

几十年以后，研究刘伯温的人硬着头皮说，1368年刘伯温在家乡的院子前沐浴着小雨等的正是朱元璋。至于是什么理由，研究者没有给出使人信服的答案，但有个理由却让怀疑论者有口难辩，这就是：朱元璋真的来请刘伯温了。

和八年前一样，朱元璋不可能亲自来。在朱元璋的一生中，他几乎没有亲自去请过任何人，哪怕这个人对他有再造之恩。在1368年农历十一月来请刘伯温的是朱元璋的一道手诏，名为《御宝诏书》：

> 朕闻同患难而异心者未辅。前太史令御史中丞刘基，世居栝苍，怀先圣道。天下初乱，闻朕亲将金华，旋师建业，尔曾别闾里，忘丘垄，弃妻子，从朕于群雄未定之秋。居则每匡治道，动则仰观乾象，察列宿之经纬，验日月之休光，发踪指示，三军往无不克。曩者攻皖城，拔九江，抚饶郡，降洪都，取武昌，平处城之内变，尔多辅焉。至于彭蠡之鏖战，炮声击裂，犹天雷之临首。诸军纳喊，虽鬼神也悲号，自旦日暮，如是者几四。尔亦在舟，岂不同患难也哉。今年夏，告镜妆失胭粉之容，遗子幼冲，暂回祀教，速赴京师，去久未归，朕心有欠。今天下一家，尔当疾至。同盟勋册，庶不负昔者之多难，言非儒造，实己诚之意，但着鞭一来，朕心悦矣。

这道印着御宝的诏书可谓“来者不善”。诏书的一开头就把要刘伯温必须来的基调定下了：我听说同患难而不同富贵的人，得不到别人的辅佐。你我二人同患难过，但有了富贵后，你却走了，你是想让天下人知道我是个“异心”的王八蛋吗？

这简直是强词夺理，瞎子都看到了，刘伯温离开南京表面上是因为丧妻，实际上正是朱元璋默许的。他现在倒打一耙，指责刘伯温，你老婆去世，你回家奔丧，可奔了三个月也不见回来，你这是什么意思嘛！

至于他如何和刘伯温共患难，他把刘伯温的功劳掰着指头数了一遍。这些功勋足以让日月无光，但朱元璋却在这些光照宇宙的功勋前加了两个前提：

第一个前提是睁着眼睛说瞎话。我当初解放婺州时，你听到我的威名，马上抛弃妻子，扔了田地，一路小跑到我这里，要我施舍你一个工作。这说明你是个非常有眼力的人，能在群雄并起时看好我。朱元璋撒谎时，脸不红心不跳，俨然有中国历代野心家的无耻神韵。当时，宋濂还活着，和刘伯温一起共事多年的同僚还都在，谁不知道刘伯温是被朱元璋强行请来的！

第二个前提是“尔多辅焉”。这四个字可非同小可，意思是，你刘伯温那些丰功伟绩固然可与日月争辉，但是，你的丰功伟绩其实是在我的英明领导下才大显于天下的。也就是说，这些功劳其实都是我的，你不过是我的一个助手。

这是天下最荒唐的梦呓之一。八年以来，刘伯温不是在辅佐朱元璋，而是在指引朱元璋。刘伯温和与他齐名的诸葛亮有一个很大的不同：诸葛亮跟随刘备时是辅佐，刘备死后，刘禅继位，诸葛亮的角色还是辅佐，他从始至终都没有成为刘备和刘禅的导师，而只是个幕僚。刘伯温恰好和诸葛亮相反，他从1360年进入朱元璋政府后，扮演的始终是导师角色。

所谓“导师”，是在大事业、大运动中指示方向、掌握政策的人。指示方向，很多人都能做到，诸葛亮也能做到，他的《隆中对》并不比刘伯温的《时务十八策》逊色，但“掌握政策”才是考量一个人是否是导师还是幕僚的硬指标。诸葛亮的确炮制出了大战略《隆中对》，可惜他没有“掌握政策”，也就是没有能力控制住刘备，所以刘备才不顾诸葛亮的什么大战略，为了替关羽报仇而对东吴发动战争，最后在夷陵之战中惨败，诸葛亮的大战略成为小孩子的梦想。

刘伯温在制定出《时务十八策》后，始终拽着朱元璋向那个梦想奔跑，而且从未离开轨道。这并非是刘伯温比朱元璋英明多少，而是刘伯温有一种异于常人的能力可以把朱元璋牢牢地控制在飞驰的理想战车上。这种异于常人的能力就是他那神乎其神的卜算能力和每次都能成功的事实。就是在朱元璋夺取天下，中国传统政治中最卑劣的“狡兔死走狗烹”的机制开始运行时，《时务十八策》还是被朱元璋谨小慎微地实践着，卫所制、官员素质的提高都是实例。

朱元璋说刘伯温是他的幕僚，恐怕连他自己都不相信。但他必须要这样说，如果在这个时候，他还把刘伯温当成是他的导师，那他那廉价的自尊心将会受到重击。他之所以这样说，其实也是中国传统政治中的一个机制的运行。

这个运行机制来自战国后期的齐国，缔造这个机制的是田单和齐襄王，还有齐襄王的一个幕僚。田单是齐国王室成员，公元前314年，燕国内乱，齐国趁火打劫攻灭燕国。公元前284年，埋头苦干了三十年的燕国全面进攻齐国，只用了半年时间便灭掉了齐国。当时在齐国境内，只有两座城池未被燕国攻下，其中一座是即墨城，领导即墨城抵抗的正是田单。在抵抗了几年后，燕国内政发生变故，田单用火牛阵反攻燕国野战军并大功告成，这一反攻的胜利产生了连锁反应，齐国境内所有武装力量全面反攻，在短短几个月内，燕国人被全部逐出齐境，田单成为光芒万丈的人物。

新上任的国王齐襄王把人臣所能得到的一切荣耀都赏赐给田单，田单在齐国百姓心目中的地位几乎和齐襄王等量齐观。齐襄王极不痛快，田单又做了件让他更不痛快的事：一个大寒夜，田单巡城，发现一位老人衣衫褴褛，冻得浑身哆嗦，田单就把自己的大衣披在老人身上，第二天，全城传颂着田单的慈悲。齐襄王如热锅上的蚂蚁，生怕田单挟着整个齐国的人心向他逼宫。但齐襄王的一个幕僚却让齐襄王把心放到肚子里，他说："田单固然有才能有慈悲，但他毕竟是您的臣下，他做了什么好事，其实就是您做的。您可以发一篇文稿，奖励田单的美德，并且要着重指出，田单是在您的指引和感染下才有如此美德的。"

齐襄王认为这是个好计策，迅速发表公告。百姓一看，哦，原来田单做好事，都是因为我们国王平时的教导啊。从此以后，齐襄王过上了安心的生活。

这个故事只告诉了我们一件事，也是朱元璋要告诉刘伯温的：你有再大的功劳，但名义上，你是我的臣下，你的功劳都是我的功劳。

总之，就是一句话：你当初抱着一堆书来找我，因为你有眼力，而我呢，也有眼力，发现你是个辅佐人才，在你的辅佐下，我成就大业，你的功劳还是有的。

最后，朱元璋说："我今天邀请你，是真心实意，你可别让我做了'异心'之人！"

这一字里行间夹枪带棒的邀请书，让刘伯温在细雨中汗流浃背。他那激烈颤抖的干枯、青筋暴露的手提醒他，此番再去南京，人生将是个转折点。他的家人提醒他："何不占卜一卦？"

刘伯温叹息一声，说："天算不如人算。"

这句话的背后意思是，到现在为止，他的命运已不受天的摆弄，而要受朱元璋这个"人"的摆弄了。或许还有一层意思：在朱元璋这个人间魔王面前，他的神性已荡然无存，占卜毫无意义。他只能祈祷，朱元璋对他还有一丝人性在。

1368年最后一个月，刘伯温冒着冰冷的雨水走出青田去南京。他坐船北上，越向北，天气越寒，他的心也就越寒。在苏州短暂停留时，他看到苏州城在张士诚死后被朱元璋搞得繁华逝尽、残破不堪，想到自己不久的将来是否也如这座城池一样破败不堪、无人问津，骨子里突然就起了一阵冰冷的泡沫，他只想大哭一场。

南京城城墙高大阴冷，矗立在阴云之下，活像是地狱里的丰都城。1368年农历十二月初，刘伯温站在这座城下，焦虑不安。

朱元璋一试刘伯温

刘伯温似乎多虑了。至少从刘伯温进入南京城后，朱元璋对他的一切优厚待遇就能说明，他之前在青田的胡思乱想的确有点儿神经质。这些对刘伯温的优厚待遇实际上跟刘伯温没太大关系，主要是刘伯温的家族。朱元璋追封刘伯温的爷爷为永嘉郡公，奶奶梁女士为永嘉郡夫人，父亲为永嘉郡公，母亲富女士为永嘉郡夫人，刘伯温的妻子富女士亦被封为永嘉郡夫人。

郡公这一封爵始于曹魏政府，魏晋南北朝时期，郡公是异姓功臣的最高封爵，在北周以前，可都是实打实的，有封国、食邑，而且是世袭的。北周后，郡公爵位就成了虚封，除了“郡公”这个荣誉头衔之外，什么都没有。虽然是荣誉头衔，可有总比没有强，所以当朱元璋把这不费一文的爵位赏给刘伯温的家人时，刘伯温还是小感动了一回。值得一提的是，郡公爵位自此后就被取消，成了历史文物。

刘伯温刚回来的那天，朱元璋特意为他准备了接风宴。这可是一次非比寻常的宴会，除了徐达在北方和王保保玩儿命不在之外，几乎所有的功臣全部到场。刘伯温又是小感动了一回。宴会过后，朱元璋把他叫进自己的房间，把宴会上进行过的嘘寒问暖又复制了一遍。刘伯温这次可没有感动，他的第一感觉是，三个月不见，朱元璋怎么变得如此假了？

当然，刘伯温不可能说朱元璋“假”，他只能说：“皇上您太客套了。”朱元璋突然就激动起来，握住刘伯温的手，说：“您一日不在，我就度日如年。”

刘伯温险些跳了起来，因为这种让人肉麻的话连三岁孩子都骗不了。朱元璋可能的确有难以解决的问题，但绝不至于到离开刘伯温他就活不了的程度。

刘伯温小心翼翼地挣开朱元璋的手，慢慢地往下跪，朱元璋看着，当刘伯温的膝盖接触到地面的刹那，朱元璋夸张地叫了起来：“先生不可，有事直说，赶紧起来！”但他没有去扶，所以，刘伯温就踏实地跪了下去。

这个情景在几个月前是无法让人想象的，即使是刘伯温本人在几个月前也从来没有想过他会独自一人跪在朱元璋面前，给人一种卑躬屈膝的印象。刘伯温早已知道他和朱元璋亲密无间的历史已经接近尾声，但只是在他孤零零一个人跪在朱元璋面前时，他才对这段历史的尾声有了切切实实的感觉。

他心里清楚得很，朱元璋要的就是这个：刘伯温老老实实地跪在自己面前，请求自己拯救他的灵魂。他要把刘伯温从导师的讲台上拉下来，成为自己的跟班。

如果这种理想无法实现，朱元璋就会愤懑，甚至会愤懑得七窍生烟。当这种理想实现的时候，朱元璋本来应该高兴，可他的欣喜只是电光石火一闪而过，随之即来的是恐惧。这种恐惧很好理解，他发现刘伯温已经发现了他的心思。这种心思在刘伯温到来之前，并不牢靠，恍恍惚惚，现在，这种心思清晰起来：他暂时还离不开刘伯温。帝国初成，人员混杂，还有很多事需要刘伯温的指导，但他不希望刘伯温再扮演指导他的角色，至少在表面上，刘伯温现在应该是他的幕僚，而不是他的导师，所以，他必须要在不动声色中压制刘伯温。让他恐惧的正在这里，当刘伯温那衰朽的身躯渐渐地矮下去，最后跪在他面前时，他发现，刘伯温早已洞悉了他的心思。

朱元璋在恐惧之后，忽然又恢复了良好的心情。按他的想法，刘伯温洞悉了他的想法也最好不过，他将继续保持自己“打压”刘伯温的行动，第一步就是要刘伯温明白：他刘伯温只是个幕僚，他所有的功劳其实都是朱元璋的功劳。

在那个阴冷的下午，朱元璋用威严的语调命令刘伯温站起来，然后又用柔和的语调问刘伯温，您功勋卓著，希望要个什么爵位？

刘伯温有点恶心。这是一种弱智似的试探，刘伯温的祖辈都被封为郡公，甚至他的老婆也被封为郡公夫人，在封这些人的爵位时，朱元璋从未问过刘伯温一句话，偏偏到了刘伯温自己时，他居然破天荒地问了刘伯温有什么意愿。按我们的想法，这难道还用问吗？刘伯温的夫人已经被封为郡公夫人，刘伯温不可能是国公和县公，他只能是郡公。这就好似皇后的老公肯定是皇帝，而不是王爷一样。朱元璋这种弱智似的试探只有一个目的：告诉刘伯温你注定是郡公这一虚封爵位了，其他的你就不要想。而且，郡公虽然是虚封爵位，但你有资格领取吗？

刘伯温并没有消化朱元璋带给他的恶心，而是马上就作了回答。这一回答正是朱元璋要的最佳答案。刘伯温说：“皇上您得天下乃是上天的意思，我怎么敢贪天的功劳，您对我家人的封赏已经浩荡无比，我知足得夜不能寐，所以，我什么爵位都不要！”

朱元璋很满意，几乎是喜出望外。不过，他是个得了便宜就卖乖的人，或者说，他是个疑心如海洋般壮阔的人。在这之后，他几次三番征求刘伯温的意见，要他选一个爵位。刘伯温每次都坚定地拒绝，并且说：“我回来并非是为了爵位，而是为您排忧解难来的。”他很认真地说，“皇上您有什么忧虑，请告诉臣下，为臣竭忠尽智，为您效劳。”

朱元璋眼珠乱转，随后就皱起了眉头。刘伯温等着他的“忧虑”，可朱元璋的眉头很快就舒展开了，竟然还笑了一下，说：“先生新丧娇妻，我自作主张为您张罗了一个。”刘伯温不知这是何意，正要琢磨这是不是一次新的试探，朱元璋又说话了：“先生不要胡思乱想，你为我的王朝贡献了全部心力，为你找个女人理所当然。”

刘伯温神经过敏，他确信这又是一次试探，他无法判定这次试探的内容是什么，可他能判定这次试探的绝不是好色。所以，他马上就应承下来，设想在几天内思考出朱元璋这次送他老婆的背后目的。

这位女士姓章，有倾城倾国之貌，所以刘伯温很快就和这位章女士如胶似漆，几乎把朱元璋送给他老婆的背后目的忘记了。实际上，他就应该忘记。在这件事上，朱元璋没有什么不可告人的目的，相反，他认为刘伯温年老体衰，需要一个人照顾。在古代把一个妙龄女子送给一个衰朽的老头，正如我们今天送给腿脚不灵活的老人一个轮椅一样，它本身是一种关心，是一种体贴，充满了人情味。

朱元璋这样冷冰冰的政治机器会对一个人关心，说明他必然有求于人。随着1369年新年新气象的来临，刘伯温的官职也有了新气象。他被任命为资善大夫御史中丞（正二品）兼太子赞善大夫，这是新瓶装旧酒，其实他在这一时期的主要角色还是朱元璋的顾问。

朱元璋有求于刘伯温。他所求的事和李善长有直接关系，其实，这件事牵扯住的所有人物都在刘伯温最后的人生中有着举足轻重的作用。所以，这件事发生之时也是刘伯温悲剧命运的序幕被拉开之日。

刘伯温论相

每当李善长想起刘伯温时，肺里马上就会升腾起一股硫黄味，1368年农历十一月，当刘伯温重新回到他的视线中时，他的鼻子几乎歪到一旁。实际上，在他心里，刘伯温的分量远没有别人想的那么重，他对刘伯温只是愤怒，没有嫉妒，也没有恐惧。他从来不担心刘伯温会抢了他的宰相位子，也更没有嫉妒过刘伯温横溢的才气，因为他知道他想要的是什么，他也知道他能得到什么。他最想要的是权力，或者说是享受权力，他得到了，而且是刘伯温抢不走的。他远不如刘伯温那样对朱元璋的阴暗明察秋毫，他只明白一点，朱元璋会帮他保住宰相的位子。他只需要明白这一点就足矣。

刘伯温的回归在李善长看来是回光返照，他没有证据证明自己的论点，可直觉就是告诉了他，刘伯温这次回来，必定会重演上次灰溜溜离开的那一幕。他在1369年有件和刘伯温无关的烦心事，这件事就是，有几个人对他坐在宰相办公室中很不满意。这几个人的名字叫杨宪、凌说、高见贤、夏煜。

杨宪是太原人，1356年投奔朱元璋，因办事干练成为朱元璋的亲信。他后来一直充当使者出入张士诚和方国珍政府，获得了大量有价值的情报。1368年，朱元璋的新中国成立，杨宪被任命为副宰相，成为李善长的助手。

凌说和杨宪一样，投奔朱元璋后也很快就成为朱元璋的亲信，他最值得大书特书的一件功绩就是，在朱元璋派他去侦缉朱文正时，他带回了“确凿无疑”的证据：朱文正要造反。

高见贤和夏煜几乎是一个模子刻出来的，他们投奔朱元璋后，由于脑袋灵光、办事干练，都成为朱元璋的亲信，并在朱元璋的政府中担任要职。

表面上看，这四人没有什么联系，但只要稍熟悉明代特务政治的人，一眼就能看出，这四人都是特务出身。

杨宪、凌说、高见贤和夏煜在1368年之前的官职都是“检校”，检校是明代顶级特务组织锦衣卫的前身。1359年，也就是刘伯温出山的前一年，朱元璋在自己的草台班子政府中设置了一个神秘的机构，这个机构的工作人员被称为检校，其实就是特务。检校的前期工作是对敌人进行渗透和侦缉，比如杨宪就曾多次以使者的身份到张士诚和方国珍政府里进行窃取情报的工作。随着朱元璋的敌人越来越少，他的政府越来越稳固，检校们的工作重心开始转移到南京城中大小衙门官吏的不公不法上来。

杨宪、凌说、高见贤和夏煜是这些检校中出类拔萃的人，特别是杨宪，有着强大的观察力和联想力，在抽丝剥茧的能力上无人能及，而且从不放过任何一条线索。朱元璋就曾当众表扬过这些检校们："有这些人在，正如我有恶犬一样，能使人害怕。"

我们仅举几个例子来说明这些"恶犬"的神秘可怕之处。

1359年，朱元璋对袁州（今江西宜春）发动进攻前，派了一名检校到袁州侦察，此人回来后把袁州城情况详细汇报。朱元璋问他："你有何凭证说你到过袁州？"这名检校回答："袁州守将欧平章门前两个石狮子的尾巴被我斩断。"朱元璋后来攻陷袁州，真就派人去查看那两个石狮子，果然如那名检校所言。

袁州当时守卫森严，特别是守将的家门口。那个检校居然能轻易地进出袁州城，还能在守将门口把石狮子的尾巴斩断，这说明了什么？说明了朱元璋的特务们神通广大啊。

第二个例子有两件事，都是关于检校侦缉大臣的。一件事是，大臣钱宰被征编《孟子节文》，罢朝吟诗："四鼓咚咚起着衣，午门朝见尚嫌迟，何时得遂田园乐，睡到人间饭熟时。"第二天，朱元璋就觍着丑脸笑嘻嘻地对钱先生说："昨日作的好诗，不过我并没有'嫌'啊，改作'忧'字如何？"钱宰几乎吓得魂不附体，磕头谢罪。第二件事是，国子祭酒宋讷某天在家独坐生气，面有怒容，第二天朝见时，朱元璋问他昨天生什么气，宋讷大吃一惊，照实说了。朱元璋叫人把偷着给他画的像拿来给他看，他几乎魂飞天外。

随着明王朝第一个特务组织锦衣卫的建立，特务们的工作范围已不仅局限于京城，整个帝国的大事小情都在他们的侦缉范围内。通过这些特务的无所不至和无孔不入，朱元璋知道了很多事情。比如在今浙江等地出现灾荒，地方官却隐瞒不报；在北京城有个黑和尚，出入各官员府邸，他根本就没有出家人的样儿，经常和官员说些世俗笑话；还有个和尚，是旧中国的一个秀才，因不满新中国的建立，所以在北京城里有反革命的言语。

对于他一手创建的这个特务组织，朱元璋沾沾自喜，认为是自己智慧的结晶。的确，正如吴晗在《朱元璋传》中所说的那样：要组织这样的力量、机构，进行全国规模的调查、登记、发引、盘诘工作，必须付出极大的努力和准备周密的计划，以及必需的监督工作。

而这一切都需要人来完成，杨宪等四人在这方面的表现让朱元璋非常满意，所以，他们成为朱元璋的亲信也就无须赘言了。

杨宪有野心，更有能力。朱元璋看准的是他的能力，至于他的野心，朱元璋早就说过，一条恶犬的野心能有多大？所以当他把杨宪放在李善长身边时，目的是让他注意李善长的动向，也就是做李善长身边的一条小狗，但这条小狗是忠实于朱元璋的。

杨宪从未认为自己就是朱元璋的一条狗，他进入中书省后，开始联络在各个机构担任检校职责的凌说、高见贤和夏煜。他激励众人，特务出身的人也能做宰相，如果一个特务出身的人做了宰相，那特务们的前途不必说，自然是一片光明。三人被杨宪的理想所激励，被杨宪的仗义所感动，他们抱成一团，在朱元璋面前指责李善长，并且下了调查结论：李善长无宰相材。

到底什么是宰相材，这可是说来话长。宰相有两个重要特征：皇帝的幕僚长，对皇帝直接负责。实际上，中国古代根本就没有宰相这个官职，先秦之前称为“相国”，秦汉时称为“丞相”，魏晋南北朝时期称为“尚书令”，唐朝时称为“尚书仆射”，两宋时称为“同平章事”，明初宰相的官职是“右丞相”。所谓宰相之材，就是宰相本人应该具备的职业素养。我们知道有句成语叫“宰相肚里能撑船”，说明宰相的职业素养里应该有“心胸开阔”这一条。但还应该有哪些职业素养，我们应该听听杨宪的说法。

杨宪说李善长没有宰相之材，当然有根有据。首先就是李善长这人疏于文墨，不通儒家知识，只是把韩非的思想拿来充数，所以他仅从学术上而言就是个半瓶子醋，所以，他不配做宰相。

按杨宪的意思，宰相的职业素养中应该有丰厚的知识，也就是学历高。

杨宪又说：“李善长残忍刻薄，参议李饮冰稍对他行使权力的行为有所不满，他就下令把李饮冰的双乳割掉，导致李饮冰在刑房内当场流血致死。”

杨宪的意思，宰相的职业素养中应该有慈悲心、有宽广的胸襟才对。

杨宪还要说下去时，朱元璋示意他停下，然后对这四位特务语重心长地说：“李善长的确没有相材，可你们难道不知道，他跟随我多年，又是我的老乡，自我革命以来，和我出生入死、辛苦工作、昼夜不分，功劳是有的。我既是皇帝，那他肯定是宰相，这种事希望你们也能理解，用同乡用旧勋是传统。”

杨宪发现自己走进了死胡同，即使他有五千多岁的智慧，如果不回头，必然撞墙。朱元璋用“自己和李善长是老乡”这句话就把他彻底堵死了。

亲信重要还是老乡旧勋重要，现在答案不言自明，在朱元璋心目中，老乡旧勋最重要。

李善长很快就知道了杨宪的野心，当然是朱元璋告诉他的。朱元璋同时还训斥他，以后在处理问题上多一分慈悲心，多一分仁心。李善长有点不服气，他说："杨宪这小子是想顶我的位置啊。"

朱元璋意味深长地看了他一眼，李善长站着，气呼呼的，肚皮一会儿鼓起来一会儿瘪下去。

朱元璋说："你不要这样神经过敏，杨宪只是在做他分内的事。再说，"他又看了李善长一样，眼神中带着一点冷酷，"宰相这个位置，谁不想坐？"

李善长被这句话震在当场，用他的智慧来判断，朱元璋这是准备要把他拿下。他的脸色因为紧张和激动开始泛白，他的嘴唇哆嗦着，却不敢去看朱元璋。

场面一时安静得要命，能听到虫子在树上叹息的声音。最后，还是朱元璋打破了这一沉默，因为李善长在下面快要站不住了。他说："你回去吧。放心，咱们是老乡，你对王朝有功，但以后要尽力学习宰相之材。"

李善长对这句话理解得相当随意，甚至朱元璋在说这句话时，他几乎就是从左耳朵进右耳朵出的。在不久后，朱元璋就发现李善长虽然还对他这个皇帝直接负责，但离"幕僚长"的职责越来越远。朱元璋对刘伯温说："李善长老了，什么良好建议都提不出来。他还有个致命的缺陷，心胸不宽广，独断专行。"

朱元璋和刘伯温说这些话的时候，正是1369年的秋天，天空万里无云，淡淡的秋风让人心旷神怡。刘伯温静静地听完朱元璋的话，才小心翼翼地开口道："李善长是开国元老，威望极高，而且他能调和诸将，做宰相是最合适不过的。"

朱元璋很奇怪，他问："李善长跟你可是死对头，你还为他说话？"

刘伯温说："我知道您有换宰相的意思，但换宰相就像是换大厦的柱子，必须是栋梁之材才好。如果用几根小木头捆在一起充当梁柱，即使换上去了，也会马上倒下。"

朱元璋并未被刘伯温的比喻所打动，他脑海中浮现出下面这些历史人物：西汉的霍光、东汉的曹操、曹魏的司马氏父子和东晋的桓温等人。这些人都是声名显赫的人物，都是一个帝国在某一时段的顶梁柱，都是宰相。最要命的是，这些人都控制了他们的皇帝，把"幕僚长"的角色变成了不可一世的"导师"。

皇帝和宰相的博弈历来是中国古代政治史中的一个引人注目的课题，皇权强大时，宰相是幕僚长，皇权弱小时，宰相就成了实质意义上的皇帝。这是因为从政治角度而言，宰相离皇帝的权力最近，他能轻而易举地把皇权变成自己的权力。朱元璋脑海中的那些人，正是把皇权变成相权的极端典型。

无论是朱元璋还是刘伯温都清醒地意识到这样的问题：李善长在角色转换上没有成功。朱元璋在打天下时，李善长敢于任事、当机独断，这是创业时期作为宰相最大的优点；可在建国后，他仍然如此行事，就不免给人以“独断专行”的感觉，这是任何一个有独立意志的皇帝都不能容忍的。

刘伯温很感觉到，朱元璋对李善长已不能容忍，但朱元璋必须还要忍，因为在他心目中，此时还没有可以完全替代李善长的人。多日以来，他在心里确定了三个人选，现在，他把这三个人一一列举给刘伯温。这是朱元璋的一箭双雕之计：第一，想听听刘伯温这位导师对三个人的看法；第二，只有朱元璋自己知道。

朱元璋的第一个人选就是特务出身的杨宪。刘伯温反对，理由是：杨宪有当丞相的才能，但没有当丞相的器量。当丞相应该像水一样的清澈，做事要以义理权衡，不能掺杂个人的好恶和恩怨，杨宪不是这样的人。

朱元璋“哦”了一声，突然转换话题，问刘伯温：“我听说你和杨宪的关系不错，在朝中，你最好的朋友就是杨宪。按世俗的话来讲，人应该为朋友两肋插刀、说好话才对。”

刘伯温和杨宪的关系的确不错。刘伯温看中的是杨宪处理事务和搜集情报的热情，还有杨宪那分析和总结的超人的能力，这是杨宪多年来从事特务工作锻炼出来的。刘伯温认为，从事这种工作的人都趋于理性，像是搞科学研究，不会有情绪的掺杂，所以和这样的人交往就如清水一样，是君子之交。杨宪之所以和刘伯温很要好，是因为刘伯温当时是朱元璋的导师，刘伯温一句话就胜过他杨宪谄媚朱元璋一年。当然，杨宪对刘伯温是深深敬佩的，刘伯温的学识和他那未卜先知的本领，都让杨宪为之深深敬服。

1368年农历八月，刘伯温离开南京回青田县时，为刘伯温送行的寥寥可数的几人中就有杨宪，杨宪对刘伯温的离开深表遗憾。在当时的朝堂上，很多人都认为刘伯温是浙东派的首领，而杨宪虽然是太原人，但由于和刘伯温关系很好，也被别人划进了这个派别。实际上，根本就没有浙东派一说，这是后人胡编出来的。按这种胡编的思路，就应该有下面的故事：刘伯温临走前嘱咐杨宪，千万要守护好咱们浙东派的大旗，尽量在朱元璋那孙子面前说我的好话，我才有可能搞个“王者归来”的大戏。杨宪心领神会，只要一有机会见到朱元璋，就明里暗里地陈说刘伯温超人的能力和无人可比的忠心。按这种故事的脉动，刘伯温被朱元璋请回其实是杨宪的功劳。

但这不符合事实，刘伯温被朱元璋请回，就是因为朱元璋遇到了李善长这个大难题，他希望刘伯温能为他解开这个难题。但现在，他又给刘伯温出了个难题，那就是：你刘伯温和杨宪的关系非常好，为什么不推荐他当宰相？

刘伯温轻易地解答了这个难题："杨宪是个好人，但因为多年在特务部门工作，所以有了职业习惯，他对任何人都怀疑。也就是说，特务和警察的人生观是'人性本恶'的，人生观首先就是错的，所以他不可能做到不掺杂个人的好恶和恩怨。"

刘伯温又说："外面风传我和杨宪的关系好，即使真有，那也是我们个人之间的感情。现在您问我的问题，可是关系帝国命脉的事，我不能把私人感情掺杂到国家事务中来，这是很不负责的。"

朱元璋对这样的解答很满意，于是就说出了他心目中的第二个人选："汪广洋如何？"

汪广洋是高邮人，平生有两种能力傲视天下，一是书法，二是智谋。1355年他跟随朱元璋，屡出奇策，在刘伯温没来之前，他是朱元璋的顶级军事家之一。朱元璋曾说："汪广洋就是我的张良、我的诸葛亮。"据说朱升提的"高筑墙广积粮"战略其实是汪广洋的思路。《明史》对这个人的评价是：在内，严于律己；在外，宽以待人。

刘伯温对他的评价却相当低："把十个汪广洋捆一块儿都不如一个杨宪。"

朱元璋着实吃了一大惊，他脱口而出："您对汪广洋会有如此看法？"

刘伯温说："皇上您问我，我是照实说。"

朱元璋转动眼珠，突然想到，汪广洋以智谋著称，刘伯温也以智谋为傲，这可能是同行是冤家的心理在搞鬼。但他没有深究这个问题，他又提到了第三个人："胡惟庸如何？"

按照唐人的思路，胡惟庸是最合适做宰相的人。因为唐人说，宰相必出乎州部，将军必起于行伍。也就是说，无论是宰相还是大将军，都应该是从基层一步步爬上来的。作为朱元璋的老乡，胡惟庸在1367年之前是混得最差的，他投奔朱元璋后，只是做了一年的朱元璋秘书，然后就被打发到了地方上。他做过县长秘书、县长、市长助理，在1367年才正式进入中央当了个掌管礼仪和祭祀的太常卿。朱元璋看上胡惟庸，就是因为胡惟庸在地方上多年，熟悉他的帝国基层，所以每每能提出操作性极强的建议。

但刘伯温把胡惟庸批得体无完肤："胡惟庸绝对不行。宰相就是车夫，胡惟庸非但驾不好，恐怕还连辕木都会被他毁掉。”

朱元璋搞不清刘伯温对胡惟庸的评价思路是从哪里来的，刘伯温没有解释，朱元璋也没有问。他心目中三个人选都被刘伯温给否定了，这让他很难堪，这正如一个母亲的孩子被人说得一无是处一样。他有点恼火，有点失望，不由自主地，他想到了自己一箭双雕的那一雕：“看来，我的几个宰相人选没有能超过先生您的了。”

一道刺眼的光。刘伯温感觉到脑子一震，像是被人从高处推下来，而他变成了一根羽毛，慢慢地飘了起来。当他发现自己不是在飘浮而是在向下滑落时，他马上就清醒了。

刘伯温迅疾地明白了一件事，朱元璋这话只是闲话，他根本就没有想过要自己当宰相，不然，不会提出那么多人，到最后才提名自己。按刘伯温那富有智慧的头脑和他对朱元璋的了解，朱元璋肯定误会地以为，刘伯温总是不断地否定宰相的人选，其实是自己想做宰相。

其实刘伯温也误会了朱元璋，朱元璋在算计上的能力恐怕是他刘伯温十辈子都无法攀比的。

刘伯温现在处在一个并不危险但极为尴尬的境地：如果他说自己有宰相的素质，那他刚才否定朱元璋心目中宰相人选的事就是有私心；如果他说自己没有宰相的素质，他又有点心不甘，因为宰相这个位置的确让人垂涎欲滴啊。刘伯温他不是神，他只是个希望通过自己的努力而实现人生价值的凡人，如果真的坐到宰相的椅子上，那儒家的“为生民请命”的高调理想不就有实现的基础了吗？

可问题是，命运告诉刘伯温，他此生已没有这样的机会了。朱元璋不可能让一个曾做过自己导师的人再来做“一人之下，万人之上”的宰相。

刘伯温必须要表态。他带着无奈的情绪表态：“我还是有自知之明的。我这个人疾恶如仇得过了度，又不喜欢繁杂的行政事务，勉强去做，对国家无益，一定会辜负圣恩。天下何患无才，您何等圣明，只要细心寻求，一定会物色到合适的人选。只是眼下这几位真不太合适。”

朱元璋缓缓地点了点头。但刘伯温发现，朱元璋根本就没有把自己的话放在心上。他突然有个很不好的预感，他可能得罪了很多人。既然朱元璋心里早就有了定见，那他肯定会塑造他心目中的宰相人选，而在塑造时，他会对那些人说：“你呀，有什么缺点要改。你这些缺点可不是我说的，是刘伯温说的。”

一想到这里，刘伯温冷汗直冒。实际上，他的冷汗从他回到南京城后就一直在冒，只是他老了，没有感觉到而已。

刘伯温论相，使我们可以追忆春秋时期的管仲论相。

管仲是齐桓公的宰相，帮助齐桓公成就霸业，功勋卓著，管仲本人则成为后来历代王朝领导人眼中最理想的宰相。管仲临死前和齐桓公有一段讨论当时宰相的对话，齐桓公问管仲，是否选定了接班人。管仲很遗憾，说没有，但他又说："这件事的主动权在您手上，因为国君最了解臣下。"

和朱元璋一样，齐桓公就开始列出人选。第一个人就是管仲的好友鲍叔牙。管仲反对，他说："鲍叔牙是君子，但他善恶过于分明，见人之一恶，终身不忘，这样的人无论如何都不可以当宰相。"鲍叔牙似乎就是刘伯温。

齐桓公又说出第二个人选："易牙如何？"

易牙是姜小白的厨师，曾把亲儿子当原材料烹饪成佳肴送给姜小白吃。管仲的评语是："这小子没有人性，不宜为相。"

齐桓公又说出第三个人选："卫开方如何？"

卫开方是卫国的贵族，千里迢迢跑到齐国来侍奉齐桓公达十五年，他父亲去世，他都没有回去。

管仲几乎想吐这个卫开方一口："这小子无情无义，没有父子情谊的人，如何能真心忠于国君？况且他的贵族身份是很多人梦寐以求的，他放弃了这样的身份和荣耀来当您的小跟班，说明他心中所求的必定过于千乘之封。您应疏远这种人，当然就更不应该让他当宰相了。"

齐桓公只好心里发虚地列出了第四个人选："竖刁如何？"

竖刁是姜小白的贴身男保姆，曾主动阉割自己到姜小白身边服务。

管仲气得直咳嗽，他说："他更不成。一个不爱惜自己身体的人怎么可能去爱惜别人的身体？"

齐桓公这下无所适从，管仲摇头叹息说："我倒有个人选，这个人就是为人忠厚、不耻下问、居家不忘公事的隰朋，他可以做宰相。"

齐桓公不置可否。管仲去世后，齐桓公自作主张，把易牙等三人任命为宰相。两年后，齐桓公病重，易牙等三人见齐桓公已不久于人世，继续效忠他不能带来利益，于是决定把齐桓公送进天堂去见管仲。三人堵塞宫门，假传君命，不许任何人进去。齐桓公就这样被活活饿死了。

据说临死前，齐桓公仰天长叹："如死者有知，我有什么面目去见仲父？"说罢，用衣袖遮住脸，懊悔地死去。

管仲对人性的一针见血和刘伯温对人性的明察秋毫异曲同工，齐桓公和朱元璋的定见也不差毫厘，不同的是，齐桓公因此身死，朱元璋只是虚惊一场。

刘伯温论宰相和管仲论宰相，都说明了这样一个问题：宰相的职业素养中，最重要的还是胸怀。但肚里能撑船的宰相还是太少了，至少刘伯温就无法做到，正如他所说，他是个疾恶太甚的人。

不过，自1368年年末刘伯温回到南京后，朱元璋发现，刘伯温疾恶如仇的脾性似乎收敛了很多。朱元璋自以为是地认为，一个人到了六十岁时，性情总会和以前不一样，这是因为人老了，在人间艰难跋涉六十年，连神仙都会老的。

不许庆祝

1370年的开头几个月，刘伯温精神恍惚。他知道朱元璋把他拽回来的阴暗心理：他一直是朱元璋的导师，而朱元璋看不得别人比他强。在他打天下时当然需要刘伯温这样的导师，可当他的天下稳定后，他那“老子应该天下第一”的流氓气息就暴露无遗。

一年多来，刘伯温开心不起来，因为对朱元璋这种阴暗心理的洞悉使他无法放下思想包袱，来坦然面对他即将到终点的人生。朱元璋给他的信和对他的两次试探都让刘伯温心神不安，他知道，这种事情不可能停止，朱元璋还有下一次。但下一次是否是试探还是不动声色地打压和凌辱，那就是他刘伯温无法预知的了。

1370年农历二月，朱元璋和群臣在后花园散步，突然看到雀巢里的老麻雀一动不动，于是转身对刘伯温说：“大家都老了，应该回家养老。”刘伯温正要感动，朱元璋马上就把目光移走了。本年农历四月，朱元璋要刘伯温到弘文馆做学士，并且还特意给刘伯温写了封《弘文馆学士诰》。刘伯温读了之后，心上一凉。他心里说，皇帝老儿果然还在踩他以彰显自己的高尚品格：

> 奉天承运皇帝圣旨：朕稽唐典，其弘文馆之设，报勋旧而崇文学。以旧言之，非勋著于国家，犹未至此；以儒者言之，非才德俱优，安得而崇。尔资善大夫、御史中丞刘基，朕亲临浙右之初，尔基慕义。及朕归京师，即亲来赴。当是时，栝苍之民，尚未深信，尔老卿一至，山越清宁。节次随朕征行，每于闲暇，数以孔子之言开导我心，故颇知古意。及将临敌境，尔乃昼夜仰观乾象，慎候风云，使三

军避凶趋吉，数有贞利。于戏，苍颜皓首之年，当抚儿女于家门，何方寸之过赤，眷恋不舍，与朕同游。后老甚而归，朕何时而忘也。可御史中丞兼弘文馆学士，散官如前，宜令刘基准此。

朱元璋还在硬着头皮说谎，他说刘伯温是主动来投靠他的，谎言重复再重复，自然就成了真理。朱元璋和刘伯温在1368年之后的主要关系中，就有一个这样的关系：朱元璋重复谎言，刘伯温默默接受。

这道诰命中，朱元璋仍然说刘伯温有天大的功劳，而且是个出色的儒家知识分子，所以，刘伯温是最有资格进入弘文馆当学士的。

弘文馆的来历并不清白。它诞生于公元621年，由大唐王朝的秦王爷李世民创设。李世民创设弘文馆堂而皇之的理由是，为了弘扬中国文化。实际上，弘文馆里聚集了一大批他的幕僚，这些人在他后来发动玄武门之变的谋划中起到了关键作用。李世民夺取帝位后，弘文馆成了他的秘书处，馆中的学士都是他最得力的秘书。岁月流逝，弘文馆的政治气息逐渐消失，取而代之的是文学气息。元朝时，弘文馆销声匿迹，朱元璋恢复弘文馆不久后又废除，因为文学不是朱元璋喜欢的东西。

弘文馆学士其实是个虚得不能再虚的职务，主要的工作就是编辑工作，对古籍进行校对，对中国文化进行梳理。刘伯温不喜欢这一工作，他最喜欢的职务还是御史中丞，但连他自己都不明白，自从1368年年末回到南京后，为何他在这个职务上没有做什么露脸的事。他总是在办公室里发呆，有时候从早上一直发呆到中午，吃完午饭后，继续发呆，一直到下班。

偶尔有人经过他身旁，看到他微闭着双眼，嘴唇抖动，像是在自言自语。喜欢搞恶作剧的同僚就会对着他的耳朵突然大叫一声，让其失望的是，刘伯温半天才反应过来，他只是睁了睁眼，慢吞吞地说道："吓了我一跳。"

后来他到弘文馆办公，面对着一大批中国文化书籍，他仍然发呆。和他一起做学士的史学大家危素看到他发呆了几个时辰，就会敲着他的桌子，说："醒醒，下班啦。"刘伯温马上就站起来，弓着背，一声不响地走出办公室。如果危素要向他请教学术问题，即使把他的桌子敲烂，他也没有一丝反应。弘文馆的学士们说："刘基老了，才六十岁的人，精神头儿却像九十。"

1370年农历六月前，刘伯温就是这样的。文武百官们眼中的刘伯温是个对任何事都无动于衷、行将就木的老家伙，不过就在本年农历六月份，"形如槁木，心如死灰"的刘伯温突然有了反应，因为有件事真的刺痛了他。

这件事是这样的：朱元璋的“解放军”徐达兵团自解放大都后，一直向西北进军，并且取得了辉煌的胜利。妥懽帖睦尔逃回北方后，仍然过着皇帝的生活，但祖宗辛苦创建的家业败在他手上使他抑郁，徐达兵团不停地追击他让他恐慌，在精神疾病的困扰下，他的身体也随之败坏。1370年农历四月，妥懽帖睦尔在应昌病逝。农历五月，朱元璋兵团在沙漠里捕捉到了妥懽帖睦尔兵团主力，一举击溃，俘虏了孛儿只斤家族几百人。元帝国遭到了重创，一直向北逃，短时间内，他们已无法再兴风作浪了。

这一消息在农历六月传到南京城，朱元璋和他的文武百官们欣喜若狂，仿佛他们的帝国已统一全球了一样。

朱元璋在群臣疯狂庆贺时，示意众人先停止发疯，因为他有话要讲。群臣马上安静下来，朱元璋清了清嗓子，在龙椅上坐得笔直，得意扬扬地说：“妥懽帖睦尔在位三十六年，荒淫无度，如今得到这样的下场，也是他的命运。不过这人有个优点，当我们的解放大军逼进大都时，他居然知道天命已定，不战而退，所以我们就给他谥‘顺’，称他为元顺帝吧。”

群臣都认为这是朱元璋最高智慧的结晶之一，一个叫刘炳的御史抓住这一千载难逢的拍马屁的机会，从群臣中走出来，正要拍朱元璋，朱元璋突然把脸一沉，像是死了七天准备还魂的人一样，冷冰冰地对刘炳说：“你就不要祝贺了吧，你曾在前朝做过官！”

刘炳大吃一惊，站在那里无所适从。他突然感到杀机四伏，浑身如筛糠，哆嗦了起来。幸运的是，朱元璋只是看了他一眼，随后就开始扫向群臣。他看到了刘伯温在弘文馆的同事危素。危素也是前朝的官，而且来为朱元璋工作才一年，他在元大都被攻破后才投降朱元璋，在元政府，他曾坐到副宰相的位置。当他和朱元璋的目光一接触时，他看到的不是杀机，而是变态的嘲讽。朱元璋的眼神告诉他，你曾经的主子死了，你怎么不悲伤，还庆贺啊，这是什么人啊！

刘伯温站在群臣中，特别突出。因为他最近总如行尸走肉，毫无生气。这就如同一片麦地中突然长出一棵向日葵，所以，朱元璋很快就扫到了他身上。

刘伯温的内心很不是滋味。他就是为前朝政府效力的人，而且在位时尽职尽责。他不敢抬头去迎接朱元璋那变态的目光，但他也不能就这样装死。他在心里盘算着如何摆脱这种尴尬的局面，突然就听到朱元璋说：“凡是在元朝工作过的官员，不许庆贺。”然后，又狞笑着，一字一句地说道，“这是命令。”

为前朝政府工作的人不止刘伯温一个，当然也不止刘炳和危素两个。所以刘伯温很快就恢复了平静，在这个时候，朱元璋无论用什么样的方式丑化他，他都已超然度外。

当他在那里胡思乱想时，又听朱元璋大呼小叫起来。朱元璋指着徐达的报捷书，说：“你们看看徐达这报捷书写的，太不像话，把元顺帝和他的政府污蔑得一无是处。凡事都要一分为二地看嘛，蒙古人主宰我们中国百年，我和大家的父母都是在人家的政策上才吃上饭的，没有元政府，怎么能有我们呢？”

群臣叩头，大声称赞皇帝的恢宏气度和真知灼见，深为自己和徐达的褊狭浅薄而感到内疚。朱元璋的虚荣心得到了满足，戏也演得差不多了，于是大手一挥，说：“散朝，欢庆三天，群臣谢恩。”又补充了一句，“在前朝政府工作的人不许庆祝哟！”

时光如果倒流三十年，刘伯温肯定会臭骂朱元璋是个忘恩负义的王八蛋。想当初，他朱元璋死皮赖脸地招揽元政府的官员为他工作，仅以刘伯温为例，他朱元璋派人四次来请。刘伯温几乎是看着朱元璋一步一步成长起来的，指引着他，让他别走岔路，让他走一条最简捷的通往成功之路。种种艰辛和出生入死，最后换来的是他朱元璋对自己明目张胆的嘲弄。

不过在1370年，六十岁的刘伯温对这样的事提不起任何激动情绪来。他走出朝堂，看着乌云慢悠悠地遮盖太阳，他想到的唯一一件事是，如何跟朱元璋处理好关系，给自己告老还乡留条路。

关于帝王的忘恩负义，刘邦可谓标杆。楚汉战争期间，刘邦采纳张良的建议突袭项羽的大本营彭城（今江苏徐州）。项羽当时正在北方作战，听到这个消息后，带领三万骑兵突击队，回救彭城。凭借精密的作战计划和震惊宇宙的勇气，项羽把刘邦的几十万人马瞬间击败。刘邦在逃跑的途中，被追捕他的项羽大将丁公追上，刘邦跳下马来，厚着脸皮求情说：“我们两个都是一代贤才，为什么不能相容？”丁公这人四肢发达，但头脑简单，而且当时似乎走火入魔了，居然放了刘邦。后来刘邦击败项羽，做了皇帝，丁公想起这位一代贤才，认为自己有恩于他，于是美滋滋地去见刘邦，希望刘邦能偿还那笔恩情债。刘邦果然偿还，他把丁公绑起来，带到军营巡回示众，最后说：“丁公这畜生身为项羽的部下，却不忠于项羽，私自释放了我。使项羽丧失天下的，就是他。”丁公这个时候才有机会瞠目结舌，不过只是一瞬间，因为刘邦马上就砍了他的脑袋。刘邦让人拎着他的脑袋又巡回示众，说：“后世做人家部下的，不可效法丁公。”

司马光曾对这件事作了大段的评论。他说：“刘邦自起兵后，网罗天下豪杰，招降纳叛，数都数不清，等到做了皇帝，却只有丁公一人受到惩罚，这是什么原因？因为进取和守成，形势不同。当群雄血战疆场时，人民并没有固定的领袖，只要前来投奔，就一律接受。有的人因为有才华不来投奔，还要千方百计‘赚’上山来，这是理所当然。等到已成了皇帝，四海之内，都是臣民。假如不强调礼教仁义，臣民们仍心怀二志，谋取政治暴利，国家岂能长久安定？是以必须要用大义作为标准，向天下人显示——只要你是叛徒，连领袖都不能容你。用背叛领袖的手段去结私人恩德，虽然饶了自己一命，仍然以不义相待。”

司马光的意思是说，作为君主“忘恩负义”是必需的权术，其目的只是阻吓“后世”的人不要效法被忘恩负义掉的那个人。回过头来看朱元璋，朱元璋在1370年六月那次朝堂上下的那个命令比“忘恩负义”要令人痛恨，甚至使人作呕。他虽然没有杀人，但却深入骨髓地羞辱了那群前朝政府的人，这种羞辱对某些知识分子来说，比死亡还痛苦。

刘伯温正是从这件事上看到了朱元璋那变异的性格，所以他得出了最后的结论：如果还保持从前的“导师”角色和耿直性格，他将死无葬身之地。他也找到了方法：做一个顺着朱元璋的“奴才”角色，改变自己耿直的性格。

有人说，本性难移。那是长远的说法，在短时期内，受到外界压迫时，任何人的性格都可以改变。刘伯温在确定了这一思路后，很快就来了一件事，让他有了精彩的表演机会。

朱元璋一直处在兴奋中。北元的伤筋断骨让他对北方的形势乐观起来，他现在要做的事就是宣传自己是“中国之主”这一重要概念。

他做的第一件事就是颁下诏书，名为《平定沙漠诏》，诏书说：“朕本农家，乐生于有元之世，庚申之君荒淫昏弱、纪纲大败，由是豪杰并起，海内瓜分，虽元兵四出，无救于乱，此天意也。”意思是说，元王朝是正统，我出家要饭的时候虽然苦点，可也是愿意当元朝顺民的，但是天命要元灭亡，我真是唉声叹气无可奈何。然后，他又说：“朕取天下于群雄之手，非取天下于元氏。”针对这点，他给出了解释，他说当时天下盗贼蜂起，天下本来就不是元朝的，而是群雄的了。我们仔细观察他这句话，发现他说得很对。他的确没有从元朝手中夺取政权，因为他自造反以来，和元朝军队的交战屈指可数。他一直在和他的那些战友作战，他以杀戮他的战友为荣耀，现在还恬不知耻地说出来。从朱元璋的身上，我们看到，世界上的确有“不要脸”这回事。

第二件事，颁下诏书的第二天，他就在朝堂上问群臣：“你们说说看，为什么我能得天下，元王朝会失天下？”

这和当初刘邦问群臣“为什么我打败了项羽，而项羽没有打败我”是一个调子，都有点沾沾自喜的味道。人类最大的特长就是“事后诸葛”式总结。元王朝为什么会失去天下，我们可以找出一万个理由，这是因为它败了，正如验尸一样，尸体都摆在那里，你肯定能找出一个甚至是多个死因。但如果让你找出一个大活人的死因，你能找出来吗？

朱元璋得了天下，“事后诸葛”式的人也能找出很多原因，比如他心胸开阔、知人善任，他的军队有纪律，他有远大理想、伟大的战略等等。问题是，陈友谅也知人善任，怎么就没有得到天下？王保保的军队纪律最严，为什么没有得到天下？

实际上，任何一个皇帝的成功都有很多偶然因素。如果不是刘伯温，朱元璋在鄱阳湖上早被陈友谅炸成肉末了。再较真一点说，没有刘伯温的指导，他朱元璋不被陈友谅吞吃就拜佛吧，哪里还有机会得到天下？

不过当他问出这句话时，群臣们就开始思考，是啊，我们伟大的皇帝是怎么得到天下的？说具体的，这怎么可以？这位皇帝身上虽然有优点，可也有致命的缺点啊，比如多疑、喜怒无常、暴戾恣睢。

就在他们思考时，刘伯温已抢先一步，说了下面一段话：“自古夷狄就没有哪个能治理好中国的，元王朝以蒙古人入主中原，愚昧无知，天都厌恶它。再加上末代皇帝元顺帝荒淫无度，政令松弛，天下百姓生活在水深火热之中，哪能不灭呢？”刘伯温一向不善于拍马屁，所以根本没有拍到点子上，拍马屁要“快、准、狠”，第一句话就要进入正题，可刘伯温说了半天，还是没有说到正题。他说的这些话背后的意思是，朱元璋所以得到天下是因为元朝当政者无道，这就好像苹果熟了掉到地上，被朱元璋捡到一样。

刘伯温发现朱元璋显出不耐烦的颜色，立即步入正题：“幸好天下出了皇帝您，不但英明神武，还百战百胜，所向无敌，这才救民于水火之中，所以您得天下是天经地义。”

刘伯温说完这段话，等着朱元璋的反应，没有等到。因为看上去，朱元璋在沉思，实际上他是在想，刘伯温这老头怎么拍上我马屁了？这真是破天荒的事。不过，虽然他拍得我很舒服，可我还是要挤对他一下，让他不要以为自己的见解就真的是正确的。他那无所不知、无所不能的时代已经结束了，现在是我无所不知、无所不能的时代。

他看向刘伯温，语气冷酷：“你没有看《平定沙漠诏》吧？这话我早就说过，我是不得已才起兵，而且我起兵时根本没有想和元王朝作对。所以说，我取天下并不是取自元朝之手，而是取自群雄之手。”

刘伯温惊愕，颤颤巍巍得更厉害了。

朱元璋看到刘伯温像个上了发条的玩偶，在那里不停地震颤，心里不由得起了一点怜悯。他在一瞬间回首往事，看到刘伯温带着他走过惊涛骇浪和血雨腥风。这人还是可以的，他这样想。于是，他极吝啬地赞扬了刘伯温一下：“不过你说的，自古夷狄就没有哪个能治理好中国这句话很中肯。”

这是近三年来，朱元璋唯一一次对刘伯温的口头表扬，这让刘伯温心弦震动。他想，也许我能有个好下场吧。

第十五章
遭奸臣构陷，再度归乡

杨宪事件

1370年农历七月的前半个月，杨宪是世界上最乐不可支的人，因为朱元璋故意和刘伯温的指引背道而驰，让杨宪做了中书省的左丞（副相）。1370年农历七月的后半个月，杨宪成了世界上最倒霉透顶的人，因为朱元璋把他杀了。

正如刘伯温所料，杨宪有相才无相器，是个浅碟子，给他个平台，他就会把自己和平台全部捣毁。

杨宪左丞的这个位置是靠踢翻他的直属上级汪广洋得到的。在刘伯温论相后不久，朱元璋就故意同刘伯温的指引背道而驰，把汪广洋升为左丞，而把杨宪也塞进中书省，做了右丞（副相）。朱元璋对左右特别敏感，一直变来变去，现在按制度，左比右大。

左右丞离左右丞相只是一张纸厚度的距离，但左丞肯定是优先考虑的对象。从这点来看，朱元璋最先考虑代替李善长的人选是汪广洋。奇异的一幕出现了：汪广洋从前智谋百出，没有他解决不了的问题，没有他摆不平的人，可在杨宪面前，他摇身一变，成了甩手掌柜。汪广洋的不作为让杨宪大展拳脚，他第一步就是把自己的亲信全都调进中书省自己的门下，而把之前的官员全部清除。汪广洋对这样重大的事只是告诫杨宪："皇上对这种搞圈子的做法很反感，你这样做，不是辜负皇上的厚爱吗？"

杨宪毫无尊重这位上司的意思，冷笑说："我这是按传统做事，中书省哪个大家伙不是用自己的亲信？”他用他的职业习惯打量起了汪广洋，把汪广洋看得浑身发毛，最后说：“人心这玩意太可怕，人人心中都有个鬼。”

其实就在这时，杨宪虽然总是压制汪广洋，但他还不知道汪广洋是他的竞争对手。因为在他看来，他是朱元璋可爱的奴才，而汪广洋是朱元璋的大臣，当然是他和朱元璋的关系最近了。几天后，他和朱元璋一起谈事，正如刘伯温之前所担心的，朱元璋不知是有意还是无意，就把刘伯温对他的评价说了。最后还叹息着暗示说：“如果你能改掉这个毛病，李善长根本就不适合做宰相嘛。”

杨宪七窍生烟，险些就在朱元璋面前撒起泼来。他像中了某种妖术一样，把自己关在房间里，不吃不喝，自言自语，来回转悠。最后，他打开房门，跑到刘伯温家中去问罪。

那天南京城里热得像火炉，刘伯温和他的小老婆章女士正在家中最清凉的角落避暑。杨宪跟着门卫冲了进来，也不向刘伯温行礼，傲慢地站在那里，居然也不说话。

刘伯温看他的鼻翼一直在扇动，就知道大事不妙。他的头脑比几年前迟钝了很多，所以想了半天才想到，大概是他知道了我对他的评语。

一想到这里，他浑身就开始冒汗，他把章女士支开，请杨宪坐下。杨宪冷冷地说：“您对我的评价真让我茅塞顿开，犹如重生一般。我发现，我现在认识了一个全新的自己，原来我是个做什么事都掺杂个人恩怨的小人。”

刘伯温知道，这位多年以来的老朋友可不是纸老虎，特务职业所具备的素质，诸如心狠手辣、为求目的不择手段，他都具备，而且登峰造极，应该是什么事都能做得出来的。

刘伯温不解释。即使他没有对杨宪做过那样的评语，而朱元璋说有，那也是有。有些事情，不是你做或者没做，只要皇上说你做了，那你就是做了。

刘伯温安慰杨宪说：“我的评语算得了什么，皇上心中有数，你是皇上身边的红人，难道还不了解你在皇上心目中的地位？”

杨宪喜欢听这样的话，不过他仍没有放过刘伯温的意思，他说：“刘先生你和我的交情可非同一般，你就是不举我，也不能推我啊。”

刘伯温急忙道歉，说：“是是是，这件事我的确做得有点太失分寸。不过皇上问我，我就要据实回答，如果不据实回答，那就是欺君啊。个人友谊算什么，江山社稷才是你我心目中的重中之重。”

杨宪的脑门冒起了烟，指着刘伯温：“你……”

刘伯温不说话了，他原本话就不多，现在，他已经把一天的话全都说尽了。

沉默了许久，当杨宪的脑门恢复了肉色后，他居然一笑，说："汪广洋也配！"

说完这话，转身就走，脚步很重。

刘伯温意识到了，杨宪已经知道了对手就在他身边。但刘伯温已没有从前的灵气来预测这件事的走向，能预测杨宪人生的只有时间，而且这时间非常的短暂。

杨宪下定决心要把汪广洋踢出中书省，但怎么踢出去，这是杨宪要绞尽脑汁的问题。幸好，他是特务出身，善于揭人隐私。很快，他的特务们就侦查到了汪广洋对母亲不是很孝顺。站在今天伦理的角度来看，一个人不孝顺只是道德问题，和政治问题没有一毛钱关系，但在明代，特别是明朝初年，这可是个大问题。

朱元璋建立新中国后，一直叫嚷着要恢复失传已久的礼教，礼教主张"百善孝为先"，如果一个人不孝，那就是和礼教作对，就是和皇帝作对，就是和全世界作对。

杨宪侦查到汪广洋的这一恶行后，马上指示御史刘炳向朱元璋控诉汪广洋。我们对刘炳还有很深的印象，他在一个月前被朱元璋点名不许参加庆贺北元被驱逐的活动。

刘炳多年来始终跟随着杨宪的脚步，这一次，他也是想在朱元璋面前露个好脸，以抵消那次的丢脸。指控书一上，朱元璋震怒。按刘伯温的解释，朱元璋震怒的不是汪广洋不孝，而是汪广洋身为左丞，居然不能让杨宪安静，反而让杨宪掌握主动权。汪广洋的窝囊气质，才是朱元璋震怒的根本原因。

惩罚措施很快就下来了：汪广洋被削职为民，回老家。

杨宪认为这种惩罚太轻，担心汪广洋有一天会死而复生，所以又加大力度。朱元璋对汪广洋已彻底失去信心，所以又给了汪广洋新的处分：流放海南。

汪广洋一走，杨宪顺理成章地变成左丞，他离相国的位置只在眉睫。他开始欢歌笑语、大步流星起来。

"高兴得太早"是最冷酷的警示名言之一，杨宪现在就成了这一名言的反面典型。杨宪在中书省的飞扬跋扈让李善长极不舒服。杨宪在短短几天内鲸吞的李善长的权力是李善长用十几年时间积攒下来的，李善长绝不可能像汪广洋那样束手待毙。

他的反应至为激烈。他召集淮西帮成员，向他们传递这样的信息：杨宪不是我们淮西帮的人，天下是我们淮西帮的天下，怎么可以让个太原人在这里耀武扬威？淮西帮成员全体通过，要把杨宪搞倒。李善长又召集非淮西帮的大臣们，向他们传递这样的信息：杨宪是特务出身，他如果做了宰相，还有你们的好日子过吗？这些大臣们义愤填膺，认为将来的生活绝不能在战战兢兢中度过。

杨宪成了全臣公敌，已无处可逃。

“倒杨行动”很快就开始了，李善长是当仁不让的首领。他向朱元璋控诉杨宪在中书省不到十天的时间里做下的混账事。这些事里有杨宪的拉帮结派，把中书省变成了他杨宪的中书省这项罪名，仅这一项罪名，就够杨宪喝上一壶。

朱元璋才把窝囊废汪广洋赶走，又出了个一点都不窝囊、反而要做出一番惊天动地之大事的杨宪，其愤怒的程度已临近火山爆发。他下令侦查杨宪，结果在人意料之中，杨宪的确做了那么多违法的事，而且查案的人全是“倒杨行动”的成员。

杨宪完蛋了。

刘伯温早就说过，杨宪这人私欲太重，有了平台后，他会无极限地扩张这种私欲，在种种私欲中，权力欲是杨宪最喜欢而朱元璋最不喜欢的一种欲望。朱元璋对李善长虽然有很多不满，不过他最喜欢李善长一点，这个人对权力有尺度。杨宪却截然相反，没有尺度，只有一往无前地追逐。

朱元璋曾不厌其烦地向他中书省的大臣们灌输“你们只是我的幕僚长”的思想，当杨宪事件爆发后，朱元璋不无痛惜地说：“他杨宪不懂啊！”

“倒杨运动”中，刘伯温的立场肯定是站在杨宪的对立面。据一些野史说，正是刘伯温向朱元璋告密杨宪在中书省的种种不法行径，朱元璋才搞掉杨宪的。

这种说法很值得商榷，1370年已不是刘伯温的时代，朱元璋对刘伯温的话只是耳旁风，如果他真听刘伯温的话，那也不会违反刘伯温论相的宗旨，而把杨宪送到左丞的椅子上。杨宪十几天前坐到那张椅子上时，恐怕没有想过，那不是一张左丞的椅子，而是电椅。

扭捏出来的“诚意伯”

1370年的秋天，刘伯温站在紫金山上俯瞰南京城。南京城被秋色所笼罩，苍茫，毫无生气。秋风吹进他宽大的衣服中，他打了个寒战。这段时间，几乎可以用“无所事事”来形容刘伯温的生活。他虽没有隐居，其实已过上了隐居的生活。

南京城郊区第一只鸡打鸣时，他就从床上爬起，披一件衣服走到院子里，看那正在一颗一颗消失的星辰。他一动不动，像是一尊用最糟糕的石头雕成的石像。那段时间，总是看不到太阳，在黑暗和光明交接时，秋雨就来了。淫淫秋雨总是到中午才停，刘伯温总是不打伞站在雨中，他对章女士说：“这雨啊，和青田的雨大不一样。青田的雨是不会落在人身上的，它在你周围织成一个圆环雨帘，供你欣赏，绝不淋湿你。而南京城里的雨总是落到身上，雨滴冰冷，直入骨髓。”午饭后，刘伯温会换上布衣，到街上去溜达。

街上人来人往，都在为生活而奔波。没有人知道，从他们身边走过去的那个双手颤抖仿佛弄不清东西位置的人，会是这个帝国最出色的一个人。没有他，就不可能有这个大明帝国。

刘伯温走在街上，看着每个人匆忙的脸色，叹息着说：“车马如流水，邯郸梦里人啊！”

一直到晚饭时分，刘伯温才颤颤巍巍地回到家，就在这年的农历九月十五，他孤独地度过了他的六十大寿。没有人知道，他也没有告诉任何人。那天晚上，他写道：

> 樵渔事，天也和人较计，虚名枉误身世。流年滚滚长江逝。回首碧云无际，空引睇。但满眼芙蓉黄菊伤心丽。风吹露洗，寂寞归南朝，凭栏怀古，零泪在衣袂。

六十岁那年的最后几个月，刘伯温就是这样生活的。他以为可以就这样风平浪静地挨到世界末日，想不到在农历十一月，他又被朱元璋打击了一回。

1370年农历十一月，徐达北伐兵团凯旋南京。朱元璋对群臣说：“现在大家都到齐了，咱们应该分果果啦。”

朱元璋的“分果果”就是封爵，给多年以来跟随他南征北战的功臣们一个交代。这次封爵主要封了公爵六人，侯爵二十八人，伯爵两人。

中国帝制时代，对外姓的封爵大致有五种，分别是：公、侯、伯、子、男。此次的公爵六人分别是：李善长（韩国公）、徐达（魏国公）、常遇春的儿子常茂（郑国公）、李文忠（曹国公）、邓愈（卫国公）、冯胜（宋国公）。这六人中，只有李善长是文臣，其他五人都是血战沙场、用鲜血为朱元璋开疆拓土的人。

侯爵者二十八人：汤和、唐胜宗、陆仲亨、周德兴、华云龙、顾时、耿炳文、陈德、郭兴、王志、郑遇春、费聚、吴良、吴祯、赵庸、廖永忠、俞通源、华高、杨璟、康茂才的儿子康铎、朱亮祖、傅友德、胡美、韩政、黄彬、曹良臣、梅思祖、陆聚。

看到这里，总会让人疑惑，这些人名中怎么就没有刘基？再仔细数一遍，还是没有。如此重大的封赏活动，朱元璋不可能忘记谁的名字。于是，这就不仅让人疑惑，还会让人大吃一惊了。

朱元璋在封爵的诏书中这样说：“现在的爵位都是我自己定下，让人写下来的，所以是公平公正的。”为了显示自己的公正，他还特意提到两个例子：“御史大夫汤和功勋是大大的，理应封公爵，可是他喜欢喝酒滥杀，不由法度，所以只能封侯爵；廖永忠在鄱阳湖之战中舍生忘死，简直如天神下凡，还救过我的命，理应封公爵，可他喜欢让人刺探我的心意，这很不好，所以只封他为侯。”

至于那六位公爵，朱元璋认为名副其实：“李善长虽然没有汗马功劳，但跟随我最久，是我最出色的后勤部长；徐达是我老乡，帝国所有的胜利都是他亲自指挥完成的。”

现在，我们不禁要问，刘伯温的功劳到底有多大？只说一件事，廖永忠救过朱元璋的命，刘伯温在鄱阳湖上何尝没有？只凭这一点，刘伯温即使不能列入公爵行列，也应该是侯爵中第一人。

可问题是，就是没有刘伯温。

封爵诏书颁布后，刘伯温竟然无动于衷。实际上，他即使有情绪，即使爆发出这种情绪也无济于事。在当时的朝堂，已没有人替他说话了，甚至已没有人为他在心里抱个不平。

这就是导师的悲哀，因为导师永远都在幕后，人们看不到他。人们只看到冲锋陷阵的那些武夫，只看到源源不断地把粮食送到前线的后勤部长，只看到围绕在朱元璋身边叽叽喳喳的幕僚，刘伯温现在成了彻彻底底的高深莫测的隐形人。

刘伯温虽然已把余生的理想重心转移到安度晚年、不恋名利上，但这正如你借了地主老财的钱，不能因为他不缺钱就不还钱啊。

在此次封爵不久，朱元璋似乎意识到这个问题。他大惊小怪道：“啊呀，我怎么忘了刘先生啊。”

他呼唤刘伯温。刘伯温一路小跑来到他面前，朱元璋很自责，说：“你看现在大局已定，不可更改，我还是封你个伯爵吧。”

刘伯温急忙跪下磕头，说：“谢谢皇上，皇上您还想着老臣。”朱元璋就那样站着，高傲地点了点头说：“起来。”刘伯温用手吃力地支撑着地，起了半天，才站了起来。

朱元璋说：“汪广洋是被杨宪冤枉的，我已把他调回京城，就跟你做个伴吧。封他为忠勤伯，封你为诚意伯。”

刘伯温又要跪下谢恩，朱元璋不愿看到他那老朽的样子，制止了。

如今，刘伯温的名字终于上了朱元璋的光荣榜，在第三等级的第二位。如果从光荣榜的后面数起，他就成了第一位。

做戏就要做足，朱元璋又颁了刘伯温《诚意伯诰》：

> 奉天承运皇帝制曰：咨尔前资善大夫、御史中丞、兼太子赞善大夫刘基，朕观往古俊杰之士，能识主于未发之先，愿效劳于多难之际，终于成功，可谓贤智者也，如诸葛亮、王猛独能当之。朕提师江左，兵至栝苍，尔基挺身来谒于金陵，归谓人曰：“天星数验，真可附也，愿委身事之。”于是乡里顺化。基累从征伐，睹列曜垂象，每言有准，多效劳力，人称忠洁，朕资广闻。今天下已定，尔应有封爵，特加尔为开国翊运守正文臣、资善大夫、护军、诚意伯，食禄二百四十石，以给终身，子孙不世袭。於戏！尔能识朕于初年，秉心坚贞，怀才助朕，屡献忠谋，驱驰多难，其先见之明，比之古人，不过如此。尚其敷尔勤劳忠志，训尔子孙，以光永世。宜令刘基准此。

还是那副不要脸的神韵：刘伯温是主动来找他的，因为他脑袋上顶着佛祖才有的光环，是真命天子。刘伯温能掐会算，未卜先知，所以在红尘中一眼就发现了他。当然，朱元璋也算有良知，说了几句真话。他说刘伯温是诸葛亮、王猛（魏晋时期前秦重臣）一样的人物：在你的辅佐下，尘埃落定，不封你爵位是不应该，所以我就封你个诚意伯吧。

虽然有了爵位，但刘伯温还是窝囊。李善长每年的食禄是4000石，和他同是伯爵的汪广洋的食禄每年是600石，而刘伯温只有240石。

这是多么悬殊的待遇，这个扭捏出来的“诚意伯”和刘伯温的功勋相比，简直莫名其妙。

刘伯温没有一丝抱怨，在这个时候，他也不敢有抱怨。他站在院子里看天，白云滚滚。他又想起那张光荣榜来，想到朱元璋那阴鸷可怕的脸，嘴角不由得一抖，一个多年来难见的微笑出现了。

有人说，刘伯温这一蒙娜丽莎似的微笑，说明他已预料到那张光荣榜是个虚无：看着是光荣榜，其实是死神的生死簿，是朱元璋的黑名单。

多年以后，胡惟庸案和蓝玉案证明了这一点。

朱元璋一朝列爵公侯的功臣总共五十九人，这五十九人中，不计子嗣诛废和病死的，被朱元璋杀掉的共有二十三人，直接死于胡惟庸案和蓝玉案中的有十六人。1398年，朱元璋下地狱后，被封的五十九位公侯中只有耿柄文、郭英还活着。

黑名单上被划掉的第一个人，正是朱元璋口口声声说救了他一命的廖永忠，他死于1375年。罪名是：私自穿着绣有龙凤图案的衣服。有小道消息说，廖永忠被杀是因为他多年前谋杀小明王的事暴露，朱元璋杀人灭口。在廖永忠之后，朱亮祖、李文忠、徐达先后死于非命。如果说廖永忠死还有个罪名，那徐达的死纯粹是谋杀：徐达患有一种疽疮，最忌鹅肉。朱元璋偏偏送一碗鹅肉给他，并命送鹅肉的宦官在旁监视他吃掉，徐达一面吃，一面流泪，当晚就死掉了。

刘伯温在临死前可能庆幸过，幸好他没有在那张光荣榜上，幸好，他只是个不起眼的“伯”。有时候，“名实不符”还真不是坏事！

说走咱就走

1371年正月，当大明帝国南京城中所有人都沉浸在春节的喜气中时，刘伯温离开了南京城。这一次和1368年的那次离开截然不同，他光明正大地退休了。而退休的原因和两个人有关，一个是胡惟庸，另一个则是汪广洋。

1371年正月，李善长生病。朱元璋认为他已不能全身心地行使宰相的职责，所以让他暂时退休，同时把胡惟庸任命为左丞，汪广洋则担任右丞。胡惟庸虽然不是丞相，但由于没有丞相，他实际上已成了中书省的第一人。

到这个地步，任何人都看得出来，刘伯温的论相没有给朱元璋一点警示，甚至可以说，朱元璋是在和刘伯温较劲：你不让用的，我非要用。

胡、汪二人的任命书下来的那天中午，刘伯温去了玄武湖。玄武湖正从严寒中费力地爬出，迎接即将到来的春天。他看到一只燕子在湖面盘旋，大概是在找落脚的地方，但找了很久，仍没有找到，于是一个振翅，飞走了。刘伯温一直看那只燕子在遥远的空中成了一个黑点，最后消失。他小声地念叨着："玄武湖，湖，胡，胡惟庸。"然后发出一声叹息，"湖水多凉啊，我这把老骨头如何能受得了！"

胡惟庸会让任何人都受不了。他才上任几天，就雷厉风行地变更了中书省的人事结构。他有着丰富的基层工作经验，所以他属于技术官僚；加上又是淮西帮成员，他行事起来异常的顺利；又由于他手腕强硬，头脑灵活，因此在不到半个月的时间里，他就俨然成为大明帝国的实质宰相。每当胡惟庸看到同僚向自己弯腰微笑时，就会想到一个人，此人曾说胡惟庸不是个好车夫。如今，那人正像根木头一样坐在御史中丞的椅子上。

"这把椅子早就该从他屁股底下挪开。"胡惟庸对汪广洋说。

"是是是。"汪广洋连说。

"这事你来办，找几个御史指控他。"胡惟庸下了指示。

汪广洋道："这倒不用，要是连这点眼力都没有，那他就不是刘基了。"

刘伯温当然有眼力。其实这一眼力早在他1368年回南京时就已经在运用，他那苍老的躯壳里仍然保持着一份清醒之地。刘伯温在结冰的清晨等候在宫门外准备上早朝时，看到了那群官员在小心翼翼地猜测着朱元璋的心理。朱元璋说"是"的时候，他在想什么；朱元璋说"不是"的时候，他又在想什么；朱元璋什么都不说的时候，他到底想说的是什么。这些官员们搓着手，小心地跺着脚以驱逐寒冷。在这种景象中，刘伯温看到，朱元璋已在慢慢地蜕变成权力野兽。这个才建立了两年的帝国已经被恐怖之神所捉住，所有人都无法逃脱。

就在胡惟庸和汪广洋决定对他刘伯温下手时，刘伯温已先发制人，拜见朱元璋，请求辞职。他说："我已老了，不中用了。让我在这里尸位素餐，我认为这是一种煎熬。"

朱元璋沉默不语。他看向刘伯温，仔细地看。这两年多来，这是他第一次认真地去看刘伯温的脸。对于刘伯温在这么短的时间里苍老得如此之快，他有些吃惊。朱元璋不明白，还是在四年前，刘伯温浑身散发着神秘气息，让人觉得他是一位神仙级的人物，永远不会老。朱元璋还曾想过，可能有一天，刘伯温突然返老还童，成为一个风度翩翩的公子。如今看刘伯温，时光似乎在他脸上加快了速度，那张皱纹纵横的脸上，再也看不到一点灵气，俨然就是如他刘伯温自己所说的“不中用的老头子”了。

三年以来，朱元璋第一次在刘伯温身上泄下一点人性。朱元璋叹了口气，语气柔和地说：“是啊，先生您真的老了。”

这种柔情灵光一现，马上就消失了。朱元璋又恢复了他的冷酷，向刘伯温说：“刘基，你可以致仕，回老家去吧。”

刘伯温心里一颤，最近这段时间的思想重压终于轻了下来，但刹那间，他又感觉到一股压力重新回到他身上，这是一种他说不出来的、但确实存在的压力。

他连夜离开了南京城，走得悄无声息，没有任何人注意到他。城门官对那天最后一个走出南京城的刘伯温毫无印象，只是依稀记得，那是一个颤颤巍巍的老头。

刘伯温的致仕表面上看是胡惟庸和汪广洋的排挤，实际上是朱元璋的默许。朱元璋自己都搞不清楚，自己是什么时候和这位导师产生了不可去除的嫌隙，但他不会去想这样的问题，相反，他最乐于看到事情发展到今天这个地步，更乐于看到刘伯温那孤苦伶仃的身影行走在从南京到青田的羊肠小道上。

所以，在明代小说《大明英烈传》中，作者将刘伯温致仕的原因直指朱元璋：

> 且说太祖出庙，信步行至历代功臣庙内。猛然回头，看见殿外有一泥人，便问：“此是何人？”伯温奏明：“这是三国时赵子龙。因逼国母，死于非命，抱了阿斗逃生。”太祖听罢，说道：“那时正在乱军之中，事出无奈，还该进殿才是。”话未说完，只见殿外泥人，大步走进殿中。太祖又向前细看，只见一泥人站立，便问：“此是何人？”伯温又道：“这是伍子胥。因鞭了平王的尸，虽系有功，实为不忠，故此只塑站像。”太祖听罢，怒道：“虽然杀父之仇当报，为臣岂可辱君，本该逐出庙外。”只见庙内泥人，霎时走至外边。随臣尽道奇异。太祖又行至一泥人面前，问道：“此是何人？”伯温奏道：“这是张良。”太祖听罢烈火生心，手指张良骂道：“朕想当日汉称三杰，你何不直谏汉王，不使韩信抱恨，那蹑足封信之时，你即有阴谋不轨，不能致

君为尧、舜，又不能保救功臣，使彼死不瞑目，千载遗恨。你又弃职归山，来何意去何意也？”太祖细细数说，只见张良连连点头，腮边掉下泪来。伯温在旁，心内踌躇：“我与张良俱是扶助社稷之人。皇上如此留心，只恐将来祸及满门，何不隐居山林抛却繁华，与那苍松为伴，翠竹为邻，闲观麋鹿衔花，呢喃燕舞，任意遨游，以消余年。”

……次日太祖设朝，刘基叩首奏道：“臣刘基今有辞表，冒犯天颜，允臣微鉴。”太祖览表，说道：“先生苦心数载，疲劳万状，方今天下太平，君臣正好共乐富贵，何故推辞？”伯温又奏道：“臣基犬马微躯，身有暗疾，乞放还田里，以尽天年，真是微臣侥幸，伏唯圣情谕允。”太祖不从。伯温恳求再三，太祖方准其所奏。令长子刘琏，袭封诚意伯，刘伯温拜谢辞出朝门，即日归回，自在逍遥。

我们知道，这并非是事实，却生动地写出了朱元璋和刘伯温关系的阴影。朱元璋骂张良，实际上是含沙射影。刘伯温从朱元璋骂张良里敏锐地嗅到了血腥味，所以才致仕。在武侠世界中，一个人厌倦了江湖恩怨就会退出江湖，但政治场比江湖要肮脏一万倍，比江湖要恐怖一万倍，只要你还在人世，你就永远都退不出这样的江湖，只要你还有剩余价值，你就永远都退不出政治场。

刘伯温最致命的剩余价值就是他曾指引过朱元璋，还有一条，他的心直口快得罪了正炙手可热的胡惟庸，所以他退不出去。

1371年，朱元璋已经把刘伯温塞进了储物柜，只有用得到他时，才会想起这个人来。朱元璋对刘伯温的态度已是不冷不热，随胡惟庸的波，逐胡惟庸的流。所以，胡惟庸想要搞倒刘伯温，易如反掌，只要能找到机会。

1371年农历二月，刘伯温回到阔别两年多的老家。他呼吸到了青田的清新空气，那种空气像是鸡血，一下就把一路上有气无力的刘伯温激活了。在和乡亲们吃了个热闹的饭后，刘伯温把儿子刘琏叫进房间，并且锁上了门。

那天是1371年农历二月初四，没有月光，房间里的灯光被刘伯温拨弄得很暗。他从包袱里取出一张纸来，那是朱元璋在他临走前送他的一首诗，诗名为《赠刘伯温》：

妙策良才建朕都，亡吴灭汉显英谟。
不居凤阁调金鼎，却入云山炼玉炉。
事业堪同商四皓，功劳早贱管夷吾。

先生此去归何处，朝入青山暮泛湖。

刘琏看了这首诗，说：“皇上对您的评价很高啊。”刘伯温却严肃地说：“这信上有杀气啊。”他的儿子没有这种嗅觉，奇怪地看着父亲。刘伯温不想作任何解释，对儿子说：“我今天就写一封《谢恩表》，你明天出发去京城，交给皇上。”

刘琏认为去南京城递交《谢恩表》符合情理，但也不至于这么急啊。

刘伯温把灯挑了挑，灯光把父子二人的影子映在墙上，一跳一跳的。刘伯温想要和儿子分析朱元璋这个人，但张了张嘴，他又不说了，只是说：“听我的，明天一早就走。”

那天晚上，刘伯温坐在书桌前，违心地写下了他的《谢恩表》：

伏以出草莱而遇真主，受荣宠而归故乡，此人人之所愿欲而不可得者也。中谢。钦惟皇帝陛下以圣神文武之姿，提一旅之众，龙兴淮甸，扫除群雄。不数年间，遂定中原，奄有四海。神谟庙断，悉出圣衷。舜禹以来，未之有也。臣基一介愚庸，生长南裔，疏拙无似。其能识主于未发之先者，亦犹巢鹊之知太岁，园葵之企太阳。以管窥天，偶见于此，非臣之知有以过于人也。至于仰观乾象，言或有验者，是乃天以大命授之陛下，若有鬼神阴诱臣衷，开导使言，非臣念虑所能及也。圣德广大，不遗葑菲。远法唐虞功疑惟重之典，锡臣以封爵，赐臣以禄食，俾臣回还故乡，受荣宠以终其天年。臣窃自揆何修而膺此。犬马微忱，惟增愧惧。已于洪武四年二月初四日到家，谨遣长男臣琏捧表诣阙，拜谢圣恩。臣基无任激切屏营之至，谨奉表称谢，以闻。

《谢恩表》主要写了三层意思。首先是拍朱元璋的马屁，把字典里所有美誉的词都给了朱元璋，说他是“真主”，有“神圣文武之姿”，像朱元璋这样的人，尧舜禹以来，就从没有出过。拍完了朱元璋的马屁后，又贬低自己，他说自己是“一介愚庸”，才疏学浅，不知礼数。如果朱元璋是“太岁”，那我就是“巢鸥”；朱元璋是“太阳”，我就是“向日葵”。总之，你就是我的上帝，我就是你的奴仆。而至于那些神秘莫测的未卜先知，实际上也是他朱元璋的功劳，因为朱元璋是天的代表，他刘伯温的水平只能在朱元璋那里才能施展出来。最后，刘伯温对诚意伯的爵位非常非常满意，尤其是对朱元璋允许他告老还乡，更是感激得一塌糊涂，他激动的泪水险些没把自己淹死。

刘伯温写这样一封《谢恩表》，唯一的目的就是避祸。因为他明白一个道理：他退不出这个朱元璋编织的江湖，无论何时何地，朱元璋只要想把他放到砧板上，他就是一块肉！

青田知县的探访

1371年，刘伯温在老家青田过起了退休生活。从他儿子刘琏眼中看去，老爹真的老了。世界上的老人都差不多，他们在房间里来回晃悠着，高声地说着自己年轻时露脸的事。虽然如此，可没几个人注意到他们，直到突然有一天，他们去世了，他的家人或者是朋友才想起他们来。刘伯温虽然老了，但和这种老人迥然不同，他那与生俱来的孤独天性现在更加登峰造极，他每天说的话比哑巴还少，别人对他还活着这件事情的唯一印象就是饮酒和下棋。他一个人饮酒，喝得很少，他一个人对着棋盘发呆，一发呆就是一天。

刘琏认定，老爹这次回来就是准备死在家中的。老爹已经和死神签订了协议，在他生命最宝贵的四年时间里，他只希望自己能够体面地死去，而不要再有任何差池和风波。

从刘伯温的妻子章女士眼中看去，丈夫并没有老。每当夜深人静的时候，刘伯温就会醒着躺在床上。在黑夜里，他那雾蒙蒙的眼神发出闪闪的光芒，那是一种生机勃勃的光，会给人一种错觉，这样的眼神应该属于年轻小伙的。章女士说，丈夫一点都不老，因为她去年为他生了个女儿，离开南京时，她正怀着第二胎。

如果从外人的眼光来看刘伯温，那刘伯温也并不老，至少他那传奇的人生永远不会老。在这些外人中，就有一位叫凌玉的。凌玉是大明帝国正式成立后的青田县第一任县长，这位起自农家的小知识分子一直有着儒家崇高的理想，他希望能把青田打造成一个惹人注目的县城。他也找到了一个看上去非常好的办法，那就是宣传青田的软实力。他第一个想到的就是刘伯温，青田出了这样一位神人，无论如何都不能放过。

刘伯温在1371年回到青田后，凌玉就三番五次地来请过刘伯温，他亲自来的，但每次接见他的都是刘伯温的家人，刘伯温从没有出现过。在某一段时间里，凌玉似乎产生了一种梦幻般的感觉：刘伯温根本就没有回来，或者是，世界上根本就没有刘伯温这个人。凌玉一直处在梦呓状态。

不过这位“不语怪力乱神”的儒家忠实门徒还是认定刘伯温确有其人，而且就在他的辖区内养老。他想了个诡计，把自己装扮成一个山野民夫，悄悄地来到刘伯温家，敲开了刘伯温的门。刘伯温当时正在洗脚，看到是一个山野民夫，于是就邀请他进来，还准备了酒菜。凌玉第一次近距离观察刘伯温，凌玉发现刘伯温的面容真的老了。刘伯温笑的时候，嘴里的牙齿若隐若现，只有两三颗。他的左臂也不知为什么总也抬不起来，他的脸色蜡黄，像是死人，每次喘气时，肺里都会发出嗤嗤的声音。凌玉大为惊骇，刘伯温这个形象和凌玉心目中的形象相差了十万八千里，他心目中的刘伯温应该是鹤发童颜、飘飘有神仙之姿的人。

刘伯温没有去理会凌玉那波澜壮阔的心理活动，主动和他攀谈，问他的庄稼收成，问政府的政策，问这问那，凌玉都一一作了回答。虽然他回答刘伯温的问题时很庄重，但他心里还是在犯嘀咕，眼前这个颤颤巍巍的病老头，真的就是那个传说中“算无遗策”“未卜先知”的刘伯温？

他开始转守为攻，主动向刘伯温提问：“先生当年最风光的一件事是什么啊？”

刘伯温眼睛一亮，端茶的右手停在半空。凌玉从他的面部表情上看得出来，刘伯温正在追忆往事。

刘伯温一生中风光的事太多，这些事在他有意识地追忆时，如排山倒海般的进入他的脑海。他曾在石门洞得到天书，这算不算风光？他曾在元大都站着背诵了一本书，这算不算风光？他曾剿灭了吴成七的叛乱武装，这算不算风光？他曾被朱元璋请了三次，这算不算……

这种事怎么可以提？这是掉脑袋的事啊！他惊恐地停止了自己的追忆。

然后他的眼神迅疾地黯淡下来，摇头叹息说：“哪里有什么风光的事，即使有，也是在我们伟大皇帝的领导下侥幸成功的。”

凌玉大失所望，这不是谦虚，这是虚伪。而且他尤其感觉到，这种虚伪的背后有一种恐惧，凌玉不由得打了个冷战。

但凡是在那个时期进入大明帝国政府的人，有谁不知道刘伯温的盖世功勋。陈友谅、张士诚、方国珍，这些风云人物的陆续销声匿迹，都有刘伯温不可忽视的功劳。

凌玉发现刘伯温闭上了嘴，好像一辈子也不想提这些事情了，于是就换了个角度，又问:“传闻先生您前知五百年，后知五百年，可否是真的?”

刘伯温的眼神没有任何改变，情绪也很平静。他沉默了半天，才说:“这是民间虚构出来的，哪里有人可以知道天机。天机是不可泄露的。”

凌玉没有得到任何有价值的信息。不过，他坐在这位传奇人物的身边，异常的激动。这个身边的老人，看上去已经穿起了寿衣，可就在这死气沉沉的形象中，凌玉一直感觉到有股巨大的力量，这种力量，他几乎可以看得到，在两人的周围织起了一张网。当他走出门去时，必须要费力地把那张网从身上拨开。

凌玉是极不情愿地走出门去的。在长久的兴奋中，他不明白为什么脑袋里突然就缺了根弦，他向刘伯温坦白了自己的身份。刘伯温蜡黄的脸立即就变得惨白，急忙站起来，向他行礼，然后请他离开。

自此，凌玉再也没有见到过刘伯温。刘伯温就像是隐形了一样，能在他到来时突然消失，又能在他离开时，突然现形。

凌玉很遗憾。他不知道的是，刘伯温很恐惧。

已经丧失神性的刘伯温对于凌玉的到访是心惊胆战的。这一恐惧心理并非是杯弓蛇影，朱元璋那无孔不入、细致入微的特务遍布整个中国，即使是退休的官员，朱元璋也不会轻易放过。几乎和刘伯温同时退休的前吏部尚书吴琳回到老家后，朱元璋竟然派特务去吴琳的老家查看。吴琳是黄州下辖的一个村里的人，那个特务走过各种各样的路，翻过各种各样的山，涉过无数凶猛的大河，才找到那个村子。就在村外，他看到一农民打扮的老人在田间插秧，这个特务骂着娘跑过去问:“你们这里是不是有个前吴尚书?”

那位老农民停下手里的活，站直了，回答:“我就是吴琳。”

特务和吴琳寒暄了几句，又千辛万苦地回到南京，当朱元璋知道吴琳正把余生交给黑土地后，才满意地点了点头。

这件事给人的启示就是，只要是在朱元璋的平台上工作过的人，直到进入坟墓前，都会在朱元璋的“照顾”之下，这是个退不出的江湖。

刘伯温在凌玉之前的拜访中拒不接见和后来凌玉表明身份后的送客，都是朱元璋的行为带给刘伯温的条件反射，他认为凌玉很有特务的嫌疑。况且，一个退休官员和地方官来往，本身就是一件危险的事，这是朱元璋那种疑心重如山的人无论如何都无法接受的。

当凌玉问他一生中最风光的事时，他是非常兴奋的。因为到了他这个年纪，正是回忆往事的欲望最强烈的时候，一生碌碌无为的老人还会绞尽脑汁地找出此生中很得意的几件事，刘伯温也不过是个凡人，这种心理他也有。但他不能说，因为如果说了，这就是在和朱元璋争功，和朱元璋争功，只有死路一条。

浙东四学士之一的宋濂最懂得不说话的艺术，宋濂对朱元璋唯一的贡献可能就是推荐了刘伯温。这人只是学术精深，在政治上毫无建树，不过在当时的政治生态中，他有一项法宝，那就是十分的谨慎、百倍的小心，为官从不讲一句废话。他在自己家的墙壁上贴着“温树”两个大字作为座右铭，家中如有人来访，谈起政治，宋濂就指一下墙上的字，微笑。朱元璋对宋濂这样嘴巴很紧的人非常赞赏。几年后，他夸奖宋濂：“事朕十九年，未尝有一言之伪，消一人之短，始终无二。非止君子，真可谓大贤。”

刘伯温怎么可能不谨慎，他太了解朱元璋了。

凌玉被送客后不久，刘伯温的儿子刘琏突然有一天闯进刘伯温的卧室，说：“城里来了几个身穿锦绣的淮西口音的人。”刘伯温扔了手中的筷子，跑起来到院子里张望，但刘琏却带了点失望的口气说：“他们穿城而过了。我以为他们京城里的人是来看父亲您的。”

刘伯温的肺里发出剧烈的嗤嗤声，脸色惨白，指了指儿子，大概是想要骂几句，可由于紧张，没有说出话来。

刘琏不是他爹刘伯温，自然就不明白老爹的恐惧产生的源泉。刘伯温以为那几个淮西口音的人中会有朱元璋。虽然理性告诉他，朱元璋不可能来处州，但他还是会胡思乱想。

朱元璋亲自去侦查大臣这样的事件不是没有过。刘伯温在弘文馆的一位同事，曾为陈友谅工作的罗复仁就曾受到过这样的“皇恩”。罗复仁和刘伯温的性格很像，秉性刚直，能言敢谏，在朱元璋面前敢于直陈意见，朱元璋表现出很喜欢他的样子，称他为“老实罗”。突然有一天，老实罗正在家里读书，几个人进了他家院子。他定睛一看，吃了一大惊，原来正是他那伟大的皇上。朱元璋观看了他的房子，发现这房子破烂不堪，在房间里迈的步子稍大一点，就会尘土飞扬。朱元璋对这种苦行僧的生活很满意，说：“大贤人怎么能住这样破烂的房子？”回宫后，他就下令赐给老实罗一座高大豪华的宅第。

“世事难料！”刘琏有一天正在读书，突然听到父亲刘伯温没头没脑地说了这样一句，他问询，得到的回答是：“天知道将来会发生什么事，所以，我必须要小心，加倍地小心。”

刘伯温说这话的时候，左手毫无生气地垂着，右手的五根手指震颤着。刘琏叹了口气：“老爹真的老啦！”

朱元璋来信

刘伯温有时候并不老。1371年农历六月，朱元璋西征兵团攻陷明玉珍的儿子明升的重庆，明玉珍帝国覆灭。这是一次值得庆贺的事，但朱元璋遇到了一个小难题。钦天监的人对他说："太阳里又见黑点，而且已经三年。"朱元璋曾清楚地记得，几年前，太阳曾出现黑点，他的一员大将胡深被敌人处决，他不知道这次太阳里的黑点预示着什么。

本年农历八月，朱元璋想到了在他人生中最重要的人物刘伯温。其实朱元璋根本没有想理刘伯温，但这种天象的事，他手下那群人种居然没有一个可以解决。钦天监的工作人员讨论了很多天，给朱元璋递交了一份报告。报告中详细叙述了自有人类以来太阳黑子的历史记载，并且认定太阳出现黑子必然是不祥之兆，因为每次太阳有黑子出现，都会有灾难的事发生，天灾也有，人祸也有。可这些人只会总结，不会推理，当然更不会预测。

朱元璋发了一回怒，钦天监的人就跪在下面浑身发抖。谁都明白，发抖解决不了任何问题。于是，朱元璋就想到了刘伯温。想到刘伯温，在他看来，应该是无可奈何的事。

朱元璋给刘伯温写了封信，信中说："万恶的重庆政府已被我解放，举朝欢腾，天下人欣喜若狂，我现在的疆域比之中国历代王朝的疆域已不算少了。你之前曾说过，元王朝是以宽而失国，所以我认为治中国，非猛不可。不过那些恶人是非常厌恶严刑峻法的，所以诽谤国家，总搞小动作，我很头痛。这可能是最近天象有变的缘故，最近太阳中出现黑子，不知道灾祸从哪里来、什么时候开始。"

接着就是朱元璋最狡猾的地方："你住在山中，身边肯定有些奇能异士，你可否和他们请教一番，研究出个推理性的报告交给我？"

谁不知道，刘伯温最善于观天象、识变化，还用得着去请教别人吗？朱元璋其实最核心的意思是，即使你把这件事办了，我也认为这不是你一个人的功劳。

信的最后，朱元璋又假惺惺地说："上次你儿子来送感谢信，由于我太忙，没有问您的身体如何，我现在差人去给你送信，你就不要给送信人礼物了，只请他吃个农家菜就得了。我想你现在肯定不亦乐乎，山里空气好，你又没有什么烦心事，所以赶紧把这件事办了。"

刘伯温接到这封信后，陷入沉思。他内心开始了波涛汹涌：一方面，朱元璋重新想起了他，这使刘伯温燃起了他潜意识里“安邦定国”的欲火；一方面，他又恐惧这种事，因为自1368年以来，和朱元璋打交道成了他生命中的不能承受之重。

他很矛盾，真的想不理尘俗事，一直到死去，但又不敢和朱元璋这样说。在矛盾重重中，他的欲望战胜了理智，他拿起笔来，准备写下关于太阳黑子的推理报告。但他没有直写，而是先恭贺朱元璋解放了重庆，然后才说到太阳黑子的事。

刘伯温认为，太阳黑子的出现并不绝对地证明就有什么灾难的事发生。这话他早就说过，为政当宽猛结合，该宽要宽，该猛要猛，这其中没有什么一成不变的规律，全在自己的本心。

朱元璋读到这封信后，放下了心。就在1371年农历八月之后，朱元璋曾多次向刘伯温请教天象问题，刘伯温都一一作了详细的解答。

当人们在1371年最后一个月看到刘伯温时，刘伯温的精神似乎好了很多。这和他重新与朱元璋建立了联系有着重要的关系。

他那蜡黄的脸有了一点点红润，他的左臂偶尔也能听从他的指使，他还能以年轻人的速度爬上青田山，欣赏山下的景色。

有那么几天，刘伯温认为枯木真的会逢春。朱元璋的来信越来越有人情味，问候他的身体，问候他的家人，偶尔还会用几个可怜的字追忆一下两人并肩奋斗的情景。这让刘伯温产生了梦幻般的感觉：皇上在他人生低谷时终于拉了他一把。

不过，他那极富智慧的头脑偶尔会跳出来警告他：狗是改不了吃屎的。

这话当然是提醒他，朱元璋只是暂时利用他，现在的他在朱元璋的心目中只是个工具，是一把扫帚，打扫完房间后，扫帚仍然会回到墙角，从来没有人会把扫帚放在房间正中央。

刘伯温没有重视这一警告，于是，他最后余生中最大的波澜“谈洋事件”出现了。

谈洋事件

谈洋事件包含两件事，第一件事是这样的：青田县南60公里处有个村落叫谈洋，这里是处州的边缘地带，和温州接壤，同时又与福建行省的三魁比邻。由以上的论述可以看出，这是块“飞地”，浙江行省鞭长莫及，福建行省没有义务管，所以此地的治安环境相当恶劣，是出产刁民的宝地之一。早在元朝时，这里就经常发生盗贼光天化日之下抢劫杀人的事件。后来，一大批私盐贩子跑到这里占山为王，并与方国珍友好。方国珍投降朱元璋后，此处仍然是个盗贼的安乐窝，朱元璋政府羽翼未丰，对此地只能睁只眼闭只眼。

刘伯温自从朱元璋的来信“重视”起来后，突然心血来潮，像中了魔一样研究起了谈洋。在作了大量研究和调查后，刘伯温给朱元璋写了封信。信中说，谈洋这个地方之所以是盗贼的天堂，就是因为那里的百姓也不是好鸟，他们照顾着盗贼，甚至他们本身就是盗贼。要彻底解决谈洋的治安问题，必须要在那里设置巡检司。

巡检司是县衙底下的基层组织，职能相当于今天的武装检查站，其主要设置在关津、要冲之处。它的职能是盘查过往行人，稽查无路引外出之人，缉拿奸细、截获脱逃军人及囚犯，打击走私，维护正常的商旅往来。

朱元璋认为这个建议非常有建设性，于是就让大臣们讨论。胡惟庸马上恼羞成怒。

胡惟庸虽然没有特务出身的杨宪那样耳听八方、眼观六路，但自他进入中书省担任左丞后，他始终把精力放到工作上，他动员所有的官员都专注天下事，无论大事小情，必须要第一时间向他汇报。他这样做的目的只是希望能被朱元璋继续刮目相看，然后把他送到丞相的椅子上去。但不能不说，自胡惟庸主掌中书省后，整个帝国政务的确在有条不紊、几乎毫无遗漏地进行着。现在，突然出了这么一件事，胡惟庸的脸上无论如何都挂不住。

那天早朝的情景是这样的，朱元璋先是问浙江行省：“你们可有人知道谈洋这个地方？”

让朱元璋大为震惊的是，居然没有人回答。也就是说，没有人知道世界上还有这样一个地方。这说明什么？依朱元璋那个变态的脑袋思考的结果就是，人人都在关心自己眼皮子底下那点破事，或者是关心连最偏僻山区的妇女都知道的大事。

他去问胡惟庸："你知道有这样一个地方吗？"

胡惟庸知道。他曾在福建的基层待过，听说过浙江有这样一个地方，这个地方是任何基层官员都不愿意去的地方。因为太乱，农夫白天是农夫，晚上就成了盗贼。但自从朱元璋建立新中国后，谈洋这地方就没有人提及过，按胡惟庸的见解，这地方太微不足道了，新中国成立后的大事太多；或者说，这个地方的治安可能随着新中国的建立而自我良好了，就如春天来了，所过之处全是绿色。但胡惟庸不知道，谈洋那地方永远都是沙漠。

现在，胡惟庸感觉嘴里渗出一股苦涩的黏液，针对朱元璋的询问，他不无痛苦地回答："臣知道这个地方，正准备作实地调查后……"

朱元璋用手势制止了他。他说："这种地方全是刁民，还用作什么实地调查，一定要设立巡检司。"

胡惟庸急忙承认朱元璋的英明，但他马上就问道："皇上您是怎么知道这地方的？"

朱元璋不满地向他瞥了一眼，冷冷地说："是刘基告诉我的，他也认为应该设立巡检司。你们中书省是不是应该向他学习一下？"

如果说，胡惟庸没有注意到谈洋这地方，而让别人注意到了导致他的羞愧，那么，当他听到是刘伯温注意到的后，羞愧就变成了恼怒。

刘伯温简直是阴魂不散，胡惟庸现在就是这样的想法。他恨刘伯温，因为刘伯温把他看成是一个危险人物，他更恨刘伯温的是，刘伯温似乎总在朱元璋面前抢他的风头。这在普通的社会生活中都是大忌，何况是在残酷的政治生活中。

胡惟庸现在唯一想的就是挽回面子，挽回面子的唯一方式就是把刘伯温的功劳贬低得一文不值。他对朱元璋说："刘伯温离谈洋近在咫尺，而且谈洋之地的平安与否和大局无关，但如今他现在提出来了，我们应该加紧筹办这件事。"

朱元璋冷笑，说："你呀！那就去办吧。"

一个月后，谈洋巡检司设立，刘伯温的心情很好，仿佛重新找回了当年和朱元璋的亲密感情，但这是幻觉，他和朱元璋永远不能恢复从前的关系。

天意有时候很难猜测，这是因为它不按章法走。谈洋巡检司设立的几个月后，又发生了一件事，把刘伯温推到了悬崖峭壁上。

这是第二件谈洋事件，事情是这样的：茗洋这个地方本来驻扎着一支武装小分队，不知是什么原因，这支小分队有个叫周广三的士兵发动兵变，带领了一批士兵和农夫跑到了谈洋占山为王。而巡检司由于是初建，在应变能力和作战能力上都有欠缺，于是，周广三很有坐大的势头。当地政府吓破了胆，所以隐匿不报。刘伯温离那个地方最近，对情况最了解，所以就写了封奏折，要他的儿子刘琏亲自到南京城送给朱元璋。这是1373年农历三月的事。

胡惟庸得知此事时，七窍生烟。他召集他的团伙成员，拍着桌子大叫："他刘伯温根本就不知道什么是体统，连续两次，居然不通过我们中书省，这明显是没有把我放在眼里。这样的事我如果还能忍受，那还算是个人吗？"

他的同伙们一致认为他不算个人，并且义愤填膺，认为必须要教训刘伯温，让天下人看看，没把胡副宰相放在眼里的人是什么下场。

教训刘伯温是一定的，但怎么教训他，大家分成两派。一派是武将，武夫做事大都喜欢直奔主题，快刀斩乱麻，和智商有关的事，他们做起来很费劲。依他们的意见，找几个手脚麻利的刺客，去青田把刘伯温做了。一派是文臣，他们在政治迷宫中走过很远的路，并且深有体会，用政治手段最安全，也最具杀伤力。所以，他们认为应该在皇上面前指控刘伯温。

胡惟庸先是否决了武夫们的办法，然后对文臣们说，皇上自刘伯温回老家后，对他的态度发生了转变，刘伯温在他心目中已有了新的地位，而且，刘伯温这人也没有什么瑕疵供我们指控的。所以，这个思路虽然不错，但操作性不强。

正在大家叽叽喳喳时，胡惟庸在人群中听到了一声冷笑，这声冷笑是那种自信的笑，胡惟庸一下就听出来，这个人是个有办法的人。他在人群中循声望去，就望到了一个国字脸、浓眉小眼的人。这个相貌让人联想到卡通人物，不过此人的智慧可一点都不卡通。他叫吴云沐，是司法部部长（刑部尚书），从其职务来看，就知道他在栽赃陷害上有着丰富的经验。

胡惟庸看到他冷笑后，一副得意扬扬的架势，就知道他有东西。吴云沐向他使了个眼色，胡惟庸马上明白了，他清退了众人，只留下吴云沐和几个心腹中的心腹。

吴云沐伸出一根手指，说："很简单。编一个让皇上特别忌讳的故事，让刘伯温成为这个故事的主角。"

其中一心腹马上作恍然大悟状，抖搂小聪明道："就说周广三叛乱是刘伯温主使的。"

胡惟庸很鄙夷地看了他一眼，冷笑道："你当刘伯温是头猪啊，他指使周广三叛乱，又第一个来报告？再说，他和周广三八竿子打不着，怎么可能联系上？皇上信了这种事，那才叫奇怪呢。"

他又看向吴云沐。吴云沐慢悠悠地说："我听说一个人的优点往往会成为别人攻击他最便利的匕首，有时候，一个人的优势其实就是他的劣势。"

这段富有哲理的话让胡惟庸陷在茫茫云雾中，他极力地转动脑筋，思考这句话背后到底隐藏着什么事实，终于他想到了。

他一拍手，说："刘伯温这人的优势不就是能掐会算吗？"

吴云沐连连点头，说："是啊是啊，只要在这上面做文章，不怕搞不倒他。"

胡惟庸陷入沉思，用他那在政治斗争中苦修出来的超级联想力，终于又一次让他想到了。

胡惟庸想到的这件事和周广三叛乱没有关系，而跟去年的谈洋设立巡检司有关。

几天后，吴云沐向朱元璋上了一道指控刘伯温的信，信中说："去年，刘伯温要您在谈洋设立巡检司，名义上是为了朝廷着想，实际上是为了他自己的私欲。"

朱元璋看到这里，很奇怪，刘伯温居然还有私欲，这真是他没有想到的一件事。他接着往下看，信中说出了刘伯温的私欲：刘伯温原本是想把他自己的坟墓建到那里的，但那里的百姓不愿意，所以他就想出了以政府的名义驱逐那些百姓，而那块地自然就空出来了。

这封信最妙的地方就在于写到此处，戛然而止，留给朱元璋的意味深长。

朱元璋果然品尝出了其中的意味，立即毛骨悚然。刘伯温可是未卜先知、能掐会算的神人，风水这种事在他那里就是小儿科，他如此煞费苦心地选中谈洋那个地方作为坟墓，这已是一目了然。那个地方一定是风水宝地，甚至可能是龙兴之地，将来的天下，可能要姓刘。

一想到这里，朱元璋不但毛骨悚然，而且脸色发白。他放下信，手扶着龙椅，几乎要摔倒。"可恶！"他深吸了一口气，恨恨地说。

胡惟庸适时地来了。他说："刘伯温这是以公谋私，应该严惩。"朱元璋沉默不语。胡惟庸继续说："他儿子正在回家的路上，应该把他儿子捉拿归案。"朱元璋沉默不语。胡惟庸只好说出朱元璋最敏感的话来："他能掐会算，选那块地为他的墓地，这事……"

朱元璋示意他闭嘴。朱元璋坐进了椅子，冷静地观察胡惟庸，想到了他是刘伯温最看不上的人，又想到了刘伯温只是性格太刚，却是聪明到极致的人。而谈洋事件如果真如吴云沐所说的那样，那刘伯温岂不成了初出茅庐的毛头小子？

他突然意识到这是一场阴谋，不过刘伯温确实很可疑，因为他有那么多技能在身，一个人有技能那就是个危险人物。虽然如此想，但他不同意胡惟庸对刘伯温儿子下手，他说：“既然刘琏已经走了，就算了。”

胡惟庸说：“这事怎么就能算了呢？”

朱元璋点头说：“是啊，这事不能就这样算了。下道圣旨到青田，剥夺刘伯温的俸禄吧。”

“然后呢？”

胡惟庸直勾勾地看着朱元璋的脸，那张阴冷的脸像海上的天气，反复无常，莫测高深。朱元璋的脸突然阴云转晴，他笑了，说：“然后？刘伯温应该知道然后。”

刘伯温当然知道然后。当他收到那封圣旨后，他蒙了，这犹如一个晴天霹雳，一下劈在了他头上。至少有一个时辰，刘伯温坐在椅子上像是死人一样，他在反复思考这件事的来龙去脉。圣旨说，他在谈洋挑了块地当作他的坟墓，这是子虚乌有的事。不过他明白一个毋庸置疑的道理：政治场上，你是否做了一件事不重要，重要的是有人说你做了还是没做。

刘伯温的第一个反应就是，这必然是胡惟庸的诬陷，而朱元璋根本没有相信这样的诬陷。否则，就不会是剥夺他俸禄这么简单。可朱元璋在不相信的情况下剥夺了他的俸禄，只有一种情况，那就是，朱元璋对他还不放心！

一个时辰后，他在房间里转悠起来，自言自语，像着了魔一样。这种情景，我们并不陌生，当初他被困绍兴时就是这样的。而今天，他一面重演这一情景，一面絮叨着，时间不是一条直线，一去不复返，而是一个圆圈，它一直在围着每个人转动，当一个人死去时，它还在转动，永不停转。

又一个时辰后，刘伯温站住了。他的心定了下来，他叫来家人，语气凝重地说：“我要去京城。”

他的家人疑惑不解，问他：“是去解释这件事吗？”

刘伯温苦笑：“月有阴晴圆缺，如何解释？”

刘琏聪明地说：“既然无法解释，那为何要自投罗网？”

刘伯温看着这个傻儿子，语重心长地说：“现在对我而言，天下就是罗网。”

1373年农历七月，刘伯温孤身一人走进南京城。南京城当时酷热难耐，树的绿叶沾满尘土，灰色的瓦片毫无生气，他为南京城在短短的几年时间里衰老到如此程度而吃惊不已。当他佝偻着身体走进朱元璋的皇宫时，他才发现，那座才刚建造的皇宫也老了很多，墙皮脱落，柱子失去光泽，从前红灿灿的大门被晒成了血黑色。

他自言自语着，叹息着，见到朱元璋，艰难地跪了下去，作了一番深刻的检讨。

他说，自己不该冒失失地去找坟地，更不该冒失失地找了本不应该去找的地方。朱元璋要他抬起头来，刘伯温就费力地抬起头。朱元璋大吃一惊，因为才两年不见，刘伯温又老了，几乎老了几百岁。他的相貌已不忍目睹，只有即将入棺材的老人才有那样的相貌。

还是在五年前，刘伯温还意气风发，有着青年人的精力，有着少年人的热情，有着中年人的智慧。如今这一切，在刘伯温的脸上和他那瘦骨嶙峋的身上一点都看不到了。这是个已经和死神签订了契约的人，可能就是在今天，或者明天，死神就会来把他带走。

朱元璋没有责备他，也没有安慰他，因为这件事，大家心知肚明。对于他的来京，朱元璋一点都没有意外，因为在朱元璋的意识中，刘伯温必然会来，朱元璋只是想不到，来到这里的刘伯温和自己印象中的刘伯温相差十万八千里。

刘伯温特意申明，他这次来就准备老死京城，决不会再离开了。朱元璋说：“好啊，如果我有什么事，还可以找你商量，这是不错的一件事。”

胡惟庸也说：“刘先生能留下那真是太好了，中书省有什么纰漏的地方，刘先生恰好可以指正。”

刘伯温诚惶诚恐地看向胡惟庸，想要摆出一个礼貌性的笑容，但没有成功。

他看向朱元璋。他想，朱元璋还能有什么事？

他不知道，他也不想知道。因为这已经是他历史的尾声，帷幕已经开始落下，他的舞台正在缩小，直到最后的闭合。

一个始终退不出的江湖，他又回来了。这说明，时间一直在转圈，刘伯温这样想。

第十六章
悲情一生的谢幕

但愿我说错了

刘伯温离开人世前最宝贵的一年多时间里，他把毕生精力和智慧的余烬都献给了回忆，留了一点点给了胡惟庸和朱元璋。

对刘伯温的主动坦白，胡惟庸大失所望。按他原本的想法，刘伯温只要不在朱元璋身边，一切事就都好办，他可以像永动机那样对刘伯温发射永不停歇的明枪暗箭。不过现在刘伯温近在眼前，所以他的进攻肯定会遇到刘伯温的抵抗，这事就不如想象中那么好办了。

刘伯温对胡惟庸的提防是从骨子里发出的，无奈命运作弄，他越是提防胡惟庸，越是希望胡惟庸能失败，胡惟庸就爬得越高。1373年农历七月，也就是刘伯温来南京城请罪的那个月，胡惟庸被朱元璋提升为中书省右丞相。据说，当胡惟庸傲慢地接受百官的祝贺时，刘伯温在病榻上捶床激愤地叫道："希望我看错了他，那是苍生之福。如果真不幸言中，那老百姓该如何是好啊！"

这话让胡惟庸知道了。胡惟庸先是暴跳如雷，说刘伯温死性不改，不过一听说刘伯温因为此事而病情加重，他就高兴起来。他对身边的亲信说："如果不费一口唾沫之力就能把刘伯温活活气死，那我愿意继续高升，哈哈！"

其实，胡惟庸的高升并不是刘伯温气倒在床的全部原因。自他1373年农历七月到南京城后，他的身体已非他所有。用他本人的话说，现在之所以未倒下，全是因为几根铮铮钢骨的支撑和对皇上抱有崇敬之心的精神力量。这话是矛盾的，如果他真的是铮铮铁骨，那他对朱元璋就不该有崇敬之心。朱元璋不值得他崇敬，只值得他唾弃。

朱元璋首先在丞相人选上就明目张胆地背叛了刘伯温。杨宪违法乱纪被处斩，并未让朱元璋想到刘伯温论相的可靠性。他始终不懈地提拔汪广洋，希望汪广洋能雄起，可汪广洋莫名其妙地变成了一个不说话的木偶；他提拔胡惟庸，又让汪广洋牵制他，可汪广洋再次让他失望。1373年农历七月，胡惟庸顺利晋级，成为右丞相，而汪广洋因为不作为被气急败坏的朱元璋赶出了中央。

刘伯温始终搞不明白的是，朱元璋不是瞎子，怎么看不出胡惟庸是个野心勃勃、做事不择任何手段、自私到极致的人？

在南京城最酷热的八月，太阳把整个城炙烤得像火光一样飘忽，刘伯温就在这座酷热的城中揣度朱元璋的心事。他一面揣度，一面抱怨着炎热，恨不得从皮里跳出来。当太阳落到山那边，黑暗来临时，刘伯温认为自己想明白了朱元璋为什么会和自己背道而驰。几年前，刘伯温认为朱元璋是故意和自己对着干，目的是摆脱从前二人的合作模式，可朱元璋是个非常理性，甚至是冷酷的人，他不可能因为个人恩怨，而拿他千辛万苦创建的帝国开玩笑。直到今天，刘伯温才想明白了另外一个原因——朱元璋也是无可奈何，在群臣中，真正具备丞相素质的人寥寥无几，胡惟庸是里面的佼佼者。另外，朱元璋被胡惟庸紧紧地包围着，如此近的距离和频繁的往来，使朱元璋深陷其中，不可能客观理性地看待胡惟庸。正如那句诗所言：不识庐山真面目，只缘身在此山中。

刘伯温一想到这里，就会对这个当时世界上最大的独裁者抱以深深的同情。朱元璋太可怜了，离他最近的人，他看不清；离他远的人，他怀疑。每天想的不是做皇帝的荣耀，而是做皇帝的危险，很恐惧别人会效仿他，揭竿而起革他的命。朱元璋在刘伯温心中现在成了恐惧之神的奴隶。

想到这里时，刘伯温拼命地摇了摇头，使自己冷静下来。最近这段时间，他总是感觉自己似乎在思考，又似乎在做梦，又似乎在梦里思考，又似乎在思考中做梦。

他说：“但愿我想的是错的。”

刘伯温可能在朱元璋用相上想错了，但在朱元璋多年来对他的挤压上却没有想错，因为事实就摆在那里。

谈洋事件发生后，朱元璋突然做了个莫名其妙的决定：暂停科举。

明帝国的科举是刘伯温亲自主持恢复的，时间在1370年农历八月，首次科举考试，刘伯温就担任了主考官，并且在那一年网罗了很多优秀的人才。朱元璋对这一“事半功倍”的政治方略毫不动心。他曾说：“科举这玩意所招收的都是没有行政经验的年轻人，让他们这样的人当官，这不是害百姓吗？”

如果我们了解刘伯温恢复的科举考试内容，就会探析出朱元璋的奇怪心理。刘伯温恢复的科举考试其实是元王朝的科举考试，考试科目是朱熹注释的《大学》《中庸》《论语》《孟子》这“四书”，同时加上《诗经》《尚书》《礼记》《周易》《春秋》“五经”。在这些书中，朱元璋最痛恨的就是《孟子》，因为孟子说“民为贵，社稷次之，君为轻”。字面意思是说，在一个帝国中，人民是最贵的，其次是国家，最后才是君主。

实际上，孟子的本意远没有今天的我们想的那样前卫和高尚。他其实说的是作为一个君主，必须要有这样一个意识：王朝可以变更，君主也可以变更，唯一不变的就是支撑国家和君主的人民。人民是基础，所以作为君王，一定要重视百姓，把百姓放在最尊贵的位置上，心里要时刻想着自己的权势地位都是来自人民，要为人民服务。

朱元璋对这样的思想，并不排斥，他本人就来自底层人民中，而且他很爱自己的人民。他最切齿痛恨的是孟子“民本”思想衍生出来的“君臣交易”理论。依孟子的看法，孔子那套不计利害的“忠君”是比猪还愚笨的。孟子说，国君给你一碗饭，你就做一碗饭的事，多一粒米的事都不要做；国君如果给你一顿臭揍，那你就马上离开，但你不要灭亡他，等着比他更有力量的人来灭他。也就是说，君臣之间是等价交换的关系，你值得辅佐，我就辅佐；你不值得我辅佐，我就炒你的鱿鱼。不要以为你是手握生杀大权的君王，我就要毫无原则地讨好你，甚至给你当狗。其实咱们是平等关系，这种平等关系的思想源泉就是，我来自人民，人民是最贵重的，而君主和人民一比，就是个贱货。朱元璋从最低贱的位置上崛起，是个货真价实的贱货，好不容易才爬上了皇帝这个尊贵的位置上，居然又被看成是贱货，他那廉价的自尊心如何受得了这样的打击？

据说，朱元璋读《孟子》时，像是在读一本咒骂他祖宗十八代的檄文。他怒睁双目，咬牙切齿的声音能传到宫外，当他的忍耐超过他的底线后，他一跳三丈高，把《孟子》一撕两半，摔到地上，用脚拼命地踩，再拿起来，用牙咬，最后说：“要是这老家伙还活着，我非得砍了他的脑袋。”他命令国子监把摆放的孟子神位一劈两半烧了。多年以后，他越想越气，就让人把《孟子》书中那些“邪恶言语”共计八十五条统统删掉。

暂停科举，可能有孟子的功劳，更多的可能是因为科举制是刘伯温恢复的。而那时正是谈洋事件甚嚣尘上之时，他的愤懑无处发泄，于是就把刘伯温留下的痕迹之一——科举给暂停了。

朱元璋对刘伯温的印象在表现上越来越差，1373年正月，朱元璋在和浙江文人桂彦良聊天时，谈到天下文坛，桂彦良在这方面有谈论的资本。

桂彦良，慈溪（今浙江慈溪）人，少时警敏异常，加之勤奋好学，成为当地的名人，参加科举，一举成名。他曾在浙江教育部门工作过，见天下纷乱，按儒家最伶俐的“有道则现，无道则隐”思想的指引，回乡隐居。当他在隐居期间，张士诚与方国珍都派人带着厚礼来请他出山，桂彦良吃不准这两人的前途，都婉拒。1368年，朱元璋在南京建立明帝国，桂彦良观望很久，慢慢发现朱元璋的潜力很大，但朱元璋不知道他，所以没有人来请。桂彦良等了好久，意识到张、方二人来邀请的历史已不会被朱元璋重演，就主动出来，跑到南京城向朱元璋要官做。朱元璋和他一谈之下，发现浙江的确是人才辈出之地，于是留下他，要他做了太子宫中的教授。桂彦良和宋濂成为同事，又是同乡，所以宋濂不遗余力地在朱元璋面前赞颂桂彦良的逼人才气。朱元璋说：“你们浙江才气逼人的知识分子多如牛毛啊。”宋濂说：“这人不但才气逼人，而且嗓门巨大，就是沉在水底的死尸，经他一喊，也会被震得浮出水面。”

朱元璋不相信，就写了一首诗，命桂彦良在早朝时朗诵，桂彦良抓住这个机会，把声音提高了八度。于是，正如宋濂所说的那样，玄武湖水底的鱼都被震得晕了过去，翻着白肚皮浮上水面。

男高音桂彦良于是得到朱元璋的赞誉，这不仅因为桂彦良的确才华横溢，因为他那天生一副好嗓子，更因为朱元璋的诗本写得极臭，可经过桂彦良朗诵出来后，给人的感觉却是出人意料的好。

朱元璋在一次桂彦良吃润喉药物时，称赞他“江南的大学者，唯独你一人”。

桂彦良清清嗓子，回答说：“我不如宋濂、刘基。”

朱元璋冷笑：“我太了解这两人了。宋濂是个单纯的文人，而刘基为人严峻而心胸狭隘，他俩都不如你啊。”

桂彦良虽然嘴上未说什么，但心里却认定，他在文坛上，的确不如宋濂和刘伯温。而朱元璋说刘伯温心胸有点狭隘，他就不知道这话到底是什么意思了。他对刘伯温不太了解，但道听途说了很多，在这些信息中，他丝毫没有感觉到刘伯温是个心胸狭隘的人。

在1373年时，真正了解刘伯温的人恐怕只有宋濂和朱元璋。彻底了解刘伯温并领教过刘伯温性格的人，都已作古。那都是旧社会的人和事了。

如果能把刘伯温在元王朝时期的同事从棺材里挖掘出来，问问他们对刘伯温的印象如何。他们肯定会这样说：刘伯温是个刚毅慷慨的人，原则性强，每当讨论天下安危的事时，平时沉默寡言的刘伯温像中了魔一样滔滔不绝，义形于色。

刘伯温的朋友们会这样说：刘伯温是个好兄弟，对每个朋友都是用心结交，洞见肝腑。他平生最重义气，坦坦荡荡，有话直说，从不藏着掖着。这样的人很容易得罪人，所以，他的朋友很多，但敌人也不少。

刘伯温的乡亲们对刘伯温的印象是这样的：很守礼义，生活很朴素，经常做好事不留名，即使是后来做了那么大的官回青田后，也从没有炫耀过他那尊贵的身份。

朱元璋说刘伯温心胸狭隘，实际上就是刘伯温的耿直和刚硬。只要是他心中认准的人和事，他都据理力争，从不给人留余地。朱元璋还清晰地记得，当初所有人都说临濠是定都之地，可就他刘伯温冷冰冰地说，那地方啥都不是。

朱元璋对刘伯温的评价已经低到这种地步，让很多人震惊，要知道，刘伯温跟随他八年，指引了他八年，就像是养了个小孩子，用民间的说法，是一把屎一把尿把朱元璋拉扯到龙椅上去的。这样一个对朱元璋一生都至关重要的人，得到的却是朱元璋一句“心胸狭隘”的评价，连朱元璋本人都大感吃惊。

宋濂一点都不吃惊，刘伯温这次拖着一副苍老的皮囊回到南京城后，宋濂经常去看他。两人坐在一起，从不谈朝中的事，两人只是回忆“浙东四先生”的历史。这段历史，早已沾染上了厚厚的尘埃，恐怕只有刘伯温和宋濂这两位老人才有兴趣拂去尘埃，咀嚼着被人遗忘的历史，而有滋有味。

宋濂望着秋叶在空中打着转，说：“我还记得我们那年来见皇上，好像也是这样的天气。”

刘伯温咳嗽了一声，说：“你记错了，我记得是春天，下着毛毛雨。我浑身淋湿了。”

宋濂说：“是吗，可我记得皇上那时已经穿上了棉衣，多朴素啊，没有一点颜色。”

一阵风把刘伯温灰白的头发吹起，刘伯温打了个哆嗦，说：“你可能又记错了，我那时穿的可是单衣，我这样的身体还穿着单衣，说明那肯定不是秋天。”

宋濂又说：“我没有记错。皇上当时还让你即兴作诗，你在诗里就谈到了秋天。”

刘伯温对老友的记忆如此不开窍，很是气愤。他说：“你真的记错了，我根本就没写过什么诗。这十多年来，我写的诗、文章都屈指可数。你记错啦。”

宋濂说：“好吧，我不想跟你争了。不过有件事你肯定记得。”

刘伯温说：“很多事我都不记得了，你刚才说的什么浙东四先生，我都想了很久。”

宋濂说：“如果这件事你不记得，那我一定记得，而且终生难忘，虽然你说的是假话。”

刘伯温一直迷茫的眼睛像打开开关的灯一样亮了起来，他想从躺椅上坐起，但没有成功。他很急切：“我刘伯温还说过假话？我只在……”

他脑海中还有块清醒的地盘，所以说到这里时，马上停了。宋濂笑了笑，说：“这件事是这样的，有一次皇上问你，当今文坛谁是老大。你说是我宋濂，你又说，这第二的位子我刘伯温是当之无愧的。”

刘伯温张着已经看不到牙齿的口，许久，才缓缓地说：“大概是说过这样的话吧。但我不明白，哪句是假话。”

宋濂谦虚地一笑，说：“我的文才不如你啊。”

刘伯温急忙摇头，那颗苍老的头颅摇摇欲坠。他说：“这是真话，我不如你。”

宋濂一脸的严肃，从身边拿出一首长诗来，说：“你的这篇诗歌代表了你最高的成就，我望尘莫及。”

刘伯温看过去，那是他前不久作的一篇，名为《二鬼》。这是一篇洋洋洒洒1400余字的诗歌，正如宋濂所说，它是刘伯温诗歌中最光辉的篇章。诗中以“二鬼”喻他和宋濂，“天帝”则指的是朱元璋。诗歌通过离奇变幻的神话故事夸张他们要在动乱中重建儒家封建秩序的幻想，也说明了他们受到朱元璋的牢笼豢养、抱负无法实现的苦闷。我们想要理解才子刘伯温，不必去看他所有的文章诗歌，只需要看这一篇就足够了：

忆昔盘古初开天地时，以土为肉石为骨，水为血脉天为皮。昆仑为头颅，江海为胃肠，嵩岳为背膂，其外四岳为四肢。四肢百体咸定位，乃以日月为两眼，循环照烛三百六十骨节，八万四千毛窍，勿使淫邪发泄生疮痍。两眼相逐走不歇，天帝愍其劳逸不调生病患，申命守以两鬼，名曰结璘与郁仪。郁仪手捉三足老鸦脚，脚踏火轮蟠九螭。咀嚼五色若木英，身上五色光陆离。朝发旸谷暮金枢，清晨还上扶桑枝。扬鞭驱龙扶海若，蒸霞沸浪煎鱼龟。辉煌焜耀启幽暗，燠煦草木生芳蕤。结璘坐在广寒桂树根，漱咽桂露芬香菲。啖服白兔所捣之灵药，跳上蟾蜍背脊骑。掐光弄影荡云汉，闪奎烁壁葩花摛。手摘桂树子，撒入大海中，散与蚌蛤为珠玑。或落岩谷间，化作琦玕琪。人拾得吃者，胸臆生明翚。内外星官各职职，惟有两鬼两眼昼夜长相追。有物来掩犯，两鬼随即挥刀铍。禁制虾蟆与老鸦，低头屏气服役使，不敢起意为奸欺。天帝怜两鬼，暂放两鬼人间娭。一鬼乘白狗，走向织女黄姑矶。槌河鼓，褰两旗，跳下皇初平牧羊群，烹羊食肉口吻流膏脂。却入天台山，呼龙唤虎听指麾。东岩凿石取金卯，西岩掘土求琼蕤。岩訇洞砉石梁折，惊起五百罗汉半夜拨刺冲天飞。一鬼乘白豕，从以青羊青兔赤鼠儿，便从阁道出西清，入少微，浴咸池。身骑青田鹤，去采青田芝。仙都赤城三十六洞主，骑鸾翳凤来陪随。神霓清唱毛女和，长烟袅袅飘熊旗。蜚廉吹笙虎击筑，罔象出舞奔冯夷。两鬼自从天上别，别后道路阻隔不得相闻知。忽闻韩山子，往来说因依。两鬼各借问，始知相去近不远，何得不一相见叙情词。情词不得叙，焉得不相思。相思人间五十年，未抵天上五十炊。忽然宇宙变差异，六月落雪冰天逵。鼋鼍上山作窟穴，蛇头生角角有歧。鳄鱼掉尾斫折巨鳌脚，蓬莱宫倒水没楣。搀枪枉矢争出逞妖怪，或大如瓮盎，或长如蝼蛇。光烁烁，形躨躨。叫鹿豕，呼熊罴。煽吴回，翔魌魑。天帝左右无扶持，蚊虻虱蝇蚋蜞，嚼肤咂血图饱肥，扰扰不可挥筋节，解折两眼眵，不辨妍与媸。两鬼大惕伤，身如受榜笞，便欲相约讨药与天帝医。先去两眼翳，使识青黄红白黑。便下天潢天一水，洗涤盘古肠胃心肾肝肺脾。却取女娲所抟黄土块，改换耳目口鼻牙舌眉。然后请轩辕，邀伏羲、风后力牧老龙告泰山稽。命鲁般，诏工倕，使丰隆，役黔嬴，砺釜凿，具炉锤，取金蓐收，伐材尾箕。修理南极北极枢，斡运太阴太阳机。檄召皇地示部署，岳渎神受约天皇墀。生鸟必凤凰，勿生枭与鸱。生兽必麒麟，勿生豺与狸。生鳞必龙鲤，勿生蛇与蟦。生甲必龟贝，勿生蝓与蜞。生木必松楠，生草必荠葵，勿生钩吻含毒断人肠，勿生枳棘覃利伤人肌。螟蝗害禾稼，必绝其蝝蚳。虎狼妨畜牧，必遏其孕孳。启迪天下蠢蠢氓，悉蹈礼义尊父师。奉事周文公鲁仲尼曾子舆孔子思，敬习《书》《易》《礼》

《乐》《春秋》《诗》。履正直，屏邪欹，引顽嚚，入规矩。雍雍熙熙，不冻不饥，避刑远罪趋祥祺。谋之不能行，不意天帝错怪恚，谓此是我所当为，眇眇末两鬼，何敢越分生思惟。呶呶向瘖盲，泄漏造化微。急诏飞天神王与我捉此两鬼拘囚之，勿使在人寰做出妖怪奇。飞天神王得天帝诏，立召五百夜叉带金绳将铁网，寻踪逐迹莫放两鬼走逸入崄巇。五百夜叉个个口吐火，搜天刮地走不疲。吹风放火烈山谷，不问杉柏樗栎兰艾蒿芷蘅茅茨，燔焱熨灼无余遗。搜到九万九千九百九十九仞幽谷底，捉住两鬼，眼睛光活如琉璃。养在银丝铁栅内，衣以文采食以麋。莫教突出笼络外，踏折地轴倾天维。两鬼亦自相顾笑，但得不寒不馁长乐无忧悲。自可等待天帝息怒解猜惑，依旧天上作伴同游戏。

仙鬼门徒

1374年的春天，刘伯温在宋濂的陪伴下到紫金山游玩。他已玩不动，不停在动的只是他的思维。就是思维，现在也是在做反向转动。刘伯温有意识地让自己跳进回忆的陷阱中，不想爬出来。

他对宋濂说："紫金山气势雄伟，是座帝王之山，和其他的道教仙山泾渭分明。"他说，年轻时他在栝苍洞天游玩，山上有座紫虚观。很久以前，观里有个叫徐泰定的道士，经过多年修炼后，突然有一天骑着仙鹤飞入云霄，做神仙去了。

他还说，他年轻时在青田山里，看到一只只仙鹤从山中飞起，一直飞进云层中消失不见。据说，那些仙鹤都是接引使者，谁能乘坐它们，谁就会成为神仙。

在温暖的回忆中，刘伯温想起了青田山中的石门洞，世人说，就在那里他得到了天书。不过刘伯温太老了，对这件事一点都不敢肯定。不过有件事他记得特别清楚。那是在天台山上清玉平洞中，他遇到一位仙风道骨的老道，两人很快就成为道友。有一天，月光如水，探进洞中，老道士坐忘良久，突然叹气道："其实多年以前我也是红尘中人，而且还在科举考试中中过举。"刘伯温问他是哪一科，道士说："这我不记得了，我只记得那一年中进士的人中有晏几道。"刘伯温大吃一惊，晏几道是北宋时期的人，也就是说，这老道士如果没有撒谎，已经有三百多岁了。

老道士继续说："我中举后无意仕途，隐居山间，参悟神仙之道，终于在昨天被我参悟。我将要驾鹤西去，今有一奇书，我赠与你，希望能对你将来的人生有所帮助。"

刘伯温等老道走出山洞后，打开那本奇书，乃是《火攻阵法》。随便翻了几页，发现是自己即使超越想象力的极限都无法联想到的火攻技巧。刘伯温跑出山洞，就在他面前，起了一阵发光的微风，那位道士正在飞升，并且挥手向他告别。那一天，刘伯温清晰地记得是1347年农历三月八日。

宋濂"哦"了一声，指出这个故事的虚假处："三月八日哪里来的月光？"

刘伯温茫然若失，想了想说："那就是我记错日期了，或者是，那天根本没有月光。"

宋濂笑着问道："如果这件事是真的，你真的认为那个老道士飞升成神仙了？"

刘伯温说："神和仙可不是相同的，世界上没有神，但有仙。古人认为，神是天地万物的创造者和主宰者，是天地之本，万物之始。但天地万物是'气'所形成的，根本就不是神所创造的，所以世界上没有神。仙和神不同，仙是有的。"

宋濂问："你怎么知道有仙？"

刘伯温回答："看物啊。比如狐狸，是野兽；枫树，是植物，这两种物都能怪变。人是万物之灵，当然更会变。所以说，仙人，只是人的怪变而已。怪变可有，但很少，所以你很难见到仙。"

宋濂再问："仙会永远不死吗？"

刘伯温回答："这怎么可能？天以其气分而成为万物，人只是其中一物，只要是物，就是有机生命，那就注定有生有死。所谓仙人，不是可以长生不死，而是能活得久一点。我曾写过一首《古歌》，就是我的神仙观：'旧花欲落新花好，新人少年旧人老。佳人见此心相怜，举觞劝我学神仙。我闻神仙亦有死，但我与子不见耳。只言老彭寿最多，八百岁后还如何？'"

就在宋濂和他谈话的那天晚上，刘伯温坐在庭院中，开始行道教的"坐忘"之功。很快，他就陷入梦幻状态，在外人看来，坐忘之功达到巅峰状态时，人的灵魂会沉睡，物我两忘，雷打不动。

刘伯温至少有十年不曾修行"坐忘"之功，这是因为他一直在为朱元璋排忧解难，没有时间。如今，他有了时间，当他坐在那里，进入坐忘状态后，周围的一切立即模糊起来。他睁开眼，黑夜成白昼，庭院里起了白色的雾，他看到有几个道士推门进来，径直走向他。

刘伯温注意到共有七个道士，他们穿着靓丽的道袍，飘飘如仙。走在最前面的道士向他鞠躬，带着灿烂的笑容问他：“还记得我吗？”

刘伯温根本不必用心回忆，因为在他记忆的海洋中，有一块道家的宝地，那里的太阳永不会落下去，永远照耀着那些人和那些事。他说：“我记得你，你叫张玄中，当年我被元政府羁管绍兴时，我曾到宝林寺游玩。就在那里，你我相遇，从此成为好朋友。”

张玄中点头，说：“你那时心情沮丧，一心想要和我修道。想不到的是，造物弄人，你最后还是步入红尘，成就如此大业。”

刘伯温怅然若失，喃喃地说：“现在如此，何谓大业啊？”

在张玄中后面的道士闪了出来，仰天长啸，问刘伯温：“还记得我吗？”

刘伯温不需去认真辨认，只看他那放荡不羁的样子，就知道他是张雨。张雨是元代茅山派道士，据很多人说，张雨一生都和僵尸打交道，这也难怪，茅山道士本来就是捉僵尸的专业户。张雨不仅有捉僵尸的本领，在道家和道教的思想层面上，也有非比寻常的建树。他能在元大都结交无数高级知识分子就是一个毋庸置疑的证明。

刘伯温清晰地记得，他在江浙教育部门工作的1349年，一次游览西湖时遇到了张雨，二人相谈，刘伯温就确定这是两人伟大友谊的开始。张雨飞升前，曾要刘伯温答应给他写墓志铭，由此可见二人的情谊之深。

刘伯温一面回忆他和张雨那些美好的时光，一面看其他的道士。他看到了吴梅涧，那位在刘伯温读书时代就把刘伯温看成是朋友的吴梅涧，他看到刘伯温苍老的面容，不由得叹息不已。他说：“光阴真可怕啊。”刘伯温说：“幸好，它很快就不会折磨我了。”

剩下的几个道士异口同声道：“刘伯温啊，你正在开窍啊。”

刘伯温去看说话的人，那是元末著名的道士梁惟适、王有大，还有詹明德。这三人都是刘伯温在道教人生中的精神导师，特别是詹明德，他曾在刘伯温被元政府多次抛弃后，劝说刘伯温要么彻底归隐山林，做一个无忧无虑的道士，要么就在心中栽种一颗意志的大树，让它生根发芽，等待英明的君主来大树下乘凉。刘伯温最终被动地选择了后者，他们的道士朋友们贡献颇多。

正当他和这三个人讲话时，突然一个年轻的道士从人群背后飘到了他面前。刘伯温吃了一惊，因为这人虽然穿着道袍，但穿得七扭八歪，而且在他记忆中的道士里，没有这个人。

这人看出了刘伯温的惊讶，微笑着问："你真不认识我了？"

刘伯温仔细辨认，实际上，他的眼睛在一年前已经看不清什么东西了，只是今天，他不知道是什么原因，能看清一切。但他还是没有认出这个人来。

他抱歉地摇了摇头。那人从袖子里拿出一块木牌，木牌上写了九个字："高筑墙，广积粮，缓称王。"

刘伯温的记忆豁然开朗，惊喜地叫道："你是朱升。"随之又恐惧起来，"你不是死了吗？"

朱升哈哈大笑，声如驴鸣。刘伯温就在他纵声大笑时，急忙整理自己的回忆，试图还原一个真实的朱升。

朱升的确死了。他死于1370年，没有人注意到他的离世，因为他死在偏远的徽州府休宁县（今安徽休宁），他的老家。朱升在元末明初是和刘伯温并驾齐驱的人物，他在1357年被人举荐给朱元璋后，奉献了九字箴言："高筑墙，广积粮，缓称王。"——"缓称王"，肯定是朱升的智慧，但"高筑墙"和"广积粮"，有人说是汪广洋的智慧。1360年，刘伯温来到南京献上《时务十八策》，朱升在朱元璋心目中的地位缓缓下降，他渐渐地成了朱元璋的谋士，而刘伯温则成了朱元璋的导师。刘伯温和朱升曾亲密合作过，在鄱阳湖之战中，朱升也是随行的谋士之一。在后来"亲朱派"的努力下，刘伯温在鄱阳湖上的那些出神入化的智谋一股脑地扣在了朱升的头上，包括他救了朱元璋一条老命。

鄱阳湖之战，无论如何都是刘伯温一个人的表演，虽然如此，朱升的影响力在当时却是毋庸置疑的。他跟随了朱元璋11年，一直为朱元璋出谋划策。1368年，朱元璋建立了他的新中国，朱升脑海里惊雷滚滚。他和刘伯温一样，看清了朱元璋阴鸷无常的嘴脸，所以他请求退休。朱元璋之所以允许了他，是因为那年他已经七十一岁，老得连路都走不动，最让朱元璋放心的是，朱升这么多年来老实谨慎，从来没有让朱元璋不放心的地方。

朱升帮刘伯温重温了二人的同事经历，刘伯温还是不太相信，眼前这个人就是朱升。因为朱升死的时候，已经老得快成粉末，而面前这个自称是朱升的人还俨然是个活力充沛的年轻人。

朱升告诉他："在那个世界，光阴是倒流的。人会越来越年轻，直到成为不足月的婴儿，最后再投胎到这个世界。"

刘伯温决不相信这样的事，他说："人死了就是死了，不可能成为鬼，更不可能有另外一个世界。即使这个世界上真有鬼这一说，那也是这样的：人死后为鬼，这鬼只是一种存在物，他们看不到活人，活人也看不到他们。而最终，鬼还是要变成气的，永远消失。”

朱升不想和他辩论这样显而易见的问题，他仔细审视着刘伯温，叹息着，苦笑着。周围的雾气正在消散，刘伯温发现朱升和他那些道士朋友们变得透明起来。他听到朱升说：“最完美的你已经在1368年回青田的途中死掉了。”

刘伯温大叫起来：“不可能，现在是1374年，我还活着呢。”

那几个道士朋友哄然大笑，说：“你看看你啊，老成这个样子，活在忧伤和恐惧中，生，还不如死呢。”

刘伯温惘然失措，他不知道该如何回答这样的问题，但他确信自己还活着。因为他在朱升那越来越透明的躯体上看到自己的容貌，一头干枯苍白的头发，眼神晦暗。这正是一年来他从铜镜中看到的自己，而铜镜中的那个他是活着的。

朱升在哄笑声中凑近他的耳朵说：“虽然辛苦，但终有终结的一天，你好自为之。”

说完这句话，雾气就彻底散开了，那些朋友们渐渐地变成空气，在庭院里凭空消失。刘伯温的脑袋一耷拉，像是脖子后有根绳子一样拽了他一下，他清醒过来，庭院里漆黑一片，树叶被风吹落了一地。

他不禁打了个哆嗦，四下望了望。他确信，刚才那是一场梦，但这梦太清晰太真实了，他忽然产生一种感觉，现在的他，是不是在做梦？他梦到自己被胡惟庸诬陷，为了保命，来到南京，自我软禁。

他想，这真是有生以来最大的噩梦，这梦，什么时候能醒啊？

胡惟庸来访

一年后，刘伯温将会在老家青田的病榻上，想到南京城那个严寒的上午胡惟庸来探望他的情景。那是1375年的正月，刘伯温记得胡惟庸来的时候，外面正下着雨夹雪。

整个1374年，刘伯温在恍恍惚惚中度过。他每天还会拖着病体去上早朝，不过经常迟到。迟到的时候，他就站在宫门外，浑身不易察觉地颤抖；不迟到的时候，他在朝堂上一语不发。站在他身边的人总会看到他在闭着眼，喉咙里发出母鸡下蛋的声音，同时还会闻到他口里呼出的如同畜群的味道。

大家都说，刘伯温老了，而且病得不轻。两年前，他刚到南京时，有人看到死神在他家大门前徘徊；后来，就有人看到，死神进了他家庭院，在那里，死神一直向他的卧室探头探脑；再后来，大家在他的庭院里也看不到死神了，有人推测说，死神已进了他的卧室，刘伯温离死不远了。

朱元璋早就知道刘伯温重病在身，不过他从没有关心过。人们对他的冷酷无情大为惊讶，而朱元璋却有不同的想法。那还是1374年夏天，一个酷热难耐的中午，朱元璋对宋濂说："刘伯温这人死不了，他自以为是个神人，不会在该死的时候死去，而是在想死的时候才能死去。他现在还不想死呢。"

宋濂并没有把这句话透露给刘伯温。他知道这句话并不是好话，担心刘伯温受到刺激。虽然没有这样的刺激，刘伯温的病情还是在一日千里地恶化。他的眼睛已经看不清东西，眼前永远是白茫茫的一片；他的肺部和肝部持续地疼痛，使他无法入睡；他的精神越来越差，经常把来看他的人误认为是远古时的人。比如有一次，他就把宋濂误认为是盘古，并且问宋濂："当初你开天地时用的是板斧，可当时天地混沌，什么都没有，你的板斧是哪里来的？"又有一次，他把宋濂误认为是创造了人类的女娲，当宋濂和他交谈时，他一直窥探宋濂的屁股。宋濂问他原因，他说："你的尾巴呢？你不是人首蛇身吗？"

宋濂后来就很少去看他了。最后一次，宋濂悄悄地问他："你是不是在装疯卖傻啊？"刘伯温眯着眼，一本正经地问宋濂："这么多年你去哪里了？我们浙东四先生就只剩我一个人了，我好孤独啊。"宋濂以为他认出了自己，正准备高兴一场，却听到刘伯温喃喃地说："章溢啊，你怎么这么多年不来见我啊？"

胡惟庸来拜访刘伯温，不是他的本意，而是朱元璋的意思。朱元璋对他说："大家都说刘伯温病入膏肓，我不太相信。你去看看他，到底怎么回事。"

胡惟庸只好来见刘伯温。他和朱元璋不同，他是个理性主义者，理性主义者认为人都要经历生老病死，所以刘伯温病重是事实。当他见到颤颤巍巍走出来的刘伯温时，更深化了这一认识。

刘伯温其实不是见胡惟庸，而是"听"胡惟庸。他侧着头，用耳朵对准胡惟庸，认真地听胡惟庸讲话。

胡惟庸说："我是奉皇上之命来看你的。"

刘伯温就点头。

胡惟庸又说："其实我和皇上一样，想看看你什么时候——死！"

刘伯温也点了点头。

很久的时间，胡惟庸没有说话，刘伯温也不说话，客厅里安静得如外太空一样。

突然，刘伯温突然伸出右手的食指，放到耳边，说：“你听，太阳在轰隆隆地响。”

胡惟庸还真就去听了，可他什么都没有听到，他只是看到外面的雪大了起来。他不以为然地说：“今天没有太阳，正下雪呢。”

刘伯温“哦”了一声，突然又煞有介事地说：“你感觉到没有，大地在转，飞快地转动。”

胡惟庸心里说了句“疯子”，嘴上却说：“地怎么会转？刘基，你幻听啦。”

他站了起来，叫外面的跟班进来，跟班手里端了一个四方盒子，他把盒子放到刘伯温身边的桌子上，说：“我早就听说你病得很重，根据你的病情，我找了几个高明的医生，为你配了几服药，相信你吃了，肯定会痊愈的。不要担心。”

刘伯温就站了起来，说：“谢谢，我马上吃。”

胡惟庸也站了起来，转身要走。这个时候他听到刘伯温说：“五年后，我们再见。”

胡惟庸又转过身来，皱眉问：“你说什么？”

刘伯温看了他一眼，胡惟庸吓了一跳。刘伯温的黑眼球已经不见了，俨然是个瞎子。他又听到刘伯温小声地说：“五年很短，我等你。”

胡惟庸莫名其妙，笑了笑，大步流星地走出了刘伯温的家。

刘伯温站在那里，突然说了句：“但愿我没有说错。”

这就是胡惟庸最后见到刘伯温的情景，也是刘伯温在人间最后见到胡惟庸的情景。胡惟庸把这一场景用语言的方式传递给朱元璋时，朱元璋“咦”了一声说：“刘基该不会真的不行了吧？”

胡惟庸用一副悲痛的声调说：“据臣的观察，应该是不行了。”

朱元璋陷入沉思，良久才说：“我看我有必要见见他。”

不过，据经常去看望刘伯温的几个大臣说，现在见刘伯温，如同见个傻子。刘伯温已有点神志不清，自说自话，根本无法和他正常交流了。

朱元璋半信半疑，终于在1375年农历二月的一天，他命刘伯温来见。

最后一面

刘伯温和朱元璋在人间的最后一面，是自古以来凤毛麟角的一幅柔情似水的政治画卷。实际上，朱元璋每天都能见到刘伯温，朝堂上，他经常会在不被人注意时把目光扫向刘伯温。那时的刘伯温，双眼呆滞，不经意地打着并不响亮的嗝。在透进大殿的熹微晨光中，朱元璋看到刘伯温呼出的气有时候是五彩的，有时候是乌黑的，还有时候，看不到他呼出的气，就像是个不能呼吸的死人。

他眼中的刘伯温，虽然老态龙钟、精神萎靡，但直到1375年农历二月，二人独自相见之前，他从没把死亡和刘伯温挂上钩。可当他第一眼看到几乎是挪进来的刘伯温时，内心深处不由得一动，脑海中一道闪光，“死亡”两个字跃上眉头。

刘伯温要跪下去，他没有让。非但没有让，一股“悔之晚矣”的心态使他不由自主地快步走向刘伯温，握住了他的手。刘伯温的眼眶里仍然是白茫茫的，但他能看清眼前这个人，就是他把毕生精力和智慧都捐献给的那个人——朱元璋。

两个人都老了。刘伯温是生理上的苍老，而朱元璋则是心灵上的苍老。两个老人面对面坐着，谈着谈着，就掉进了回忆的陷阱中。

朱元璋先开了头。他说：“刘先生还记得当初陈友谅来攻南京，阵势骇人，是您让我稳住阵脚，调兵遣将，才避过那一劫。”

刘伯温吃了一惊，他知道，自己真的快要死了，连朱元璋都看出来了。如果朱元璋没有看到他即将死去的信息，这个忘恩负义的人是不可能谈这样的事情的。

他笑了笑，说：“不记得了。”

朱元璋潜意识里当然没想让他记得，所以继续说：“后来小明王被张士诚攻击，所有人都同意我去拯救他，只有你不同意。就是在那次，陈友谅趁我后院空虚，兵围洪都。如果不是您，鄱阳湖之战的结果如何，还真未可料。”

这件事，刘伯温必须要记得。他严肃地说：“您是真龙天子，就是没有我在，您也一样平安无事的。”

朱元璋摇了摇头，但马上又点了点头。又接着说道：“后来就是张士诚、方国珍、蒙古人，我每一个对手的消失，都有先生您的运筹帷幄，功不可没啊。”

刘伯温闭上眼睛，白色的曙光消失了。他看到了鄱阳湖，还有鄱阳湖上密密麻麻的战舰。他看到一颗火球正在飞向朱元璋的指挥舰，他听到自己那底气十足的声音，叫朱元璋赶快离开战舰。他叫了起来。

这时，他感觉朱元璋在推他。他睁开眼，看到朱元璋惶恐的神情。朱元璋说：“先生你在喊什么？”刘伯温这才意识到，他的神经在刚刚又陷到错乱的泥沼中了。

当他恢复平静时，朱元璋又追忆着往事。朱元璋说：“帝国初建时，我是胆战心惊，我从未想过会有1368年那一天，我居然成为了皇帝。如果不是您的《时务十八策》为我指点迷津，我现在还会从梦中惊醒。”

刘伯温极端谦虚地说：“《时务十八策》只是几张纸而已，纸上谈兵。如果没有皇上您的精明手腕，再好的策略也只是说闲话。”

朱元璋叹息了一声，说：“先生是否还记得您对我说过，王保保不可轻？”

这件事，刘伯温当然也记得。而且，自他1368年说出这句话后，现实情况一直在验证着。

王保保自1368年聚兵占据甘肃后，朱元璋的远征军一直对他进行持续不断的攻击。在付出了巨大伤亡后，好不容易把王保保逐出甘肃，但结局更糟糕：王保保逃出山西后，开始和朱元璋的远征军玩起了游击战。

当时朱元璋远征军总司令徐达在横扫中国境内的蒙古势力时，最头疼的就是王保保兵团。这是一支军纪严明、骁勇善战、来去如风，并在血腥中成长起来的兵团。在王保保的领导下，这支兵团众志成城，用徐达的话就是“软硬不吃，油盐不进”。徐达兵团在每次和王保保兵团的战役中，都会取得胜利，但在伤亡面前，胜利就不值一提了。

徐达远征军最悲惨的一次发生在1373年。本年，徐达兵团十五万人分三路同时出击，设想把北元政府连根拔起。其中中路军是徐达，由雁门直趋北元老窝和林；东路军司令是李文忠，从居庸关至应昌，然后直逼土剌河（今图拉河），目的是从西北面攻击和林；西路军司令是冯胜，出金兰取甘肃，试图扫清那里的北元散兵游勇。

东路军司令李文忠的开局美好，结局悲惨。他的兵团开始时所向无敌，一直推进到胪朐河（今克鲁伦河），又在土剌河击溃北元猛将哈喇章。李文忠进行得如此顺利，难免轻敌，所以急行军，当大军抵达拉鲁浑河（今鄂尔浑河）畔的称海后，陷入了北元兵团的包围圈，李文忠艰难地突破重围，损失惨重。

中路军徐达的开局就不美好，结局更是惨不忍睹。他遇到的对手就是他多年来头痛的王保保。当他的军队到达土剌河后，王保保兵团和他们打起了硬碰硬的野战，徐达轻易获得胜利，紧追不舍。因为前方就是和林，徐达不是那种瞻前顾后的人，当他的兵团到达和林后，突然周围锣声四起，徐达大叫一声不好，显然，他中了王保保的诱敌之计。徐达虽然冲出重围，但他的五万人马全军覆没。

西路军司令冯胜兵团没有遇到强劲对手，披荆斩棘，可对整个战略计划已无任何作用，这一年的北伐就这样灰头土脸地结束了。

在这次北伐失利后，朱元璋曾对他的军官们说："我此生有三件事非常遗憾：一、没有传国玉玺；二、王保保未擒；三、元太子无音问。"

传国玉玺是秦始皇用和氏璧制造的一块国家印章，印章是八个字："受命于天，既寿永昌。"在相当长的时间里，这颗传国玉玺象征了国家权力，谁得到它，就意味着谁建立的王朝才是正统的王朝，而他本人则是正统的皇帝。北宋灭亡时，传国玉玺被金人夺走，后来就不知下落。元朝初年，有人在街市上吆喝卖传国玉玺，当时的宰相伯颜拿到手后，认为这玩意不过如此，所以就把这玩意和其他的玉玺放在一块，后来伯颜把这些玉玺都磨平了，送给各位大臣刻私人印章。传国玉玺惊鸿一现，从此再没有出现过。

朱元璋建立新中国后，始终把这件事当回事，他的北伐兵团其中一项重要的任务就是寻找这个传国玉玺。可惜，到他死时，传国玉玺也没有找到。

北元太子就是元顺帝的太子爱猷识理答腊，元顺帝去世后，爱猷识理答腊领导的北元政府始终是朱元璋的一大心病。"无音问"其实是说，爱猷识理答腊政府从未和他沟通过，只是抵抗，不停地抵抗，偶尔会发动一次反攻。

朱元璋把爱猷识理答腊放到王保保的后面，足以说明王保保真的未可轻。

为了把王保保这个敌人变成朋友，朱元璋曾七次派人招降王保保。但王保保给出的回答，永远都是沉默。有一段时间，朱元璋甚至神经质地怀疑，世界上是否有王保保这个人。

1375年农历八月，王保保病逝。朱元璋得到消息后，总算松了一口气，他首先问他的那些将军们："当今天下，谁可称得上是奇男儿？"大家都认为非常遇春莫属，因为常遇春横行天下，无人可挡。朱元璋摇头说："遇春的确是个汉子，但我能收服他。我却不能收服王保保，所以王保保才是真的奇男儿。"

当然，朱元璋说这些话时，刘伯温在人间早已听不到了。在1374年农历二月那个即将到来的黄昏，刘伯温却听到了朱元璋提到的王保保。

他叹息了一声说：“是啊，王保保这人是不可轻的。”

朱元璋又试着回忆起很多事来，这些事都和刘伯温有关。他希望用这种回忆弥补他对刘伯温的忘恩负义，但他也明白，太晚了。

刘伯温从朱元璋眼里看到的是柔情，听到的是朱元璋真心实意的表达。可当他深入朱元璋的内心，去寻找内心深处泯灭的柔情时，他马上就找到了。也就是说，朱元璋现在回忆的这些事，只是对他刘伯温一种客套的安慰。这种安慰虽然从内心里发出，但正如离弦的箭一样，一去不回。朱元璋和刘伯温在一起追忆刘伯温的好，是无源之水、无根之木。

当追忆到谈洋事件时，朱元璋的脸就冷了下来。他盯着刘伯温说：“我不相信这样的事，但我知道你是个风水学大师。这样的事，我不相信，别人也会乱说。”

刘伯温浑身一震，这一天最后的一缕阳光和大地平行着射到房间里来，照到一块水晶上，撞出五彩缤纷的星星。在那些星星中，刘伯温看到朱元璋那张久违的狰狞的脸。他想，这次谈话可以结束了，他和朱元璋在人间的最后一面也结束了，他和朱元璋的历史也已经结束了。

他费力地站了起来，对朱元璋说：“皇上，我可能要不行了。自从胡丞相给我送来一服药，我将它吃掉后，肚子里就起了个瘤子，摸得清楚。我的肚子胀得厉害，平躺时都会窒息。我的大便次数增加，每天都在十几次。”

朱元璋还在想谈洋事件，漫不经心地，但语气里带着威严冷酷：“刘基，你好好养病，不碍事。”

刘伯温跪下谢恩，朱元璋这次没有阻拦。这是个非常缓慢的场景，刘伯温的动作如同慢镜头，朱元璋特别欣赏这一艰难的跪拜。当他要刘伯温平身后，突然想到一件事。他问刘伯温：“听说你说过这样的话，凡事不必尽如人意，但求无愧我心？”

刘伯温点头。

朱元璋冷冷地又问：“你此生真的能无愧于心？”

这是一个非常刁钻的问题。刘伯温站在那里，对他的人生进行了严肃的回顾后发现，他真的不能无愧于心。实际上，任何人都不可能无愧于心。

刘伯温离开

1375年农历三月，刘伯温在南京城中忍受着提前到来的炎热。他的两鬓流着油腻的汗，给朱元璋写一封请求回家的信。出乎意料地，他上午送去的信，下午答复就来了，来的信是朱元璋给刘伯温的最后一道手诏，名为《御赐归老青田诏书》，开篇就是气势凌人：

> 朕闻古人有云：君子绝交，恶言不出；忠臣去国，不洁其名。尔刘基栝苍之士，少有英名，海内闻之。及元末群雄鼎峙，熟辨真伪者谁。岁在戊戌，天下正当扰乱之秋，朕亲帅六军下双溪而有浙左，独尔栝苍未附，惟知尔名耳。吾将谓白面书生，不识时务，不久而栝苍附，朕已还京。何期仰观俯察，独断无疑，千里之余，兼程而至，谒朕陈情，百无不当。至如用征四方，摧坚抚顺，尔亦助焉。不数年间，天下一统。当定功行赏之时，朕不忘尔从未定之秋，是用加以显爵，特使垂名于千万年之不朽，敕归老于桑梓，以尽天年。何期祸生于有隙，致使不安。若明以宪章，则轻重有不可恕；若论相从之始，则国有八议。故不夺其名而夺其禄，此国之大体也。然若愚蠢之徒，必不克己，将谓己是而国非。卿善为忠者，所以不辨而趋朝，一则释他人之余论，况亲君之心甚切，此可谓不洁其名者欤，恶言不出者欤。卿今年迈，居京数载，近闻老病日侵，不以筋力自强，朕甚悯之。於戏，禽鸟生于丛木，翎翅干而扬去，恋巢之情，时时而复顾。禽鸟如是，况人者乎。若商不亡于道，官终老于家，世人之万幸也。今也老病未笃，可速往栝苍，共语儿孙，以尽考终之道，岂不君臣两尽者欤。

在这道《御赐归老青田诏书》中，朱元璋和在二月里跟刘伯温聊天的那个朱元璋判若两人。这道诏书中，没有任何人性，直接呼刘伯温为“尔刘基”，同时把谈洋事件放大，最后一兜，说他朱元璋此生对刘伯温已是仁至义尽、无愧于心。

刘伯温捧着这道诏书，流下泪水。三月初四，他离开南京城，回青田。宋濂来送行，刘伯温问：“皇上没有说什么吗？”宋濂说：“皇上很关心你，问你能否坚持到家。”

刘伯温苦笑说：“当然能。”二人分别的最后，他拉宋濂的手。宋濂听见他说：“我在1360年没来南京时就已死啦！”宋濂知道他又神经错乱了，正要说几句安慰的话，却又听到刘伯温说：“死了的我，用十五年做了一个大大的梦！”

宋濂失声道：“不要多想，回去好好养病。”

刘伯温看了他一眼，再也没说什么，宋濂也不说什么了，二人心知肚明，此次分别，将是永别。

青田凉爽得使人如在天堂，这至少是刘伯温到家那天的感觉。他的家人对这位病入膏肓的老人所表现出的快乐情绪大为惊讶，自谈洋事件后，刘伯温第一次露出了发自心底的笑容。他的家人以为他能挺过这一关，不过第二天，刘伯温从床上醒来后，就变成了另外一个人。

他坐在床上，自言自语。他要他的家人准备椅子，说不能让客人来站着；他还让家人杀鸡宰猪，因为客人们要吃饭。家人对他突然变成这样的状况，大为惊骇。

实际上，刘伯温在那个空荡荡的屋子里看到了他生命中所有的人。他看到他的儒学导师郑复初，郑复初正在给他讲课，他就跟着郑复初大声地读了起来；他又看到父亲，父亲在心无旁骛地钻研一本天书，还让他安静一会儿，不要打搅自己。他看到很多人，元大都里那个卖书的书商，高安衙门他的领导，还有他那些同僚，他看到了方国珍，这都是他最痛恨的人，可现在，他却发现，原来自己这么爱他们，如果没有他们，他的人生就不会这样完美。最后，他看到了此生最不想看到的人——朱元璋。

他叫了起来，在房间里直打滚。但在这个房间里的朱元璋并没有那么多戾气，反而非常和蔼可亲。朱元璋还向他鞠躬，说：“我为天下，屈四先生。”

刘伯温赶紧跪下，说：“皇上千万不能这样说，多年以后，我无法忍受你的前恭后倨啊。”

朱元璋语重心长地说：“谁让你前知五百年、后知五百年呢。”

刘伯温说：“那是民间的刘伯温，不是真实的刘伯温。”

朱元璋点头说：“我承认。但是，我容不下你。”

刘伯温不无伤感地说：“可在1368年，我已经隐退，为何还要把我叫回？”

朱元璋说：“你们道家讲究功成身退，对别人而言，是可以操作的，可对你，却不行。我容不下你，却需要你。最重要的，你还没有死，这就是命运！”

刘伯温愣了一会儿，突然恍然大悟地笑了。他说：“我明白了。如果朱升活到现在，恐怕也是这样凄凉的结局吧。”

朱元璋点头，说：“是的，一个人只要活着，就难免有事。”

刘伯温已彻底清醒，说：“也就是说，无论我多么能掐会算，也无法逃脱。因为我还活着，活着本身就是一种罪恶，特别是活在你的世界中的人。”

朱元璋鼓掌大笑，说：“你说对了。你看现在活着的那些人，必有厄运等着他们。要知道，我是个从不念旧情、有着蛇蝎心肠的人。”

刘伯温大叫一声，因为世界上还有这种人，让他暴怒。他猛地敲向身边的桌子，在一阵灰尘飘扬中，房间里所有的人都消失不见了，只剩下空气流动的声音。

1375年农历四月十五，折磨了刘伯温一个多月的那些幻象突然消失不见了。他感觉非常好，他知道，这是死神即将来的征兆。于是他把儿子刘琏叫到床边，手指着他的所有著作，说：“等我死后，把这些书都送到南京去，你要告诫子孙后代，千万不要看这些书。”

刘琏翻开一份书目，这是刘伯温一生中最辉煌的著作，可称为《刘伯温全集》：《郁离子》《覆瓿集》《写情集》《犁眉公集》《春秋明经》《清类天文分野之书》《天文秘略》《白猿经风雨占候》《玉洞金书》《灵棋经注》《解皇极经世稽览图》《三命奇谈滴天髓》《金弹子》《一粒粟》《地理漫兴》《灵城精义》《佐元直指图解》《效颦集》《观象玩占》《演禽图诀》《披肝露胆》《注玉尺经》《多能鄙事》《烧饼歌》《百战奇略》。

或许正是这些著作在后世的流传，才让许多人把刘伯温看成一个神乎其神的魔法师和预言家。而作为政治家、思想家和文学家，刘伯温的光环在民间越来越淡。

这对刘伯温是绝不公平的。他要子孙后代不要学习这些神秘的玄学，可能是谈洋事件给他造成了难以释怀的伤害。他以精通术数闻名，最终却倒在了术数上，这不能不说是他人生中最大的讽刺，或许正如梦幻中的朱元璋所说，这就是命运。

在嘱咐完大儿子刘琏后，他又对小儿子刘璟说：“为政宽猛如循环，当今之务，正在修德省刑，祈天永命。诸形胜要害之地，应与京师声势联络。我想给皇上写封信，说明这样的问题，但现在胡惟庸在，我就是写了，也没有用处。等胡惟庸下台后，皇上必然思念我，会找你们，你就把我这段话说给他听。”

——刘伯温临死前还对朱元璋和这个帝国念念不忘，用赤胆忠心这四个字恐怕不能完全概括。有时候，我们很难理解古人那份百死不悔的情怀，刘伯温就是这样的一个古人。

刘伯温说完这些话，剧烈地咳嗽，当他恢复平静后，嘴唇已发白。这个时候，他突然困倦了。他说他要睡一会儿，他的两个儿子走出他的房门，还没有把门关上，刘伯温就睡着了。在梦中，他发现自己走进了一个空荡荡的房间里，周围的墙壁白得使人发抖，一种他是第一个走进这房间的沉重感使他极为不安。睡梦中，他不经意地想起，最近几年来，他做的都是这个梦，也就是说，这个梦他已经重复了有一千天，可每次醒来后，他都会忘记。于是，每次梦到这个房间时，他都认为自己是第一次来，只有在梦将要醒时，他才发现自己不是第一次来。

现实中，那天下起了淅淅沥沥的小雨。在梦幻中，刘伯温想推开那个房间的窗户，看看是否也在下雨。但他没有找到窗户，这是一个没有窗户的房间，甚至连门都没有。和从前一样，他在这个房间里恐慌起来，他拼命地大叫，于是，梦醒了。

房间里一片梦幻，他看到了陈友谅、张士诚正在向他招手，是那种彬彬有礼而充满热情的招手。他从床上爬起来，向他们走去，可能是动作太快，他突然穿过了他们透明的身体，转头再看时，两人消失了。于是，他再度醒来，窗外一片明亮。

这已是1375年农历四月十六日的夜晚，月亮早早地升起，又大又荒唐。月光探进房间里，刘伯温在床头睁着眼睛，看到在流动的月光中，有那么多人在向他招手。此时，他忘记了正在南京城里顾盼自雄的胡惟庸，忘记了他亲手毁灭的陈友谅、张士诚，忘记了他曾效忠过的元王朝。他闭上眼睛，月光消失了，眼前却更光明起来。他看到了自己的童年，瘦骨嶙峋，郁郁寡欢，眼神忧郁，正在一个山洞中如饥似渴地读书；他又看到一帘厚厚的帐幕被人掀起，里面走出了一个下巴突出、两眼晦暗的人，正是朱元璋。

他听到地球飞速自转轰隆隆的声音，把他震得浑身发抖。他睁开眼睛，看到月光如闪电一样从他的房间里退了出去，穿街过巷，冲向原野，然后一个优美的姿势越上了青田山，在飞驰了一段时间后，月光贴着青田县城湿润的石子小路快速地流向处州，在处州城里，月光左旋右转，右旋左转，终于在一处空地前停了下来，它转身向青田方向看了一眼，然后呼啸一声，冲天而逝。这是65年前1311年农历六月十五的那道月光，它和刘伯温在人间驻足65年，如今重回天界。

月光如水，刘伯温归天。

死因罗生门

1377年，刘琏写信给南京，要人来取《刘伯温全集》。朱元璋拿到这套《全集》后，假惺惺地掉下几滴眼泪，说："刘基太忠诚了，可让他的大儿子刘琏来做官。"如果这次是逢场作戏，那么在1390年，刘伯温归位的15年后，朱元璋的一番话倒的确是真情实感。1380年，胡惟庸谋反案爆发，朱元璋兽性大发，先后屠杀三万余人。胡惟庸临死前将会想起，那个寒冷的上午，他去见刘伯温的情景。刘伯温对他说，五年后再见，如今，一语成谶。

而朱元璋或许正是在这个时候，才想到刘伯温论相。他对刘伯温的小儿子刘璟说："我经常思念刘伯温。他在这里，满朝都是朋党，他却一个也不从。他后来吃了胡惟庸的毒药，死掉了。我也算是为他报仇了，胡惟庸那厮被我斩尽杀绝，坟墓也被我挖了。"

事实真如朱元璋所说的那样吗？或者换个问法：刘伯温到底是怎么死的？

第一种意见认为，刘伯温的确如朱元璋所说的，是胡惟庸下毒。胡惟庸案的爆发，是因为有人密告，说胡惟庸正准备造反，在密告信中，提到的胡惟庸种种不法勾当中，就有一条是，胡惟庸谋杀了刘伯温。这封告密信的主人在胡惟庸被杀后现身，正是胡惟庸最信任的一名手下。这人知道内情，应该没有异议。可问题是，当朱元璋审问那个与胡惟庸共事的汪广洋时，汪广洋说自己毫不知情。有人于此认为，胡惟庸根本没有谋杀刘伯温。至于那封告密信，在中国政治场中，栽赃陷害是常有的事，告密信的主人栽赃胡惟庸，也不是没有可能。

第二种意见认为，是朱元璋指使胡惟庸谋杀了刘伯温。因为胡惟庸在1375年去看刘伯温时，是朱元璋命令他去的。或许就在这份命令之外，又加了一条命令：神不知鬼不觉地杀掉刘伯温。这种意见太荒谬，如果朱元璋真要杀刘伯温，谈洋事件是最好的理由，何必要去谋杀？

这两种意见都把刘伯温当成了白痴。刘伯温对药理相当了解，《多能鄙事》中关于药方的搜集就是证明，况且，他对胡惟庸始终就有防范，不可能明知是毒药还吃。如果他那么想死，也不会在谈洋事件出现后来京谢罪，他大可就在青田等着死亡的降临。

第三种意见则认为，刘伯温的死亡是正常事件，没有谋杀。刘伯温多年以来的肝肺都有问题，年纪大了后，病情加重，后来他向朱元璋说自己身体里有个瘤子，可能就是肝癌，已到晚期。

刘伯温家族自刘伯温之后，再也没有出现过什么出类拔萃的人。不过，刘伯温给子孙后代积攒下一个十几世都用不完的家底。所以，刘伯温家族在整个明朝时期，不算太辉煌，但也不算太糟糕。

1514年，当心学宗师王阳明在南京城中向他的数万弟子传授心学时，正德皇帝颁布诏书，赠刘伯温“太师”称号，并谥“文成”。正德帝用他那尖利的嗓子对他的臣子们说，刘伯温是“渡江策士无双，开国文臣第一”，天上听到这十二个字的刘伯温肯定会流下激动的泪水，对他功绩的认定居然迟了140年！

虽然迟了这么久，但刘伯温应该感到很欣慰，因为从此，他的大明国师的地位奠定，无人出其右。

第十七章
传奇故事在民间

刘伯温之死的传说

刘伯温在民间俨然是大仙级人物，关于刘伯温的传说，数不胜数。虽然这些传说不是史实，但作为历史人物，它恰好是刘伯温另一面的眉批。胡适说，历史就是任人打扮的小姑娘，那么，我们不妨看看民间是如何打扮刘伯温这位大仙的吧。

关于刘伯温的死，民间始终相信是朱元璋逼的。据说朱元璋在刘伯温的指导下得到江山后，对刘伯温就有了意见。因为刘伯温前知五百年，后知五百年，这样的人活着，对他和他的江山绝不是好事。可无缘无故地杀了刘伯温，又担心别人说闲话，所以朱元璋决定找刘伯温的茬儿，让他“犯罪”。

当时朱元璋的太子朱标才十几岁，刘伯温正是他的老师。有一天，朱标缠着刘伯温带他到宫外玩耍，刘伯温就带着他到南京城的大街小巷去转悠，行经一门口时，朱标听到门里传出撕心裂肺的叫声，向里一看，几个大汉正在那里杀一头猪。

朱标就问刘伯温：“他们为什么要杀猪？”

刘伯温回答：“杀猪吃肉啊。”

朱标又问：“所有的猪都要被杀掉吗？”

刘伯温回答：“当然，大猪是肯定要被杀的，小猪长大了，也要被杀。”

两人回宫后，朱标向父亲朱元璋汇报学习成绩，就谈到了杀猪那件事。朱元璋一听，顿时脸色大变，发怒道：“什么大猪（朱）小猪（朱），这不是反了吗？刘伯温这厮如此大胆，想要杀我，还想杀太子，篡夺我的江山，明天我就叫你好看！”

朱元璋在七窍生烟时，他的老婆马女士正巧路过，听到后，马上派人给刘伯温送了一个小口袋。刘伯温打开口袋后，发现里面只有一枚枣和一颗桃。他琢磨了一会儿，大叫一声：“大事不好。枣桃，就是早逃的意思，皇后这是让我赶紧逃跑啊。”

刘伯温跳上一匹快马，昼夜奔驰，逃回青田。可就在路上，他被朱元璋派来的人追上。刘伯温见无处可逃，就从怀中摸出一块金子，吞金自杀了。

另外一个传说是，刘伯温的死是咎由自取，因为他泄露天机，斩断龙脉，惹恼了上天。

据说刘伯温是天上一颗星宿下凡，下凡前，主管下凡事务的神仙告诉他，你到下界做什么都可以，就是不能斩龙脉，因为龙脉是老天爷用法力摆在那里的，那里出皇帝已是注定的事。刘伯温一口应允，可帮助朱元璋夺取天下后，他得意扬扬，居然把这件事忘了。

有一天，他对朱元璋说：“北辰紫微星曜眼光明，此乃我大明帝国昌隆之兆。不过东方太白星时明时暗，有时光亮程度超过紫微星，这说明在大明境内将来有异姓天子出现的可能。”

朱元璋大惊失色，说：“先生可有破解之法？”

刘伯温说：“当然有，待我先找到这个地方。”

于是，刘伯温被朱元璋封为特使，遍访天下灵气之地，找到那个可能的龙脉。刘伯温把自己装扮成个樵夫，按天象的指引，一路奔驰到了西北的甘肃。

刘伯温到甘肃后，就发现青城这个地方是虎踞龙盘之地，特别是二龙山山形奇特，前眺黄河，用风水学的角度来看，正是“前有望，背有靠”，刘伯温还注意到山间紫气氤氲，一条巨龙忽隐忽现。他鼓掌叫道：“正是此地。”

在进行了一番专业的考察后，刘伯温断定榆中是龙脉所在，也就是说，这个地方将来会出现一位真龙天子。不过，斩龙脉纯属风险活和技术活，玄幻的风水学说认为，如果斩龙脉时稍有差池，真龙天子不会出现，可难保不出现一些孽龙天子，如果出的太多，那肯定要祸害百姓，刘伯温一想到百姓受苦，心里就不舒服。所以，他决定把这件事做得细致周密些，不能有任何闪失。他用了三个月，在二龙山与兴隆山九十多里的山间行走考察，每到一处便测量、计算、做标记、口中念念有词，这三个月来，刘伯温没有睡过一天安稳觉，最后他凭借深厚的风水学功底和精湛的技能，成功敲定了一套斩龙脉方案。

斩龙脉方案非常精细复杂：他先命令当地官员派兵在他做过标记的七处地点安营扎寨，每处必须要用二十八人轮流值守，按北斗七星的阵形七人一组排布，四个斗柄分别指向东南西北四个方位，值守士兵手执兵器，日夜不得离开。而刘伯温本人则坐镇青城指挥，他知道二龙山是龙脉的脑袋，而兴隆山则是龙的尾巴，只要先斩断龙头，应龙就会咽气，龙血随之会流向七窍。在这个时候，只要兵士们用兵器蘸取龙血，洒向空中，挥发完毕，这条龙的命也就完蛋了。

这件事说起来简单，那可是一条龙啊，要斩它的脑袋，又不让人家乱动，这事的难度其实很大。

刘伯温掐指算了许多日，终于选定了一个没有月亮、星星也特少的夜晚，就在这天夜晚，他看到紫微星与太白星互争光辉，像是两个旗鼓相当的摔跤手，你上我下、我上你下地争斗着。刘伯温说：“此时正是斩龙脉的大好机会，不可错过。”

命令一下，早已待命多日的士兵凿开了二龙山与兴隆山之间的一段山脉，据刘伯温说，那里就是龙脖子上的大动脉。那段山脉刚一凿开，顿时阴风怒号，飞沙走石，天地失色，草木哭泣，过了一会儿，山洪暴发，老天下起了瓢泼大雨。直到第二天，太阳才在空中闪出来。

刘伯温看了现场，心都碎了。许多士兵都死在了飞沙走石和泥石流之下，他数了下，正好是四十九人，活着的士兵胆战心惊。刘伯温擦了点眼泪，说：“事还没完呢。”

接下来的事是这样的：他命人在二龙山顶挖下一坑，把木制龙首、屠龙符、兵器等物放到坑里，外用炒熟的黄土覆盖，堆成一座山。

接下来的三个月内，刘伯温四处查看是否还有未干的龙血，果然被他看到几处。他对那些士兵说：“只要龙血不干，咱们就不能走。”士兵们只好日夜用手中兵器蘸取鲜血，这一工作持续了三年，三年后，龙血消失，刘伯温才回南京城复命。

可当他复命的第二天，正准备接受朱元璋的重赏时，他病倒在床，很快就去世了。后人说，他的死就是因为斩了龙脉。

这些当然都是传说，不过下面的故事可能是事实。

据说刘伯温临死前，他两个儿子出于孝道，找了一块风水极佳的宝地作为父亲的坟墓，而且透露信息给刘伯温，死后要风光大葬，要让在月球上的人都能一眼看到父亲的坟墓。刘伯温严词拒绝，他解释说：“‘墓’字，上是草，下是土，这才能吸收日光和雨露，如果你们在坟墓外还建那么多多余的房屋，遮住了阳光，如何生草？无百草长青，就不是墓。仓颉造字，那可是大有讲究的。后人为了沽名钓誉，显示富贵权势，浪费巨资，大造其墓，这就是违背了古人的训诫。人要流芳，靠的是一生全心全意为人民服务，不是靠对坟墓精装修、立牌坊，你们谁知道张良和诸葛亮的坟墓在哪里？可人人都知道张良和诸葛亮。”

刘伯温死后，他的坟墓就建在一座青山之巅，毫不起眼。

刘伯温在死后的传说主要有两件事。第一件事是这样的：顺治四年（1647年），清帝国的一位贝勒在南方打了胜仗凯旋回京，路过浙江青田时，闻听刘伯温是仙人，认为他的坟墓里肯定有不同凡响的地方，于是让人挖开了刘伯温的坟墓。贝勒发现，刘伯温坟墓里只是个空棺材，棺材里有一石碑，碑上有文字：“顺治三年半，天禧复二春，天下犹未定，如何开我坟！”这段字下面是一行小字：“贝勒、贝勒，天下无敌。生于北方，死在浙、直。”

这名贝勒看完这些字后，大叫一声，一口鲜血喷了出来，进入直隶时，一命呜呼。

第二个传说是这样的：清朝末期，光绪皇帝在当地官员和大臣们的陪同下游龙门，众人边欣赏石头雕像边议论前人雕刻技艺的高超。玩兴正浓时，光绪皇帝突然看见伊河水中漂着一棵柳树，树上站着一只大红公鸡。这只公鸡非比寻常：和小牛犊差不多大小，浑身如火，光焰夺目。光绪皇帝见到这只不是人间有的公鸡，疑惑道：“鸡不会游泳，怎敢雄立水中？”不过他善于联想，念叨着柳树上的鸡，柳鸡。“哦！”他恍然大悟，说，“这不是前朝的军师刘基吗？”于是，他清了清嗓子，对公鸡说，“刘基呀刘基，你的主子不封你，却到我这里来讨封，我说你这千年不死的老鬼，还是离远点吧。”

这个传说恰好和上面那个贝勒之死的传说成为因果，光绪之所以不封刘伯温，估计是对刘伯温杀了他的前辈怀恨在心。

关于刘伯温的死和死后的传说，非常奇幻，正如光绪所说，刘伯温在民间，的确是千年不死的老鬼。

刘伯温VS诸葛亮：传说

中国历史上有三位神乎其神的人物，西汉时期的张良、三国时期的诸葛亮、明初的刘伯温。很多人都想把三人作个对比，实际上，由于历史的原因，三人根本没有可比性。不过，民间坚信，先来的肯定比后到的厉害，比如诸葛亮就比刘伯温厉害，于是，就有了刘伯温和诸葛亮对决的传说。

这个传说是这样的：有一天，刘伯温做了一个梦，他梦到自己离开房间，独自走进一处深山老林。这是一片原始森林，山路坎坷异常，森林越来越密，脚下的泥土像是火山灰，软软的，森林里散发着令人窒息的空气。刘伯温心中很害怕，四下望了望，突然发现不远处有一座古庙。他想都没想，就跑了过去。

那座古庙的确很古老，门已腐烂，庙门匾额的字已斑驳不清，但刘伯温还是看明白了那四个字：诸葛武侯。

刘伯温心里一惊，诸葛武侯不就是诸葛亮吗？

可当时太害怕这森林的黑暗，所以他没有多想，进得庙门，只见对面供着个泥塑像。他不认识，塑像两边贴着一副对联：金鸡土狗奔马时，留头金刀在此溺。

刘伯温不明白这狗屁对联是什么意思，由于惊吓，刘伯温有了尿意，就找了个僻静地方撒了泡尿。刘伯温原本就是个彬彬有礼的读书人，在庙里撒尿的事还是头一次，所以赶紧给庙中神像深深施了一礼。低头看时，发现神像下有木刻神牌，上面有七个字：三分天下诸葛亮。

刘伯温放声大笑，说：“你诸葛亮真不要脸，被人吹嘘得神乎其神，居然连北伐魏国都不能成功，最后还活活把自己累死了。三分天下也好意思说，我一统天下都没有说呢！”

说完，他就把木牌拿到手，突然木牌下面掉出个小牌，上面也有字，也是七个：一统天下刘伯温。

刘伯温这才大吃一惊，心说：“诸葛亮这家伙真是神人！居然在一千多年前就知道我一统天下。”他又去看那副对联，“金鸣土狗奔马时”，这是指时间：本年是丁酉年，酉即鸡；九月九日的地支是戌，戌的生肖是狗；奔马时，显然是指正午时辰，现在正是正午啊！再看下联，“留头金刀”，“留”去“田”加“金”“刀”旁正是“劉（刘的繁体）”字。“原来诸葛亮千年前就知道我今天将在这里撒尿（溺）！”刘伯温想到这里，啧啧称奇，于是跪下去，给诸葛亮行个礼。但这一跪可不要紧，他两腿毫无知觉，起不来了。他焦急地四下探索，只见对面墙上写有拳头大四个字：“弃甲而走”。刘伯温一看自己，居然穿着盔甲呢，于是脱掉盔甲，腿又听他脑子的指挥了。他这才逃出了庙门，然后，梦就醒了。

这个传说把诸葛亮刻画成了神，把刘伯温倒贬成了凡人。虽然如此，这个传说还没有让刘伯温太难堪，下面这个传说，就让刘伯温在诸葛亮面前卑微到极致了。

有一天，刘伯温去诸葛亮墓地拜祭，当穿过高大的牌楼，刚上花石台阶时，刘伯温看到一巨碑矗立眼前，上面有诸葛亮亲书“吾到无人到”五个篆体大字。刘伯温对身边的人说：“诸葛亮的书法不错，但就是这预知能力太差，三岁孩子都知道，只要他有墓，自然就会有人来到，怎么能说是无人到呢。我看还是推倒这个巨碑，省得让人笑话。”

随从们如狼似虎，抄起工具冲到巨碑前，三两下就把石碑砸倒了。刘伯温继续向前，走出没几步，又看到一巨大石碑，经历风吹雨打后，这块石碑已衰老得可怜。幸好，上面只有五个字，刘伯温顺口一读，魂飞魄散，嘴里连喊：“罪过，罪过！我妄自尊大，不知天高地厚，毁碑碎碣辱没先师，罪过深重，该当万死！”

刘伯温为何如此，原来碑上的五个字是：只有伯温到。

这是前一石碑“吾到无人到”的下一句。这种“大喘气”让人生厌，但刘伯温是亲历者，而且字里的当事人就是他，所以他恐惧得有理。

刘伯温跪下磕头，和之前那个传说一样，他正要站起来时，发现腿不听自己指挥了，正在惊慌之际，忽然看到圆头碑的下边刻有一行小字：伯温戴盔行礼脱盔而起。刘伯温赶紧摘了头盔磕头，磕头完毕，他的腿又是自己的了。

受到这样的惊吓，刘伯温算是对诸葛亮有点信服了。回来的路上，他特意到诸葛亮祠堂焚香跪拜一番。他看到桌上放着一碗凉水，桌下放着一双朝靴。他觉得这里必有文章，于是端起水一饮而尽，穿上朝靴转了三圈。随口吟道：“喝我师的水清廉不贪，穿我师的靴路正不偏。”由此看见，刘伯温已把诸葛亮当成了自己的师父。后来，他脱下鞋子，走出门，不经意抬头一看，迎面的大照壁上留着两行金字：“穿吾靴，喝吾水，走到沙丘逢凶灾。”显然，这又是诸葛亮写的，对于这种装神弄鬼，刘伯温是笃信不疑。他想，这是老师在提醒我，要遇到灾祸了。

看来，这场灾祸是在沙丘。听说这里有个镇子叫沙丘镇，不如我绕开它就是了。想到这里，刘伯温领着他的随从特意绕了个路，远远地望见沙丘镇的炊烟，刘伯温不禁长出了一口气。

可这口气出后还没有吸回来，刘伯温就看到他自己正在横穿一条干涸的漏沙河床。而就在不远处，他看到两群儿童各自占领着一个沙丘玩军事游戏。刘伯温最后把目光放到了那些低矮的人工制作的沙丘上，不禁长叹一声，说："真是'是福不是祸，是祸躲不过'，我还是在沙丘这里遇到了凶灾。但我要生得伟大、死得有意义。"

说完，他让随从拿出笔墨，写了一篇短文，是他当时的感受："山高总有顶，天大却无边；坐井观天小，登高望天阔。谋胜虑败终不败，取长补短终不短；知错改错终不错，知耻雪耻终不耻。吾居功狂傲，目中无人，从来不思过错，不补短缺，终受吾师严惩，招来丧身之祸。此时醒悟，悔之已晚，望众位传吾留言诫其子孙后代。"

写完最后一个字，刘伯温把笔一扔，脸色涨得发紫，两腮也涨了起来。他一张口，"哇"的一声，一道血柱喷了出来，气绝身亡。

这个传说告诉我们，诸葛亮没有预见到自己的死，却吃饱了撑的，穿越到一千多年后的刘伯温时代，预测了刘伯温的死。

关于诸葛亮和刘伯温的传说，恐怕只有下面这个传说把刘伯温抬高了些，这个传说的开头是这样的：刘伯温对诸葛亮始终心怀嫉妒，就像是当年周瑜嫉妒诸葛亮一样，所以，他用奇异的法术卜算出了诸葛亮的坟墓位置，然后挖开了诸葛亮的坟。诸葛亮的坟里空空如也，只有石碑，碑上有字：我能算后世出伯温，你能算后世出何人？

刘伯温吸了口凉气，说："这诸葛老头是有两下子啊。不过，你只能算出我一个人来，而我用《烧饼歌》算出了将来的天下大事，这点，你不如我。"

刘伯温说完这句话，墓里发出哭声，这说明诸葛亮认输而后痛哭了。

和朱元璋的传说

刘伯温和朱元璋的传说，在民间多如牛毛。二人的传说首先是从朱元璋请刘伯温开始的。

朱元璋在多年的打打杀杀生涯中终于有了自己的地盘，而且还当上了王爷，兵多将广，所以就想找个军师。有人告诉他，处州青田县有个刘伯温，此人不但是个才子，还是个巫师，能前知五百年、后知五百年，如果能请到他，大事可成。

朱元璋于是派人三番五次去请，但都没有成功。据派去请的人回来说，刘伯温死都不出山，说是在等真命天子。

朱元璋手下几个性情暴躁的将军大为光火，拍着桌子叫道："干脆来硬的，让军队去请。如果他还不来，就把他就地处决。"

朱元璋制止了这群武夫，说："咱们是要用人家，不是废人家。我有办法。他不是在等真命天子吗？我就给他演一出真命天子下凡的戏。"

这出戏很快就上演了。

有一天，刘伯温离开青田到杭州去，听有人说起个异人。这个异人是个盐贩子，重情重义，视钱财为粪土，而且善花样武术表演。刘伯温对这样的人很感兴趣，于是就想去见上一面。打听了此人经常歇脚之地后，他就奔那地方走去，走到半路，他看到一个人正躺在地上睡觉。

此人的睡姿很有意思：头枕扁担，平摊两手，叉着双脚。整个身子和扁担恰好组成了一个"天"字。刘伯温心中一动，此人的姿势真有福相，不过，在地上睡觉容易着凉。想到这里，他就上去推那人，那人睡得很香，被刘伯温一推，顺势翻了个身，侧着身，脚一勾，头一低，又睡着了。他这一侧身，扁担正好不易察觉地转到腰那里。刘伯温这一看，大惊骇："啊呀！这不是个'子'字吗？睡觉时能现出'天子'二字，这人可不是池中之物！"于是连推带搡地把对方折腾醒了。两人攀谈起来，刘伯温发现此人就是他要找的那个盐贩子。

刘伯温更是惊讶，说："你绝非凡人，报上名来。"

此人表明了身份："我就是去请你多次的朱元璋。"

刘伯温哈哈一笑，知道自己上了当。不过，朱元璋既然亲自来请，他实在也没有理由拒绝了，从此跟朱元璋走上了革命的道路。

真实历史早已告诉我们，朱元璋根本没有亲自去请过刘伯温。而真实的历史也告诉我们，后期朱元璋和刘伯温的博弈，总是以刘伯温无可奈何的失败而告终。可在民间，朱元璋在刘伯温的智慧面前，总是无可奈何，“朱元璋三试刘伯温”的传说就是典型。

这个传说是这样开始的，有一天，朱元璋和刘伯温下棋，即将要输时，他转移视线，问刘伯温：“听说先生您过目不忘，一部天文书看过一遍就能倒背如流，可是真的？”

刘伯温告诉他，有这样的事。当年进京赶考时，在大都城里遇到个书贩，书贩手里有本天文书，自己看过一遍，就已背得滚瓜烂熟。

朱元璋就离开棋盘，从书架上抽出一本司马迁的《史记》来，问刘伯温能背否。刘伯温回答：“我从小就看过，当然能背。”说完就环扫朱元璋的书架，说，“这些书都在我的肚子里。”

朱元璋认为刘伯温有吹牛的嫌疑，就顺手从书架上拿出一本书来，要刘伯温背诵。刘伯温看了看书名，张口就背诵，朱元璋像个校对员一样，校对了几页后，刘伯温果然一字不差。朱元璋赞叹不已。

两人回到棋盘，朱元璋又问刘伯温：“听说先生的对联水平也很高，我有一上联，”指着墙上一副《采樵图》出上联，“此木为柴山山出。”

刘伯温不假思索地对出下联：“因火成烟夕夕多。”

朱元璋又指了墙壁上一幅《千里江山图》，出上联道：“千里为重，重山重水重庆府。”

刘伯温看了看棋盘，马上就对出下联：“日月成明，明德明义明贤君。”

朱元璋再出上联：“天为棋盘，星为子，何人能下？”

刘伯温应对：“地作琵琶，路作弦，哪个敢弹？”

朱元璋听到这样的赞誉，心花怒放。刘伯温请求出去方便一下，回来后，看到棋盘旁边有个碗，上面盖了一张布。这是他出去后，朱元璋咬了一口的烧饼。

朱元璋问他：“你知道这碗里是什么吗？”

这可不是才学能解决的问题，而近乎巫术了。刘伯温掐指一算，说：“圆圆日，圆圆月，金龙咬一缺。”

朱元璋称赞他：“一点不错啊，据说姜子牙能算出周朝八百年天下，先生能不能算算我大明天下多少年？”

刘伯温沉思了一会儿，回答：“八百嫌少，三百嫌多。”

朱元璋不明白。刘伯温就解释道：“江山的长久与短暂，是民心决定的。

只要您以民为本，立出法度，世代遵循，何愁大明江山不传之万代？所以说‘八百嫌少’。”

朱元璋点了点头，他没有问“三百嫌多”。

后来明帝国传了276年，民间就认为，刘伯温早已算出大明的气数了。

朱元璋和刘伯温最精彩的传说应该是刘伯温逃脱朱元璋魔爪的传说。

传说有一年春天，朱元璋带文武百官到南京城外的长江边游玩。他看到巨龙般的长江滚滚东去，又见江岸边的燕子矶若钢浇铁铸般屹立，忽然诗兴大发，脱口吟了一句：“燕子矶兮一秤砣。”然后就卡住了。他环视众人，突然看到大家都在窃笑。那些武将都在小声议论：“这哪里叫诗，连打油诗都算不上。”朱元璋正在尴尬时，刘伯温站出来说：“把燕子矶比作秤砣，其实这是挺好的一句诗，我可以续下去：燕子矶兮一秤砣，长虹作杆又如何。天边弯月是挂钩，称我江山有几多。”

刘伯温一吟罢，群臣就叫起“好”来。朱元璋的脸上实在挂不住了，他认为这些文武百官根本不重视自己，自己的权威不牢固，所以决定把他们都杀掉。一个一个地杀，太麻烦，索性来个一窝端。

几天后，朱元璋下令修建庆功楼，对外宣称庆功楼是他和功臣们饮酒作乐的娱乐会所。当庆功楼修建完毕后，他邀请所有的功臣到楼上去。就在这之前，刘伯温夜观天象，发现了朱元璋要火烧庆功楼，把那些功臣们当成烧烤。去庆功楼的前一天，刘伯温在大街上骑着马飞驰，以前他从来没有这样的举止，正当大家奇怪时，刘伯温突然一个不稳，从马上摔了下来。被抬回家后，朱元璋叫御医去查看，御医说，刘伯温至少要卧床休息三天。朱元璋心想，那就过几天再杀你，让你多活几天。

当天夜里，刘伯温忍痛逃出了南京城。而正如他所预测的那样，第二天，朱元璋在大家喝得正欢时，偷偷下了楼，命人点起了火。那些功臣像兔子一样被烧死了。

当朱元璋听说刘伯温逃跑后，心惊胆战，好几个晚上睡不着。因为刘伯温神机妙算，如果把这一技能用到朱元璋身上，那可是天大的厄运。

正是因此，朱元璋带着他最能打的卫士多次到各地微服私访，目的就是要找到刘伯温。

他找刘伯温是大海捞针，但刘伯温对他的行踪却是了如指掌。有一次，朱元璋到北方一座城市去寻找刘伯温，在山道上遇到大雨，所以匆忙躲到了一棵树下。大雨丝毫没有停的意思，电闪雷鸣，朱元璋担心自己被雷劈了，蜷缩在树下直发抖。就在这时，一个年轻人身披蓑衣头戴斗笠，手中还拿着一把伞，向他走来。走到跟前，向朱元璋施礼，朱元璋内心发虚，问道："难道你认识我？"

年轻人摇头，说："不认识。我只知道这里有人需要伞，所以就送来了。"

朱元璋奇怪地问："你如何知道？"

年轻人不回答，只是说："我家就在附近，到家里换件衣服吧。"

朱元璋虽然心里犯嘀咕，可树下的确不安全，所以只好跟着年轻人走。到了年轻人的家，朱元璋换了衣服，吃了不错的饭菜，由于赶路困倦，倒头就睡了。

第二天清晨，阳光灿烂，朱元璋出门看到一道彩虹横跨天际，诗性又发作了，吟了两句诗："谁把青红线两条，和风甘雨系天腰。"但下面两句不见了，这说明他又卡住了。

正当他挖空心思地想下两句时，那个年轻人走过来，接了下去："只因玉皇銮舆出，万里长空架彩桥。"

朱元璋这回可是吃惊不小，这两句诗不但接得好，而且还指出他朱元璋是皇帝。朱元璋相貌怪异，根本没有皇帝的气质，放在人堆里，只能在选丑比赛中胜出。他仔细审视了这个年轻人，冷冷地问："你怎么知道？"

年轻人一脸茫然："我知道什么呀？"

朱元璋看到年轻人的脸上写满诚实，所以放下心来。后来回南京后，朱元璋认为这个年轻人有才华，又对自己有恩，于是召他来见。谈到那次事情，这位年轻人说出另外一件事，让朱元璋惊骇不已。

这个年轻人说的事是这样的：他本是个读书人，但科举总是不中，有一天，他家里来了个道士，这道士一待就是半年，年轻人出于尊老重教的缘故，对道士侍奉殷勤。道士临走前，送给他一个一大一小两个锦囊和一套衣服，嘱咐他到某年某月某日先打开大的锦囊，里面有他如何做官的秘诀，而那套衣服将来是要用来换官服的，所以一定要好好保存。那个小的锦囊也一定要妥善保存，肯定有用。

年轻人虽然不信道士的话，可还是将东西保存了下来。朱元璋在大树下担心被雷劈的那天，正是那个道士说的打开大锦囊那天。锦囊里有张字条，要他穿蓑衣斗笠雨伞到某地去找一个人，其余的事，朱元璋就知道了。

朱元璋赶紧要来大小锦囊，先打开大的，发现字迹就是刘伯温的，心里不由得阵阵后怕。自己千辛万苦找刘伯温，想不到刘伯温对他的行踪了如指掌，如果刘伯温要想杀自己，那真是易如反掌。他想了半天，就对那个年轻人说：“我封你个官吧，表示我对你的感谢。”

年轻人谢恩，朱元璋好奇地打开了那个小锦囊，里面有一张字条，上面写道：“谢万岁封某某为某某官。”

官职名称和他方才封给那个年轻人的一模一样。

朱元璋唏嘘了几声，从此再也没有私访过，因为他知道这是世界上最不现实的事。

朱元璋晚年，突然想起了刘伯温。他招来多年以前那个年轻人，问他是否再见过那个道士。此时已是中年人的年轻人说，曾在四川见过他，他正在装修一个破败的诸葛亮庙，说是给自己修家。

朱元璋立即下令重修各地诸葛亮庙，并在诸葛亮庙旁边为刘伯温建庙。在某地修诸葛亮庙时，一个技术工准备把诸葛亮庙前石碑推倒重换，当搬开石碑后，发现里面有一张牛皮画卷。画卷上是一个羽扇纶巾的人，此人虽然穿着汉代的服饰，可容颜正是刘伯温。

朱元璋这才明白，原来刘伯温是诸葛亮的转世，刘伯温在四川修诸葛亮庙时说给自己修家，就是这个原因。所以，朱元璋下令，只修诸葛亮庙就可以了，不必再画蛇添足建刘伯温庙。

这个传说还有现实作为依据：现在孔明庙并不罕见，但刘伯温庙却从来没人见过。

刘伯温大慈大悲的传说

民间关于刘伯温救人的传说也很多，这些传说很凌厉地体现了刘伯温的机智。有一个传说叫“哑巴殿”，说的是朱元璋要刘伯温建南京城，快完工时，朱元璋在刘伯温的陪同下来视察。来到皇宫时，朱元璋见皇宫建得很气派，就感慨道：“当初闹革命，只是想打家劫舍，希望每顿饭都有肉吃，想不到时来运转，弄假成真，居然做了皇帝，哈哈。”

刘伯温不好扫朱元璋的兴，就附和了一通。朱元璋走了一会儿，突然想到，我如今已是皇上，真龙天子，金口玉言，怎么可以这样信口胡扯，像是个成名的竖子？这如果让别人听了去，我的威严何在，体统何在，仪态何在？

想到这里，他急忙四处张望，突然看到一个匠人正在梁上工作，大吃一惊，心想，真有人听我说话，必须要杀了他。他对刘伯温说：“这小子悄无声息地在那里，不是盗贼是什么？”

刘伯温惊骇，朱元璋这是要杀人灭口，他急中生智，大声说道：“他是个聋哑人。”

朱元璋莫名其妙：“你怎么知道？”

刘伯温说：“我是这里的头，哪个匠人身上有几根毛都知道。”

朱元璋不知所措。刘伯温趁他不注意，向那个匠人打手势，指了指自己的嘴，又摇摇头，示意匠人装哑巴。那匠人很是聪明，就点了点头。

刘伯温又在朱元璋面前向那匠人做手势，要他下来。那匠人就跳了下来，跪在朱元璋面前，“啊啊呀呀”地说了一通，然后磕头。磕头完毕，就用手指着刘伯温的帽子，又指了指自己的头。朱元璋不懂这意思，就问刘伯温。

刘伯温回答：“皇上，哑巴在讨封。”

朱元璋大笑，说：“一个‘没嘴王’还要什么封赏啊？”

刘伯温说：“皇上圣明，残废人情不自禁，水向低处流，人却往高处走，我觉得皇上您不能让他失望才对。”

朱元璋首先想到的是，他那几句流氓话是不会被传出去了，又想到刘伯温的话也在理，于是就高兴地说：“那就封他个‘没嘴王’吧。”

那匠人听了，心中大欢喜，可却装作没有听到。刘伯温就对他做起了手势，意思是，皇上封你“没嘴王”了。

匠人急忙表现出高兴的样子来，向朱元璋连磕了几个响头，爬起来跑掉了。

另外一个极具刘伯温特色的传说是他救徐达的。

朱元璋做了皇帝后，要刘伯温和徐达到今天北京城以北围城设防，防御蒙古，保护家园。

刘、徐二人领了圣旨，马不停蹄地奔赴北部边塞，到达一处高地，两人骑马登高瞭望，寻找筑城的最佳地点。徐达在高处望下去，不禁赞叹道：“好地方，好战场啊。”

刘伯温没有说话，调转马头回营了。

第二天，两人又来到同一个地方，徐达又赞叹：“真是好地方！”

刘伯温还是个闷葫芦，看了一会儿，就回营了。

第三天，两人还是来到那个地方，徐达这次大声地喊起来：“先生，这真是个好地方啊！”

刘伯温仍然一声不吭，这让徐达疑惑不解，于是问刘伯温：“为何先生您一句话都不讲？”

刘伯温淡淡地说了一句：“为何？为了大明江山，还为了你。”

徐达更是大迷惑了，刘伯温开始指点起江山来：“徐元帅请看，北边燕山连绵，南边渤海漫天，在此筑起雄关，那就是铁桶江山，苍蝇都飞不进来。”

徐达说：“是啊，我也说这是个好地方，但不知先生您想修建个什么样的城池？”

刘伯温侃侃而谈：“它一定是当今天下边塞中的第一大城，要城连城、城套城、楼对楼、楼望楼，此城只在天上有，人间不得闻。”

徐达拍手称快，但他疑惑未解，问刘伯温：“先生此举是为了大明江山，那‘为了我’是什么意思？”

刘伯温就指着那片无边际的空地说：“这里不但是个好战场，还是个好居处。土地是那么肥沃，气候是那么温和，简直是北方小江南。”

徐达听明白了，这是想让他搬家到这里，但当时他还没有这样的想法。两人画了工程图，招人开始了筑城。两年后，顺利完工，他们带着实景图回到南京，见朱元璋。

朱元璋对这座城池非常满意，于是给起名为“山海关”。这件事不久，有一天，徐达正在家里吃肉，刘伯温来拜访。徐达急忙迎接，刘伯温不落座，就说，自己该走了。

徐达以为刘伯温还要出差，但刘伯温告诉他，自己要去云游四海了。

徐达又是大惑不解，说：“我们千辛万苦帮皇上创建了这份家业，如今正是享福的时候，您怎么就走了呢？”

刘伯温说：“此时不走，恐怕再也走不了了。”

徐达惊骇地张大嘴巴，刘伯温语重心长地对他说：“皇上是个只能共患难不能共富贵的人，你以后一定要小心。”

徐达知道刘伯温能掐会算，他这样说，必然有他的道理，一想到刘伯温的话将成事实，就惊慌起来。他说：“先生你让我多加小心，我该怎么小心啊？”

刘伯温伸出右手的拇指和食指，说：“八个字——尽忠为国，紧跟万岁。”

徐达如坠五里雾中，刘伯温早已飘出他的家门，不见了。

刘伯温走后不久，徐达突然接到圣旨，要他第二天到新建的庆功楼上与皇上开怀畅饮。徐达心中一动，问传圣旨的人，皇上都请了谁。传旨的太监告诉他，一席全是功勋，没有别人。

徐达大叫一声：“难道皇上这是要连窝端了我们吗？”

他急得像热锅上的蚂蚁，在房间里转悠。突然想到了刘伯温留下的那八个字，心里就有了主意。

第二天，所有功臣都上了庆功楼，朱元璋让大家尽情畅饮，不必拘泥君臣之礼。这些功臣们本来都是土匪出身，看到酒肉就如饿狼，又听皇上说可以尽情，所以全都敞开怀，大喝大吃起来。

朱元璋却一口酒都不喝，当他看到群臣都喝得神魂颠倒后，突然捂着肚子说："啊呀，我的肠炎犯了，要赶紧回宫吃药，你们继续喝。"

说完，转身就下了楼。

徐达从桌子后跳了出来，跟着朱元璋下了楼。徐达只喝了一点，这场饭局，他心惊胆战，时刻注意着朱元璋的一举一动。

朱元璋到了楼下，回头一望，看到徐达跟了出来，不禁恼火，命令徐达："你给我进去。"

徐达知道，庆功楼现在已成地狱，他既然出来了，无论如何都不会再回去。他跪下说："皇上，我要紧跟您左右。"

朱元璋气愤道："我不用你，赶紧给我回去。"

徐达抓住朱元璋的小腿，说："皇上，我怕您回宫有个什么闪失，所以必须要保护您回宫。"

朱元璋踢了他一脚，但徐达抱住不放，还大声哭了起来。

朱元璋有点慌了，他担心徐达的哭声引起楼上那群人的注意，心里又想，反正留你一个也可以，杀起来比较容易。就这样，他同意了徐达和他一起回宫的建议。

两人回到宫中还未坐稳，就有人来报告说："不好啦，庆功楼着火啦。"

朱元璋假装惊慌，说："快去救火！"又问，"有活着的人没有？"

报告的人回答："全成烤鸭啦。"

朱元璋挤出几滴眼泪，说："可怜了我一帮功臣啊。"

徐达当时已汗流浃背。回到家中，他让家人收拾了金银珠宝，连夜逃到山海关，从此在那里过上了幸福安定的生活。

这就是刘伯温八字救徐达的传说。

我们都知道，民间的刘伯温的故事都是假的，与正史不符，但民间却认为，这就是真的。他们塑造出了一个神乎其神、大慈大悲的刘伯温，和正史那个刘伯温一比，大部分的人都喜欢民间的刘伯温，于是，他们更希望，刘伯温永远在民间。

激发个人成长

多年以来，千千万万有经验的读者，都会定期查看熊猫君家的最新书目，挑选满足自己成长需求的新书。

读客图书以“激发个人成长”为使命，在以下三个方面为您精选优质图书：

1. 精神成长

熊猫君家精彩绝伦的小说文库和人文类图书，帮助你成为永远充满梦想、勇气和爱的人！

2. 知识结构成长

熊猫君家的历史类、社科类图书，帮助你了解从宇宙诞生、文明演变直至今日世界之形成的方方面面。

3. 工作技能成长

熊猫君家的经管类、家教类图书，指引你更好地工作、更有效率地生活，减少人生中的烦恼。

每一本读客图书都轻松好读，精彩绝伦，充满无穷阅读乐趣！

认准读客熊猫

读客所有图书，在书脊、腰封、封底和前后勒口都有“**读客熊猫**”标志。

两步帮你快速找到读客图书

1. 找读客熊猫

2. 找黑白格子